KB102375

교회다운 교회

교회다운 교회
: 참된 기독교 영성의 회복

2016년 4월 25일 초판 1쇄 발행
2021년 3월 10일 초판 2쇄 발행

지은이 | 정원범
펴낸이 | 김영호
펴낸곳 | 도서출판 동연
등   록 | 제1-1383호(1992. 6. 12)
주   소 | (03962) 서울시 마포구 월드컵로 163-3
전   화 | (02)335-2630
전   송 | (02)335-2640
이메일 | yh4321@gmail.com / h-4321@daum.net

Copyright ⓒ 정원범, 2016.

ISBN 978-89-6447-309-2 93320

교회다운 교회

참 된 기 독 교 영 성 의 회 복

정원범 지음

동연

머리말

함석헌 선생은 『뜻으로 본 한국역사』라는 책에서 초기 한국교회의 모습을 다음과 같이 기술했다:

"초창기 한국 개신교회는 한국을 골병들게 한 계급주의와 당파주의를 깨뜨리고 사대사상을 쓸어버리고, 독립 국가를 세우려는 이상으로 불타올랐다. 한국 개신 교회는 숙명론과 미신을 두들겨 부수고 새 문명과 새 사상의 국민이 되어야 한다는 운동을 요원의 불꽃처럼 펼쳤다. 불교와 유교가 힘을 잃고, 할 수 없었던 일을 개신교가 맡아서 민족의 정신 혁명, 생활 혁명, 교육 혁명을 이루는 일에 앞장섰다. 개신교의 영향으로 서울과 시골 할 것 없이 사람들이 나라를 잃은 것에 대하여 비분강개하고, 민족의 독립운동을 일으키고, 뜻을 잃은 민중을 깨우는 운동이 불길처럼 일어났다. 그리하여 고난의 땅, 학정 밑에서 신음하던 민중들의 가슴에 희망의 등불이 켜졌고, 양반들과 세도정치에 짜먹혀 마른 나무같이 되었던 나라에 새봄이 돌아온 듯하였다."

이 글이 보여주듯이 초기의 한국교회는 근대적 사회변동을 이끌었던 가장 영향력 있는 세력이었다. 이렇게 한말과 일제 초기에 사회변혁의 동력으로서 한국사회의 희망이었던 한국교회가 선교역사 100여 년 만에 가장 신뢰받지 못하는 종교로 전락했다. 한국인이 가장 신뢰하는 종교는 가톨릭이 29.2%, 불교가 28%, 그리고 개신교가 19.4%였다고 보고했던 2013년 기윤실과 글로벌리서치의 "2013년 한국교회의 사회적 신뢰도 여론조사" 결과가 보여주는 그대로이다. 그런데 문제는 단순히 불신하는 정도가 아니라는 사실이다. 안타깝게도 지금은 기독교를 아예 박멸하겠다는 안티 기독교운동들이 활개를 치고 있을 정도이니 상황이 매우 심각하다 아니할 수 없다. 한국교회에 대한 불신이 도를 넘은 것 같다. 2003년에 출범한 반기독교시민운동연합(반기련)의 이찬경 반기련 회장은 2007년 한국교회 언론회가 개최한 안티 기독교 관련 토론회에서 "물질적 축복과 기복을 파는 종교업자들이 수많은 선량한 사람들을 '예수천당 불신지옥'으로 협박하고, 공룡화된 교회는 거대한 기업처럼 돌아간다", "천민자본주의가 판을 치고, 교회의 외적 성장과 신도의 양적 팽창이 목사의 성공으로 치부되는 현실에서 신도들은 결국 현금 지급기 노릇만 죽어라고 하고 있다"고 질타했다. 그는 교회의 교세 확장주의, 교회의 물질주의(맘모니즘)와 기복주의, 교회의 권력화, 기업화 등을 비판한 것이다. 이외에도 많은 안티 기독교운동은 목회자와 교회의 투명하지 않은 재정 사용 또는 교회 재정 횡령 문제, 목회자의 성윤리 문제, 교회의 정치세력화 문제, 담임목사직 세습, 교단 부총회장 선거와 교회 연합기관장 선거에서의 금권선거 등과 같은 교회의 각종 비리와 타락을 지적하며 반감을 보이고 있다. 이런 비판들에 대해 그런 문제는 지극히 일부 교회의 문제라고 치부할 수 있을까?

그런데 더욱 문제가 되는 것은 한국교회를 불신하며 비판하는 것은 불신자들만이 아니라는 사실이다. 언젠가부터 교인들이 교회와 목회자들을 불신하기 시작했다. 교회를 불신하는 기독교인들이 하나님을 믿으면서도 교회를 떠나가기 시작하면서 교회 안 나가는 '가나안' 성도들이 어느덧 100만 명을 넘어섰다는 분석이 있다. 이렇듯 한국교회가 교회

안팎에서 불신을 당하고 있으니 어떻게 위기라 아니 할 수 있겠는가? "한국교회 이대론 망한다"(한반도예수운동회 주최로 열렸던 한국기독교회의 개혁을 위한 공개토론회의 타이틀), "한국교회가 병들어 죽어가고 있다"(권진관), "한국교회의 현재 상황이 말기암 상태라고 본다"(이종윤), "개신교 역사상 한국교회만큼 타락한 교회는 없었다"(손봉호)는 말이 과장된 이야기만은 아닌 것 같다.

이 위기를 어떻게 하면 좋을까? 우리는 무엇을 어떻게 해야 되는 것일까? 과연 한국교회는 희망이 있는 것일까? 한국교회가 총체적 위기에 직면해 있음을 지적했던 이원규 교수는 그럼에도 불구하고 한국교회에는 희망이 있다고 하였다. 그 이유는 무엇일까? 그는 한국교회 안에 여전히 "신앙적 역동성", "감성문화 성향", "개 교회에 대한 충성심"과 "적극적 사회봉사" 등 희망의 불씨가 남아 있기 때문이라고 하였고, 결론적으로 "신앙적 열정에 더하여 영성, 도덕성, 공동체성을 회복할 수 있다면 한국교회는 사람들에게 기쁨과 감동을 주는 교회, 세상에 사랑과 믿음과 희망을 심어주는 교회가 될 수 있을 것이다. 한국교회가 이제 영적으로 충만하고 도덕적으로 온전하며 나누고 돌보고 섬기는 삶을 통해 이 세상을 밝히 비추고 맛을 내어 '멋진 신세계' 하나님 나라를 만들어갈 수 있기를 기대해 본다"고 하였다. 다시 말해 한국교회가 우리의 실상을 정확하게 직시하기만 한다면, 그리고 다시금 교회의 본질, 하나님 나라의 복음의 본질로 돌아가기만 한다면 얼마든지 희망은 있다는 것이다. 그럴 수만 있다면 얼마나 좋을까? 그럴 수만 있다면 오히려 이 위기는 교회가 교회다워지고, 기독교인이 기독교인다워지는 다시없는 좋은 기회가 될 것이라 확신한다.

이런 문제의식과 희망을 가지면서 지난 몇 년간 필자가 발표했던 글들, 즉 한국기독교학회의 논문집인 「한국기독교신학논총」, 한국기독교 사회윤리학회의 논문집인 「기독교사회윤리」, 장로회신대학대학교의 세계선교연구원의 논문집인 「선교와 신학」, 대전신학대학교의 논문집인 「신학과 문화」 그리고 『대한예수교장로회 창립 100주년 기념백서』(가제) 등에 실렸던 글들을 모아 한 권의 책으로 묶어 보았다. 『교회다운 교회: 참된 기독교 영성의 회복』이라는 제목의 이 책은 크게 두 부분으로 구성되어 있는데 1부에는 "한국교회의 위기와 그 대안"이라는 제목 하에 "존 하워드 요더의 관점에서 본 한국교회의 위기와 그 대안"(1장), "한국교회의 공공성 위기와 기독교의 사회선교"(2장), "한국교회 위기에 대한 신학적 성찰과 그 대안"(3장), "한국교회 위기 극복의 근본 대안: 기독교 영성의 회복"(4장), "한국교회의 위기 극복을 위한 신앙과 신학의 한 모델: 김교신의 생애와 사상"(5장) 등 다섯 편의 글이 실려 있고, 2부에는 "오늘의 이슈와 한국교회"라는 제목 하에 "한국기독교 100년 역사에 나타난 교회의 사회문제대책운동"(6장), "남북한 평화통일을 위한 윤리 – 선교적 과제"(7장), "한국교회의 탈북자 선교의 과제"(8장), "지구적 위기와 생명운동"(9장), "WCC의 에큐메니칼 운동과 치유 선교"(10장), "동성애에 대한 기독교윤리학적 고찰"(11장) 등 여섯 편의 글이 실려 있다.

특별한 것은 한국교회의 희망을 만들어가는 데 도움이 된다고 판단되는 몇 가지 신앙고백문들, 신학문서, 목회자윤리지침을 부록으로 실었다는 점이다. 이 자리를 빌려 글의 사용을 허락해준 이동원 목사님, 향린교회의 조정헌 목사님, 새길교회 새길문화원 원장이신 정경일 원장님, 예장통합교단의 치유와화해의생명공동체운동10년위원회 위원장이신 이성희 목사님, 예장교단 사회봉사부 총무이신 이승열 목사님,『참스승 ─ 인물로 보는 한국 기독교교육 사상』이란 책에 실려 있는 "김교신, 새로운 조선을 성서 진리 위에 세우다"라는 글을 사용할 수 있도록 허락해주신 새물결 김요한 사장님,『동성애에 대한 기독교적 답변』이란 책에 실려 있는 "동성애에 대한 기독교윤리학적 반성"이라는 글을 실을 수 있도록 허락하신 예영커뮤니케이션의 원성삼 사장님께 진심으로 감사드린다. 그뿐만 아니라 본서의 출판을 위해 지원해주신 세광교회의 최공칠 목사님과 당회원 여러분들에게도 진심으로 감사드린다.

그리고 본서가 이번 학기에 교재로 사용될 수 있도록 특별히 배려해주신 도서출판 동연과 원고의 교정 작업을 도와준 권보성 전도사님에게도 진심으로 감사의 마음을 전한다. 바라기는 본서를 통해 위기에 빠져 있는 한국교회가 교회의 본질을 회복하며, 우리 시대에 부과된 시대적 과제를 바르게 수행하게 되는 작은 계기라도 만들어지기를 간절히 기대하며, 우리 한국교회가 한국사회의 희망으로 거듭나는 역사가 꼭 일어날 수 있기를 두 손 모아 기도한다.

2016년 3월

정 원 범

차 례

제1부
한국교회의 위기와 그 대안

1 존 하워드 요더의 관점에서 본
한국교회의 신뢰도 위기와 그 대안*

Ⅰ. 들어가는 말

조계종 불교사회연구소가 2015년 실시한 대국민 여론조사를 통해 2014년 종교계에 대한 신뢰도가 25%였던 것이 2015년 11.8%로 떨어졌다고 발표한 사실에서 드러나듯이 한국종교계에 대한 국민들의 신뢰가 점점 바닥으로 추락하고 있다. 특히 개신교에 대한 불신은 심히 우려될 정도이다. 종교별로 신뢰도를 묻는 물음에서 가톨릭을 신뢰한다는 응답률이 39.8%, 불교는 32.8%였던 반면, 개신교는 10.2%로 꼴찌였다. 성직자에 대한 신뢰도 역시 신부가 51.3%로 가장 높았고, 스님은 38.7%였으며 목사는 17%였다.[1] 한국교회가 이처럼 불신을 당한 적이 또 있을까? 그런데 문제는 이런 불신이 일반국민들뿐만 아니라 교인들에게서도 점점 커져가고 있다는 것이다. 소위 가나안 성도, 즉 교회 안 나가는 그리스도인이 100만-150만을 헤아릴 수 있다고 하니 정말 문제

---

* 이 글은 『한국기독교신학논총』 100, 2016에 실렸던 글임.
1) http://www.hyunbulnews.com/news/articleView.html?idxno=285153

가 심각하다고 아니 할 수 없다.

기독교 역사상 가장 빠르게 성장했고, 세계적인 초대형 교회가 가장 많이 있는 나라라고 자랑하던 한국교회가 어쩌다가 이런 지경까지 이르게 된 것일까? 어디서부터 잘못된 것일까? 한국교회가 한국사회로부터 불신을 당하는 근본 원인은 무엇일까? 그리고 한국교회의 사회적 신뢰도를 회복할 수 있는 대안은 무엇일까? 한국교회 신뢰도 위기의 원인을 분석하고, 그 대안을 모색하는 것이 본 글의 목적이다. 이 주제는 그동안 많은 학자들에 의해 연구되어 왔다. 그러나 한국교회의 신뢰도 위기의 문제를 존 하워드 요더의 윤리학의 관점에서 분석한 연구는 없었다. 이 문제를 존 하워드 요더의 윤리학의 관점에서 논의하는 것이 필요하다고 보는데 그 이유는 그의 관점이 기존의 주류신학 전통이 가지는 신학적 문제점들을 매우 통찰력 있게 분석하고 있기 때문이다. 물론 요더의 기독교윤리학적 관점은 교회의 적극적인 사회참여나 정치참여를 비판하고 있다는 점에서 개혁교회전통의 사회 변혁적 입장의 보완을 필요로 한다는 약점이 있는 것은 사실이다. 그러나 그의 관점은 기독교윤리의 정체성을 분명히 하며, 교회의 정체성(교회다움)을 강조한다는 점에서 한국교회의 위기의 원인을 분석하고, 교회의 정체성 회복을 위한 대안을 제시하는 데 도움을 주는 장점이 있다고 본다.[2] 따라서 필자는 본 글에서 주류신학 전통의 특징 중의 하나인 콘스탄틴주의를 비판하는 존 하워드 요더의 관점에서 한국교회의 신뢰도 위기의 원인을 분석하고자 하며, 그런 후에 한국교회의 위기 상황은 교회의 교회다움을 회복할 수 있는 좋은 기회가 될 수 있다는 전제를 가지고 요더의 탈콘스탄틴주의의 관점에서 한국교회의 신뢰도를 회복할 수 있는 대안을 제시하고자 한다.

---

2) 정원범, 『신학적 윤리와 현실』(서울: 쿰란출판사, 2004), 87-95.

II. 존 하워드 요더의 콘스탄틴주의 비판

1. 콘스탄틴주의

20세기의 가장 탁월했던 현대 기독교윤리학자들 중의 한 사람이었던 존 하워드 요더는 주류 윤리학에 대해 가장 강한 도전과 급진적인 대안을 제공했던 신학자였다.3) 이 점에서 그의 윤리학은 독특한 위치를 차지한다. 무엇보다 그는 기독교윤리에 대한 예수의 삶의 규범성과 적합성을 무시하는 주류 윤리학의 접근방식을 거부한다. 그는 예수의 삶과 사역이 기독교사회윤리에 적합하지 않다고 보는 주류 기독교의 여러 입장들을 몇 가지로 정리한 바 있는데4) 첫째로, 예수의 윤리는 중간기를 위한 윤리이다. 이 입장에 따르면 예수의 윤리적인 가르침들은 사회의 존속의 필요성과 사회제도들의 건설의 필요성에 대해 어떤 관심을 보이지 않았다는 주장이다. 둘째로, 예수와 그의 추종자들은 그들이 살던 세상에 대해 어떤 통제력도 발휘하지 않았다. 셋째로, 예수는 사회문제들이 아니라 영적인 문제들을 다루었고, 구체적인 문제들이 아니라 실존적인 문제들을 다루었다. 그가 선포했던 것은 사회변화가 아니라 새로운 자기이해였고, 순종이 아니라 속죄였다. 넷째로, 예수는 무엇보다 인간의 죄를 위해 자신의 생명을 주러 왔다. 이 속죄의 사역과 칭의의 선물은 은혜로운 선물이다. 그런데 이 칭의의 행위는 윤리와는 결코 연

---

3) J. Philip Wogaman, *A Christian Method of Moral Judgement*(London: SCM Press Ltd., 1976), 34-35; Joon-sik Park, *The Church as Ethical Reality: A Critical Synthesis of H. Richard Niebuhr and John H. Yoder* (The Southern Baptist Theological Seminary, 1991), 5.

4) John H. Yoder, *The Politics of Jesus* (Grand Rapids, Michigan: William B. Eerdmans Publishing Company, 1972), 16-19.

결될 수 있는 것이 아니었다. 이러한 주류 기독교의 입장에 따르면, 사회윤리의 영역에서 어떤 구체적인 윤리적 지침을 주는 것은 예수의 의도가 아니었다는 것이다.[5] 이런 입장들의 공통점은 예수가 사회 속에서의 도덕적 삶에 직접적인 관련성을 갖고 있지 않다는 주장이다.

그러나 요더는 이런 주장을 비판하면서 예수의 가르침은 사람들에게 사회적, 정치적인 선택에 대한 회피를 주장한 것이 아니라 세상적인 방식과는 전혀 다른 새로운 사회적, 정치적 선택을 제시한 것이었다고 주장한다. 말하자면 예수는 오늘날도 여전히 기독교사회윤리에 대해 직접적인 관련성을 지니고 있을 뿐만 아니라 규범적 존재가 된다는 것이다.[6] 이런 요더의 주장은 그가 속했던 메노나이트 공동체에 있어서도 하나의 도전이었다. 그도 그럴 것이 아미쉬-메노나이트사람들은 사회로부터의 퇴거가 예수를 본받는 길이라고 생각했기 때문이다. 이처럼 요더는 메노타이트사람들이 취했던 바, 예수의 가르침에 대한 이러한 비정치적 해석과 비정치적인 퇴거를 비판했다는 점에서 그는 재세례파 안에서의 개혁자였다.[7]

요더가 주류 신학 전통을 비판하는 또 하나의 중요한 지점은 바로 교회와 세상(국가)과의 관계에 대한 이해이다. 요더는 주류신학전통의 교회가 세상에 대해 가지는 관계를 콘스탄틴주의라고 지칭하며 이를 비판한다. 우선 요더에게 있어서 콘스탄틴은 인간 콘스탄틴을 의미하기보다는 기독교역사에서 일어난 새로운 시대 변화에 대한 상징이다.[8] 그리고 그의 사상에 있어서 콘스탄틴주의란 기독교윤리의 왜곡에 대한 매우

---

5) 위의 책, 19.
6) 위의 책, 23.
7) 정원범, 『신학적 윤리와 현실』, 50-51.
8) John H. Yoder, *The Politics of Jesus*, 135.

중요한 은유로서9) "교회와 세상의 동일시를 상호 승인한 것"10)을 의미한다. 콘스탄틴이 기독교를 공인한 이후 콘스탄틴과 주교들은 지지를 서로 주고받았다. 교회는 국가의 권력을 정당화, 합법화해주었고, 그 대신 여러 혜택을 누리게 되었는데 교회는 몰수당했던 교회의 재산을 되찾았고, 세금을 면제받았으며, 성직자들은 명예와 특권을 누리게 되었다. 기독교의 대중화현상이 생기면서 많은 사람들이 교회에 들어왔고, 기독교는 성공하게 되었다. 그러나 불행하게도 이 성공으로 인해 기독교는 복음의 왜곡이라는 비싼 대가를 치르게 되었다. 기독교가 정복과 권력과 지배의 가치들을 채용하기 시작한 것이다.11)

요더는 교회와 사회와의 동일시 또는 융합의 현상이 콘스탄틴 이후에도 반복되어 왔음을 지적하면서 특정지역 또는 지역 정부와의 일치를 추구했던 모습을 일컬어 "신 콘스탄틴주의"라고 지칭했고, 교회가 자신이 속한 사회(또는 국가)를 축복하거나 국가의 정책을 지지했던 모습을 일컬어 "신-신 콘스탄틴주의"라고 지칭했으며, 대세를 이루는 세속주의와 연대하려는 모습을 일컬어 "신-신-신 콘스탄틴주의"라고 지칭했고, 남미에서와같이 정치혁명을 무비판적으로 승인했던 모습을 일컬어 "신-신-신-신 콘스탄틴주의"라고 지칭했다.12) 이처럼 형태는 달랐을지 몰라도 역사 속의 교회는 그동안 지배적 사회질서나 권력 구조와의 공생관계를 맺으려는 성향을 가지고 있었다는 것이다. 이러한 교회와 사

---

9) Philip LeMasters, *The Import of Eschatology in John Howard Yoder's Critique of Constantinianism*(San Fransisco: Mellen Research University Press, 1992), 91.
10) J. H. Yoder, *The Original Revolution*, 김기현, 전남식 역, 『근원적 혁명』(대전: 대장간, 2011), 89; J. H. Yoder, *The Royal Priesthood: Essays Ecclesiological and Ecumenical*(Scottdale: Herald Press, 1998), 154
11) Jacques Ellul, *La Subversion du Christianisme*, 쟈크엘룰번역위원회 역, 『뒤틀려진 기독교』(대전: 대장간, 1994), 62.
12) J. H. Yoder, *The Original Revolution*, 김기현, 전남식 역, 『근원적 혁명』, 165-169.

회(세상)의 동맹관계는 얼마 동안 부분적으로 효과가 있었을는지 모른다. 그러나 이러한 동맹관계는 결국 교회의 본질을 상실하게 함으로 인해 교회를 불신하게 만드는 부정적 영향을 끼칠 때가 많았다고 요더는 비판한다.13)

2. 콘스탄틴주의로 인한 기독교의 변화

요더는 교회가 콘스탄틴적 교회가 됨으로써 기독교의 왜곡현상이 세 가지 영역, 즉 기독론, 교회론, 종말론에서 발생했다고 주장한다. 첫째로, 기독론의 변화이다. 요더는 콘스탄틴 이후 예수가 선포했던 하나님 나라 또는 역사 속의 예수의 모습과 그리스, 소아시아의 이방교회들이 예배한 천상의 그리스도 사이에 어떤 균열이 발생했다고 본다.14) 말하자면 콘스탄틴 이후 기독론에 있어서 역사의 예수와 도그마의 그리스도 사이의 분열이 발생했다는 것인데 요더는 이 둘 사이에는 어떠한 차이도 존재하지 않는다고 말한다. 즉 "역사의 예수와 구속사의 그리스도 사이에, 또는 하나님으로서의 그리스도와 인간으로서의 예수 사이에, 또는 예수의 종교와 예수에 관한 종교 사이에 어떠한 차이도 없다"15)는 것이다. 이런 전제 하에 요더는 예수가 인간 역사 속에 참여하셨던 실제의 인간이었다는 사실을 지적하며 바로 그 역사적 예수의 삶과 가르침을 강조한다. 이런 관점에서 그는 우주론적 기독론을 비판하는데 이는 우주론적 기독론이 예수의 지상의 삶을 경시하는 경향이 있기 때문이

---

13) 위의 책, 174.
14) J. H. Yoder, *The Politics of Jesus*, 신원하, 권연경 역, 『예수의 정치학』 (서울: IVP, 2007), 203.
15) J. H. Yoder, *The Politics of Jesus*, 63.

다.16)

아울러 콘스탄틴 이후 교회는 예수의 가르침은 개인지향적인 것이었고, 따라서 그것은 정치적인 문제와는 아무런 관계가 없는 것이었다고 보기 시작하면서 기독교의 사회윤리체계를 세우기 위해 다른 모델들에 의존해야만 했다고 비판한다.17) 이런 전통적 신학과는 달리 요더는 예수의 가르침과 모범이 사회, 정치적인 문제들에 적실성을 가질 뿐만 아니라 사회윤리를 위한 실질적인 지침을 제공해줄 수 있다고 주장한다. 왜냐하면 "예수는 하나님의 명령에 근거한 선지자요, 제사장이요 왕이었으며, 인간적, 사회적, 그러니까 정치적 관계의 새로운 가능성을 몸에 지닌 분"18)이었기 때문이며, 또한 "그는 근본부터가 철저히 다른 새로운 삶의 질서를 지닌 새 공동체를 창조함으로써 기존 사회를 위협한 사람이었고, 그가 진 십자가로 대변되는 새로운 삶의 방식과 윤리로 우리를 초대하신 분"19)이었기 때문이다.

둘째로, 교회론의 변화이다. 콘스탄틴 이전에 교회는 국가로부터 자유로운 기관이었고, 세상과 철저하게 다른 새로운 삶의 방식을 따라 살던 소수의 공동체였다.20) 요더에 따르면 본래 교회는 예수가 창조한 새로운 사회였다. 그는 소수의 공동체가 따라 살아야 하는 새로운 삶의 방식에 대해 이렇게 말한다.

예수가 그의 사회를 불러 모았을 때 그는 그의 구성원들에게 살아야 할
새로운 삶의 방식을 주셨다. 그는 그들에게 범죄자들을 다루는 새로운

---

16) 정원범, 『신학적 윤리와 현실』, 64.
17) J. H. Yoder, *The Politics of Jesus*, 신원하, 권연경 역, 『예수의 정치학』, 240-241.
18) 위의 책, 100.
19) 위의 책, 100-101.
20) 정원범, 『신학적 윤리와 현실』, 80-83.

방식을 그들에게 주셨다 ― 그들을 용서함으로써. 그는 폭력을 다루는
새로운 방식을 그들에게 주셨다 ― 고난당함으로써. 그는 돈을 다루는
새로운 삶의 방식을 그들에게 주셨다 ― 그것을 나눔으로써. 그는 지도
력의 문제를 다루는 새로운 삶의 방식을 그들에게 주셨다 ― 가장 낮은
자일지라도 모든 구성원들의 은사들에 의지함으로써. 그는 타락한 사
회를 다루는 새로운 삶의 방식을 그들에게 주셨다 ― 옛 질서를 분쇄함
으로써가 아니라 새로운 질서를 건설함으로써. 그는 인간이 된다는 것
이 무엇을 의미하는지에 대한 철저하게 새로운 비전이 구체화되는 여
러 관계들, 즉 남자와 여자의 관계, 부모와 자녀들의 관계, 주인과 종의
관계에 대한 새로운 방식을 그들에게 주셨다. 그는 국가와 적성국가에
대한 새로운 태도를 그들에게 주셨다.[21]

이렇게 소수의 교회공동체가 세상과 다른 방식으로 살아감으로써
교회는 선교적 기능을 수행하게 되는 것이라고 요더는 말한다. 그러나
이렇게 소수였던 교회가 콘스탄틴 이후 모든 사람이 되었고, 회개 없이
도 모든 사람이 교인이 되는 상황이 되자 세상과 다른 삶의 방식을 중시
하던 교회의 정체성을 지키는 것이 쉽지 않게 되었다. 다시 말해 콘스탄
틴 이후의 교회는 권력을 가진 사람들이나 당시 사회의 지배이데올로기
에 편승함으로써 기존사회 질서자체를 정당화하는 실수를 범하게 되었
다.[22]

셋째로, 종말론의 변화이다. 요더가 생각하는 종말론의 기본 입장은

---

21) J. H. Yoder, The Original Revolution, 29
22) J. H. Yoder, *The Priestly Kingdom: Social Ethics as Gospel*(Notre Dame, Indiana: University of Notre Dame Press, 1984), 135-136; J. H. Yoder, *The Original Revolution*, 김기현, 전남식 역, 『근원적 혁명』, 174-175.

하나님 나라의 성취를 '이미'와 '아직 아님'의 관점으로 바라보는 것이다. 이런 관점에서 요더는 콘스탄틴 이후 콘스탄틴적 교회의 종말론은 본래의 종말론을 변질시켰다고 주장한다. 요더에 따르면 예수의 "때가 찼고 하나님의 나라가 가까이 왔으니 회개하고 복음을 믿으라"는 메시지는 새로운 통치, 새로운 세대가 시작되었음을 선언한 것이며, 이 새로운 통치의 표지는 눅 4:18-19의 예수의 취임사의 말씀을 통해 잘 나타난다. 따라서 하나님 나라의 새로운 통치는 기존의 사회구조와는 다른 새로운 사회적 대안을 제시한 것으로 모든 권력에 대한 불가피한 도전이었다고 말한다.23) 그러나 콘스탄티주의는 하나님의 통치의 충만을 현재의 질서와 동일시했다. 요더가 볼 때 그리스도의 주권은 재림 이전에는 감추어져 있으며 교회 안에서 가장 분명하게 드러나는 것이었다. 그러나 콘스탄틴주의에 있어서 그것은 역사 안에서의 하나님의 행위의 최고의 대리인인 국가 안에서 분명하게 나타난다. 말하자면 콘스탄틴주의는 기독교인의 삶에서 하나님 나라에 대한 이미와 아직 아님의 이중성을 제거함으로써 하나님께 순종했던 그리스도에 대한 모방을 요구하는 기독교인의 삶을 타락시켰으며, 기독교윤리를 국가에 봉사하도록 만들었다는 것이다.24) 결국 "콘스탄틴 이후의 교회는 정부에 봉사하는 것을 그리스도인의 일로 받아들인 것이 분명하다"25)고 요더는 말한다.

23) J. H. Yoder, *The Politics of Jesus*, 신원하, 권연경 역, 『예수의 정치학』, 70-72, 80-81.
24) 정원범, 『신학적 윤리와 현실』, 78.
25) J. H. Yoder, *The Christian Witness to the State*, 김기현 역, 『국가에 대한 기독교의 증언』(대전: 대장간, 2012), 104.

III. 한국교회의 신뢰도 위기의 원인

1. 한국교회 신뢰도 위기의 실태

오늘날 한국교회가 직면하고 있는 가장 큰 위기는 아무래도 한국교회에 대한 사회적 신뢰도가 점점 추락하고 있다는 사실일 것이다. 1990년대 이후 거의 모든 자료들은 한국교회가 심각한 사회적 신뢰 위기의 상황에 처해있음을 보여준다. 1998년 한국갤럽조사에 따르면 비종교인을 대상으로 향후 종교를 택할 경우 어떤 종교를 믿겠느냐는 질문에 40.3%가 불교를, 37.4%가 천주교를, 22.3%가 기독교를 믿겠다고 하였고, 2000년 「월간조선」 기사에서는 종교가 없는 한국인들이 호감을 느끼는 종교로는 31%가 불교, 15.4%는 천주교, 그리고 10.4%가 기독교라고 응답하였다. 2008년도 기독교윤리실천운동(이하 기윤실)이 글로벌리서치를 통해 조사한 한국교회의 사회적 신뢰도 여론조사에서도 한국교회를 '신뢰한다'는 응답자는 18.4%인데 반해 '불신한다'는 비율은 무려 48.3%로 나타났다. 이 조사에서 천주교에 대해서는 35.5%가, 불교는 31.1%가 '신뢰한다'고 응답하였는데 개신교회는 18%만이 신뢰한다고 밝힘으로써 세 종교가운데 개신교가 가장 신뢰받지 못하는 종교로 드러났다.[26] 기윤실이 실시한 '2010 한국교회 사회적 신뢰도 여론조사'를 보면 종교기관 신뢰도 조사에서 가톨릭교회가 41.4%, 개신교가 33.5%, 불교가 20%를 차지했고, 가장 호감 가는 종교 순위에는 가톨릭교회가 35.5%로 1위, 불교가 32.5%로 2위, 개신교가 22.4%로 3위를 차지했다.[27] 기윤실이 2013년 글로벌리서치에 의뢰해 조사한 자료에

---

26) http://www.newsnjoy.or.kr/news/articleView.html?idxno=26338

서도 세 종교기관 중 개신교의 신뢰도 순위는 가장 낮은 것으로 나타났다. 가톨릭이 29.2%, 불교가 28%인 데 비해 개신교는 21.3%로 가장 낮은 수치를 보였다. 또 비기독교인들이 가장 신뢰하는 종교는 가톨릭 47%, 불교 38%인데 반해 개신교는 12.5%에 불과했다.[28] 2015년 불교사회연구소의 조사에서는 3대 종교별로 신뢰도를 묻는 질문에서 천주교를 '신뢰한다'는 응답률이 39.8%로 가장 높았고, 불교는 32.8%, 개신교는 10.2%였다. 이상의 모든 통계 자료들은 오늘날 개신교가 얼마나 심각한 신뢰도 위기 상황 속에 처해있는지를 잘 보여주고 있는데 이 문제를 해결하지 못한다면 한국교회의 미래를 장담하기는 어려울 것이다.

2. 한국교회 신뢰도 위기의 원인

1) 콘스탄틴주의

어쩌다가 한국교회가 이렇게 불신을 당하는 종교로 추락하게 되었을까?[29] 가장 큰 이유는 한국교회가 교회다움을 상실한 채 세상과 다를

---

27) 「2010년 한국교회의 사회적신뢰도 여론조사 결과발표 세미나 자료집」(서울: 기독교윤리실천운동, 2010), 17-18.
28) http://www.kcjlogos.org/news/articleView.html?idxno=10049
29) 2013년 기윤실 조사에서 "국민들이 한국교회를 신뢰하지 않는 가장 대표적인 이유가 바로 성도들과 목회자들의 말과 행동이 다르기 때문으로 나타났다. 한국교회를 신뢰하지 않는다고 답한 응답자의 24.8%가 기독교의 언행 불일치를 이유로 꼽았고 언행 불일치 문제는 2009년에도 32.2%로 답해 이 요소들이 한국교회 불신의 대표적인 원인으로 나타났다. 또 교회의 비리·부정(21.4%), 타 종교에 배타적인 태도(10.2%), 강압적인 전도(10%)가 뒤따랐다. 또 응답자들은 타 종교에 배타적인 태도(24%)와 불투명한 재정(22.8%), 교회 지도자들(21%) 등을 개선 대상으로 지적했고 교회의 재정 투명성에 대한 요구는 이전 조사 때(2008년 11.5%, 2009년 13.4%, 2010년 13%)보다 월등히 많아졌다."
(http://www.cwmonitor.com/news/articleView.html?idxno=39866).

바 없는 곳이 되어졌기 때문이다. 이에 대해 박영신은 다음과 같이 말한다.[30)]

> 교회 밖의 사람들이 바라고 꿈꾸고 얻고자 하는 그 모든 것들을 교회와 교인들도 가감 없이 바라고 꿈꾸고 얻고자 한다. 이 점에서 교회는 바깥세상과 전혀 다르지 않다. 동일한 상징과 가치지향성과 행동 유형을 가지고 있다. 교회의 내면세계는 교회 바깥의 세상과 깊은 수준에서 전혀 구별되지 않고 있다. 세상의 성공기준과 교회의 성공 기준이 하나이고 세상에서 복되다고 하는 것과 교회에서 복되다고 하는 복의 기준 또한 하나이다… 세상 신과 교회의 하나님이 구분되지 않는 오늘의 개신교회, 한마디로 자기의 참모습을 세우지 못하고 세상과 짝해버렸다.

이렇게 교회가 세상과 다를 바 없는 곳이 된 이 현상이 바로 요더가 말하는 콘스탄틴주의이다. 교회와 사회(국가)와의 동일시 또는 융합의 현상으로서의 이러한 콘스탄틴주의는 언제부터 나타난 것일까? 사실 콘스탄틴주의가 한국교회 역사 초기부터 있었던 것은 아니다. 오히려 초기의 한국교회는 반상의 신분제도와 같은 봉건폐습을 변화시키는 사회변혁적인 동력으로서의 역할을 수행하였다. 관료사회 속에 만연되어 있었던 부정부패와 온갖 사회의 억압과 구조적 불의에 저항하기도 하였고, 일본제국주의 침략이 노골화되었을 때는 정치, 경제적 방법이나 예배의식을 통해서 민족의식을 고취하기도 하였으며,[31)] 다양한 사회활동

---

30) 박영신, "한국 개신교회의 성장과 반전" 조성돈·정재영 엮음,『그들은 왜 가톨릭 교회로 갔을까』(서울: 예영커뮤니케이션, 2007), 17.

31) 김권정, "한국사회와 기독교의 수용," 기독교역사문화연구소 엮음,『11명의 전문가로 본 한국의 기독교』(서울: 도서출판 겹보기), 32.

을 통해 사회, 문화의 변동세력으로 한국 근대화에 큰 공헌을 남긴 것이 사실이다. 이렇게 선교역사 초기에 사회변혁적 특성을 가졌던 한국교회는 1919년 3·1운동의 좌절의 경험을 가지게 되면서부터 민족의 사회, 정치적인 문제들을 외면하기 시작했다. 특히 1930년을 전후해서 일제의 탄압이 점차 강화됨에 따라 한국교회는 문화변혁이나 사회개혁의 의지가 매우 희박해져 갔고, 더욱이 정교분리의 원칙에 따라 교회는 세상과 엄격히 분리하고 또 이 세상을 저주하는 방향으로까지 빗나갔다.[32]

이처럼 세상과의 분리유형이 우세하던 한국교회에 교회와 세상(국가)과의 동일시 현상으로서의 콘스탄틴주의가 나타나기 시작한 것은 바로 근대 국가 형성기부터이다. 말하자면 한국교회 역사에 있어서 콘스탄틴주의가 나타나기 시작한 것은 교회와 국가 사이에 "상호승인과 야합"[33]의 관계가 맺어졌던 근대 국가형성 초기였다고 할 수 있다. 1945년부터 1948년 사이에 남한사회에서는 기독교정신을 토대로 국가를 재건해야 한다는 주장이 교회와 기독교정치가들로부터 제기되었는데, "한경직은 새 나라의 정신적 기초는 반드시 기독교가 되어야 한다고 밝혔"[34]으며 이승만 역시 새로운 국가 건설을 하게 될 터인데, "만세반석 되시는 그리스도 위에 이 나라를 세우자"[35]고 역설한 바 있다. 이승만이 이렇게 국가를 친기독교적인 방향으로 건설하려고 한 데는 그 자신의 기독교적인 신앙이 반영된 것이기는 하지만, 국가의 대내외적 자율성이 취약한 상황에서 한국민과 미국을 연결하는 가장 중요한 통로로

---

32) 정하은, 『한국 근대화와 윤리적 결단』 (서울: 대한기독교서회, 1975), 44-47.
33) 강인철, 『한국기독교회와 국가·시민사회: 1945-1960』 (서울: 한국기독교역사연구소, 1996), 163.
34) 한국기독교역사회 편, 『한국기독교의 역사 Ⅲ』 (서울: 한국기독교역사연구소, 2009), 43.
35) 위의 책, 41.

서 대단한 사회적 영향력을 가지고 있었던 기독교를 지지기반으로 확보해야 할 필요성도 작용했다고 볼 수 있다. 이에 따라 이승만은 개신교에 대해 여러 특혜를 제공하였고, 개신교회는 국가의 특혜적 지원에 대해 적극적인 정당화로 보답했는데 "개신교 지도자들은 국가정책에 대해 거의 맹목적인 지지를 계속했다." 이렇게 "개신교 교회가 이승만 정권을 적극적으로 정당화한 결과, 이 시기에 국가와 개신교 교회의 관계는 상호승인과 협조로 특징지워졌"36)고, 이승만은 "개신교를 '사실상의 국가종교'로 만들어갔다."37)

이러한 교회와 국가의 결탁은 그 이후에도 계속되었는데 박정희정권 하의 교회와 국가와의 결탁관계는 박정희정권에 대해 서북 출신 기독교인들과 한경직이 적극적인 지지를 보냈던 사실에서 분명히 드러난다. 윤정란의 말을 들어보자.38)

한경직과 서북 출신 기독교인들은 미국 복음주의와의 밀접한 관계를 통해 전쟁고아 사업을 독점함으로써 남한에 정치적·사회적 기반을 확고히 했다. 한경직은 이를 바탕으로 박정희가 군사 정변을 일으켰을 때 박정희에 대한 미국 정부와 미국인을 설득하기 위해 많은 노력을 기울였다. 한경직은 한국전쟁으로 친분을 맺었던 미국 정관계·종교계 인사들을 통해 박정희 지지를 호소했다. 그리고 미국인들이 박정희 정권을 지지할 수 있도록 전쟁고아로 구성된 선명회합창단의 미국 순회공연을 여러 차례 기획했다. 이 공연은 대성공을 거두었고, 미국인들이 한국정

---

36) 강인철, 『한국기독교회와 국가·시민사회: 1945-1960』 (서울: 한국기독교역사연구소, 1996), 174, 192-193.
37) 위의 책, 162.
38) 윤정란, 『한국전쟁과 기독교』 (서울: 한울아카데미, 2015), 333.

부를 지지하도록 하는 데 크게 기여했다. 그 결과 월남한 서북 출신 기독교인을 대표하는 한경직과 박정희는 더욱 밀착된 관계를 맺을 수 있었다.

윤정란에 따르면 이렇게 한경직이 박정희의 군사정변을 적극적으로 지지한 것은 군사정변의 주역에 많은 서북청년회 출신이 참여하고 있었기 때문이다.[39] 그 이후에도 거의 모든 보수적인 기독교인들이 박정희 정권을 지지하였는데 이는 그들의 보수적인 신앙과 더불어 한국전쟁을 거친 이후 공산주의체제를 이길 수 있는 길은 반공체제밖에 없다는 생각이 크게 작용하였기 때문이다. 이렇게 보수적 교회 지도자들과 기독교인들은 보수적 성향과 반공을 매개로 해서 박정희 정권과 밀접하게 결합되면서 상호승인과 협조의 관계를 가지게 되었다.

이승만 정권 이후 지금까지 보수교단이 대부분인 한국교회가 국가권력과 협력하는 친정부적 성향을 보이고 있음을 부인할 수 없는데[40] 이런 사실은 한국교회가 근본적으로 콘스탄틴적 교회임을 드러내는 것이라 할 수 있다. 이러한 콘스탄틴주의의 속성[41]에 따라서 한국교회는 세상의 모든 것들—국가, 이데올로기, 가치체계, 돈 등—을 상대화하고 부정하는 사회변혁적인 에너지를 상실한 채, 힘을 확보하고 대세로 자리를 잡은 것이면 무엇이든지 그것을 사실과 진리로 받아들이는 입장을

---

39) 위의 책.
40) 김기현, "존 요더의 탈콘스탄틴적 정치윤리," 『백석저널』 5호(2004, 봄), 33-34.
41) 여기서 필자는 한국교회가 서구의 경우와 같은 국가교회였다는 것을 말하는 것은 아니다. 물론 한국교회가 교회와 국가의 동맹에 근거한 지배종교로서 군림한 적이 없는 것도 사실이다. 그러나 한국교회가 국가의 정책을 무비판적으로 지지하거나 지배적 권력구조와 공생관계를 맺으려는 성향을 가지고 있었다고 볼 수 있는데 그 점에서 한국교회는 요더가 말하는 콘스탄틴주의적 속성을 강하게 가지고 있다고 볼 수 있다.

취해왔다.[42] 이렇게 해서 한국교회는 국가주의, 세속적 경제주의 등 대세를 이루는 세속 문화와 세속 가치에 포로가 되어졌고 그에 따라 한국교회는 세상과 구별되지 않는 집단이 되고 만 것이다.

2) 현존질서의 지지

현존질서를 그대로 승인하는 이러한 콘스탄틴적 사고방식은 종교개혁 시대를 거쳐 서구의 주류기독교를 거쳐 한국교회에 그대로 이어져왔다. 보수적인 기독교인들을 보면, 그들은 대부분 언제나 통치자를 하나님이 임명했다고 생각한다. 그래서 그들은 통치자가 어떤 수단을 통해 정부를 세웠든지, 또 어떤 정책을 수행하든지 그에 의해 수립된 질서와 정책들을 무비판적으로 지지하는 경향을 보인다.[43] 기독교역사가 보여주듯이, 그들은 기존 질서가 신적인 재가가 주어진 것이라고 생각하면서 제국주의를 정당화하기도 했고, 노예제도를 정덩화하기도 했다.[44] 말하자면 그들은 사회체제가 분명히 악한 것임에도 불구하고 그러한 사회악에 대해 저항할 줄 모르고 늘 현상유지의 입장을 견지해왔던 것이다.

미국의 복음주의 기독교는 그러한 현상유지의 입장을 잘 보여주고

---

42) 자크 엘룰은 이것을 사실종교라고 하였다. "오늘날에는 무엇이든지 확실한 사실이 최종적인 선이요 진리의 기준이다. 무엇이든지 사실은 그것이 사실이기 때문에 정당화된다. 사람들은 사실을 판단할 권리가 없다고 생각한다. 그들은 오직 받아들일 뿐이다. 따라서 기술, 국가, 혹은 생산이 사실인 그 순간부터 우리는 그것들을 사실로서 숭배하며 우리 자신을 그것들에 순응시키려 노력한다. 이것이 현대종교, 확실한 사실종교의 핵심이다."〈Jacques Ellul, *The Presence of the Kingdom*, 이문장 역,『세상 속의 그리스도인』(대전: 대장간, 1993), 42-43.〉
43) 고범서,『라인홀드 니버의 생애와 사상』(서울: 대화문화아카데미, 2007), 205.
44) 위의 책, 109.

있는데 이에 대해 아솔 질은 이렇게 말한다.[45]

1920년대에 복음주의자들은 '사회복음'의 과격성에 반발했고 자신들
이 주류를 이루고 있는 사회중산층의 가치를 반영했다. 그러면서 그들
은 사회참여에 대한 자신들의 초기 관심을 뒤집어서 개인적 악을 비난
하고 개인 구원을 선포하는 일에만 집중했다. 신학적으로 보수적인 복
음주의자들은 정치, 경제, 문화, 사회 문제에서도 점점 더 보수적이 되
었다. 그들은 현상유지를 하려는 우익 정당들과 손을 잡았고 소외된 사
람들의 절규에 귀가 멀게 되었다. 복음 전도가 서구 문화와 거의 하나
로 결합되어 있는 것처럼 '미국식 생활방식'은 기독교의 축도로 여겨졌
다. 체제를 지지하는 일은 곧 복음을 선포하는 일이었고, 사회에 도전
하는 일은 곧 하나님께 도전하는 것이었다. 예언자의 소리는 들리지 않
게 되었으며 기존 구조를 바꾸려는 사회, 정치 운동에 참여하는 일은
'자유주의'는 물론 심지어 '공산주의'와 동일시되었다. 이 시기는 복음
주의의 암흑기였다!

독일의 루터교 역시 이 점에서 크게 다르지 않았다. 티펠이 말한 대
로, 독일의 기독교인 역시 정치 우파를 지지하곤 했는데[46] 루터교의 이
런 보수적인 입장은 루터교가 가지고 있는 근본적인 결함 즉, 교회로부
터 저항을 위한 영적인 자원을 빼앗아 버린 루터교의 저세상신학에서
비롯된 것이라 할 수 있고 바로 그런 신학적 결함으로 인해 독일 기독교
는 나치즘에 굴복할 수밖에 없었다.[47] 달리 말해 하나님 나라와 이 세상

---

45) Kenneth Leech, *The Social God*, 신현기 역, 『사회적 하나님』(서울: 청림출판사,
   2009), 167-168.
46) 위의 책, 171-172.

의 정치적 구조사이의 날카로운 분할을 말하는 루터의 두 왕국 이론이 독일교회가 히틀러에게 굴복하게 되는 중요한 신학적 단초를 제공했다고 할 수 있다.[48]

이러한 현상유지의 입장은 한국교회의 경우도 마찬가지이다[49]. 한국교회의 대부분이 보수적 경향을 띠게 된 것은 선교사들에 의해 이식된 미국의 근본주의 신학에서 비롯된 것이지만[50] 근원적으로 본다면, 루터에 뿌리를 두고 있는 주류기독교 전통의 콘스탄틴적인 보수주의 신학 경향에 기인하는 것이라 할 수 있다. 보수주의와 근본주의[51]는 모두 교회의 양적 성장에 기여하는 장점이 있기는 하나 주로 개인구원에만 관심을 보이며 사회변혁에는 관심을 보이지 않는다는 점에서 심각한 문제가 있는데[52] 이러한 보수주의와 근본주의 영향으로 한국교회는 현상유지를 지지하는 문제를 드러냈다. 한국교회에서 현상유지의 입장이 가

---

47) 위의 책, 168-173.
48) Kenneth Leech, *Experiencing God: Theology as Spirituality*(San Francisco: Harper and Row, 1985), 386.
49) 최근 한국가톨릭교회를 보면 "사제들의 정치참여는 잘못된 일이고 정치구조나 사회생활조직에 개입함은 사제가 할 일이 아니다."라고 말한 염수정 추기경이나 천주교 정의구현사제단 소속 사제들이 시국 선언한 것과 관련하여 "거짓 예언자의 욕심 때문"이라고 말한 정진석 추기경의 모습을 통해 드러났듯이 가톨릭교회 안에도 현상유지적인 콘스탄틴주의의 요소가 상존하는 것이 사실이지만, 가톨릭교회 안에 상존해 있는 콘스탄틴주의가 한국사회에서 심각한 문제로 부각되고 있지 않고 있는데 그 이유는 매스컴을 통해 군사독재정권 시절 인권을 옹호하며 독재정권퇴진운동을 벌였던 김수환 추기경의 민주화운동의 발자취와 강우일 주교 등 정의구현사제단이 보여주었던 정의운동 등의 긍정적 이미지가 한국사회에 강하게 어필되고 있기 때문이라고 본다.
50) Kenneth Leech, *Experiencing God: Theology as Spirituality*, 250.
51) 웹스터의 『새 세계 사전』에 따르면 보수주의는 "기존 전통이나 제도를 보존하고 변화에 저항하거나 반대하려는 경향"을 지칭한다.〈Philip Clayton, *Transforming Christian Theology for Church and Society*, 이세형 역, 『신학이 변해야 교회가 산다』, 212〉 근본주의란 자유주의 신학의 역사비평적 성서주석과 진화론과 같은 현대과학이론에 대항하여 일어난 신학사조로 성경무오설, 축자영감설, 성경의 문자적 해석 등을 강조하며 현대주의를 배격한다.〈목창균, 『현대신학논쟁』(서울: 두란노, 1995), 243-245.〉
52) 김홍기, 『현대교회의 신학운동사』(서울: 한들출판사, 2008), 159-164.

장 잘 드러나는 곳은 정권에 대한 태도이다. 한국교회는 이승만 대통령 시절에는 이승만을 지지했고, 박정희 독재 체제 하에서는 박정희를 지지했으며, 전두환 정권에서는 전두환을, 노태우 때는 노태우를, 김영삼 때는 김영삼을, 그리고 이명박 때는 이명박을 지지했고, 박근혜 정권에서도 박근혜를 지지하고 있다. 한국교회는 그들이 쿠데타를 해서 정권을 잡았든지 아니든지, 자유를 억압하고 인권을 유린하는 정권이든지 아니든지 아무런 상관이 없었다. 다만 그들은 기존질서를 지지했고 사회의 기득권 세력을 지지할 뿐이었다. 그들은 정치, 경제, 사회 영역의 여러 가지 사회악으로 인해 고통을 당하는 사회적 약자들을 지지하기보다는 기득권세력을 지지하였고, 불의한 사회질서에 대해 아무런 문제를 제기하지도 않았고 위협하지도 않았다. 이렇게 기득권의 현상유지를 언제나 옹호하는 콘스탄틴적 보수주의의 경향은 기독교의 본질을 왜곡시킬 뿐 아니라 자유, 정의, 인권, 평화, 생명존중 등 새로운 지구적 의식을 가진 많은 지성인들로 하여금 교회를 불신하게 만드는 커다란 장애물로 작용하고 있다고 하겠다.

3) 예수의 주변화

콘스탄틴 이후 "교회는 더 이상 소외된 존재가 아니었다. 오히려 교회는 사회의 중심부에서 대지주, 국가의 협력자, 도덕적, 사회적 가치의 감독자 역할을 하였다."[53] 이렇게 사회의 변두리에서 중심부로 들어옴으로써 교회는 예수를 신앙의 중심에서 변두리로 몰아내는 오류를 범했

---

53) Stuart Murray, *The naked Anabaptist-The Bare Essentials of a Radical Faith*, 강현아 역, 『이것이 아나뱁티스트다』 (대전: 대장간, 2011), 79.

다. 기독교가 제국의 종교가 되고, 사회의 유력자들이 교회 안으로 들어오면서부터 버림받고 소외된 자에게 우선적인 관심과 사랑을 주시던 죄인의 친구이신 예수를 따르고 본받는 것이 무엇을 의미하는지 이해하기가 어려워졌다. 교회가 계급구조를 띤 사회 속에서 높은 지위를 추구하고 차지함에 따라 '먼저 된 자로서 나중 되고 나중 된 자로서 먼저 될 자가 많으며', '자기를 높이는 자는 낮아지고 누구든지 자기를 낮추는 자가 높아지게 되는' 바, 세상 가치의 전복을 보여주는 예수의 가르침이 혼란스럽게 여겨졌다.[54] 아울러 예수의 가르침은 개인적인 행동에 대해서는 권위 있는 도덕적 지침으로 여겨졌으나 정치적 문제 등 공적인 문제와 관련해서는 더 이상 권위 있는 도덕적 지침으로 여겨지지 않았다.[55] 그뿐만 아니라 "예수의 삶과 많은 교회지도자의 삶 사이의 멀어져만 가는 간격은 예수의 인간성을 제외해야 할 필요를 느꼈다. 적어도 시민으로서, 그리스도인들이 따라야 할 모델로서의 예수가 더는 없었다. 나사렛 예수는 국가기독교에 동화되기 어려웠다…. 결과적으로 4세기에 예수는 천상의 모습으로 다시 개조되어야 했다. 그의 신성은 강조되었고 나사렛인의 위험스런 기억을 점점 희미해지도록 조장되었다."[56]

4세기 이후의 이러한 콘스탄틴적 신학패러다임은 종교개혁자들을 거쳐 오늘날의 주류기독교 교파에까지 그대로 이어지고 있다. 종교개혁자들은 이신칭의론과 구세주로서의 예수와 예수의 십자가상에서의 구속사역은 강조하였지만 그분의 삶과 가르침이 제자도를 위한 규범이 된

---

54) 위의 책, 80-81.
55) Jonathan Bartley, *Faith and Politics After Christendom: The Church as a Movement for Anarchy*, 36.
56) Stuart Murray, *Biblical Interpretation in the Anabaptist Tradition*, 문선주 역,『아나뱁티스트 성서해석학』(대전: 대장간, 2013), 314.

다는 사실은 소홀히 다루었다.[57] 다시 말해 그들은 예수의 인간성을 희생하면서 그리스도의 신성을 강조하였고, 제자도의 모델로서의 예수를 희생하면서 구원론적 교리의 진술로서의 기독론을 강조하였다.[58]

우리 한국교회는 어떠한가? 한국교회 역시 서구의 기독교 주류 전통의 이러한 흐름과 크게 다르지 않다. 한완상은 이렇게 말한다.[59]

> 한마디로 한국의 예수교회에는 예수님이 안 계십니다. 하기야 다른 나라의 교회에도 역사의 예수 모습은 잘 보이지 않습니다만, 교세의 양적 팽창과 대외적 선교열을 그토록 자랑하는 한국교회와 교인의 삶 속에서 나사렛 예수, 갈릴리의 예수를 만날 수 없다는 것, 이것이 바로 위기라 하겠습니다.

서구 교회가 그러했듯이 한국교회 역시 예수를 소외시켰다. 예수는 우리를 의롭게 하시는 구속주이셨으나 세상의 가치를 전복하시며 가난한 자, 억눌린 자, 포로된 자, 비천한 자에게 자유와 해방을 주시는 분은 아니었다. 한국교회에서도 예수의 신성은 강조되었으나 예수의 인간성은 희미해져 버렸고, 예수는 예배의 대상이셨으나 매일의 삶 속에서 따라야 할 모범은 아니었다.[60] 요컨대 한국교회의 위기는 우리 교회 안에

---

57) Stuart Murray, *Post-Christendom*, 152; Lloyd Pietersen, *Reading the Bible After Christendom*(Harrisonburg, Virginia: Herald Press, 2012), 71.
58) Stuart Murray, *Biblical Interpretation in the Anabaptist Tradition*, 문선주 역, 『아나뱁티스트 성서해석학』, 326.
59) 한완상, 『예수없는 예수교회』(서울: 김영사, 2008), 7.
60) 이와 관련하여 남아프리카의 어느 학자는 "예수는 엄청나게 평가 절하된 인간이다. 그의 인간성을 박탈하는 것은 그의 위대함을 박탈하는 짓이다"라고 하였다. 〈Robin R. Meyers, *Saving Jesus from the Church*, 김준우 역, 『예수를 교회로부터 구출하라』(서울: 한국기독교연구소, 2012), 111.〉

참된 예수의 모습이 보이지 않는다는 데 있다는 것이다.

3. 1990년대 이전에 신뢰도 문제가 크게 부각되지 않은 이유

앞에서 한국교회의 콘스탄틴주의는 해방 이후 근대 국가 형성기에 나타나기 시작했다고 하였고, 한국교회가 불신을 당하는 이유가 바로 콘스탄틴주의에 있다고 하였다. 그렇다면 콘스탄틴주의가 나타나기 시작하였던 해방 이후와 1980년대 말 사이에는 왜 신뢰도 문제가 발생되지 않은 것일까? 한국교회가 콘스탄틴적 교회였음에도 지난 반세기 동안 신뢰도 문제가 크게 부각되지 않은 이유는 무엇일까? 그 이유는 한마디로 지난 반세기가 성장주의 시대였기 때문이다. 그 시대는 한국교회도 교회성장이 지상목표였고, 한국사회도 경제성장이 지상목표였던 성장주의 시대였기 때문에 교회의 콘스탄틴적 문제들이 크게 부각되지 않았다. 교회성장과 경제성장만 이루어지면 다른 모든 것들은 크게 문제로 부각되지 않았던 것이다. 달리 말하자면 1990년대 이후 한국교회의 신뢰도 문제가 심각한 문제로 대두하게 된 것은 한국교회의 세상과의 동일시 현상이 1990년대 이후 더욱 두드러지게 된 것에도 이유가 있겠으나 보다 더 큰 문제는 우리 시대가 더 이상 성장주의 시대가 아니기 때문이다. 1990년대 이후 우리 사회는 탈성장의 시대로 접어들면서 성장주의 패러다임의 폐해를 인식하게 되었고, 지속가능성, 상생, 나눔, 생명, 정의, 평화와 같은 가치들에 주목하면서 새로운 생명문명으로의 패러다임 전환을 시도하려는 움직임이 나타나기 시작했다. 이런 시대 변화에도 불구하고 교회는 여전히 지속가능할 수 없는 성장주의 패러다임에 안주해 있고, 여전히 콘스탄틴주의에서 벗어나지 못하고 있는데 이로 인해 심각한 사회적 공신력 위기에 처하게 된 것이라 할 수 있다. 요컨대 80년대까지 크게 문제시되지 않던 한국교회의 신뢰도 문제가 90년대 이후 사회 문제로까지 크게 부각되고 있는 이유는 성장주의 시대가 탈성장 시대로 바뀌고 있는 오늘날의 시대상황 변화가 크게 작용하는 것이라고 할 수 있다.

IV. 한국교회의 신뢰도 회복을 위한 대안

1. 콘스탄틴주의로부터의 탈피

앞에서 한국교회의 신뢰도 위기는 콘스탄틴주의로부터 비롯된 것이라고 하였다. 그렇다면 한국교회의 신뢰도 회복을 위한 첫째 과제는 무엇보다 콘스탄틴주의로부터 벗어나는 것이어야 할 것이다. 그도 그럴 것이 콘스탄틴주의는 요더가 말한 것처럼 기독론과 교회론과 종말론의 변질을 초래할 수밖에 없는 것이기 때문이다. 뿐만 아니라 교회가 세상적 지위, 부, 권력과 습관적으로 결탁하는 콘스탄틴적 특성은 기독교인들로 하여금 복음으로부터 멀어지게 할 것이기 때문이다.[61] 그러면 벗어나야 할 콘스탄틴적 기독교의 모습에는 어떤 것들이 있을까? 첫째로, 한국교회는 권력과 결탁할 뿐 아니라 스스로 권력이 되어가는 콘스탄틴적 기독교를 탈피해야 한다. 왜냐하면, 교회가 세상적 지위, 부, 권력과 습관적으로 결탁하는 것은 기독교를 현상유지의 종교로 만드는 것이기

---

61) Stuart Murray, *The naked Anabaptist-The Bare Essentials of a Radical Faith*, 강현아 역, 『이것이 아나뱁티스트다』 (대전: 대장간, 2011), 115, 127

때문이고, 또 교회가 스스로 권력이 되어가는 교권주의의 모습은 기독교인으로 하여금 참된 제자로서의 삶을 살아갈 수 없게 만들 뿐만 아니라 비기독교인들에게는 선교의 장애물이 될 것이기 때문이다.

둘째로, 한국교회는 속죄론 중심의 기독론을 탈피해야 한다. 그도 그럴 것이 예수의 사역은 단순히 속죄를 위한 영적 성격만 가지고 있는 것이 아니라 새로운 사회적 질서를 위한 윤리적, 사회적 성격도 동시에 가지고 있는 것이기 때문이다.[62] 뿐만 아니라 속죄론 중심의 기독론은 예수의 인간성을 탈락시킬 뿐만 아니라 그럼으로써 예수가 모든 기독교인들의 매일의 삶의 규범이 되신다는 사실, 즉 제자도의 모델이 되신다는 사실을 탈락시키기 때문이다. 셋째로, 한국교회는 국가의 위계질서와 유사한 성직자 중심의 위계질서적 교회구조[63], 즉 한 목소리가 지배하는 교회구조를 탈피해야 한다. 왜냐하면 콘스탄틴 이후 생겨난 성직자 중심의 위계질서적 교회는 모든 성도들에게 역사하시는 성령의 역사하심이 무시되고, 성도들 모두가 참여하는 교회의 공동체성이 약화되며, 교회지도자들에게는 과도한 짐이 부과되고, 예언자적 목소리에 대해 침묵하게 될 것이기 때문이다.[64] 사실 신약성서는 성직자 중심의 단독목회를 지지하기 보다는 많은 사람들이 참여하는 보편적 목회를 지지한다는 사실에 주목할 필요가 있다.[65]

---

62) J. H. Yoder, *The Politics of Jesus*, 신원하, 권연경 역, 『예수의 정치학』, 188-196, 203.
63) Stuart Murray, *Post-Christendom*, 83. 칼 바르트는 "'평신도'라는 용어는 종교 언어에서 가장 나쁜 말 중에 하나이고 그래서 그 말은 기독교인의 대화에서 제거되어야 한다."고 하였다.〈Stuart Murray, *Post-Christendom*, 262〉
64) Stuart Murray, *The naked Anabaptist-The Bare Essentials of a Radical Faith*, 강현아 역, 『이것이 아나뱁티스트다』(대전: 대장간, 2011), 152-153.
65) J. H. Yoder, *The Fullness of Christ*, 김복기 역, 『그리스도의 충만』(대전: 대장간, 2012), 138-141. 요더는 "'목회자가 아닌' 의미로 사용된 '평신도'라는 단어는 이단적인 용어이며, 몇 세대 후에 등장한 용어"라고 말한다.(앞의 책, 38-39)

넷째로, 한국교회는 개인윤리와 사회윤리를 분리하여 하나님의 진리를 개인적인 삶의 영역에만 적용된다고 보는 신앙의 사사화 전통을 탈피해야 한다.66) 많은 기독교인들은 산상수훈의 가르침이 개인적인 관계나 내면의 영역에만 적용되는 것이지 사회문제나 국제문제를 해결하는 데는 해당되지 않는다고 생각하는데 이것은 기독교 신앙의 왜곡이 아닐 수 없다.67) 왜냐하면 하나님을 향한 기도생활과 세상 속에서의 다른 사람을 위한 사랑과 정의와 평화의 행동은 분리될 수 없는 것이기 때문이다.68)

다섯째로, 한국교회는 콘스탄틴 이후의 기독교인들이 제국의 폭력을 도덕적으로 참아낼 만한 것이라고 생각했을 뿐만 아니라 하나의 기독교적 의무라고 생각했던 잘못된 전통을 탈피해야 한다.69) 왜냐하면 폭력에 대해 예수가 제시한 길은 폭력에 굴종하거나 회피하는 길도 아니고 폭력적 대응 행동도 아닌 비폭력의 길이었기 때문이다.70) 콘스탄틴 이후 주류기독교 전통은 일정한 조건 하에서 폭력을 정당화했는데 이런 입장은 원수까지도 사랑하라는 예수의 가르침과 양립되기 어려운 것이다.71)

이제 성장주의 시대는 가고, 탈성장주의 시대가 오고 있다. 이에 따라 이전에 크게 부각되지 않던 콘스탄틴주의가 점점 더 문제로 부각되

---

66) J. H. Yoder, *The Politics of Jesus*, 신원하, 권연경 역, 『예수의 정치학』, 194-196.
67) Kenneth Leech, *Experiencing God: Theology as Spirituality*, 22.
68) Michael Downey, *Understanding Christian Spirituality*, (New York: Paulist Press, 1997), 103-104; John H. Westerhoff, *Spiritual Life: The Foundation for Preaching and Teaching*(Louisvill, Kentucky: Westminster/John Knox Press, 1994), 2.
69) J. Howard Yoder, *The Priestly Kingdom: Social Ethics as Gospel*(Notre Dame, Indiana: University of Notre Dame Press, 1984), 135.
70) 정원범, 『평화운동과 평화선교』 (서울: 한들출판사, 2009), 27-30.
71) Stuart Murray, *Post-Christendom*, 116-117.

며, 점점 더 교회의 교회다움이 요청되는 시대가 될 수밖에 없다. 그러므로 한국교회는 복음의 본질과 교회의 본질을 변질시켰던 콘스탄틴적 특성들을 찾아내서 거기로부터 벗어나려는 노력을 기울여야 할 것이다.

2. 탈콘스탄틴적 기독교의 정체성의 회복

1) 개인구원의 복음에서 하나님 나라의 복음으로

콘스탄틴적 교회는 속죄교리와 칭의교리를 지나치게 강조한 나머지 공적인 영역에 대한 비전을 상실했다. 브라이언 맥클라렌이 말한 대로 전통적인 교회에 있어서 복음은 인류 전체와 세상의 공적인 영역에 대해서는 특별한 의미가 없고 단지 개인구원을 위해서만 의미를 가진 것으로 이해하는 개인주의적인 이론으로 변질되었다.[72] 그러나 예수의 복음은 정치, 경제, 사회 현실과 무관한 개인구원의 복음이 아니라 개인과 정치, 경제, 사회의 모든 영역과 관련된 통전적인 구원의 복음 곧 하나님 나라의 복음이며, 현존질서의 유지를 옹호하는 현상유지의 복음이 아니라 세속적 가치체계와 불의한 사회체제를 변화시키는 혁명적인 사회변혁의 복음이다.[73] 하나님 나라의 혁명성에 대해 브라이언 왈쉬와 맥클라렌은 이렇게 말한다.

기독교는 우리 문화의 지배 질서를 뒤엎을 뿐 아니라 우리 문화의 지배 세력에 커다란 걸림돌이 되기도 한다…. 하나님 나라는 그 모든 나라들

---

72) Brian McLaren, *A Generous Orthodoxy*, 정성묵 역,『기독교를 생각한다』(서울: 청림출판, 2011), 51.
73) J. H. Yoder, *The Politics of Jesus*, 신원하, 권연경 역,『예수의 정치학』, 53, 81, 88.

과 문화적 실험들을 향해 방향을 바꾸라고 요구한다. 하나님 나라의 복음은 세상을 뒤집어엎기 때문에 현재 체제 안에서 기득권을 갖고 있는 모든 사람들에게 걸림돌이 되는 것이다.[74]

화해와 평화에 의해 발전하며 믿음과 소망과 사랑을 통해 확장되는 하나님 나라는 가장 작고 가난하고 연약하고 온유한 사람들과 더불어 시작하는 혁명적인 제국이다. 이제는 생각을 바꿀 때가 왔다. 바야흐로 모든 것이 변할 것이다. 새로운 삶의 방식이 이루어질 시간이다. 나를 믿고 따르라. 이 복음을 믿고 실천하는 법을 배움으로써 혁명에 동참하라.[75]

요컨대 하나님 나라는 혁명성을 그 특징으로 하고 있으므로 기독교인은 하나님 나라의 혁명에 참여해야 한다는 것이다. 다시 말해 탐욕과 착취와 불의가 판치는 세상을 향해 하나님은 언제나 자유, 치유, 사랑, 정의, 평화라고 하는 하나님 나라의 새로운 가치관과 그에 기초한 대안적인 새로운 사회를 요구하고[76] 계시기 때문에 기독교인은 끊임없이 그러한 하나님의 요구를 재강조하고 하나님이 원하시는 새로운 질서를 확립하려고 노력해야 한다. 이것이 바로 기독교인이 수행해야 할 영속적인 혁명이다.[77] 따라서 한국교회는 지금까지의 개인구원의 복음이라는 신학패러다임을 버리고 개인구원과 사회변혁을 아우르는 하나님 나라 복음의 신학패러다임을 한국교회의 신뢰 회복의 근본 토대로서 새롭

---

74) Brian Walsh, *Subversive Christianity: Imaging God in a Dangerous Time*, 강봉재 역, 『세상을 뒤집는 기독교』(서울: 새물결플러스, 2010), 16.
75) Brian McLaren, *The Secret Message of Jesus*, 조계광 역, 『예수님의 숨겨진 메시지』(서울: 생명의 말씀사, 2009), 63.
76) J. H. Yoder, *The Politics of Jesus*, 신원하, 권연경 역, 『예수의 정치학』, 101-102.
77) Jacques Ellul, *The Presence of the Kingdom*, 이문장 역, 『세상 속의 그리스도인』, 52.

게 확립해나가야 할 것이다.

　2) 속죄론 중심의 기독론에서 통전적 예수론으로

　콘스탄틴적인 전통적 교회는 예수의 인간성을 희생하면서 그리스도의 신성을 강조하였고[78], 제자도의 모델로서의 예수를 희생하면서 속죄론 중심의 기독론을 강조하였다.[79] 개신교의 개혁자들은 "믿음과 삶의 중심이신 예수보다도 그의 죽음의 의미에 초점을 맞추었다. … 예수는 더 이상 믿음과 삶의 방식의 기준점이 아니었으며 예수가 교회에 대한 이해와 사회 참여에 대한 참 조언을 줄 수 없다고 보았다."[80] 이런 입장에 따르면, 사회윤리의 영역에서 어떤 구체적인 윤리적 지침을 주는 것은 예수의 의도가 아니었다는 것이다.[81] 그러나 과연 그런 것일까? 만약 예수의 인간적인 삶이 우리의 구체적인 정치, 경제, 사회적 삶의 규범이 될 수 없다고 한다면, 예수의 성육신이 있어야 할 필요는 어디에 있겠으며 또 인간으로서의 삶이 있어야 할 필요는 어디에 있겠는가?[82] 예수의 오심이 죽음을 통한 속죄사역이기만 했다면 세상에 오셔서 곧바로 죽으시기만 하면 되는 것이 아니었던가? 그러나 예수의 삶과 사역은 단순히 우리의 천국행을 위한 것만이 아니었다. 그것은 우리의 구속을 위한 것이었을 뿐만 아니라 동시에 그것은 기독교인들로 하여금 이 땅에서 하나님 나라의 새로운 삶의 방식을 증거하는 증인의 삶을 살

---

78) 예수의 신성의 차원만을 강조하는 전통은 사도신경을 통해서 지금도 계속되고 있다.
79) Stuart Murray, *Biblical Interpretation in the Anabaptist Tradition*, 문선주 역, 『아나뱁티스트 성서해석학』, 326.
80) Stuart Murray, *The naked Anabaptist-The Bare Essentials of a Radical Faith*, 강현아 역, 『이것이 아나뱁티스트다』, 83.
81) John H. Yoder, *The Politics of Jesus*, 19.
82) 위의 책, 22.

게 하려는 것이었고 그럼으로써 사회변혁의 주체가 되게 하려는 것이었다.[83]

그러나 한국교회는 예수의 삶과 사역이 우리의 구속과 정치, 경제, 사회적 삶의 규범을 위한 것이 아니라 그것이 마치 신자들의 물질적 축복과 천국행만을 위한 것이라고 잘못 생각하였고, 그럼으로써 한국교회는 사회변혁의 주체가 아니라 사회적 비판의 대상이 되고 말았다. 따라서 사회적 불신을 불식시키기 위해서 한국교회는 무엇보다 속죄론 중심적 기독론의 신학패러다임을 버리고 예수의 신성과 인간성, 구속주로서의 예수와 제자도의 모델로서의 예수를 모두 아우르는 통전적 예수론[84]의 신학 패러다임을 시급히 확립해야 할 것이다.

3) '오직 믿음'의 신앙에서 '예수 따름'의 신앙으로

콘스탄틴 이후 "제국의 교회는 예수의 가르침과 삶의 방식을 따르지 않으면서도 그를 높이고 경배하였다."[85] 그 이후 수도원 운동이나 부흥 운동을 통해 예수의 가르침을 실천하고자 하는 시도들이 없었던 것은 아니나 대부분의 경우 주류 교회들에 있어서 예수는 일상의 삶 속에서 따라야 할 대상이라기보다는 주로 믿음의 대상, 예배의 대상으로 여겨졌다.[86] 예수에 대한 이해가 주로 신성의 관점과 속죄사역의 관점에서

---

83) 위의 책, 63.
84) 통전적 예수론이란 표현은 통전적 기독론이라고 지칭할 수도 있겠으나 그동안 전통적 교회에서 취약했던 예수의 인간성과 예수 따라 사는 삶을 강조하는 의미에서 통전적 예수론이라고 지칭한다.
85) Stuart Murray, *The naked Anabaptist-The Bare Essentials of a Radical Faith*, 강현아 역, 『이것이 아나뱁티스트다』, 82.
86) 위의 책, 83.

만 이루어졌기 때문이다. 종교개혁자들 역시 삶의 모범으로서의 예수보다는 구속주로서의 예수를 강조하였다. 삶의 모범으로서의 예수를 강조하는 것이 '오직 믿음'의 원리와 '오직 은총'의 원리에서 벗어나 행위의 의로 다시 돌아가는 일이라고 생각했기 때문이다. 따라서 그들은 그리스도를 본받는 삶에 대해 말하는 경우가 있다고 하더라도 그 주제들은 언제나 '오직 믿음'의 교리에 종속되는 것이었다.[87]

그런데 여기서 루터는 칭의와 관련하여 가톨릭교회의 '율법의 행위'를 철저하게 배격하려는 의도를 가지고 로마서 3장에서 '오직'(solum=only)이라는 단어가 헬라어나 라틴 원문에 없다는 사실을 알면서도 독일어용법을 고려하여 '오직'이라는 단어를 삽입하였다.[88] 루터는 '오직 믿음'이라는 표현을 자신이 처음 사용한 것이 아니라 암브로스, 어거스틴이 이미 사용하였다고 말하고 있지만, '오직 믿음만으로 구원받는다'는 이 신앙은 서구교회든 한국교회든 모두 루터의 영향임을 부인하기어렵다. 그런데 문제는 루터에게 있어서 선행이 배제되는 '오직 믿음'이아니었음에도 불구하고 그의 의도와는 다르게 한국교회에서는 많은 경우 '오직 믿음'이라는 고백이 마치 선행을 배제하는 것처럼 이해되는 왜곡의 현상이 일어났다는 사실이다.

그리하여 독일교회가 그랬듯이 한국교회에서도 예수 그리스도의 값비싼 은혜가 싸구려 은혜가 되고 말았다. 본회퍼가 말한 대로, "싸구려 은혜는 그리스도를 본받음이 없는 은혜, 십자가 없는 은혜, 살아계신

---

87) Stuart Murray, *Biblical Interpretation in the Anabaptist Tradition*, 문선주 역, 『아나뱁티스트 성서해석학』, 128.
88) 그리하여 루터는 "율법의 어떠한 행위 없이 그리스도 안에서 믿음으로 의롭게 된다."는 표현을 강조하여 "믿음만이 우리를 구원하며 행위로가 아니다." "믿음만이 구원한다"라고 말한다. 〈H. T. Kerr ed., 김영한 편역, 『루터신학개요』(서울: 대한예수교장로회총회출판국, 1991), 150-151.〉

예수 그리스도 곧 사람이 되신 예수 그리스도를 무시하는 은혜에 불과 하다." "까마귀처럼 우리는 '싸구려 은혜'라는 시체 주위에 모여 그 시체 의 독을 받아마셨다. 그 결과 예수를 본받는 삶이 우리에게서 사라지고 말았다."[89) 바로 이러한 신앙의 왜곡현상이 한국교회를 심각한 신뢰도 위기 상황에 빠뜨린 것이다. 그러므로 한국교회가 사회로부터 불신을 당하고 있는 이 위기가 극복되기 위해서는 무엇보다도 '오직 믿음'의 신 앙에서 '예수따름'의 신앙으로의 전환이 시급히 요청된다고 하겠다.

V. 나가는 말

지금까지 필자는 존 하워드 요더의 윤리학의 관점에서 한국교회의 신뢰도 위기의 원인을 분석하고, 신뢰도 위기를 극복하기 위한 대안을 제시하였다. 우선 요더의 윤리학의 기본관점을 원용하여 한국교회의 신 뢰도 문제를 분석하였는데 한국교회가 받고 있는 불신은 근본적으로 지 배적인 사회질서나 권력구조와의 공생관계를 맺으려는 성향 또는 교회 와 세상과의 동일시 현상으로서의 콘스탄틴주의에서 비롯된 것이었음 을 고찰하였다. 즉, 한국교회의 콘스탄틴적 특성으로 인해 한국교회는 예수의 인간성과 제자도 모델로서의 예수를 희생시키고 예수의 신성만 강조하게 되었고, 하나님 나라 복음의 혁명적 성격을 상실한 채, 세상질 서를 지지하는 현상유지의 종교가 되었으며, 결국 그로 인해 한국사회 로부터 불신을 받게 되었음을 살펴보았다. 따라서 필자는 콘스탄틴주의

---

89) Eberhart Bethge, *Dietrich Bonhoeffer*, 김순현 역, 『디트리히 본회퍼』(서울: 복 있는 사람, 2006), 232-233.

가 한국교회 신뢰도 위기의 원인이라는 전제 하에 이 위기를 극복하기 위한 대안으로 첫째, 한국교회가 콘스탄틴주의로부터 벗어나야 하고, 둘째, 탈콘스탄틴적 기독교의 정체성을 회복해야 한다고 제안하였다. 그리고 탈콘스탄틴적 기독교의 정체성 회복을 위한 과제로 ① 개인구원의 복음에서 하나님 나라의 복음으로의 전환의 과제, ② 속죄론 중심의 기독론에서 통전적 예수론으로의 전환의 과제, ③ '오직 믿음'의 신앙에서 '예수 따름'의 신앙으로의 전환의 과제를 제시하였다. 다만 이 논문을 마치면서 밝혀야 할 것은 이 논문의 준거틀로 삼았던 요더의 관점은 한국교회의 위기를 분석하고, 교회의 정체성을 회복하기 위한 방향을 제시하는 데는 유익이 있지만, 교회의 사회변혁적 책임의 과제를 제시하는 데는 근본적인 한계를 가지고 있다고 볼 수밖에 없다. 왜냐하면 요더는 기독교윤리학을 모든 사람을 위한 윤리가 아니라 교회공동체를 위한 신앙공동체의 윤리로 규정하고 있기 때문이다.[90]

지금 우리는 모더니즘의 시대에서 포스트모더니즘의 시대로, 종교의 시대에서 영성의 시대로, 교파주의 시대에서 에큐메니칼 시대, 성장주의 시대에서 탈성장의 시대로 전환되는 혁명적인 전환기를 살고 있다. 이에 따라 과거에 통용되던 많은 원리들은 사라져 가고, 새로운 원리들이 나타나고 있다. 변하지 않으면 생존이 불가능한 시대이다. 한국교회도 변화를 요청받고 있다. 필자는 콘스탄틴적 기독교에서 탈콘스탄틴적 기독교로의 전환을 제안하였는데 이 시도를 할 수만 있다고 한다면 오늘의 위기는 교회의 교회다움을 회복하는 좋은 기회가 될 수 있을 것이다.

---

90) 정원범, 『신학적 윤리와 현실』 (서울: 쿰란출판사, 2004), 86-87.

② 한국교회의 공공성 위기와 기독교의 사회선교*

Ⅰ. 들어가는 말

한국교회가 추락하고 있다. 2013년 8월 27일 MBC 'PD수첩'은 "목사님, 돈을 어디에 쓰셨습니까"라는 제목으로 부천처음교회 윤영대 목사의 교회헌금의 전횡과 횡령 문제를 다루었고, 9월 14일 SBS '그것이 알고싶다'는 거지 목사 행세를 해온 한승주 씨의 이중생활을 폭로했으며, 9월 15일 MBC '뉴스데스크'는 은성교회 정봉규 목사의 무리한 예배당건축[1]으로 인해 교회가 파산위기에 몰렸다고 보도했다.[2] "추락의 가속도는 더해 가는데 날개가 없다. 낙하산도 없다. 사회 고발 프로그램에는 개신교를 대표하는 대형 교회와 목사들이 단골로 등장한다. 교회가 죄 많은 세태를 고발하는 것이 아니라 세상이 교회의 죄악을 고발하고 있다. 신문과 뉴스에 연일 보도되는 교회와 목사의 추문은 더는 낯선 이

---

* 이 글은 「기독교사회윤리」 27, 2013에 실렸던 글임.

1) 뉴스데스크에 따르면, 은성교회는 교회적금 20억 원, 건축 및 일반헌금 121억 원, 교인 담보대출금 80억 원 등 241억 원으로 580억 예배당을 건축하는 동안 950억 원을 대출받았고, 정봉규목사는 퇴직금으로 30억원을 지급받았다.

2) http://www.newsnjoy.or.kr/news/articleView.html?idxno=195225

야기가 아니다. 여론의 한복판에서 한국교회가 벌거벗겨진 채 뭇매를 맞고 있지만, 누구 하나 말리는 사람이 없다. 오히려 구경꾼들의 손에는 돌멩이가 들려 있다."[3] 한국교회가 어쩌다가 이런 지경에 이르게 되었을까? 한국교회, 무엇이 문제인가? 해결 방안이 있다면 그것은 무엇일까?

이런 질문을 가지고 필자는 2장에서 기독교의 공적 특성을 규명하면서 한국교회 위기의 원인을 분석하고, 3장에서 공공성 상실의 원인을 분석한 후, 4장에서 공공성 회복의 대안으로서의 사회선교와 사회선교의 과제로서의 생명, 정의, 평화의 선교를 제시하고자 한다.

II. 기독교의 공공성과 한국교회의 위기의 원인

1. 기독교의 공공성

일반적으로 공공성이란 특정 개인이나 특정 집단이 독점할 수 없고 모든 사람이 공동으로 사용(향유)할 수 있어야 한다는 의미의 특성을 지칭하는 말이다. 다시 말해 "공공성이란 정치적으로 과거 봉건주의 시대나 절대군주 체제에서 신분적 우선권이나 특권이나 경제적, 시장적 독점을 지양하고 모든 시민이 정치, 경제, 사회 등 각 분야의 열린 공간에서 동등한 자격으로 참여할 수 있는 삶의 모델을 의미한다."[4] 그런데 기독교의 진리와 은혜의 혜택은 어느 특정 개인이나 특정 집단이 독점할 수 있는 것이 아니라는 점에서 기독교는 근본적으로 공공적 성격을

---

3) http://www.newsnjoy.or.kr/news/articleView.html?idxno=36162
4) 손규태, 『하나님 나라와 공공성』 (서울: 대한기독교서회, 2010), 158.

지닌다. 기독교는 분명히 사적인 종교가 아니라 공적인 종교이다.

보다 구체적으로 기독교가 공적인 종교인 이유는 무엇일까? 그 이유는 다음과 같다. 첫째로, 하나님은 고독한 개인적 존재가 아니라 공동체로 존재하는 공적 존재이기 때문이다. 칼 바르트가 말한 대로, "하나님은 영원히 고독하게 자족적이고 자아 의존적으로 존재하는 분이 아니라 삼위일체적 본성 안에서 상호관계적인 공동체로 존재하신다."[5) 다시 말해 "기독교의 하나님은 홀로 고고하게 자족하는 하나님, 인간의 지배와 독재를 정당화시켜 주는 독재자 하나님, 군주와 같이 일방적으로 지배하는 유일독재자 하나님이 아니라 공동체(사귐)로 존재하는 하나님이다."[6) 요컨대 하나님은 사회적이고 참여적인 존재이다. 그러므로 "기독교는 본질적으로 사회적이고 참여적이다."[7)

둘째로, 하나님이 창조하신 이 세상은 어느 한 개인이나 어느 한 집단이나 어느 한 국가만을 위한 사적인 영역이 아니라 모든 생물, 모든 인종, 모든 국가의 공생을 위한 영역이기 때문이다.[8)

셋째로, 인간은 하나님의 형상, 즉 고독한 존재가 아니라 하나님과 다른 피조물들과의 관계 속에서 살아가는 존재, 즉 상호의존성을 특징으로 하는 공동피조물로서 창조되었기 때문이다.[9) "성육신한 주님이 죄인들, 가난한 사람들과 깊은 연대함 가운데 살았듯이, 또 영원한 하나

5) Karl Barth, *Kirchliche Dogmatik* Ⅱ, 402: 김현진『공동체적 교회회복을 위한 공동체신학』(서울: 예영커뮤니케이션, 1998), 53. 재인용

6) 이신건, 『조직신학입문』(서울: 한국신학연구소, 1992), 44.

7) Kenneth Leech, *The Social God*, 신현기 역, 『사회적 하나님』(서울: 청림출판, 2009), 24.

8) 손규태, 『하나님 나라와 공공성』, 164.

9) Daniel L. Migliore, *Faith Seeking Understanding: An Introduction to Christian Theology*, 장경철 역, 『기독교 조직신학개론』(서울: 한국장로교출판사, 1994), 140; Arthur Rich, *Wirtschaftsethik*, 강원돈 역, 경제윤리1(서울: 한국신학연구소, 1993), 224.

님의 삶이 세계를 향해 열려 있는 사랑의 삼위일체적 공동체를 이루고 있듯이, 인간도 다른 존재와 함께 살아가는 가운데 살아 계신 하나님을 반사하도록 지어진 것이다."[10] 다시 말해 "인간됨이란 자유롭게 그리고 기꺼이 서로 존경하며 사랑하는 관계 안에서 사는 것을 의미한다."[11]

넷째로, 하나님의 나라는 어느 특정 집단이나 어느 특정 국가가 독점할 수 있는 사적인 성격의 나라가 아니라[12] 전 세계와 전 인류가 성령 안에서 정의와 평화와 기쁨을 함께 누리는 매우 보편적인 공적 성격의 나라이기 때문이다.

다섯째로, 교회는 자신의 이익을 위한 사적인 존재가 아니라 이웃의 유익과 세상의 구원을 위한 공적인 책임을 수행해야 하는 존재이기 때문이다. 본회퍼가 말한 대로, "교회가 다른 사람들을 위해 존재할 때만 교회는 교회이다."[13] "교회가 자신의 영역을 지킬 수 있는 유일한 길은 자신을 위해서가 아니라 세상의 구원을 위해서 싸우는 데 있다. 그렇지 않으면 교회는 자신의 이익을 위해서 싸우는 '종교단체'가 되고, 하나님과 세상의 교회이기를 그치게 된다."[14]

여섯째로, 구원받은 기독교인이란 자신의 이익만을 추구하는 사람들이 아니라 공동체의 유익, 즉 공동선 또는 공익을 추구하는 사람들이기 때문이다. 여기서 공동선이란 "모든 이들에게 동일하게 유익한, 특정하고 일반적인 상황"(존 롤스)[15] 또는 "집단이나 구성원 개개인으로 하

---

10) Daniel L. Migliore, 위의 책, 184-185.
11) 위의 책, 184.
12) 손규태, 『하나님 나라와 공공성』, 158.
13) ed. John W. de Gruchy, *The Cambridge Companion to Dietrich Bonhoeffer* (Cambridge University Press, 1999), 217.
14) Larry L. Rasmussen, *Dietrich Bonhoeffer: Reality and Resistance*(Nashville, Tennessee: Abingdon Press, 1972), 21.
15) Jim Wallis, *The Great Awakening*, 배덕만 역, 『그리스도인이 세상을 바꾸는 7가지

여금 더 완전하고 더 용이하게 자기완성을 달성할 수 있게 하는 사회생활상 여러 가지 조건들의 총합"(사목헌장)[16]이라고 할 수 있다.

초대교회의 기독교인들은 공동선을 추구하는 그런 삶을 살아가려고 했었다. "많은 신도가 다 한마음과 한 뜻이 되어서 누구 하나도 자기 소유를 자기 것이라고 하지 않고 모든 것을 공동으로 사용하였다. 사도들은 큰 능력으로 주 예수의 부활을 증언하였고 그들은 모두 큰 은혜를 받았다. 그들 가운데는 가난한 사람이 하나도 없었다. 땅이나 집을 가진 사람들은 그것을 팔아서 그 판돈을 가져다가 사도들의 발 앞에 놓았고 사도들은 각 사람에게 필요에 따라 나누어 주었다"(행전 4: 32-35).

이처럼 기독교신학의 삼위일체론, 창조론, 하나님형상론, 신국론, 교회론, 기독교윤리학 등의 관점에서 볼 때 기독교는 분명히 공공성을 핵심으로 하는 공적 종교임에 틀림없다.

2. 한국교회 위기의 원인: 공공성 상실

한국교회가 위기에 처해있다는 이야기는 새삼스런 이야기가 아니다. 그러나 여전히 그 문제가 중요하게 다루어져야 하는 이유는 아직도 한국교회가 그 위기의 심각성과 그 위기의 원인이 무엇인지를 제대로 인식하지 못하고 있는 것으로 느껴지기 때문이다. 한국교회의 위기는 단순히 교인수가 감소하고 있다는 데 있지 않다. 주지하는 대로, 보다 심각한 문제는 한국교회가 사회로부터 신뢰를 잃어버리고 지탄과 조롱의 대상이 되고 있다는 데 있다. "2010년 한국교회의 사회적 신뢰도 여

방법』(서울: 살림, 2009), 137.

16) 정원범, 『가톨릭사회윤리와 인간존엄성』(서울: 한들출판사, 2002), 101.

론조사"에 따르면 한국교회를 '신뢰한다'는 응답 비율은 17.6%였던 반면, '신뢰하지 않는다'는 응답은 48.4%로 나타났는데[17] 신뢰도가 감소한 이유로는 '언론에서 부정적인 내용을 많이 접해서'가 18.6%, '언행일치의 모습을 볼 수 없어서'가 15.6%, '교인들의 비윤리적 행동 때문에'가 14.9%로 나타났다. 그리고 가장 신뢰하는 종교기관으로는 가톨릭교회가 41.4%, 불교(사찰)가 33.5%, 개신교회가 20%로 나타났고, 응답 내용을 종교별로 보면, 개신교인의 경우 개신교회를 신뢰하는 사람들의 비중은 전체 기독교인의 59%이고 불신한다는 사람들의 비중은 16.8%로 나타났다. 그러나 비개신교인의 경우에는 개신교회를 신뢰하는 사람들의 비중이 8.2%이고 불신하는 사람들의 비중은 55.4%로서 절반이 넘는 사람들이 개신교회를 불신하고 있는 것으로 나타났다.[18]

왜 이렇게 한국교회는 가장 신뢰받지 못하는 종교로 전락하게 되었을까? 그것은 한국교회가 기독교의 공공성을 상실했기 때문이다. 한국교회가 공공성을 상실했다는 말은 교회나 기독교인들의 삶이 공동선이나 공익을 추구하기보다는 사사로운 이익을 추구하는 일이 많아졌다는 말이다. 최근에 심각하게 문제가 되는 공공성 상실의 사례들로는 목사들의 교회공금 유용이나 횡령, 대형교회 담임목사의 전제군주적 전횡, 교회세습, 성직매매, 교회매매, 금권선거, 은퇴목회자의 과다한 퇴직금 논란 등이 있는데 그 중에서도 대표적인 사례는 교회를 자기 소유물로 생각해서 자녀에게 물려주는 교회세습이다.[19] "세습 기법도 갈수록 발

---

17) 기독교윤리실천운동, 『2010년 한국교회의 사회적 신뢰도 여론조사 결과발표 세미나』(서울: 기독교윤리실천운동, 2010), 11.
18) 위의 책, 17, 34.
19) "교회세습반대운동연대"에 따르면 61개 교회가 이미 세습을 진행했고, 세습 진행 중으로 의혹이 제기된 교회가 25교회로 나타났다(http://hsydney.com/?bo_table=topic&doc=bbs/board.php&wr_id=4215). 교단별로는 기감 17, 예장합동 17, 예장통합 7,

전하여, '부자 세습'은 기본이고 서로 교회를 맞바꾸는 '교차 세습'이 있는가 하면, 아예 미리 교회나 법인체를 하나 따로 떼어 주는 '증여 세습'도 추가로 개발되었다. 물론 꼭 아들에게만 세습하는 것은 아니다. 딸이나 사위 그리고 기타 혈족에게 적당한 명분을 만들어 합법적으로 세습을 하고 있다."[20] 특히 문제가 되는 것은 대형교회의 세습이다. 대형교회의 세습은 충현교회를 시작으로 광림교회 김선도 목사가 아들 김정석 목사에게(2001년), 금란교회 김홍도 목사가 아들 김정민 목사에게(1998년), 임마누엘교회 김국도 목사가 아들 김정국 목사에게 교회를 세습했다. 이러한 대형교회의 교회세습에 대해 일반인들은 북한 김일성 일가의 세습과 재벌 세습과 다른 것이 무어냐며 한국교회를 비판하고 있다.

증여 세습의 대표적 사례로는 여의도순복음교회의 조용기 목사 일가의 국민일보 사유화 사례가 있다. 이에 대해 이용필 기자는 다음과 같이 설명한다.[21]

조목사 일가는 지난 20여 년간 여의도순복음교회가 설립한 주요기관과 재단을 두루 장악해 왔다. 조희준 씨(장남)는 국민일보 회장과 '영상조용기자선재단' 대표사무국장 등을, 조민제 씨(차남)는 국민일보 사장에 이어 회장을 맡고 있다…. 조목사 일가의 교회 기관과 재단 장악은 범죄로 이어졌다. 장남 조 씨의 범죄 경력은 화려하다. 계열사 돈 36억 원을 배임한 혐의로 구속됐고, 지난 1월 18일 열린 1심에서 징역 2년을 선고받아 법정 구속됐다. 그러나 6월 20일 열린 항소심에서 집행

예성 4, 기침 3, 기성 2, 예장합신 1, 예장고신, 예장백석, 기장, 기하성, 선교단체 등 기타 11곳이다(http://www.newsnjoy.or.kr/news/articleView.html?idxno=194569).
20) http://www.newsnjoy.or.kr/news/articleView.html?idxno=30223.
21) http://www.newsnjoy.or.kr/news/articleView.html?idxno=194632.

유예 3년을 선고받고 풀려났다…. 국민일보와 넥스트미디어그룹 회장 등을 역임한 조 씨는 25억 원의 세금 포탈과 180억 원을 횡령한 혐의로 2005년 대법원에서 징역 3년에 집행유예 5년, 벌금 50억 원을 선고받기도 했다…. 차남 조민제 국민일보 회장의 이력 역시 만만치 않다. 배임, 사기 혐의로 불구속 기소된 그는 6월 14일에 열린 1심에서 사기 혐의가 인정돼 징역 8개월에 집행유예 2년을 선고받았다.

세계 최대 교회를 이루었다고 자랑하는 교회 목사의 일가가 어쩌다 이 지경에까지 이르게 된 것일까? 이것은 교회의 사유화가 빚어낸 비극적인 결과이다. "한국교회는 역사상 가장 타락했다"는 말이 크게 틀리지 않은 것 같다. 그야말로 "한국교회가 급격히 몰락하고 있다."[22] 이러한 한국교회의 몰락에는 여러 가지 이유가 있겠으나 아무래도 부의 독점적 소유와 배타적 특권을 그대로 자식에게 물려주는 재벌을 닮은 대형교회들의 세습과 국민일보의 사유화가 그 치명적인 원인임을 부인할 수 없다.

III. 공공성 상실의 원인

1. 개인주의적 구원 이해

한국교회는 어떻게 해서 교회의 공공성을 상실하게 된 것일까? 첫째로, 한국교회가 공공성을 상실하게 된 것은 개인주의적 구원 이해 때문이다. 한국교회는 속죄교리와 칭의교리를 지나치게 강조한 나머지 공

---

22) http://www.newsnjoy.or.kr/news/articleView.html?idxno=37183

적인 영역에 대한 비전을 상실했다. 브라이언 맥클라렌이 말한 대로 전통적인 교회에 있어서 복음은 인류 전체와 세상의 공적인 영역에 대해서는 특별한 의미가 없고 단지 개인구원을 위해서만 의미를 가진 것으로 이해하는 개인주의적인 이론으로 변질되었다.23)

그러나 예수의 복음은 정치, 경제, 사회 현실과 무관한 개인구원의 복음이 아니라 개인과 정치, 경제, 사회의 모든 영역과 관련된 통전적인 구원의 복음 곧 하나님 나라의 복음이며, 현존질서의 유지를 옹호하는 현상유지의 복음의 아니라 세속적 가치체계와 불의한 사회체제를 변화시키는 혁명적인 사회변혁의 복음이라는 사실을 잊어서는 안 된다.

2. 이분법적 사고

둘째로, 한국교회가 공공성을 상실하게 된 것은 이분법적 사고 때문이다. 이분법적 사고란 "인간과 세상의 실재를 육체와 영혼, 개인과 사회, 이 세상과 저 세상 등으로 분리시켜 신체, 사회, 이 세상을 영혼, 개인 및 저 세상보다 덜 중요하게 여기는 사고방식"24)을 말한다. 결국 이분법적 사고란 신체적인 것, 사회적인 것의 의미와 중요성, 이 세상과 이 세상의 일들의 의미와 중요성을 무시한다. 한국교회가 기독교의 공공성을 상실하게 된 것은 바로 이러한 이분법적 사고 때문이다. 적지 않은 기독교인들이 신앙생활은 근본적으로 영혼과 관련된 것이라고 생각하고 또 정치, 경제, 사회적인 세상의 일에서 탈피할수록 신앙생활을 잘할 수 있다고 생각하는 것은 이분법적 사고의 전형을 보여주는 것이다.

---

23) Brian McLaren, *A Generous Orthodoxy*, 정성묵 역, 『기독교를 생각한다』 (서울: 청림출판, 2011), 51.
24) 이삼열 편, 『사회봉사의 신학과 실천』 (서울: 한울, 1992), 37.

이렇게 많은 기독교인들은 신앙생활을 영혼과 저 세상에 국한된 것이라고 생각함으로써 기독교의 공적 특성을 상실하기에 이르게 되었다.

이러한 근본주의적인 철저한 이분법외에도 문제가 되는 또 다른 이분법이 있는데 그것은 바로 복음주의 진영이 취하는 이분법이다. 그랜드래피즈의 "복음과 사회적인 책임간의 관계에 대한 심의회" 보고서는 이렇게 말한다.25)

> 우리가 육체적인 배고픔과 영적인 배고픔 간에 또는 육체 치료와 영혼 구원 간에 선택해야 한다는 것은 있을 수 없다. 왜냐하면 우리 이웃에 대한 참된 사랑은 우리로 이웃을 전인으로서 섬기도록 이끌기 때문이다. 그럼에도 불구하고 우리가 선택해야 한다면 우리는 모든 인류의 긍정적인 필요는 예수 그리스도의 구원하는 은혜이며 그러므로 한 사람의 영원한 영적인 구원은 그의 일시적인 물질적인 복지보다 더 중요하다고 말해야만 한다.

오랫동안 복음주의 진영의 공식적인 입장이었던 이러한 주장에는 복음전도와 사회참여 사이의 양자택일을 부추기는 잘못된 이분법 논리가 숨겨져 있다. 또한 복음전도가 주된 것이고 사회변화는 복음전도가 가져오는 열매라고 하는 복음주의 진영의 인과율 사고방식 역시 잘못된 이분법 논리가 지배적이다. 그러나 이러한 이분법사고를 가지고는 기독교 신앙의 공적 특성을 제대로 드러낼 수 없음이 분명하다.

---

25) David J. Bosch, *Transforming Mission: Paradigm Shifts in Theology of Mission*, 김병길, 장훈태 역, 『변화하고 있는 선교: 선교신학의 패러다임 변천』 (서울: 기독교문서선교회, 2000), 600.

3. 근본주의

셋째로, 한국교회가 공공성을 상실하게 된 것은 근본주의 때문이다. 근본주의란 자유주의 신학의 역사 비평적 성서주석과 진화론과 같은 현대과학이론에 대항하여 일어난 신학사조이고[26] 그 강조점은 성경의 무오설과 축자영감설, 성경에 대한 문자적 해석 등이다. 근본주의는 극단적인 보수 신앙으로 교회의 양적 성장에 기여한 부분이 있기는 하지만 많은 문제점을 가지고 있다.[27] 우리 주제와 관련해서 몇 가지를 지적한다면 다음과 같다. ① 근본주의는 현대주의를 배격한다. ② 근본주의는 율법주의의 잣대로 남을 정죄하고 자신만 의롭다고 여기는 자기의의 배타주의에 빠질 수 있다. ③ 근본주의는 종교의 세속화를 반대하고 단일 종교의 국가를 지향함으로써 종교제국주의를 만들 수 있다. ④ 근본주의는 세계의 임박한 종말을 고대하면서 세계의 상황을 개선하는 것을 거부한다. ⑤ 근본주의는 배타적 전투성을 갖고 있기 때문에 역사적으로 많은 분열에 앞장 서 왔다. ⑥ 근본주의는 개인구원과 개인윤리에 강조점을 두다보니 사회 변혁적 책임을 약화시켰다.

한국교회는 바로 이러한 근본주의적 성향으로 인하여 자기우월주의, 권위주의, 배타주의, 교조주의, 호전적 태도 등을 보여주었고 그로 인해 그들은 많은 신앙적인 문제와 사회적 문제를 일으켜왔다.[28] 한국교회가 그동안 이웃과 제대로 소통하지 못하고 사회를 위한 공적인 책임도 제대로 수행하지 못한 데는 바로 이러한 근본주의적 성향이 크게 작용하고 있다고 하겠다.

---

26) 목창균, 『현대신학논쟁』 (서울: 두란노, 1995), 243-245.
27) 김홍기, 『현대교회 신학운동사』 (서울: 한들출판사, 2008), 160-164.
28) 이원규, 『기독교의 위기와 희망』 (서울: 대한기독교서회, 2003), 211-212.

4. 샤머니즘과의 결탁

넷째로, 한국교회가 공공성을 상실하게 된 것은 샤머니즘 문화와의 결탁 때문이다. 샤머니즘이란 과거의 유물이 아니다. 그것은 아직까지도 끈질긴 생명력을 가지고 한국 백성의 골수에 깊이 스며들어 우리들의 정신과 삶의 전반을 지배하고 있을 뿐만 아니라 한국교회에까지 깊숙이 스며들어와 대단한 위력을 발휘하고 있는 한국의 기층종교이다.[29]

샤머니즘문화의 중요한 특징은 기복주의이다. 거의 모든 굿은 재앙을 물리치고 복을 가져오는 것을 목적으로 한다. 그리고 이 복은 그저이 세상에서 재물을 많이 소유하고 질병 없이 오래 살고 아무 탈 없이 평안을 누리고자 하는 복을 말한다. 이런 점에서 무교적 가치관이란 철저히 물질주의적이고 현세 중심적이고 기복주의적인 가치관이라고 할수 있다. 따라서 거기에는 "초월적 가치의 세계라든가 인간관계에 필요한 사회 윤리적 가치의 세계가 결여 되어있다."[30]

그런데 오늘날 한국교회가 자유, 정의, 사랑, 평화와 같은 하나님 나라의 가치들은 외면한 채, 이웃에 대한 관심이나 사회윤리의식과 역사에 대한 책임의식이 없이 그저 현세적이고 물질적인 복만을 추구하는 개인주의적인 기복사상에 젖어 있는 것은 상당부분 샤머니즘과의 결탁에서 비롯된 것이라 할 수 있다.[31]

---

29) 문상희, "한국의 샤머니즘," 분도출판사 편집부 편, 『종교란 무엇인가』 (왜관: 분도출판사, 1985), 125-126.
30) 유동식, 『민속종교와 한국문화』 (서울: 현대사상사, 1984), 271.
31) 정원범, 『교회 · 목회 · 윤리』 (서울: 한들출판사, 2008), 330.

5. 유교문화와의 결탁

다섯째로, 한국교회가 공공성을 상실하게 된 것은 유교문화와의 결탁 때문이다. 유교란 중국문화를 배경으로 하여 우리의 전통사회에 통치원리와 행동규범을 제공해왔던 한국의 전통종교이다.[32] 유교문화의 가치체계의 특징으로는 인본주의, 권위주의, 가족주의, 체제순응주의, 형식주의 등을 들 수 있다.[33] ① 인본주의는 인간의 가치, 정신의 가치를 중시하여 개인의 도덕적 완성을 강조하는 특성 또는 물질적 가치보다는 인간적 가치를 더 강조하는 가치지향성을 말한다. ② 권위주의(계급의식)란 인간관계와 사회윤리를 규정하는 유교적 정통사회의 기본원리가 철저하게 상하의 위계적인 서열관계로 되어 있는 것을 말한다. ③ 가족주의란 일체의 가치가 가족 집단의 유지와 지속 기능과 관련을 맺어 결정되는 사회의 조직형태를 말한다. 즉 가족에 대한 애착 내지 관심이 다른 의욕과 동기를 압도하고 행동의 주도권을 잡는 생활태도이다. 오늘날 한국인의 의식 특성인 연고주의(학연, 지연), 파벌의식과 같은 특수주의적 집단주의 가치관은 전통적인 가족주의 가치관에 그 뿌리를 두고 있다. ④ 체제순응주의는 현실을 주어진 것으로 받아들이고 기존 체제에 순응하는 보수적인 삶의 태도를 말한다.

그런데 오늘날 한국교회는 여러 면에서 유교문화와 결탁했는데 대표적인 사례는 직분의 계급화와 가족주의적 집단주의화와 체제순응(주의)화이다. ① 직분의 계급화: 본래 교회에서의 직분이란 하나님을 섬기고 교회 공동체를 섬기고 사회적 약자들을 섬기는 봉사의 직분이다. 그

---

32) 금장태, 『유교사상의 문제들』 (서울: 여강출판사, 1991), 166.
33) 정원범, 『교회 · 목회 · 윤리』, 321-322.

러나 오늘날 교회에서의 직분이 서열의 관점에서 파악되는 경향이 강해졌다. ② 편협한 가족주의화: 기독교의 구원이해는 개인적인 구원일 뿐만 아니라 그것은 동시에 사회적인 구원, 온 세계(우주)의 구원이다. 그러나 한국교회를 보면, 윤리적 행위의 가치지향성이 여전히 우리 집안, 우리 교회, 우리 교파라고 하는 귀속적 집단의 편협한 이익만을 요구하는 가족주의적 우리주의 의식에 매몰되어 있다. 한국교회의 지역주의, 연고주의, 개교회주의, 교파주의 등의 경향은 바로 이와 같은 유교문화의 가족주의, 즉 자기가 소속된 집단의 편협한 이익만 추구하는 가족주의적 집단주의의 반영이라 아니할 수 없다. ③ 체제순응(주의)화: 예수의 복음은 현존질서의 유지를 옹호하는 현상유지의 복음의 아니라 세속적 가치체계와 불의한 사회체제를 변화시키는 혁명적인 사회변혁의 복음이다. 그러나 현재 한국교회는 기득권 세력이 만들어 내는 기존체제의 정치, 경제, 사회적 불의에 대해 저항하기보다는 불의한 기득권체제를 옹호하는 현상유지의 종교로 기능하고 있다.

6. 경제주의(자본주의)와의 결탁

여섯째로, 한국교회가 공공성을 상실하게 된 것은 경제주의와의 결탁 때문이다. 경제주의란 "경제라는 안경을 끼고 사물을 바라보고 경제라는 잣대를 갖다 대어 모든 것을 평가하고 일상생활을 경제적으로 파악하고 경제로 자족하는 것"[34]을 말하는 것인데 한국교회가 이러한 경제주의의 포로가 되고 말았다. 그래서 박영신교수가 말하는 대로 "경제

---

34) 박영신, "경제주의와 기독교", 정훈택 외, 『오늘의 기독교 어떻게 거듭나야 하는가』 (서울: 대장간, 1991), 92.

주의의 추세를 교회가 철저히 반영하고 차라리 그 원리를 후원하고 있었다. 교회마다 물질적 풍요와 여유를 찾기에 급급하고 기독교의 부흥과 영향력을 교회(인)수와 헌금액 등에 비추어 판단하는 등, 모든 것을 물량적으로 측정하였으며 교회 회원의 가정은 물질적 축복을 비는 신앙(?)으로 넘치게 되었다."35) 이렇게 한국교회가 경제주의 포로가 되었다는 사실은 교회의 사회를 위한 공적 책임을 방기하였다는 것을 말해준다.

7. 국가와의 결탁

일곱째로, 한국교회가 공공성을 상실하게 된 것은 국가(정부)권력과의 결탁 때문이다. 교회가 국가와 너무 밀착되어 있을 때 교회는 사회의 공동선을 제대로 추구할 수 없다. 왜냐하면 국가권력은 사회적 약자를 옹호하기 보다는 기득권의 이익을 옹호할 때가 많이 있기 때문이다. 그동안 한국교회는 국가권력과 밀착되어 있었다. 이승만 대통령 시절에는 이승만을 지지했고, 박정희 독재 체제 하에서는 박정희를 지지했으며, 전두환 정권에서는 전두환을, 노태우 때는 노태우를, 김영삼 때는 김영삼을, 그리고 이명박 때는 이명박을 지지했다. 한국교회는 그들이 쿠데타를 해서 정권을 잡았든지 아니든지, 자유를 억압하고 인권을 유린하는 정권이든지 아니든지 아무런 상관이 없었다. 다만 그들은 기존 질서를 지지했고 사회의 기득권 세력을 지지할 뿐이었다. 그들은 정치, 경제, 사회 영역의 여러 가지 사회악으로 인해 고통을 당하는 사회적 약자들을 지지하기보다는 기득권세력을 지지하였고 불의한 사회질서에 대해 아무런 문제를 제기하지도 않았고 위협하지도 않았다. 이렇게 기

---

35) 박영신 외, 『현대 한국사회와 기독교』 (서울: 한들출판사, 2006), 115-116.

득권의 현상유지를 언제나 옹호하는 극단적 보수주의의 경향은 자유, 정의, 인권, 평화, 생명존중이라는 기독교의 공공적 가치를 제대로 드러낼 수 없다는 점에서 심각한 문제가 있다고 하겠다.

IV. 공공성 회복의 대안: 사회선교

1. 사회선교와 관련 개념의 의미

한국교회의 공공성 상실이 한국교회 위기의 원인이라고 한다면, 기독교신앙의 공공성을 회복하는 일은 한국교회의 위기를 극복하기 위해 해야 할 가장 긴급한 과제일 것이다. 어떻게 기독교의 공공성을 회복할 수 있을까? 공공성 회복의 방안은 크게 두 가지라고 할 수 있는데 하나는 공적 종교로서의 기독교 신앙(신학)의 정체성을 바르게 확립하는 일이고, 다른 하나는 그 토대 위에서 교회의 사회선교적 사명을 제대로 수행하는 것이다. 여기서 사회선교가 공공성 회복의 매우 중요한 대안이 된다고 주장하는 이유는 사회선교가 공동선을 구현한다는 점에서 사회선교만큼 기독교의 공적 특성을 가시적으로 가장 확실하게 보여주는 것이 없기 때문이다.

1) 사회선교

예장총회 "21세기 교단발전을 위한 정책제안서"에 따르면, 사회선교란 교회가 지금 여기 이 세상 속에서 살아 있는 신앙을 사랑의 행동으로 증거하는 행위로서 "기독교 신앙을 기초로 한 교회와 그리스도인의 대사회적 책임 수행과 관련된 모든 활동을 뜻하며 그것은 사회봉사와 사회사업, 사회행동과 사회운동으로 이루어진다."[36] 성경적 토대 위에서 다시 말하면 "사회선교는 하나님의 뜻이 하늘에서 이루어진 것 같이 땅에서도 이루어지기 위하여 힘쓰는 노력이며 하나님의 구원이 부분적으로나 단편적으로가 아니라 전체적, 통일적으로 이루어지도록 강조하는 것이다." 따라서 "그 목적은 처음부터 역사 전역에 있어서의 하나님의 주권을 실현하며 하나님의 영광을 온 천하, 전 인류에게 드러나게 하는 데에 있다"고 하겠다.[37] 요컨대 사회선교란 사회적 책임을 수행하는 모든 활동을 뜻하는 것으로 "교회의 사회봉사를 선교적 차원에서 이해하려는 개념"[38]이라 하겠다.

2) 사회봉사

벤틀란트에 따르면, "사회봉사란 인간에 대한 참된 사랑을 위해서 사회구조의 개선에 참여하며 사회에 대한 책임을 지려고 하는 봉사"를 의미한다.[39] 말하자면 사회봉사는 개인에 대한 구호적, 자선적 봉사(charity service)와 사회개혁을 통한 구조적 봉사(structure service)로 이루어진다. 후자는 다른 말로 사회적 행동(social action)이라고 할 수

---

36) 예장총회, "21세기 교단발전을 위한 정책제안서", 총회사회봉사부 편, 『총회사회선교 정책문서집』(서울: 한국장로교출판사, 2005), 62.
37) 총회사회봉사부 편, 『총회사회선교 정책문서집』(서울: 한국장로교출판사, 2005), 10.
38) 박종삼, "한국교회의 사회봉사와 디아코니아신학", 기독교사회복지엑스포 조직위원회, 『기독교사회복지엑스포2005국제학술심포지엄 자료집』(서울: 기독교사회복지엑스포 2005 추진본부, 2005), 24.
39) 이삼열 편, 『사회봉사의 신학과 실천』, 21.

있는데 헤셸이 말한 대로 "사회적 행동은 공동선을 위해 공동체 또는 사회구조들을 바꾸려는 신중한 그룹적 노력의 한 과정이다."[40) 그랜드래피즈 보고서는 보다 자세하게 다음과 같이 설명한다.

그것은(사회적 행동) 가난한 자들을 돌보는 것을 넘어 경제 제도와 정치제도를 개선하고 필요하면 변혁시켜 그 제도가 그들을 빈곤과 억압으로부터 해방시키는 일을 촉진하게 되는 것을 바라보며, 사람을 넘어 구조를, 수감자들의 사회복귀를 넘어 감옥 제도의 개혁을, 공장 환경 개선을 넘어 근로자들의 더욱 참여적인 역할을 겨냥한다.

여기서 분명한 사실은 기독교의 사회봉사는 어려운 처지에 있는 인간의 필요를 구제하는 구호적 봉사만을 의미하는 것이 아니라 인간다운 삶을 파괴하는 잘못된 정치, 경제적 구조를 변혁시키는 사회적 행동까지를 포함한다는 점이다.

3) 기독교사회운동

기독교사회운동이란 기독교 신앙의 토대 위에서 사회변화를 위한 사회적 행동을 실천하는 운동이다. 예장총회의 기독교사회운동지침서는 기독교사회운동을 다음과 같이 규정한다.[41) 첫째로, 기독교사회운동은 하나님의 형상인 인간의 존엄성을 부정하거나 왜곡하는 사회구조에 대항하여 하나님의 형상성을 회복하는 운동이다. 둘째로, 기독교사

---

40) Dieter T. Hessel, *A Social Action Primer* (Philadelphia: The Westerminster Press), 29
41) 총회사회봉사부 편, 『총회사회선교 정책문서집』, 132-137.

회운동은 예수 그리스도로 인해서 영적으로 해방된 기독교인들이 사회 구조적인 문제로 고통당하는 자들을 해방하고 모두의 진정한 자유를 회복하고자 하는 운동이다. 셋째로, 기독교사회운동은 이 세상에서 세상의 소금과 세상의 빛으로 살아야 하는 기독교인들이 부정부패의 사회를 개혁하고 그 사회가 나아가야 할 방향을 올바로 제시하는 운동이다. 넷째로, 기독교사회운동은 청지기인 기독교인들이 자신들에게 맡겨진 이 세상과 이 세상의 피조물들을 책임 있게 돌보기 위한 과정이다. 다섯째로, 기독교사회운동은 하나님의 말씀으로 하나님의 뜻을 깨달은 기독교인들이 국가와 사회 속에서 되어지는 일들에 대해 하나님의 뜻에 근거하여 '예'와 '아니오'를 진단하고 선포하는 과정이다. 여섯째로, 기독교사회운동은 세상 사람들과 구별되는 삶을 사는 기독교인들이 세상의 이기적이고 경쟁적인 삶의 구조를 하나님의 뜻에 상응한 이타적이고 협력적인 삶의 구조로 전환하는 과정이다. 일곱째로, 기독교사회운동은 예수 그리스도의 십자가로 인해 고난의 짐이 가벼워진 기독교인들이 사회의 잘못된 구조와 정책으로 인해 고난당하는 이웃들의 삶의 현실에 대해서 관심을 갖고 그 고난을 덜어주는 과정이다. 여덟째로, 기독교사회운동은 모든 기독교인들이 개개인에게 영향을 미치는 정치, 경제, 사회, 문화를 하나님의 뜻에 상응하도록 변혁해가는 과정이다.

2. 21세기 사회선교의 과제: 생명, 정의, 평화의 선교

1) 생명, 정의, 평화선교의 신학적 근거

기독교의 "선교란 하나님의 백성들이 세상 안에서의 하나님의 행위에 참여하는 것이다."42) 여기서 중요한 사실은 다음과 같다. 첫째로, 선교는 선교사와 같은 특정한 기독교인들의 사역이 아니라 모든 기독교인들의 사역이다. 둘째로, 선교는 어떤 사람이 단독적으로 행하는 개인적 활동이 아니라 모든 기독교인들이 함께 협력하며 이루어가는 공동체적 활동이다. 셋째로, 하나님은 교회 안에서만 일하시는 것이 아니라 온 세상에서 일하신다. 즉, "하나님의 선교활동은 세상 속에서 이루어진다."43) 이 점에서 "세상을 거부하는 교회는 하나님의 선교활동이 일어나는 공간을 거부하는 것이다."44) 넷째로, 하나님은 선교하시는 분이다. "하나님은 모든 선교활동의 가장 중요한 주역이다. 선교는 하나님에 의해 시작되고 발전되고 완성된다."45) 다섯째로, 선교란 하나님의 선교에 참여하는 것이다.

그러면 세상 안에서 행하시는 하나님의 행위(선교)는 무엇인가? 첫째로, 하나님의 선교는 생명선교이다. 왜냐하면 하나님은 모든 생명을 창조하신 분이며 모든 죽어가는 생명을 살리고 풍성하게 하시는 생명의 하나님이기 때문이다. 둘째로, 하나님의 선교는 정의의 선교이다. 왜냐하면 하나님은 단순히 정의를 원하는 분이 아니라 그분 자신이 정의의 하나님이시고 정의를 행하시는 분이기 때문이다(사 30:18, 45:21, 창 18:25, 느 9:8, 시 7:9, 89:14, 103:17, 렘 9:24, 단 9:14, 스 3:5, 슥 8:8, 롬 3:26, 9:14, 벧전 2: 23, 계 15:3).46) 셋째로, 하나님의 선교는 평화의 선교

---

42) Carlos F. Cardoza-Orlandi, *Mission: An Essential Guide*(Nashville: TN, Abingdon Press, 2002), 15.
43) 위의 책, 48.
44) 위의 책, 47.
45) 위의 책, 46.
46) Chris Marshall, *The Little Book of Biblical Justice: A fresh approach to the Bible's teachings on justice*(Intercourse: PA, 2005), 22.

이다. 왜냐하면 하나님은 평화의 하나님이시며 그분이 사역의 핵심도 평화였기 때문이다. 그리스도를 통한 하나님의 사역의 핵심은 엡 2:14-16의 말씀이 보여주듯이 바로 평화사역이었다.[47]

앞에서 모든 교회의 선교는 하나님의 선교에 참여하는 것이고 하나님의 선교는 생명선교, 정의선교, 평화선교라고 하였다. 그렇다면 모든 교회는 마땅히 생명선교, 정의선교, 평화선교를 행하시는 하나님의 선교에 참여해야 한다.

2) 생명선교

21세기의 세계는 경제적 불의, 생태학적 파괴, 제국의 위협, 종교간, 인종간의 갈등 속에 명백히 나타나고 있는 생명 죽임의 세계이다. 21세기 인류는 전례 없는 지구적인 생명 위기에 직면해 있는데 하나는 자연생태계가 파괴되고 있는 생태학적 위기이고 다른 하나는 가난한 사람들의 삶이 파괴되고 있는 빈곤의 위기이다.

울리히 두크로는 아크라신앙고백 문서에 기초하여 생태계 파괴현상에 대해 이렇게 말하고 있다. 즉, "1850년에서 1950년까지는 매년 하나의 동물종이 사라졌고, 1989년경에는 하루에 하나의 동물종이 사라졌으며, 2000년경에는 시간당 하나의 동물종이 사라졌다. 2008년 수치에 따르면, 매 10분마다 하나의 종이 사라지고 있다. 기후변화에 관한 정부 간 패널에 따르면, 사라진 종들의 퍼센티지는 50년 이내에 30퍼센트에 이를 것이라고 한다."[48] 이외에도 오존층 파괴, 지구온난화, 극심

---

47) 정원범 편저, 『평화운동과 평화선교』 (서울: 한들출판사, 2009), 35.
48) Ulrich Duchrow, "The Challenge of Imperial Globalization to Theological Education: Liberation from Violent, Possessive Individualism towards Life in

한 기후변화, 지하수와 강과 바다의 오염, 토양의 오염과 사막화현상 등 모든 피조물이 신음하는 현상들이 도처에서 나타나고 있다.

세계교회협의회의 아가페문서는 오늘날 인류가 직면한 비참함에 대해 이렇게 지적하고 있다. 즉 "오늘날 15억에 달하는 사람들이 하루 1달러도 안 되는 수입으로 살고 있다. 반면 세계 최고 부자 20%가 세계 전체 재화와 서비스의 86%를 소비하고 있다. 최상위 1%의 연간 수입은 최하위 57%의 수입과 맞먹고 24,000명의 사람들이 매일 가난과 영양실조로 죽어간다."[49]

우리가 사는 세상이 이처럼 지구생태계의 파괴, 각종 유해한 화학물질의 투입과 유전자 변형 등으로 인한 먹거리의 파괴, 신자유주의적 시장경제로 인한 사회적 약자들의 생존기반의 파괴, 인간을 상품화하는 생명존엄성의 파괴 등 생명파괴의 현상이 전 지구적으로 나타나고 있다고 한다면, 우리 시대 최고의 선교과제는 아마도 지구생명공동체의 생명들을 살리고 보존하고 돌보는 가운데 풍성한 생명을 만들어가는 생명선교라고 아니 할 수 없다. 그도 그럴 것이 하나님의 선교는 본래 생명의 선교였기 때문이다. 하나님이 그리스도를 통해 이 세상에 보내시는 것은 바로 생명이다. "예수가 계신 곳에 생명이 있고 병자들이 치유되며 애통하는 자들이 위로받고 버림받은 자들이 용납되며 죽음의 마귀들이 추방된다고 공관복음서는 말한다."[50] 따라서 하나님의 생명선교에 참여해야 하는 교회의 생명선교는 두 가지의 과제를 가진다. 첫째는 죽임

Relationship," 박성원 정경호 교수 회갑논문집, 『하나님이 그리는 아름다운 세상』, 50-51.

49) 세계교회협의회, 김승환 역, 『경제세계화와 아가페운동』 (원주: 흙과 생기, 2007), 22-23.

50) J. Moltmann, *Die Quelle des Lebens*, 이신건 역, 『생명의 샘』 (서울: 대한기독교서회, 2000), 34.

의 세력에 의해 위협받고 상처받은 생명들을 위로하고 삶의 용기를 북돋우며, 치유하고 회복시키는 생명살림의 과제이다. 달리 말해 그것은 생명을 긍정하고 존중하는 생명문화와 생태공동체 건설의 과제이다. 둘째는 지구생태계의 생명과 사회적 약자들의 생명을 죽음으로 몰아가는 모든 세력에게 저항하는 과제이다.

요더가 말한 대로, 교회는 하나님 나라의 풍성한 생명과 그 나라에서의 궁극적인 사랑의 승리를 미리 맛보는 곳이다.[51] 그렇다면 교회는 하나님 나라의 풍성한 생명을 미리 맛본 종말론적 공동체로서 그 풍성한 생명과 삶을 세상에 증거하고 구현해야 할 책임이 있다. 다시 말해 교회는 종말론적 하나님 나라의 표지, 즉 새로운 질서가 실현되어가고 있는 종말론적 생명공동체로서 지구생태공동체와 정치, 경제, 사회, 문화 등의 인류 사회 속에서 진리와 자유와 사랑과 정의가 강같이 흐르는 생명공동체의 삶, 곧 하나님 나라의 삶을 보여주어야 한다.[52]

3) 정의선교

우리는 엄청난 부와 만연한 빈곤이 공존하는 시대에 살고 있다. "부유한 5분의 1에 해당하는 사람들은 믿을 수 없을 만큼 부유하며, 가장 가난한 5분의 1은 절망적일 정도로 가난하다. 선진국에 사는 사람들은 세계 인구의 5분 1밖에 되지 않는다. 하지만 그들은 지구 자원의 3분의 2를 소비한다."[53] 오늘의 세계는 다수의 절망적인 빈곤을 대가로 소수

---

51) John Howard Yoder, *The Original Revolution*(Scottdale: PA, Herald Press, 1971), 29.
52) 대한예수교장로회총회생명살리기운동10년위원회 편, 『하나님 나라와 생명살림』 (서울: 장로교출판사, 2005), 27-28.

가 과도한 풍요를 누리고 있는 불의한 세계이다. 이 불의의 뿌리는 소수의 사람들만 더 부유하게 하고 대다수의 사람들을 더 가난하게 만드는 불의한 경제 질서 곧 신자유주의적 자본주의이다. 신자유주의 주창자들은 자본투기, 시장의 자유화와 탈규제화, 공기업과 국가자원의 민영화, 규제 없는 외국자본의 투기와 수입, 통제받지 않는 자본의 자유이동을 주장하면서 자신들의 이익을 극대화하려고 함으로써 지구생태계뿐만 아니라 수많은 사람들의 삶을 유린하고 있다.[54]

이러한 정치, 경제, 사회적 불의의 체제 하에서 신음하는 사회적 약자들을 향해 하나님은 오래 전부터 정의선교를 수행해 오셨다. 출애굽 사건은 바로의 억압과 학정 밑에서 신음하던 이스라엘 백성을 위해 정의선교를 행하신 정의의 하나님임을 증거하고 있고 시편기자의 증언도 마찬가지이다.

> 여호와께서 이르시되 내가 애굽에 있는 내 백성의 고통을 분명히 보고 그들이 그들의 감독자로 말미암아 부르짖음을 듣고 그 근심을 알고 내가 내려가서 그들을 애굽인의 손에서 건져내고 그들을 그 땅에서 인도하여 아름답고 광대한 땅, 젖과 꿀이 흐르는 땅 곧 가나안 족속, 헷 족속, 아모리 족속, 브리스 족속, 히위 족속, 여부스 족속의 지방에 데려가려 하노라(출 3:7-8).
> 여호와는 … 억눌린 사람들을 위해 정의로 심판하시며 주린 자들에게 먹을 것을 주시는 이시로다 여호와께서는 갇힌 자들에게 자유를 주시

---

53) Ronald J. Sider, *Rich Christians in an Age of Hunger*, 한화룡 역,『가난한 시대를 사는 부유한 그리스도인』(서울: IVP, 2009), 67.
54) 박성원 정경호 교수 회갑논문집,『하나님이 그리는 아름다운 세상』(서울: 한들출판사, 2008), 31.

는도다 여호와께서 맹인들의 눈을 여시며 여호와께서 비굴한 자들을
일으키시며 여호와께서 의인들을 사랑하시며 여호와께서 나그네들을
보호하시며 고아와 과부를 붙드시고 악인들의 길은 굽게 하시는도다
(시 146:6-9).

이처럼 불의한 세계 속에서 하나님이 행하시는 선교가 정의선교(사
역)라고 한다면, 21세기 교회의 선교 역시 정의선교(사역)이어야 할 것
이다. 그러면 정의선교의 과제는 무엇인가? 첫째로, 정의선교는 소수의
손에 의한 모든 형태의 권력 집중을 비판하며 소수 기득권의 일방적인
지배에 저항해야 한다. 아가페문서는 "불의와 파괴의 권세가 복음의 통
전성을 위태롭게 할 때 그 권세자들과 제왕적 국가들에게 분명히 '아니
오'를 말함으로 신앙을 고백"해야 한다고 주장한다.55) 둘째로, 정의선
교는 불의한 사회(정치, 경제)체제를 정의로운 , 사회(정치, 경제)체제로
변화시켜야 한다. 예컨대, 소수의 이익을 극대화하는 자유무역(고리대금
업)을 가난하고 약한 자(국가)들의 이익을 보호하는 정의로운 무역(정의
로운 금융)으로 변혁시켜 나가야 한다. 다시 말해 정의선교는 기존의 무
역 및 투자협정들이 가난한 자들을 부당하게 대우하고 기득권 세력에게
이익을 가져다주는 것이라는 사실을 깨닫고 정의롭고 공정한 무역을 위
한 원칙과 정책을 마련해가는 일에 투신하는 일이라 할 수 있다. 이렇게
함으로써 정의선교는 나눔, 세계적 연대, 인간의 존엄성, 용서, 창조세
계의 보전을 위한 사랑과 돌봄을 중심 가치로 삼는 하나님의 경제 곧 생
명의 경제를 회복하고자 한다.56)

---

55) 세계교회협의회, 김승환 역,『경제세계화와 아가페운동』(원주: 흙과 생기, 2007), 19.
56) 위의 책, 97.

4) 평화선교

미국의 도시 시카고에서는 2003년 한 해 동안, 599명이 살해당했는데 이 수는 2003년 한 해 이라크에서 죽은 미군의 수보다 많은 수이다. 2004년 현재 미국에서는 매일 65명이 살해당하고 있으며 6,000명이 폭력의 피해를 당하고 있다고 한다.57) 오늘날 한국의 폭력적인 상황 즉, 한국의 인권 침해상황에 대해서 미국 국무부가 발표한 2008년 인권보고서는 "시민의 인권이 전반적으로 존중되나, 여성과 장애인, 소수자 집단은 사회적 차별을 받고 있고, 강간·가정폭력·아동학대·인신매매는 여전히 심각한 문제"라고 밝히면서 특히 국가보안법에 따른 자의적인 체포구금, 정부의 도청에 따른 사생활 침해, 여성에 대한 성폭력과 만연한 불법매춘, 외국여성 인신매매 등이 문제가 되고 있다고 지적했다.58)

이제 우리 시대의 폭력은 국경을 초월하여 세계의 현실이 되었다. 지금도 세계 도처에서 크고 작은 폭력과 분쟁과 전쟁의 소식들이 끊이지 않고 있다. 이러한 폭력의 시대에 교회가 해야 할 긴급한 선교과제가 있다면 그것은 바로 평화선교이다. 이처럼 평화선교는 오늘의 시대가 요구하는 긴급한 시대적 과제인 것이 사실이지만 그보다 더 중요한 사실은 그것이 교회의 본질적 과제라는 사실이다. 그도 그럴 것이 평화는 하나님의 사역의 핵심이었기 때문이다.59) 여기서 평화선교란 갈등과 분쟁과 폭력의 현실 속에서 화해와 평화를 만드는 사역을 말한다. 평화란 폭력이나 전쟁이 없는 상태로서의 소극적 평화와 구조적 폭력과 문

---

57) 김동춘, 『미국의 엔진, 전쟁과 시장』(서울: 창비, 2005), 295.
58) 「한겨레신문」, 2009. 2. 26.
59) Alan Kreider, Eleaner Kreider and Paulus Widjaja, *A Culture of Peace: God's Vision for the Church*(Intercourse, PA: Good Books, 2005), 18.

화적 폭력이 없는 상태로서의 적극적 평화를 의미하는 것으로 인간과 하나님과의 관계, 인간과 자신과의 관계, 인간과 인간과의 관계, 국가와 국가와의 관계, 인간과 자연과의 관계 등 인간의 총체적 차원에 있어서의 올바른 관계를 의미한다.[60)]

그러면 평화선교의 과제는 무엇인가? 첫째로, 평화선교는 전쟁이나 폭력을 반대해야 할뿐 아니라 전쟁준비와 핵무기 등 대량살상무기를 반대해야 한다. 둘째로, 평화선교는 폭력이나 전쟁의 원인이 되는 갈등관계와 적대관계를 해소하고 공격성을 줄이기 위해 노력해야 한다. 셋째로, 평화선교는 모든 나라, 모든 인종, 모든 사람들과 함께 잘 살아가기 위해 서로 존중하는 평화의 문화를 조성해야 한다. "평화의 문화는 비폭력과 기본적 권리와 자유에 대한 존중, 이해와 관용과 연대, 정보의 공유와 자유로운 교류, 여성의 완전한 참여와 역량 강화에 기반한 공통의 가치와 태도, 행위와 삶의 양식을 의미하는 일종의 변화하는 동체인 것이다. 평화의 문화는 다양성에서 비롯된 갈등을 부정하지는 않지만, 비폭력적 해결을 요구하며 폭력적 경쟁으로부터 공통의 목표를 향한 협력으로의 전환을 촉진한다."[61)] 넷째로, 평화선교는 분쟁지역이나 폭력이 만연한 지역에서 갈등을 평화적으로 해결하기 위해 노력해야 하며 갈등의 평화적 해결을 모색하는 갈등해결교육을 실시해야 한다. 다섯째로, 평화선교는 빈곤, 억압, 차별, 소외 등과 같은 구조적 폭력을 제거하기 위해 인권운동, 정의운동, 민주화운동과 같은 넓은 의미의 평화운동에 참여해야 한다.[62)]

---

60) 정원범, 『평화운동과 평화선교』, 34-36.
61) 유네스코 아시아·태평양 국제이해교육원, 『세계화시대의 국제이해교육』(서울: 한울아카데미, 2003), 32.
62) 정원범, 『평화운동과 평화선교』(서울: 한들출판사, 2009), 38-39.

우리는 어떻게 이러한 평화선교의 과제를 잘 수행할 수 있을까?[63] 평화선교를 보다 잘 하기 위한 첫 번째 과제는 기도의 과제이다. 평화선교는 하나님이 없이는 불가능하다. 그러므로 평화선교는 기도의 삶을 요구한다.[64] "기도는 모든 평화 만들기의 시작이자 끝이요, 근원이자 결실이며 핵심이자 내용물이고 기초이자 목표이다."[65] 둘째로, 사랑의 과제이다. 평화선교는 하나님의 사랑에 뿌리를 내리지 않고서는 온전한 열매를 거둘 수 없다. 셋째로, 가난하고 억압당하는 사람들과의 연대성의 과제이다. 평화선교는 가난하고 억압당하는 사람들과의 연대가 없이는 제대로 구현될 수 없다. 넷째로, 폭력과 불의에 대한 저항의 과제이다. 진정한 평화란 정의의 결과이므로 불의에 대한 저항이 없이 평화를 실현하는 것은 불가능하다. 다섯째로, 공동체 조성의 과제이다. 평화선교는 공동체를 필요로 한다. 왜냐하면 공동체가 없이는 전쟁과 폭력의 세력에 저항하는 일에 꾸준히 투신할 수 없기 때문이다.

V. 나가는 말

몰트만은 오늘날 교회와 기독교적 실존은 과거 어느 때보다 더 심각한 이중의 위기 곧 상관성의 위기와 정체성의 위기에 처하여 있다고 하였다. 한국교회가 정말 그런 것 같다. 한국교회는 사사로운 이익집단으

---

63) 위의 책, 43-48.
64) John Dear, *Disarming the Heart: Toward a Vow of Nonviolence*(Scottdale, Pennsylvania: Herald Press, 1993), 53, 97.
65) Henri Nouwen, *The Road To Peace,* ed., John Dear, 조세종 역,『평화에 이르는 길』 (서울: 성바오로출판사, 2004), 53.

로 전락함으로써 공적 종교로서의 기독교의 정체성도 상실하였고, 생명위기 시대에 적합한 사회선교적 사명의 수행도 제대로 감당하지 못함으로써 상관성도 상실하고 말았다. 한국교회의 위기는 바로 이 이중의 위기에서 비롯된 것이다. 정체성의 위기를 인식의 위기라고 한다면 상관성의 위기는 실천의 위기이다. 어느 경우가 되었든 한국교회는 이 이중의 차원에서 심각한 공공성 상실의 위기에 직면해 있다. 공공성 상실이 한국교회 신뢰도 추락의 위기를 초래한 것이라고 한다면, 한국교회 위기의 극복을 위해 공공성을 회복하는 것만큼 긴급한 과제도 없을 것이다. 따라서 한국교회는 공공성의 회복을 위해 공적 종교로서의 기독교의 정체성을 회복하는 것을 전제로 생명위기의 시대에 맡겨진 교회의 사회선교적 사명, 곧 생명선교, 정의선교, 평화선교를 잘 감당할 수 있어야 할 것이다.

❸ 한국교회 위기에 대한 신학적 성찰과 그 대안*

Ⅰ. 들어가는 말

"한국교회가 추락하고 있다"(이상성), "한국교회 이대론 망한다"[1], "한국교회가 병들어 죽어가고 있다"(권진관), "힘센 한국교회가 죽을병에 걸렸다"(교회개혁실천연대), "한국교회의 현재 상황이 말기암 상태라고 본다"(이종윤), "개신교 역사상 지금의 한국교회만큼 타락한 교회는 없었다", "한국교회는 역사상 가장 타락했다."(손봉호) 이 말들은 오늘의 한국교회를 평가하는 글이나 토론회에서 나오는 말들이다. 뉴스 엔조이의 보도(2011. 2. 23)대로 그야말로 "한국교회가 총체적 난국에 빠졌다. 자고 일어나면 교회 관련 사건들로 사회가 떠들썩한다. 공금횡령, 교회 세습, 섹스 스캔들, 거기에 요즘엔 폭행사건까지 심심치 않게 들린다. 이에 대해 일반 여론은 비판을 넘어 냉소로 흐르고 있다."[2] 이제는 아무도 한국교회에서 나오는 추문에 대해 더 이상 놀라워하지 않는다. 어쩌

---

* 이 글은 『신학과 문화』 20, 2013에 실렸던 글임.
1) 〈한반도예수운동회〉 주최로 감신대 채플에서 열렸던 한국 기독교회의 개혁을 위한 공개 토론회의 타이틀.
2) http://www.newsnjoy.or.kr/news/articleView.html?idxno=33932

면 이렇게 추락할 수가 있을까 하는 생각에 우리만 가슴 아플 뿐이다. 한국교회가 어쩌다가 이런 지경에 이르게 되었을까? 한국교회, 무엇이 문제인가? 해결 방안이 있다면 그것은 무엇일까? 필자는 이런 질문을 가지고 본 글을 통해 첫째로 한국교회 위기의 실상을 정리하게 될 것이고, 둘째로 한국교회 위기의 원인을 신학적으로 분석하게 될 것이며, 셋째로 한국교회 위기 극복을 위한 대안을 제시하고자 한다.

II. 한국교회 위기의 현실

정부가 10년마다 실시하는(1985, 1995, 2005) 인구센서스 종교분야 조사들을 보면, 오늘의 한국교회가 매우 심각한 위기에 처해 있음을 확인하게 된다. 1985년의 통계조사에서는 불교 8,059,624명, 개신교 6,489,282명, 가톨릭 1,865,397명이었다. 그리고 1995년에 와서는 불교 10,321,012명, 개신교 8,760,336명, 가톨릭 2,950,730명이었고 다시 10년 뒤 2005년의 통계를 보면, 불교 10,726,012명, 개신교 8,616,438명, 가톨릭 5,146,147명으로 불교는 제자리인데 비해 개신교는 감소를 보인 반면 천주교는 엄청난 수적 증가를 보였다. 이는 인구의 증가비율로 보면 개신교만 엄청난 감소율을 보이고 있다는 것이다.[3] 1995년과 2005년 사이에 종교 인구는 237만 3천명이 늘어났다. 그렇게 늘어난 종교 인구 중에서 가톨릭이 219만 5천명(74% 증가)이었고, 불교가 40만 5천명이었으며, 원불교신도가 4만 3천명이었던 반면, 개신교만 14만 4천명이 줄어들었다.

---

3) http://blog.daum.net/3247-1/6874

특히 문제가 되는 것은 연령대별로 본 통계인데 1995년과 2005년을 비교할 때 개신교는 10대에서 50대에 이르기까지 전 연령층에서 감소현상이 나타났고 특히 10-20 대에서 감소현상(-4.6%)이 가장 크게 나타났다는 점이다. 반면, 불교는 종교인구가 조금씩 증가했고 천주교는 1995년에서 2005년 사이에 10대에서 50대에 이르기까지 전 연령대에서 4% 가까이 증가한 것으로 나타났다.4) 이처럼 불교와 가톨릭의 종교인구가 증가하는 가운데서도 유독 한국교회만 교인수가 감소하고 있고 특히 청소년의 수가 현저하게 감소하고 있는 상황은 한국교회가 심각한 위기에 처해 있음을 분명히 보여준다. 그러나 교인수가 감소했다는 사실보다 더 심각한 문제는 한국교회가 한국사회에서 불신과 조롱을 당하고 있다는 사실이다. 한국교회의 신뢰 위기는 심각한 수준이다. 일부 젊은이들은 기독교를 '개독교'로 부를 정도이다.

사실 1900년대 이후 실시된 거의 모든 설문조사에서 나타났듯이, 그동안 한국교회는 한국사회에서 불신과 조롱을 당하는 종교로 추락해 왔음을 부인할 수 없다. 이에 대한 통계자료는 이미 1장에서 살펴본바 있지만 몇 가지만 언급해보자. 2009년 시사저널이 실시한 '직업신뢰도' 조사에 따르면, 대표적 직업 33개 중 가장 신뢰받는 직업은 소방관(92.9%)으로, 가장 불신 받는 직업으로는 정치인(11.7%)으로 나타났는데, 1위에서 5위의 순위에는 소방관, 간호사, 환경미화원, 직업운동선수, 의사로 나타났고 종교지도자들의 순위는 신부가 76.4%로 11위, 승려가 64%로 18위, 목사가 53.7%로 25위를 차지했다.5)

---

4) http://blog.daum.net/3247-1/6874
5) http://blog.daum.net/paulblog/17461137.
　　이 조사 결과에 대한 어느 교인의 반응: "목사님의 신뢰도가 소방관, 간호사, 환경 미화원, 직업운동선수, 의사, 한의사, 초중고 교사, 은행원, 이·미용사 등은 말할 것도 없고… 신

2011년 조계종 불교사회연구소가 "한국의 사회문화 및 종교에 관한 대국민 여론조사"를 실시한 결과 각 종교에 대한 신뢰도 5점 만점에 가톨릭 4.11 불교 4.05, 개신교 3.34, 원불교 2.31, 이슬람 1.2 순으로 나타났고, 자기 종교 지도자에 대한 신뢰도는 신부 4.91, 스님 4.83, 목사 4.64 순으로 나타났다. 또한 "종교 간 갈등의 원인을 제공하는 종교"로 응답자의 57%는 개신교를 꼽았고 불교 12.7%, 이슬람 8.7%, 원불교 3.8%, 가톨릭 2.8%로 나타났다.

이상의 자료들은 "한국교회가 추락하고 있다", "한국교회 이대론 망한다", "한국교회가 병들어 죽어가고 있다"는 지적들이 사실과 크게 다르지 않음을 보여준다.

III. 한국교회 위기의 원인

1. 교회 모습의 변질

이렇게 한국교회의 신뢰도가 추락하고 있는 이유는 무엇일까? 첫째로, 한국교회의 신뢰도 추락과 쇠퇴의 원인은 교회의 교회다움의 상실, 곧 교회모습의 변질 때문이다. 100여 년 전 우리나라가 매우 심각한 어려움 속에 빠져 있을 때 한국교회는 사회의 모든 차원과 수준에서 근대적 변동을 자극한 사회발전 운동의 중요 세력이었다.[6] 초기의 한국교회는 신분제도를 초월해서 인간의 평등과 인간의 가치를 증진시켰으며 관

부, 중보다 못한 무려 22위로 뒤쳐지고 또 뒤쳐지고 있다니!"
6) 박영신, 정재영, 『현대 한국사회와 기독교』 (서울: 한들출판사, 2006), 68.

료사회에 만연되었던 부정부패와 온갖 사회의 억압과 구조적인 불의에 저항하기도 하였고, 의료선교, 교육선교, 문서선교 뿐만 아니라 여성인 권운동, 청년운동, 항일운동, 절제운동, 농촌운동 등의 사회참여운동과 교단 내 연합운동, 교파 간 연합운동 등의 에큐메니칼운동 등7)을 통해 한국사회의 변혁운동에 앞장서 왔다. 이렇게 한말과 일제 초기에 근대적 사회변동을 자극한 가장 영향력 있는 세력이었던 한국교회8)가 어쩌다가 한국사회로부터 불신과 조롱을 당하는 집단으로 전락하게 된 것일까? 한마디로, 그것은 한국교회가 교회의 초월 지향성을 상실했기 때문이다. 그 결과로 교회는 세상적인 너무도 세상적인 곳이 되어버렸다. 오늘의 한국교회는 세상과 다르지 않은 곳이 된 것이다.

어떤 모습이 세상과 다르지 않은 것일까? 한국교회는 어떤 모습으로 변질된 것일까? 여러 가지를 들 수 있으나 가장 두드러진 것은 한국교회가 경제주의의 포로가 되었다는 점이다. 경제주의란 "경제라는 안경을 끼고 사물을 바라다보고, 경제라는 잣대를 갖다 대어 모든 것을 평가하고, 일상생활을 경제적으로 파악하고 경제로 자족해 하는 것"을 말한다.9) 이에 대해 박영신은 이렇게 말한다.10)

교회는 어떠한가? 교회가 독자적인 자리를 지키고 대안적인 소리를 냈다는 표적은 -주류에 의한 단죄의 대상이 되어 온 소수의 교회나 개인을 제외한다면- 찾아보기 어렵다. 경제주의의 추세를 교회가 철저히 반영하고 그 원리를 차라리 후원하고 있었다. 교회마다 물질적 풍요와

---

7) 신수일, 『한국교회에큐메니칼운동사(1884-1945)』(서울:쿰란출판사, 2008).
8) 박영신, 정재영, 『현대 한국사회와 기독교』, 67.
9) 위의 책, 220.
10) 기독교역사문화연구소 엮음, 『11명의 전문가로 본 한국의 기독교』(서울: 도서출판 겹보기, 2001), 121- 124.

여유를 찾기에 급급하고 기독교의 부흥과 영향력을 교회(인)수와 헌금 액 등에 비추어 모든 것을 물량적으로 측정하며 교회 회원의 가정마다 물질적 축복을 비는 신앙(?)으로 넘치게 됐다. 목회자의 설교내용, 예배처소의 치장, 각가지 의례의 개발의도, 직분자들의 태도, 한마디로 교회생활을 해보라. 교회의 물질지향성은 단숨에 잡힐 것이다….영리를 목적으로 하는 기업체의 원리가 교회에도 그대로 적용되고 있는 것이다.

황호찬 역시 한국교회가 한국경제와 크게 다르지 않다는 사실을 다음의 도표로 지적하였다.[11]

	한국경제	한국교회
발전 주체	재벌 중심	대형교회중심
재무 구조	차입 경영, 고정자산의 과대 투자	차입 경영, 건물 증측, 건물 유지비 증대
발전 모형	외형 중심, 문어발식 경영	외형 중심, 문어발식 교회 확장 (지성전) 교인의 수평적 이동
핵심문제	기술 낙후, software 낙후 고비용/저효율	내실 부족, software 낙후 인건비 과다 지출
상호협조	기업간 과다경쟁	교단간 과다 경쟁, 개교회 중심
효율성	중복 투자로 비효율성	중복 사업으로 비효율성
자립도	중소기업의 미자립	중소 교회의 미자립

이 도표는 한국교회가 한국사회의 경제주의, 천민자본주의적 속성을 그대로 빼어 닮았음을 잘 보여주는 동시에 교회가 왜 사회로부터 지탄을 받게 되었는지를 잘 보여준다고 하겠다.

---

11) 『복음과 상황』 1998년 2월

2. 목회자 모습의 변질

둘째로, 한국교회의 신뢰상실과 쇠퇴의 원인은 목회자의 목회자다움의 상실, 곧 목회자 모습의 변질 때문이다. 2007년 장로교목사안수 100주년을 맞아 예장 통합 측 목회자 200여명이 모였던 참회기도회에서 고백되었던 다음의 내용은[12] 한국교회의 목회자들이 어떻게 변질되었는가를 여실히 보여준다.

① 참회 기도문1 : 물량주의 목회에 대한 참회기도
우리나라가 경제적으로 조금 넉넉하게 되면서부터 우리 목사들이 세속의 시장주의에 물들기 시작하여 물량주의적 교회성장에 교회의 성공과 실패의 기준을 두고 하나님의 사역을 추구하는 큰 잘못을 범하였습니다. 세속의 시장주의에 편승하여 경쟁적인 사역을 추구하다 보니 겉으로 아름답고, 양적으로 수가 많은 교회를 꾸미기에 바빴습니다. 경쟁을 기초로 하는 시장주의에 기초한 사역을 하다 보니 교인들을 많이 끌기 위한 방법으로 교회의 겉만 잘 꾸미는 열심을 다한 결과로 내용은 고갈되고 말았습니다.

물량적인 성장주의 목회는 교인들에게 헌금을 강요하는 결과를 빚었고 그 방법 역시 시장주의에 근거하였습니다. 하루하루의 끼니 걱정을 하면서 살아가는 가난한 성도들의 물질적 어려움은 고려하지 않고 화려한 큰 교회를 짓는 일과 값비싼 내장과 설비를 준비하는 일에 그리고 이벤트식 행사를 준비하고 교인들의 놀이와 관광 여행 등등에 많은 예

---

12) http://blog.naver.com/guesswhoim?Redirect=Log&logNo=70021750750

산을 낭비하였음을 고백합니다.

② 참회기도문2 : 오만함에 대한 참회기도

100년이 지난 오늘, 그리스도의 몸 된 교회는 저희들 목사들의 싸움으로 갈기갈기 찢어져 있습니다. 지방색으로 갈라지고, 성서 해석의 차이로 갈라지고, 재산 문제로 갈라지고 하면서 한국의 장로교파 안에서도 100개 가까운 교단으로 갈라져서 서로 자기 교단만이 옳고 다른 교단은 옳지 않다고 서로 비난하고 심판을 하고 있습니다. 신앙적으로 보수라고 자처하는 목사들은 자기들과 다른 생각을 가지고 설교하고 목회하는 목사들을 진보라고 하고 급진적이라고 하고 심지어 이단이라고 규탄하고 매도합니다.

(우리 목사들은) "근본주의"신앙 노선을 절대적인 진리로 믿고 그리스도의 복음을 단순화하고 율법화하여 정통과 이단을 갈라놓고 근본주의 신앙만이 유일한 신앙이라는 독선에 빠져 왔습니다. 그러면서 진보적 신앙과 신학을 주장하는 목사들은 근본주의 신앙과 신학을 고집하는 목사들을 반지성적이고 무식하다고 멸시하고 있습니다.

③ 참회기도문3 : 신학교의 잘못된 교육과 운영에 대한 참회기도

하나님, 우리는 개교회의 중요성과 교회성장의 중요성을 알고 있으나 시장경제의 지구화의 흐름 속에서 개교회주의와 교회성장주의로 빠져 들어 갔습니다. 우리는 개인구원과 영혼구원에 치우쳐서, 공공의 영역에서 실현되어야 할 하나님 나라와 그의 뜻의 구현에 대하여는 너무나 무관심하였습니다. 특히, 우리 안수 받은 목사들과 이 목사들을 키워낸 신학교를 용서하여 주옵소서.

④ 참회기도문4 : 미숙한 복음전도에 대한 참회기도

사랑과 자비의 하나님 아버지시여, 그 동안 우리는 교단별 혹은 개교회별 전투식 복음전도를 추구해 왔습니다. … 우리는 다종족, 다민족, 그리고 다종교의 인류 공동체 안에서 그것들의 다양성과 정체성과 타자성을 인정하는 데에 인색해 왔습니다. 주님, 우리는 이웃 사랑의 지상명령을 따라서 타 종교들과의 대화를 앞세우고, 인류 공동체의 정의와 평화를 염두에 두는 복음전도에 너무나도 부족하였습니다. 우리는 무엇보다도 가난하고 병들고, 소외되고 억압 받는 사회적인 약자들에게 먼저 복음을 전하기보다는 교회의 물량적 성장에 치중하였고, 세계적인 구조 악과 지역적인 구조 악에 저항하는 일에도 너무나도 부족하였습니다. 우리를 긍휼히 여기시옵소서.

⑤ 참회기도문5 : 목사의 잘못된 사역에 대한 참회기도

우리는 가난한 사람들에게 기쁜 소식을 전하기보다는 부자들에게 다가가고, 가난한 사람들을 멀리하고 있습니다. 우리는 눈 먼 사람들을 다시 보게 하기 보다는 신체적으로나 정신적인 장애인들을 멀리하고 돌볼 생각조차 안 하고 있습니다. 우리는 포로된 자들과 억눌린 자들에게 자유와 해방을 주기보다는, 포로를 잡는 자들과 억압자들의 권력에 붙어서 힘없는 사람들, 바른 말을 하는 사람들을 억누르는 무서운 세력이 되었습니다.

우리 목사들은 권력의 시녀가 되어 로마서 13장을 자의로 끌어내어, 모든 권세는 하나님께로부터 온 것이라고 하면서, 독재와 인권 유린을 비호하고 이들을 위해 모여서 축복하는 기도회까지 열었습니다.

3. 패러다임 전환의 실패

셋째로, 한국교회의 신뢰상실과 쇠퇴의 또 하나의 원인은 한국교회가 20세기 후반 이후의 급격한 사회변동에 적응하지 못했기 때문이다. 오늘의 시대는 산업사회에서 정보사회로, 모던 문화에서 포스트모던 문화로의 이행이 이루어지고 있는 시대이다. 근대시대가 질서, 통제, 안정, 단일성, 불변성을 갈망했다면, 포스트모던 시대는 혼돈, 불확실성, 타자성, 다중성, 변화를 열망하는 시대이다. 모던 시대의 모습이 육지로 둘러싸인 경관이라면, 포스트모던 시대의 모습은 육지의 경관이 아닌, 항상 변화하는 물결과 표면을 지닌 바다의 풍경이다. 모던 문화가 이성을 중시하던 문화였다면, 포스트모던 문화는 감성과 경험을 중시하는 문화이다. 모던문화에서는 합리적이고 이성적인 것이 진리였다면, 포스트모던 문화에서는 느끼는 것이 진리이다. 모던인들이 삶이 무엇인지 알고 싶어 했다면, 포스트모던인들은 삶이 무엇인지 경험하고 싶어 한다. 모던 문화가 통제받고 누군가가 자신들을 위해 결정을 내려주기를 요구하는 대리문화였다면, 포스트모던 문화는 스스로 선택하는 문화이고 상호작용하는 문화이며 참여의 문화이다. 모던 문화가 언어를 기반으로 했다면 포스트모던 문화는 이미지나 은유를 추구한다. 모던 문화가 종교적 성향이 우세한 문화였다면, 포스트모던 문화는 영성적 성향이 우세한 문화이다.13)

세상은 이처럼 급격하게 변화했다. 새로운 시대에는 새로운 구조가 필요하다. 급격한 사회변동과 함께 전통적 목회 패러다임은 그 적응력을 상실해가기 때문이다. 그런데 한국교회는 여전히 산업시대, 모더니

---

13) 정원범, 『교회 · 목회 · 윤리』 (서울: 쿰란출판사, 2008), 281-286.

즘 시대의 패러다임, 즉 구시대의 패러다임에서 크게 벗어나지 못했다. 그도 그럴 것이 한국교회는 여전히 오직 교회성장에 목숨을 거는 교회 성장주의, 외형적인 교회성장에 집착하고 숫자와 크기로만 교회나 목회 자를 평가하려는 물량주의, 자기교회밖에 모르고 자기교회만을 위해 살아가는 개교회주의, 자기교파밖에 모르고 자기교파만이 최고라고 생각하며 연합할 줄 모르는 교파주의, 목사직을 계급화하며 평신도들과의 상호작용이나 민주적 과정을 무시하는 성직주의, 교회나 교단의 직분을 계급으로 생각하고 사리사욕을 채우기 위해 권한을 남용하거나 악용하는 교권주의 등의 질곡에서 벗어나지 못하고 있기 때문이다.

4. 잘못된 신학

넷째로, 한국교회의 신뢰상실과 쇠퇴의 근본 원인은 잘못된 신학 때문이다. 우선 신학이란 무엇인가? 다니엘 밀리오리가 말한 대로, 그것은 예수 그리스도 안에 나타난 하나님의 계시의 진리를 계속적으로 탐구하는 것이다.[14] 그리고 그것은 기독교신앙의 내용이 그 계시의 진리에 잘 부합되고 있는지를 성찰하는 것이다. 그런데 밀리오리는 교회의 존재와 사역이 그 계시의 진리에 부합하는지를 늘 성찰하기 위해 네 가지 질문을 던진다. 그가 던지는 질문의 네 가지 핵심요소는 복음에 대한 충실성, 기독교진리의 통전성, 시대적합성, 변혁적 실천성이다.[15] 첫째는 교회의 선포와 실천이 기독교의 복음 곧 예수 그리스도 안에 나타난 하나님

---

14) Daniel L. Migliore, *Faith Seeking Understanding: An Introduction to Christian Theology*, 장경철 역, 『기독교 조직신학개론』 (서울: 한국장로교출판사, 1994), 23-24.
15) 이학준, 『한국교회, 패러다임을 바꿔야 산다』 (서울: 새물결플러스, 2011), 29.

의 계시에 충실한가 하는 질문이다. 이것은 교회공동체의 정체성의 문제이며 복음에 대한 충실성의 문제라고 할 수 있다. 둘째는 교회의 선포와 실천이 예수 그리스도 안에 나타난 하나님의 계시의 모든 진리를 올바르게 표현하는가 하는 질문이다. 이것은 교회의 선포가 기독교진리의 상호연관성과 전체성을 제대로 추구하느냐 아니면 오직 하나의 원칙 또는 일부의 원칙들로 환원(또는 축소)시키고 있는가의 문제이다. 다르게 말하면, 그것은 하나님의 구원사역과 창조사역, 정의와 사랑, 신앙의 풍성한 하나 됨과 온전함, 다양성과 차이성, 풍성한 포용성과 통일성 등의 조화가 이루어진 온전한 복음을 추구하느냐 아니냐의 문제이다. 셋째는 교회의 선포와 실천이 오늘의 상황 속에서 예수 그리스도의 하나님을 살아계신 실재로서 제대로 드러내고 있는가 하는 질문이다. 이것은 교회가 과거의 기독교신앙 언어들을 새로운 시대 상황 속에서 살아가는 사람들이 이해할 수 있도록 새롭게 재해석해주고 있는가의 문제이다. 다시 말해 그것은 교회가 동시대의 사람들과 의사소통을 잘 하고 있는가 하는 시대적합성의 문제이다. 넷째는 교회의 선포와 실천은 개인적인 삶과 사회적인 삶 속에서 변혁하는 실천으로 나아가고 있는가 하는 질문이다. 이것은 우리의 신앙이 현재의 삶을 구체적으로 개혁하고 변혁하고 있는가 하는 질문이다. 그도 그럴 것이 기독교신앙이란 그것이 신앙적 실천으로 연결되지 못할 때 그리고 세상의 악의 구조를 문제 삼지도 못하고 변혁의 동력으로도 작용하지 못할 때 그 의미가 상실될 것이기 때문이다.

이상의 네 가지 기준에서 볼 때 한국교회의 신학은 적지 않은 문제점을 드러내고 있고 그런 점에서 한국교회의 신뢰상실은 불가피한 결과였다고 할 수 있다.

1) 하나님의 진리(복음)에서 벗어난 신학: 번영신학

첫째로, 한국교회의 신뢰위기의 원인은 한국교회와 신학이 하나님의 진리, 예수 그리스도의 복음에서 벗어나 기복신앙과 번영의 복음(번영신학)을 추구했기 때문이다. 한국교회는 그동안 샤머니즘의 기복신앙과 연결되면서 교회성장이 이루어진 측면이 있다. 사실 "예수 믿으면 복받는다", "예수 믿으면 건강해진다", "예수 믿으면 범사에 잘 된다", "예수 믿으면 부자 된다"는 이야기들을 들으면서 교회에 들어 온 사람들이 많기 때문이다. 한국교회의 많은 교인들은 "예수를 믿으면 복을 받고 예수를 믿으면 병을 고치고 예수를 믿으면 부자가 되고 예수를 믿으면 가정이 잘 된다고 생각한다. 기도에 대해서도 마찬가지이다. 기도만 하면 복을 받고 기도만 하면 병을 고치고 기도만 하면 부자가 되고 기도만 하면 문제가 해결된다고 말한다."16) 그러나 이것은 성경이 말하는 복과 다른 것이다. "기복신앙은 종교학적으로 소원성취 즉 자기소원의 성취를 이루는 것이다. 지금까지 어떻게 살아왔든 복을 빌기만 하면 누구나 복을 받을 수 있다고 생각하는 것이다. 그것이 윤리적이든, 비윤리적이든 노력을 하든지 노력을 하지 않든지 무조건적으로 자기의 소원을 아뢰면 소원이 이루어지는 것이다."17) 그러나 성경이 말하는 복이란 "예수를 믿으면 죄를 용서받고 구원을 받으며 하나님과 나 사이에 올바른 관계가 형성되어 이웃과 사회를 향한 하나님의 나라의 건설을 위하여 살게 되는 것이다…. 성경에서 주장하는 복은 하나님께 속한 것이고 하나님께서 복을 주시는 것이다. 따라서 복은 내 소원을 성취하는 것이 아

---

16) 조엘박, 『맞아죽을 각오로 쓴 한국교회 비판』 (서울: 박스북스, 2008), 228.
17) 위의 책, 229

니라 하나님의 뜻을 이루는 것이다."

오늘날 기독교의 복음을 가장 왜곡시키고 있는 것은 번영의 복음, 번영신학이다. 번영신학자들은 "하나님은 모든 자녀들이 번영을 누리기 원하시며 그러므로 그리스도인이 가난한 것은 하나님의 뜻이 아니라는 것이다. 그것은 사탄에 패배한 삶이다." "하나님의 영광을 위해 우리가 부요해야 한다"라고 주장한다.18) 그러나 이것은 완전히 잘못된 축복신학이고 거짓 복음이다. 그리스도의 십자가 복음을 거부하고 있기 때문이다.

2) 균형을 잃어버린 신학

둘째로, 한국교회의 신뢰위기의 원인은 한국교회의 신학이 하나님의 진리 안에 있는 여러 요소들 간의 균형을 잃어버린 채, 어느 한 요소만을 지나치게 강조하고 다른 요소들을 무시했기 때문이다. 우선 성경은 다양성 안에서의 통일성, 통일성 안에서의 다양성 이라는 특징을 가진다. 따라서 기독교신학은 기독교진리가 가지는 다양성의 차원을 존중해야 한다. 그렇지 못할 때 신학의 왜곡이 일어날 수 있기 때문이다. 그러면 기독교진리의 다양성 차원과 관련하여 한국교회의 신학의 모습은 어떠할까? ① 성경 안에 있는 윤리적 다양성과 긴장성: 성경 안에 나타난 하나님의 진리를 보면, 그것은 단일한 주제가 아니라 매우 다양한 주제들로 이루어져 있다. 아울러 성경 안에는 대립하는 두 개의 측면들이 있다. 필립 워거만은 이 두 측면들을 여섯 가지의 긴장요소들로 정리한 바 있는데 계시 대 이성, 물질주의 대 영적인 삶, 보편주의 대 집단 정체성, 은혜 대 율법, 사랑 대 무력, 신분 대 평등이다.19) 여기서 중요한 점

---

18) 김세윤, 고든 피 외, 『탐욕의 복음을 버려라』(서울: 새물결플러스, 2011), 11, 20.

은 여섯 가지의 상응요소들 간에는 중요성의 비중이 대응개념을 압도할 만큼 차이가 날 때가 있지만 그럼에도 불구하고 다른 대응개념을 쉽게 무시해서는 안 된다는 사실이다. 그런데 한국교회의 신앙과 신학은 어떠했을까? 그동안 교회의 신학은 대립 또는 상응되는 요소들을 균형 있게 유지하지 못할 때가 많았고 그로 인해 편협하거나 그릇된 신앙양태를 드러낼 때가 많았음을 보게 된다.

② 신학적 원천의 다양성: 감리교회의 '웨슬리 신학의 4대 원리'에 따르면, 신학의 원천에는 크게 성경, 전통, 경험, 이성의 4가지가 있다. 즉 성경은 유일한 삶의 지침이고 신학의 기준이다. 성경과 함께 교회의 전통을 중시해야 한다. 성경은 경험으로 확증되어야 한다. 성경을 이해하기 위해 이성을 활용해야 한다.[20] 그럼에도 불구하고 한국교회의 신앙과 신학은 이 네 요소들을 골고루 활용하지 못하고 어느 한쪽으로만 치우쳤고 그로 인해 편협한 신앙양태를 보일 때가 많았다.

③ 텍스트와 콘텍스트의 연결성: 몰트만에 따르면, 기독교 역사에 있어서 교회와 신학은 그동안 늘 기독교 정체성의 위기와 상관성(시대적 합성)의 위기라는 이중의 위기 속에 있었다. 전자는 교회가 현대의 상황에 관련을 맺고자 노력하면 할수록 기독교의 정체성을 상실해가는 위기이고, 후자는 전통적인 방식에 집착하면서 기독교의 정체성을 주장하게 될수록 현실과 점점 무관하게 되는 상관성의 위기이다.[21] 한국교회의 신뢰상실의 위기는 위의 두 가지 위기와 직결되어 있다고 아니 할 수 없

---

19) J. Philip Wogaman, *Christan Ethics: A Historical Introduction*(Louisville, Kentucky: Westminster/John Knox Press, 1993), 2-15.
20) Collin Williams, 이계준 역,『존 웨슬리의 신학』(서울: 전망사, 1986), 27-39.
21) J. Moltmann, 김균진 역,『십자가에 달리신 하나님』(서울: 한국신학연구소, 1984), 13-32.

다.22)

④ 신학과 영성, 영성과 윤리의 연결성: 고대교회를 보면 그 신학은 신학과 영성, 영성과 윤리가 하나로 결합되어 있었다. 그러다가 중세 스콜라주의와 계몽주의를 거치면서 이 두 가지가 각각 분리되는 현상이 나타났다. 따라서 많은 경우 신학은 영성과 분리되면서 어떤 열정도, 어떤 생명도 잃어버리게 되었고 영성은 윤리와 분리되면서 물질세계와는 단절된 도피주의적 영성이 되고 말았다.23) 한국교회 위기는 바로 이러한 신학과 영성, 영성과 윤리의 분리현상에서 비롯된 것이라 할 수 있다.

3) 소통이 안 되는 신학: 근본주의 신학

셋째로, 한국교회의 신뢰위기의 원인은 한국교회와 신학이 동시대의 사람들과 소통이 안 되기 때문이다. 소통이 잘 안 되는 이유가 무엇일까? 가장 큰 이유 가운데 하나는 한국교회의 신학이 근본주의적 성향을 보인다는 사실이다. 근본주의란 무엇인가? 그것은 자유주의 신학의 역사 비평적 성서주석과 진화론과 같은 현대과학이론에 대항하여 일어난 신학사조이고.24) 그 강조점은 성경의 무오설과 축자영감설, 성경에 대한 문자적 해석 등이다. 근본주의는 극단적인 보수 신앙으로 교회의 양적 성장에 기여한 부분이 있기는 하지만 여러 가지 면에서 많은 문제점을 가지고 있다.25) ① 근본주의는 현대주의를 배격한다. ② 근본주의는 개인의 자유(신앙의 자유, 양심의 자유)를 인정하지 않고 전체주의화하려

---

22) 이학준, 『한국교회, 패러다임을 바꿔야 산다』, 39.
23) 정원범 편저, 『영성수련과 영성목회』 (서울: 한들출판사, 2009), 17-23.
24) 목창균, 『현대신학논쟁』 (서울: 두란노, 1995), 243-245.
25) 김홍기, 『현대교회 신학운동사』 (서울: 한들출판사, 2008), 160-164.

고 한다. ③ 근본주의는 철저한 반공주의를 표방하고 WCC를 용공주의로 비판한다. ④ 근본주의는 율법주의의 잣대로 남을 정죄하고 자신만 의롭다고 여기는 자기의의 배타주의에 빠질 수 있다. ⑤ 근본주의는 종교의 세속화를 반대하고 단일종교의 국가를 지향함으로써 종교제국주의를 만들 수 있다. ⑥ 근본주의는 여성안수를 반대하고 여성의 역할을 제한시킨다. ⑦ 지나친 묵시문학적 종말신앙으로 시한부 종말의 분위기를 조장시킨다. ⑧ 근본주의는 세계의 임박한 종말을 고대하면서 세계의 상황을 개선하는 것을 거부한다. ⑨ 근본주의는 배타적 전투성을 갖고 있기 때문에 역사적으로 많은 분열에 앞장 서 왔다. ⑩ 근본주의는 개인구원과 개인윤리에 강조점으로 두다보니 사회변혁적 책임을 약화시켰다.

한국교회는 바로 이러한 근본주의적 성향으로 인하여 자기우월주의, 권위주의, 배타주의, 교조주의, 호전적 태도 등을 보여주었고 그로 인해 그들은 많은 신앙적인 문제와 사회적 문제를 일으켜왔다.[26] 따라서 근본주의의 영향 아래 놓여 있는 교회와 교인들이 한국사회와의 소통이 잘 될 리가 없는 것이고 그로 인해 한국교회는 점점 더 신뢰를 잃을 수밖에 없는 토양을 가지고 있다고 하겠다.

4) 변혁의 동력을 잃어버린 신학

넷째로, 한국교회의 신뢰상실의 원인은 한국교회와 신학이 변혁의 동력을 상실했기 때문이다. 초기의 한국교회는 근대적 사회변동의 동력이었다. 초기의 교인들은 하나님에게 전적으로 헌신하고 충성하려는 초

---

26) 이원규, 『기독교의 위기와 희망』 (서울: 대한기독교서회, 2003), 211-212.

월지향성이 확고했기 때문이다. 이는 초기 한국교회에 있어서 교인이 되다는 것의 의미에서 잘 나타난다. "실제로 교인이 된다는 뜻은 새로운 각오로 산다는 뜻이었다. 곧 유교적인 인습에 동조하는 것이 아니라 질시가 매섭고 비난이 혹독하더라도 필요하다면 기존의 가치를 부정하고 극복하며, 새로운 삶의 가치와 표준을 받아들인다는 뜻이었으며, 조선 사회의 신분제도를 포함하는 인륜적 의무 관계를 질문하고 이에 도전하는 행동 지향성을 생활화하는 것이었다."[27] "교회 회원이 된다는 것은 묵은 관습, 신분질서, 축첩 관계, 그 밖의 여러 사회적 인습을 거부할 것을 교회 회원 앞에서 공식적으로 서약하고, 위반했을 때에는 회원 자격을 잃고 마는 새로운 행동 규범을 준수하는 집단의 한 구성원이 된다는 것을 의미하였다."[28] 이렇게 초기의 한국교회는 교회와 교인의 정체성을 분명히 했고 이러한 힘은 초기 한국교회의 신학 곧 개인을 변화시키고 사회를 변화시키는 변혁의 신학에서 비롯된 것이었다.

그러나 오늘날 한국교회의 신학을 보면 어떤가? 그동안 한국교회의 신학은 서구신학이 그러했듯이 지나치게 이론중심, 교회중심의 신학이었다. 따라서 한국의 기독교신학은 신학생들과 교회뿐만 아니라 사회를 변화시킬만한 힘을 가지고 있다고 보기가 어렵다. 이 점에 있어서 실천성과 변혁성을 강조하는 해방신학은 전통신학에 대해 중요한 통찰력을 제공할 수 있다고 본다.[29]

---

27) 박영신, 정재영, 『현대 한국사회와 기독교』, 72.
28) 위의 책, 73.
29) 정원범, 『신학적 윤리와 현실』 (서울: 쿰란출판사, 2004), 147.

IV. 위기 극복을 위한 대안

1. 교회다움의 회복

첫째로, 한국교회가 오늘의 위기를 극복하기 위해서는 교회의 교회
다움을 회복해야 한다. 교회다움을 결정짓는 요소는 무엇일까? 그것은
영성과 도덕성과 공동체성이다.

① **영성의 회복**: 교회의 교회다움을 회복하는데 있어서 가장 중요한
것은 영성이다. 사실 영성이란 교회의 정체성이 걸려 있는 핵심요소이
다. 만약 교회에서 초월지향성이나 거룩지향성,[30] 궁극적 가치지향
성[31]과 같은 영성적 요소를 발견할 수 없다면 교회는 그 존재의 의미를
상실할 것이기 때문이다. 뿐만 아니라 교회의 위기를 극복하기 위해 영
성 회복이 중요한 것은 오늘의 시대가 종교의 시대가 아니라 영성의 시
대이기 때문이다. 오늘날 영성은 붐을 이루고 있다. 패트리셔 애버딘이
말한 대로, "이 시대 최고의 메가트렌드는 영성에 대한 탐구이다." 2003
년 타임지에 따르면 명상을 하고 있는 미국 성인들의 숫자가 1,000만
명에 달한다고 한다. 그런데 이러한 영성에 대한 열기와는 다르게 교회
는 쇠퇴하고 있다. 왜냐하면 교회가 영적인 문제에 관심을 보이기보다
는 교회내부의 문제, 제도적인 문제에 너무 많은 관심을 보였기 때문이
다.[32] 다시 말해 교회가 종교화되고 기업화됨으로써 현대인들의 영적

---

30) 필리스 티클은 영성을 '거룩함에 대한 태도'라고 정의한다. 드아드르 라누에, 유해룡 역,
『헨리 나우웬과 영성』(서울: 예영커뮤니케션, 2004), 18.
31) 마이클 다우니는 영성을 "궁극적 가치를 향한 진정성있는 인간의 탐구 또는 최고의 가치와
목적을 달성하기 위한 인간의 노력"이라고 정의한다. Michael Downey, *Understanding
Christian Spirituality*(New York/ Mahwah, N.J.: Paulist Press, 1997), 14.
32) Kenneth J. Collins, ed. *Exploring Christian Spirituality: An Ecumenical*

요구에 부응하지 못했다는 것이다.[33]

그동안 개신교는 타종교에 비해 종교이탈율이 가장 높았다. 개신교를 믿다가 교회를 떠나간 숫자는 1,090만 명에 달했다.[34] 개신교인들이 제일 많이 옮겨 간 곳은 천주교였다. 개신교의 무엇이 그들을 떠나가게 했을까? 그들의 말에 따르면, 개신교는 시끄럽고 너무 외형에 치중한다는 것이다. 그들의 말에 따르면 "천주교는 묵상을 강조하는 데 반해서 개신교는 자신의 영적인 상태를 밖으로 표출하는 데 몰두한다는 것이다. 자신의 내면의 모습을 성찰하고 성경의 가르침을 묵상하기보다는 빠른 박자의 찬양을 부르며 자신의 신앙을 표출하기에 애쓴다는 것이다. 그리고 설교나 성경에 대한 가르침에 대해서도 깊이 숙고하기보다는 '덮어놓고 믿는 식'이라며 목사님 말씀에는 '할렐루야', '아멘'하고 외치라고 하고, 하지 않으면 왜 '아멘'이라고 하지 않느냐며 다그친다는 것이다."[35] 또한 그들은 개신교는 교회에서 헌금그래프를 그려놓고 헌금을 많이 내도록 강요하는가 하면 너무 직분에 연연해하고 교세확장에 몰두한다고 비판한다. 그러면 천주교의 무엇이 그들을 끌어 들였을까? 첫 번째 대답은 '천주교는 성스럽다'는 것이다. 이런 현상은 한국교회의 지향성에 심각한 문제가 있음을 보여주며 동시에 그 지향성이 어떻게 교정되어야 하는지를 잘 보여준다고 하겠다.

② **도덕성의 회복**: 교회의 교회다움 회복을 위해 영성 못지않게 중요

Reader(Grand Rapids, Michigan: Baker Books, 2000), 9-10.

33) 정원범, 『기독교 영성과 윤리』 (서울: 한들출판사, 2012), 294-300.

34) 이원규, 『기독교의 위기와 희망』, 160.

35) 조성돈, 정재영 편저, 『그들은 왜 가톨릭교회로 갔을까?』 (서울: 예영커뮤니케이션, 2007), 76.

한 것은 도덕성이다. 도덕성이란 기독교신앙의 부수적인 요소가 아니라 본질적인 요소이기 때문이다. 그동안 개신교인들은 이기적이고 비인격적이고 자기중심적이라는 비난을 많이 들었다. 왜 그럴까? 아마도 개신교가 선한 행위나 윤리적인 삶을 쉽게 무시하고 너무 믿음만 강조했기 때문일 것이다. 이런 신앙양태는 오직 믿음만 강조하고 성화나 적극적인 사회참여를 약화시켰던 루터의 신학사상에 기인하는 것이다. 그러나 성경에서 신앙과 삶, 칭의와 성화는 떨어질 수 없는 하나로 결합되어 있다. 그래서 벨링거는 이렇게 말한다. 즉 "사회윤리란 신앙 이야기에 있어서 주변적이거나 이차적이거나 심지어 파생적인 것도 아니다. 오히려 그것은 하나님 신앙의 핵심요소이다. 실로 예배와 윤리는 신앙의 삶에 있어서 두 개의 본질적인 요소이다."36) 템플 역시 예배와 윤리, 영성과 윤리의 불가분리성을 이렇게 말한다. "하나님께 예배하는 것은 하나님의 거룩성으로 인해 양심을 소생시키는 것이고 마음에게 하나님의 진리의 양식을 공급하는 것이며 하나님의 아름다움에 의해 상상력을 정화하는 것이며 하나님의 사랑에 대해 마음을 여는 것이며 하나님의 목적에 의지를 바치는 것이다."37)

③ **공동체성의 회복**: 교회의 교회다움 회복을 위해 공동체성의 회복은 중요하다. 공동체성이 바로 교회의 본질이기 때문이다. 교회가 공동체성을 회복해야 하는 이유는 무엇보다도 기독교적 삶의 궁극적인 모델과 표준이 되시는 하나님이 성부, 성자, 성령의 공동체이시기 때문이다.38) 성부, 성자, 성령의 공동체는 다양성과 동등성, 그리고 상호의존

---

36) William M. Tillman, JR. ed. *Understanding Christian Ethics: An Interpritive Approach*(Nashiville, Tennessee: Broadman Press, 1988), 58.
37) William H. Willimon, *The Service of God*(Abindon Press, 1983), 40.

성을 지닌 가운데 친교하는 공동체적 존재이다.[39] "하나님은 영원히 고독하게 자족적으로 자아 의존적으로 존재하는 분이 아니라 삼위일체론적 본성 안에서 상호관계적인 공동체로 존재하신다."(K. Barth) 따라서 공동체성을 잃어버린 교회가 삼위일체 하나님을 따라 공동체적인 삶을 회복하는 일은 필수적인 과제가 아닐 수 없다.

최근에 한국교회의 교인들을 보면, 수많은 교인들이 영적인 만족을 얻지 못하고 있다. 그 이유에 대한 설명이 여러 가지로 가능하겠으나 한 가지 분명한 사실은 교회의 구조에 심각한 문제가 있다는 점이다. 이에 대해 글렌 와그너는 "나는 모든 문제들의 근원은 목회자와 교회가 공동체 모델이 아닌 기업 모델에 맞춰 변화되었기 때문이라고 믿고 있다"고 말한다.[40] 다시 말해 교인들은 교회가 그동안 사람을 귀히 여기는 마음과 격려와 친밀함과 헌신이 있는 공동체가 아니라 성장과 확장과 번영만을 추구하는 기업체를 만드는 일에 여념이 없어 왔다고 느낀다는 사실이다. 그러므로 교회는 교회의 종교화, 기업화 현상의 문제점을 자각하면서 교회의 본질인 공동체성을 회복하는 일에 힘을 모아야 할 것이다.

2. 목회자의 회개

둘째로, 교회의 교회다움이 회복되기 위해서는 목회자 자질의 변화가 필수적 과제이다. 교회의 영적 수준과 도덕적 수준은 바로 목회자에

---

38) Stanley Grenz, *Created For Community*, 장경철 역, 『하나님의 비전: 공동체를 위한 신학』 (서울: 도서출판 CPU, 2000), 52.

39) Michael Downy, *Understanding Christian Spirituality*, 45.

40) E. Glen Wagner, 차성구 역, 『하나님의 교회 VS 교회주식회사』 (서울: 좋은 씨앗, 2000), 23-24.

의해 결정되기 때문이다. 2009년 정재영이 400명이 넘는 목회자들을 대상으로 한 설문조사에서 한국교회가 당면한 가장 큰 문제가 무엇인가라는 질문에 가장 많은 응답으로 나타난 것은 바로 "목회자의 자질 부족"(42.3%)이었다. 기윤실의 조사 역시 그 점을 보여 주고 있는데 그 조사에서 "개신교가 더욱 신뢰받기 위해서 무엇이 가장 먼저 바뀌어야 하는가?"라는 질문에 대해 응답자들은 바뀌어야 할 대상을 교회지도자 (25.5%), 교회운영(24.4%), 교인(17.2%), 전도활동(16.2%), 사회활동(15.4%) 순으로 지적하였다.[41] 가장 먼저 바뀌어야 하는 존재는 목회자이다. 무엇을 회개하고 무엇을 바꾸어야 할까? 정종훈은 목회자들이 회개해야 할 내용으로 그들의 잘못을 다음과 같이 지적하고 있다.[42]

① 한국교회 목회자들은 신앙의 본질을 제대로 가르치지 못했고 삶으로 보여주지 못했다

② 한국교회 목회자들은 왜곡된 신앙을 가르쳤다.

③ 한국교회 목회자들은 스스로 교회의 주인인 양 행세해왔다.

④ 한국교회 목회자들은 세상의 상식적인 수준에도 미치지 못해서 오히려 수치를 당하고 있다.

⑤ 한국교회목회자들은 개혁적이지 않았다.

교계의 원로목사들은 2007년 한국교회의 위기상황을 안타까워하면서 그 위기가 바로 목사들인 자신들 때문이라고 참회한 적이 있다. 한국교회의 위기를 극복하기 위해선 이런 참회운동이 계속되어야 할 것이다.

---

41) 한미준, 『한국교회 미래 리포트』(서울: 두란노, 2005), 233-35.
42) 허호익 외, 『위기의 한국교회, 진단과 대안』(서울: 동연, 2010), 49-84.

3. 패러다임의 전환

셋째로, 한국교회의 위기를 극복하기 위해서는 패러다임의 전환이 이루어져야 한다. 왜냐하면 새로운 시대는 새로운 구조를 필요로 하기 때문이다. 물론 시대가 바뀌었지만 과거의 목회 패러다임에 긍정적인 측면이 있을 수 있다. 그러나 시대상황이 달라진 이상 패러다임의 근본적인 전환이 있어야 한다. 이원규는 총체적이고 통전적인 목회를 전제로 다음과 같이 패러다임의 전환이 있어야 한다고 주장한다.[43]

① 성장중심의 목회 패러다임은 무분별한 팽창주의와 외형적 성장주의를 지양하는 성숙중심의 목회로 바뀌어야 한다. ② 신앙중심의 목회 패러다임이 한국교회 교인들의 하나님 신앙을 강화하여 열심히 신앙생활하고 교회생활 하도록 한 것은 바람직한 일이다. 그러나 신앙중심의 목회는 삶 중심의 목회와, 교리중심의 목회는 실천 중심의 목회와 조화를 이루어야 한다. ③ 교회중심의 목회 패러다임이 개교회 성장과 발전에 크게 기여한 면이 있기 때문에 나름대로 의미가 있다. 그러나 개교회주의가 초래하는 여러 역기능을 예방하기 위해서는 교회중심의 목회 패러다임이 지역사회 중심의 목회 패러다임과 결합되어야 한다. ④ 조직중심의 목회패러다임이 초래한 역기능은 상당히 많다. 대표적인 것이 비민주적이고 권위주의적이며 차별적이고 불평등한 조직 구조와 직능 수행이다. 따라서 새로운 목회 패러다임은 조직중심의 목회가 인간중심의 목회와 조화를 이루어야 한다.

피터 드러커는 성공적인 조직은 "하고 있는 모든 것에 대하여 조직적으로 포기할 수 있어야 한다. 성공적인 조직은 몇 년마다 모든 과정,

---

43) 이원규, 『기독교의 위기와 희망』, 157-164.

모든 생산, 모든 진행, 모든 정책에 대하여 묻는 것을 배워야 한다: '이러한 것을 아직까지 하지 않았다면 우리가 지금 알고 있는 것이 무엇인지를 알기 위해 지금 그것을 해야 한다'"고 말했다.[44] 성공적인 조직이 되기 위해 지금까지의 모든 것에 대해 포기하고 버릴 수 있어야 한다는 것이다. 이것은 한국교회에도 그대로 적용되는 도전이 아닐 수 없다.

4. 신학의 갱신

넷째로, 한국교회의 위기를 극복하기 위해서는 목회의 토대가 되는 신학의 갱신이 있어야 한다. 오늘날 신학은 역사적 전환기에 놓여 있다. 몰트만에 따르면 오늘날의 신학은 세 가지의 이행과정 중에 있는데, 첫째는 교파적 신학에서 에큐메니칼 신학으로의 이행이고, 둘째는 유럽 중심적 시대에서 인류적 시대로의 이행이고, 셋째는 기계를 통한 세계 지배로부터 생태학적 세계공동체로의 이행이다.[45] 이렇게 시대가 변하고 있고 세계의 신학 역시 새롭게 변하고 있다. 한국교회의 신학 역시 이러한 변화의 흐름의 한 일원이 되어야 한다.

1) 십자가신학

한국교회를 병들게 하고 있는 번영신학을 교정하기 위해서는 십자가신학이 회복되어야 한다. 기독교신학이 기독교신학으로서의 그의 내

---

44) Donald E. Miller, *Reinventing American Protestantism*, 이원규 역, 『왜 그들의 교회는 성장하는가?』 (서울: kmc, 2009), 229.

45) Hans Küng, David Tracy, ed. *Theologie-wohin?*, 박재순역, 『현대신학은 어디로 가고 있는가』 (서울: 한국신학연구소, 1989), 29-33.

적 기준을 발견할 수 있는 곳은 바로 예수 그리스도의 십자가이기 때문이다.[46] 일찍이 루터는 신학의 진정한 본질은 십자가의 신학이라고 하였다. 영광의 신학은 하나님의 신적 능력, 지혜, 영광을 통해 직접 하나님을 인식하려고 하지만, 십자가의 신학은 하나님이 자신을 감추시는 곳에서, 그의 고난 가운데서, 영광의 신학이 약하고 어리석다고 간주하는 모든 곳에서 역설적으로 하나님을 인식한다. 즉 영광의 신학은 하나님의 창조사역을 통해 하나님을 인식하지만, 십자가의 신학은 고난을 통해서 하나님을 인식한다.[47] 영광의 신학은 고난보다는 행위를 더 좋아하고 십자가보다는 영광을 더 좋아한다. 왜 십자가의 신학만이 참된 신학일까? 그것은 하나님은 약함 중에서 강하시고 비천함 중에서 영화로우시며 죽음 가운데서 살아 계시어 생명을 주시는 분이기 때문이다. 그러므로 그리스도의 십자가만이 모든 참된 신학적 지식을 판단하는 기준이고 그리스도인의 삶과 교회를 평가하는 기준이 되어야 한다.

2) 균형 잡힌 신학

한국교회가 잘못된 것은 한국교회의 신학이 기독교진리의 총체성, 통전성을 유지하지 못했기 때문이다. 그러므로 한국교회를 바로 세우기 위해서는 통전적 신학, 균형잡힌 신학의 확립이 필수적이다. 존 스토트는 극단적인 신학의 문제점을 극복하기 위해 다음과 같이 네 가지의 균형이 있어야 한다고 주장한다.[48]

---

46) J. Moltmann, 김균진 역, 『십자가에 달리신 하나님』, 13.
47) Paul Althaus, *The Theology of Martin Luter*, 이형기 역, 『루터의 신학』 (서울: 크리스챤다이제스트, 1994), 41-51.
48) J Stott, *Balanced Christianity*, 정지영 역, 『존 스토트의 균형 잡힌 기독교』 (서울: 새

① **지성과 감성의 균형**: 첫 번째 신학의 양극화는 메마르고 생명력 없는 초지성주의와 이성을 거부하는 반지성주의(또는 감정주의)사이의 대립이다. 그러나 이것은 양자택일의 문제가 아니라 둘 다의 문제이다. 지성과 감정의 조화로운 관계에 대해 F. W. 파버는 이렇게 말한다. "심오한 신학은 경건에 불을 붙이는 가장 좋은 연료이다. 심오한 신학은 쉽게 불을 지피며 한 번 붙으면 오랫동안 타오른다."

② **보수와 진보의 균형**: 두 번째 양극화는 보수와 진보의 대립이다. 그러나 이것은 잘못된 것이다. 그도 그럴 것이 모든 그리스도인은 영원한 복음을 충실히 수호해야 한다는 점에서 보수적이어야 하고 사회의 불의와 악과 싸워야 한다는 점에서 진보적이어야 하기 때문이다.

③ **형식과 자유의 균형**: 세 번째 대립은 형식은 훌륭하지만 생기가 없는 예배와 자유롭고 자율성은 넘치지만 경건함을 잃은 예배간의 양극화이다. 그러나 교회에는 언제나 구조와 비구조, 형식과 비형식, 권위와 자발성, 독립성과 교제 간에 조화로움이 있어야 한다.

④ **복음전도와 사회참여의 균형**: 네 번째 대립은 복음전도와 사회참여의 양극화이다. 그러나 이 대립은 잘못된 것이다. 왜냐하면 "복음을 전하라"는 명령과 "네 이웃을 사랑하라"는 명령이 상호대립된 것이 아니기 때문이다. 이에 대해 마틴 루터 킹은 이렇게 말했다. "기독교는 천국과 세상을 동시에 다룬다. 인간의 영혼에만 관심을 표명하고 뒷골목에 전혀 관심이 없는 기독교, 그들을 질식시키는 경제적 악조건과 약자로 만드는 사회적 악조건들에 관심을 두지 않는 기독교는 무의미하다."

물결플러스, 2011), 21-84.

3) 에큐메니칼 신학

한국교회가 불신을 당하고 있는 것은 한국교회의 신학이 가지는 강한 교파주의적 성격과 깊이 연결되어 있다. 한국교회의 강한 교파주의적 성격 때문에 그동안 교회의 연합과 일치를 추구하지도 못했고 한국과 세계를 아우르는 사회참여적이고 사회변혁적인 신학도 제대로 추구하지 못했다고 할 수 있다. 그러므로 한국교회의 위기 극복을 위해 교파주의신학에서 에큐메니칼 신학으로의 전환은 필수적인 과제라 아니 할 수 없다.

교회일치를 의미하는 '에큐메니칼'이란 말은 오이쿠메네(oikumene)에서 유래한 말로서 사전적 의미는 "사람들이 살고 있는 온 세상"이다. "제1차 세계대전 이후로 '에큐메니칼'이란 말은 획기적으로 새로운 의미를 갖게 된다. 즉, 그것은 교회들의 다양성 속에서의 일치를 추구하는 '신앙과 직제'운동, 교회의 사회참여에 해당하는 '삶과 봉사'운동, 복음전파와 하나님의 선교를 추구하는 '복음전도와 세계선교'운동과 이 세 운동의 신학을 가리키는 것으로 사용되었다."[49] 따라서 에큐메니칼 신학이란 교회의 일치와 교회의 사회참여와 복음전파 및 하나님의 선교를 추구하는 신학이라 할 수 있다. 이러한 에큐메니칼 신학을 통해 우리가 한국교회와 세계교회의 하나 됨을 지향하면서 국가적 차원, 지구적 차원에서 제기되는 여러 사회적 문제와 생태계 문제 등을 제대로 다루게 된다면[50] 교회의 공신력을 회복하는데 많은 도움을 받게 될 것이다.

---

49) 이형기, "WCC 제10차 총회를 준비하는 한국교회의 역할," 『WCC 제10차 총회를 준비하는 한국교회의 역할』 (서울: 대한예수교장로회총회 WCC제10차총회준비위원회, 2010), 37.
50) 이형기, 『21세기를 향한 새로운 신학적 패러다임의 모색』 (서울: 장로회신학대학교출판

4) 공공 신학

교회와 세상과의 소통, 교회의 사사화현상의 극복, 사회변혁적 책임의 수행을 위해서 한국교회는 공공신학을 추구해야 한다. 계몽주의 이후 근대 서구사회에서는 아는 것과 믿는 것, 사실과 가치, 공적 영역과 사적 영역을 둘로 나누는 이분법적 세계관이 형성되었고 그 결과 복음은 공적 진리로서의 의미를 상실하고 공적인 영역과는 무관한 사적 영역의 개인적인 문제로 여겨지게 되었다.[51] 한국교회 역시 그동안 그와 같은 이분법적 시각을 가지고 "개인의 영적 구원이라는 좁은 사적인 영역으로 물러나서 복음의 진리성을 공적으로 증언하고 공적인 영역의 문제들에 대하여 공적 진리로서의 빛에 비추어 책임 있게 발언하고 행동하는 일을 소홀히 해왔다."[52] 그동안 한국교회는 정치적 압제, 경제적 착취, 지구적 빈곤의 상황, 분단 상황, 환경파괴 등과 같은 문제들을 다루는 경우, 그것은 신앙과 무관한 일이라고 생각하기도 했고 심지어 그런 문제들을 다루는 것을 비판하기도 했다. 말하자면 그동안 우리의 신앙과 신학은 교회 바깥 세상과는 아무런 관계도 없이 우리만의 게토 안에서 이루어진 경우가 많았다. 따라서 한국교회의 이러한 사사화 현상을 극복하기 위해서 공공신학을 추구하는 일은 한국교회 신학의 필수적 작업이다.

공공신학이란 무엇인가? 로날드 씨먼에 따르면, "공공신학은 기독교적 확신과 기독교공동체가 살고 있는 더 넓은 사회문화적인 맥락 사이의 관계를 이해하려는 것을 추구하는 신앙이다."[53] 다시 말해 공공신

부, 1997), 217-223.
51) 류태선, 『공적 진리로서의 복음』(서울: 한들출판사, 2011), 357.
52) 위의 책, 10.

학은 교회만을 위한 신학이 아니며 교회 밖의 사람들에게 기독교의 신앙을 설명하며 그들을 설득하고 사회적 변혁을 추구하는 신학이다.54)
몰트만은 공공신학에 대해 다음과 같이 구체적으로 설명한다.55)

세상과 공적인 관계성을 맺지 않는 기독교의 정체성은 존재하지 않으며 신학의 기독교적인 정체성 없이 세상과의 공적인 관계성은 존재하지 않는다…. 기독교 신학은 그가 다루는 대상 때문에 공적인 신학이다. 신학은 사회의 공적인 일에 관여해야 한다. 신학은 예수 그리스도의 하나님 나라에 대한 희망 속에서 사회의 공공복리에 대해 깊이 유념해야 한다. 신학은 사회의 가난한 자와 소외된 자들을 정치적으로 대변해야 한다. 십자가에 달리신 예수 그리스도에 대한 상고는 신학으로 하여금 정치적 종교와 우상숭배에 대해 비판적으로 대항하도록 만든다. 신학은 자신이 몸담고 있는 사회의 종교적이고 도덕적인 가치들에 대해 비판적으로 성찰하고 변증해야 한다. 그러나 신학은 현대의 다원주의의 함정을 결코 허용하지 말아야 하는데 왜냐하면 이 함정 안에서 신학은 소수자로 축소되며 자신의 종교 공동체인 교회 안으로 제한당하기 때문이다.

몰트만이 말한 대로, 신학은 본래 그가 다루는 대상 때문에 공적 신학이다. 그러므로 신학은 사회의 공적인 일에 관여해야 한다. 이렇게 한

---

53) 노영상, "공공신학의 신학적 의의와 윤리적 과제," 『한국교회의 윤리적 성숙과 공공신학』 한국기독교윤리학회논총 Vol. 10, 2008년. 12.
54) 류태선, 『공적 진리로서의 복음』, 354.
55) Jürgen Moltmann, 곽미숙 역, 『세계 속에 있는 하나님: 하나님 나라를 위한 공적인 신학의 정립을 지향하며』 (서울: 동연, 2009), 9-10.

국교회가 기독교 신앙과 신학의 공공성을 확립해간다면 한국교회는 실추된 공신력을 다시 회복하게 될 것이다.

V. 나가는 말

한국 기독교 초기 3-40년 동안은 기독교의 복음이 많은 사람을 변화시켰고 지역사회를 크게 변화시켰다. 예수를 믿게 되면서 두메산골의 촌사람들이 달라지기도 하였고 마을이 완전히 달라지기도 하였다. 그랬던 한국기독교가 양적으로 크게 성장하면서 제도화되었고 교리화되었으며 보수화, 권력화 되고 말았다. 그러면서 한국교회는 복음의 생명력을 잃게 되었고 급기야 기독교의 복음이 변질되는 상황에까지 이르게 되었다. 한국교회가 교회의 위상이 추락할 수밖에 없는 상황 속에 놓이게 된 것이다.

이제 한국교회는 지금의 위기를 또 하나의 기회로 만들기 위해서 무엇보다 지금의 위기 상황이 얼마나 심각한지를 자각해야 하고 그리고 하나님의 은혜를 힘입어 회개와 갱신의 노력을 경주해야 한다. 그렇게 함으로써 한국교회는 사람을 변화시키고 사회를 변화시키는 복음의 능력을 다시 회복하게 될 것이고 한국사회와 세계의 희망으로 거듭나게 될 것이다.

4 한국교회 위기 극복의 근본 대안
: 기독교 영성의 회복*

I. 들어가는 말

지난 수십 년 동안 우리는 거대한 변화의 시대를 살아왔고, 앞으로도 계속 혁명적인 변화의 시대를 살아갈 것이다. 그동안 인간은 과학 기술의 차원에서 엄청난 진보를 이루었다. 그러나 다른 한편 심각한 지구적인 위기에 직면해 있는 것도 사실이다. 과거에 비해 많은 것들이 분명해지고 확실해졌으나, 다른 한편 여전히 많은 것들이 모호하고 복잡하다. 이런 점에서 우리는 역설과 모순으로 가득 찬 역설의 시대를 살아가고 있다고 할 수 있다. 레너드 스윗은 오늘의 현실에서 일어나고 있는 역설의 현상들을 몇 가지로 소개한 바 있는데 즉, ① 미국은 세계에서 가장 큰 두통거리이자 … 세계의 가장 큰 소망이다. ② 서구에서 기독교는 쇠퇴하고 있다. … 그리고 전 세계에서 부흥하고 있다. ③ 지구상의 사람들이 점점 뚱뚱해지고 있다. … 그와 동시에 지구상의 사람들이 굶

---

* 이 글은 "21세기 역설의 메가트렌드와 영성을 회복하는 새로운 교회"라는 제목으로 「신학과 문화」 20집, 2011에 실렸던 글임.

주리고 있다. ④ 물질적 풍요로움이 더할수록 … 영적 황폐함이 극심해진다. ⑤ 비즈니스 문화는 고도로 중앙집권화되고 있다. … 그리고 더 깊이 지방분권화되고 있다. ⑥ 세계는 점점 더 도시화되고 … 전원화되고 있다. ⑦ 조직이 복잡해질수록 … 단순성이 요구된다 등이다.[1] 이몬 켈리도 『파워풀 타임스』라는 책에서 오늘의 세계에 공존해 있는 일곱 가지 긴장요인들을 일목요연하게 설명하고 있는데, 투명성과 광기, 세속성과 영성, 군사력과 취약성, 기술 발전의 가속화와 그 반작용, 무형경제와 물적 경제, 번영과 쇠퇴, 인간과 지구환경 등이다.[2]

그런데 우리는 여기서 위의 여러 역설의 현상들 가운데 세속성과 영성의 역설적 현상에 주목하고자 한다. 왜냐하면 그것이 오늘날 교회가 직면한 위기 상황과 가장 깊은 연관성을 가지고 있기 때문이다. 따라서 본 글은 세속성과 영성의 역설적 현상에 주목하면서 이런 시대 상황과 관련하여 교회 위기의 원인을 분석하고, 영성의 회복을 교회위기의 극복 방안으로 제시하려는데 그 목적이 있다. 이 목적을 가지고 본 논문은 2장에서 21세기 역설의 메가트렌드라는 제목 하에 오늘의 시대가 세속주의 시대이며 동시에 영성의 시대라는 점을 고찰하게 될 것이고, 3장에서는 영성의 시대에 기업과 교회의 대응이 어떠한지를 살펴보게 될 것이며, 4장에서는 영성의 시대에 대한 교회대응의 실패 이유를 분석하게 될 것이고, 5장에서는 기독교의 참된 영성의 회복을 교회위기를 극복하는 방안으로 제시하고자 한다.

---

1) Lenard Sweet, *Carpe Mañana*, 김영래 역, 『미래 크리스천』(서울: 좋은 씨앗, 2005), 185-196.
2) Eamon Kelly, *Powerful Times: Rising to The Challenge of Our Uncertain World*, 정상호, 이옥정 역, 『파워풀타임스』(서울: 럭스미디어, 2008), 45-276.

II. 21세기 역설의 메가트렌드

1. 세속주의 시대

21세기를 지배하는 역설적인 메가트렌드가 두 개 있는데 하나는 세속주의이고 다른 하나는 그에 대한 반작용으로 나타난 영성이다. 계몽주의 사상의 핵심을 이루고 있는 세속주의는 서구의 근대문명의 중심을 이루는 것으로 시민사회와 공공영역을 다스리는 기본 원리이며 종교나 신앙 대신에 이성과 과학을 더 중시하는 사고체계이다. 일반적으로 세속주의는 종교 또는 교회 중심의 생활에서 국가 기능이나 시민사회의 운영을 완전히 분리하는 것을 뜻한다.3) 세속주의라는 용어를 처음 창안한 조지 홀리오크에 따르면, "세속주의란 순수하게 인간적인 측면에만 근거한 삶과 관련된 의무사항을 가리킨다. 또한 종교를 무의미하고 현실과 동떨어졌으며 믿을 수 없는 것이라 생각하는 사람들을 위해 고안된 것이다."4)

그러나 신학자들은 보다 분명하게 세속주의를 "실제적인 무신론"(로엠커)이라고 정의하기를 주저하지 않는다. 조지아 하크니스도 "세속주의는 마치 하나님이 없는 것처럼 말하고 행동하는 삶의 체계"라고 하였고, 라인홀드 니버 역시 "세속주의는 거룩하신 자, 궁극자, 신성하신 분, 더 정확히 말하면 하나님을 부정하는 삶의 철학이자 방식"이라고 규정하였다.5)

인간이 신에 의존하지 않고서도 세계를 발전시킬 수 있고 자신의 욕

---

3) 위의 책, 83; http://en.wikipedia.org/wiki/Secularism
4) 위의 책, 84-85.
5) Edmund P. Clowney, "세속주의와 기독교 선교," 『고려신학』 제 12집, 2005, 134.

구를 충족시킬 수 있다는 생각이 확산되기 시작하면서, 종교를 무의미한 것으로 생각하는 세속주의는 더욱더 서구 근대문명의 중요한 요소로 자리 잡게 되었다. 특히 세속주의의 부상은 인간중심적인 세계관과 긴밀하게 연결되었고, 이로 인해 자연에 대한 무분별한 착취가 이루어지게 되었으며, 또한 세속주의는 과학주의와 연결되어서 자연에 대한 인간의 통치영역을 넓혀나갈 수 있다는 생각을 낳았고, 실제로 지난 200년 동안 눈부신 경제적, 물질적 발전을 이루게 되었다. 이런 점에서 근대화와 세속주의는 서로 불가분의 관계를 가지고 있다.

따라서 1960년대에 인류학자 앤서니 월리스 같은 사람은 "종교의 미래는 끝났다"고 예언했고, 사회학자 스티브 브루스는 "신은 죽었다"는 책을 통해 자유주의, 민주주의가 발달한 선진국에서 종교쇠퇴 경향이 뚜렷하게 나타났음을 보여주었다. 교회 제도의 붕괴를 볼 수 있는 대표적인 나라는 영국이다. "1989년과 1998년 사이만 보면, 모든 기독교 교파의 일요일 출석 교인 수는 470만에서 370만 명으로 줄었다. 10년 만에 무려 22%가 감소했다. 이를 근거로 추정하면 한두 세대 안에 영국 교회들은 버림을 받을 것이다."[6]

과학적인 방법과 논리적 추론 위에 세워진 세속주의 세계관은 물질적인 차원에서의 인간의 필요와 욕구충족으로 시작하고 그것으로 끝을 맺는다. 따라서 세상의 모든 것들, 특히 자연은 인간이 마음대로 쓸 수 있는 것처럼 취급되고 있고, 물질적 조건의 개선과 발전만 이루어지면 그것으로 다 되었다고 생각한다. 그러나 문제는 미국과 일본을 포함한 대부분의 선진국에서 치러진 설문조사에서 나타난 대로, 지난 수십 년

---

6) Philip Jenkins, *The Next Christendom: The Coming of Global Christianity*, 김신권, 최요한 역 『신의 미래』 (서울: 도마의 길, 2009), 185.

간 엄청난 경제성장을 거뒀음에도 불구하고 행복이 더 커졌다고 느끼는 사람은 별로 없다는 사실이다.[7]

2. 영성의 시대

19세기 후반과 20세기 초에 많은 사회학자들은 세계가 근대화와 세속화 과정을 거치게 되면 종교가 쇠퇴하게 되고 결국은 사라지게 될 것이라고 주장했다. 그러나 20세기가 지나가고 새로운 천년이 시작됐음에도 불구하고 그들의 예상과는 달리 종교는 오히려 더 부흥하는 현상이 나타났다.[8] 세속주의자들은 그동안 경제적으로 번영하고 교육수준이 높아지고 과학, 기술이 발전하게 되면 될수록 종교는 사회의 주변부로 사라지게 될 것이라고 주장했지만, 그것은 서구세계에서만 적용되는 것이지 아시아, 아프리카, 남미의 지역에서는 그 정반대의 형상이 나타나고 있는 것이다.[9] 이것은 한편에서 여전히 기승을 부리는 세속주의의 메가트렌드와는 정반대로 나타나는 또 하나의 거대한 메가트렌드라 할 수 있다. 다시 말해 그동안 세상을 지배해온 세속주의의 메가트렌드에 대한 하나의 반작용으로서 영성에 대한 관심이 고조되는 역설의 현상이 나타나고 있는 것이다.

오늘날 영성은 전례 없이 붐을 이루고 있다. 기독교 영성만이 뜨고 있는 것은 아니지만 영성에 대한 관심이 고조되고 있다는 사실은 분명

---

7) 위의 책, 91-92.
8) Harvey Cox, *The Future of Faith*, 김창락 역, 『종교의 미래』 (서울: 문예출판사, 2010), 9.
9) Eamon Kelly, *Powerful Times: Rising to The Challenge of Our Uncertain World*, 정상호, 이옥정 역, 『파워풀타임스』, 95.

하다. 매체 비평가 존 카츠에 따르면 섹스와 전자 상거래 다음으로 영성과 종교라는 단어만큼 검색엔진에서 많이 등장하는 단어도 없다고 한다. 2000년에는 영성과 종교에 대한 웹사이트가 145,000개 있었다고 한다.10)

미래학자 패트리셔 애버딘이 말하고 있듯이, "이 시대 최고의 메가트렌드는 영성에 대한 탐구이다."11) 여기서 그가 말하는 영성이란 초월적인 존재, 신성함, 신과 연결되고자 하는 욕망에서 시작되는 것으로 삶의 의미나 목적, 연민, 깨달음, 서비스, 웰빙 등을 추구하려는 갈망, 즉 내적인 평화, 명상 등 돈으로는 살 수 없는 것들에 대한 갈망을 의미한다.12) 이러한 영성에 대한 탐구는 인간의 활동, 여가활용, 소비패턴을 변화시키고 있는데 요가저널의 편집자 린 렘컬은 미국의 요가인구는 2002년 이후로 43% 증가하여 2005년에는 그 수가 무려 1,650만 명에 이른다고 했고, 2003년도 타임지는 1,000만 명에 달하는 미국 성인들이 명상을 하고 있다고 하였는데 이 수치는 10년 사이에 두 배로 증가한 것이라고 보도했다.13)

애버딘은 타임지 기사 등에 나타난 영성에 대한 최근의 열기를 이렇게 전하고 있다.14)

— 〈타임〉의 기사에 따르면 학교나 병원, 법률사무소, 정부기관, 기업

---

10) Lenard Sweet, *Carpe Mañana*, 김영래 역,『미래 크리스천』, 210-211.
11) Patricia Aburdene, *Megatrends 2010*, 윤여중 역,『메가트렌드 2010』(서울: 청림출판, 2006), 33.
12) 위의 책, 33-34.
13) 위의 책, 35. 그는 메가트렌드라는 용어를 10년 혹은 그 이상 동안 우리의 삶을 형성하는 크고 중요한 방향성을 의미하는 말로 사용한다.(위의 책, 15.)
14) 위의 책, 35-36.

체, 감옥에서도 명상을 가르친다고 한다.

— 요가와 명상 프로그램을 진행하는 콜로라도 샴발라 마운틴 센터의 1998년 방문객은 1,342명에 이른다. 2003년에는 그 숫자가 15,000명이나 되었다.

— 〈타임〉의 조엘 스틴은 뉴욕 캣스킬 산맥에 있는 호텔들이 너무나 빨리 명상의 장소로 변하여, 보 슈 벨트(캣스킬 산맥에 있는 유대인 피서지 일대)가 불교 벨트로 이름이 바뀌고 있다.

이렇게 수많은 사람들이 명상이나 요가 등을 통해 자신들의 삶에 영성을 받아들이고 있는 이유가 어디에 있을까? 한편으로는 어떠한 물질적 풍요도 우리들에게 삶의 의미나 행복을 가져다주지 못한다는 자각 때문일 것이고, 다른 한편으로는 지금까지 개인과 기업의 생존과 안녕을 보장해주던 기반이 무너졌기 때문일 것이다. 평생직장도 없어졌고, 기업의 이윤을 보장해주던 장수제품도 사라졌다. 제품의 수명은 점점 더 단축되고 있고 시장 상황은 끊임없이 변하고 있다. 새로운 에너지, 새로운 아이디어가 없이는 생존이 어려운 무한 경쟁의 시대가 되었고, 그에 따라 스트레스와 괴로움, 슬픔이 넘쳐나는 시기가 되었다. 이런 시기에 삶의 의미, 정신적 가치, 새로운 아이디어, 새로운 에너지 등을 얻으려고 몸부림을 치다가 발길이 머문 곳이 바로 영성의 세계인 것이다. 특히 미국은 역사상 가장 거대한 영적 추구의 시대를 맞이하고 있는데, 미래학자들은 이구동성으로 말하기를 "영성은 세 번째 천년의 성배가 될 것이다"[15]라고 말한다.

---

15) Lenard Sweet, *Carpe Mañana*, 김영래 역, 『미래 크리스천』, 212.

III. 영성의 시대에서의 기업과 교회의 대응

1. 기업의 대응

영성이 21세기 최고의 메가트렌드가 되어 가고 있다는 사실을 제일 먼저 알아차린 곳은 아마도 기업일 것이다. 시대 변화에 제일 민감한 곳이 기업이기 때문이다. "최고경영자 예수"라는 이름의 책이 나오고, "리버스"(새로 태어남)라는 이름의 파우더가 나오고, "스피리추얼"이라는 이름의 화장품이 나온 사실 등에서 우리는 영성이 얼마나 기업 경영에 깊이 침투해 있는가를 알 수 있다. 〈비즈니스 위크〉지가 보도하듯이, "경영진들이 교회와 절, 이슬람 사원에서 성직자들이 설파하던 교훈들을 회사로 가져와 신비주의를 그들의 경영에 도입하는 것을 보더라도 영적 부흥은 미국기업을 휩쓸고 있다."[16]

수많은 CEO들이 영성을 기업경영에 도입하면서 영성이 기업경영에 효과가 있음을 증언한다. 심장박동 조절장치를 발명한 메드트로닉의 CEO인 빌 조지는 하루 두 번씩 명상의 시간을 가지고 있는데, 명상 덕분에 훨씬 더 많은 에너지를 얻게 되었고 가장 창의적인 아이디어를 얻었으며 회사에 있어서 정말 중요한 것이 무엇인지도 분명히 알게 되었다고 한다. 그는 회사에 명상센터를 만들기도 하였는데 그의 재임기간 동안 기업 가치가 11억 달러에서 최고 600억 달러까지 상승했다고 한다.[17]

헤어케어 브랜드인 레드켄에서 30년간 근무한 앤 민시는 1998년부

---

16) 위의 책, 220-221.
17) Patricia Aburdene, *Megatrends 2010*, 윤여중 역, 『메가트렌드 2010』, 44-46.

터 2001년 사이에 레드켄의 매출액이 매년 8%에서 최고 15%가 신장되었던 비결이 영성 덕분이었음을 강조한다. 그녀는 영혼이 담겨 있는 경영을 위해 이렇게 조언한다. 즉, ① 영혼을 담기 위한 시간을 가져라. 민시는 하루를 시작하기 전에 자신의 영적 자아를 준비하는 데도 시간을 할애한다. ② 가능하면 빨리 사적인 관계를 만들어라. 사람들이 진심으로 사랑하는 것에 귀를 기울이고 그것에 다가가라. 가능한 빨리 사적인 수준의 관계를 형성하라는 것이다. ③ 신뢰하라. 민시는 "비지니스의 세계는 비정한 것처럼 보이지만 사람들은 그 안에 영혼이 있기를 간절히 바라고 있다"고 말한다. ④ 당신의 동료를 지원하라. 민시는 무조건 다른 사람들에게 힘을 실어준다고 말한다.[18]

이런 사례 등을 통해 우리는 적지 않은 기업들이 영혼이 담긴 경영을 추구하면서 영성의 시대를 지혜롭게 대응해가고 있음을 보게 된다.

2. 교회의 대응

영성에 대한 열기가 고조되고 있는 시대에 기성종교가 쇠퇴하고 있는 현상은 영성의 시대에 교회가 슬기롭게 대응하지 못하고 있다는 증거다. 조지 갤럽은 미국에서 사람들은 지난 50년 동안 그 어느 때보다 더 영적인 성향을 보였다고 말한다. 베스트셀러 목록을 봐도 비소설부문은 대부분 영혼과 영성을 다룬 책들로 이루어져 있다. 이처럼 영적인 관심은 점점 더 고조되고 있는데 교회는 점점 더 쇠퇴하고 있는 현실은 아이러니가 아닐 수 없다. 전술했듯이, 영국의 경우 교회 쇠퇴경향은 매우 두드러지게 나타났는데 BBC 뉴스 자료에 따르면, "2000년 현재 자

---

18) 위의 책, 49-54.

신을 무신론자라고 밝히는 영국인의 비율: 44%, 영국 청년(18-24세) 중 자신을 무신론자라고 밝힌 사람들의 비율: 66%, 영국의 교회출석률 관련 전문가인 피터 비얼리가 추정한 2040년의 영국 내 교회출석률: 0.5%"로 나타나고 있다.[19]

캐나다 교인수에 대한 2005년의 조사에 따르면, "1961년에서 2001년 사이에 캐나다 성공회는 신도 53%를 잃었고, 만일 이 추세가 계속된다면 2061년에는 교인이 단 1명 남을 것이다. 또한 1961년에서 2001년 사이에 캐나다 연합교단은 교인 39%가 줄었고 다른 주류 교단들도 몸집이 급격하게 줄었다. 1988년과 1998년 사이에도 예배 모임에 참석하는 캐나다인 수는 적어도 한 달 사이에 41%에서 34%로 줄었다."[20]

미국의 경우를 보면, "적어도 한 달에 한 번 예배에 참석하는 미국인의 수가 1981년에서 1998년 사이에 5%가 하락했다. (이 기간 중에 오스트리아는 15%, 스페인은 15%, 서독은 10%, 네덜란드는 9% 하락했다.) 미국의 청소년 3,100만 명 가운데 불과 12%만이 교회에 출석하며, 그 가운데 88%는 학교를 졸업한 후 발길을 끊는다."[21]

한국의 경우도 예외가 아니다. 2005년 통계청 자료에서 밝혀졌듯이, 개신교회는 10년 전에 비해 14만 4천명이 감소했는데 단순히 감소했다는 사실보다 더 문제가 되는 것은 종교 이탈율이 다른 종교에 비해 월등히 높다는 사실이다. 1997년 한국갤럽의 조사에 따르면, 개신교에서 다른 종교로 개종한 숫자는 204만 명, 불교에서 다른 종교로 개종한

---

19) Eamon Kelly, *Powerful Times: Rising to The Challenge of Our Uncertain World*, 정상호, 이옥정 역,『파워풀타임스』, 87-88.

20) Philip Jenkins, *The Next Christendom: The Coming of Global Christianity*, 김신권, 최요한 역『신의 미래』, 193.

21) Lenard Sweet, *Carpe Mañana*, 김영래 역,『미래 크리스천』, 213.

숫자는 115만 명, 천주교에서 다른 종교로 개종한 숫자는 34만 명으로 나타났다. 또한 불교를 믿다가 불교를 떠나간 숫자는 402만 명, 천주교를 믿다가 천주교를 떠나간 숫자는 180만 명, 개신교를 믿다가 교회를 떠나간 숫자는 1,090만 명에 달했다는 것이다.22)

영성의 시대에 교회가 점점 더 외면을 당하고 있는 이러한 현실은 교회의 대응에 심각한 문제가 있음을 보여주는 것이다.

IV. 영성의 시대에 대한 교회 대응의 실패 이유

영적인 관심은 크게 고조되고 있는데 어째서 기성교회의 좌석은 점점 비어가고 있고 교회들은 점점 더 쇠퇴하고 있는 것일까? 무엇 때문에 영성의 시대에 한국사회에서 교회들은 외면과 비난을 받고 있는 것일까? 이 질문에 대해 조지 갤럽은 그의 책『사람들의 종교』에서 오늘의 교회들은 영적인 문제에 관심을 보이기보다는 교회의 내부적이고 제도적인 문제에 너무 많은 관심을 보였기 때문이라고 대답한다.23) 다시 말해 영성의 시대에 대한 교회 대응의 실패 이유는 교회가 종교화되고 기업화되어감으로써 교회의 본질에서 멀어졌기 때문이라고 할 수 있다.

1. 종교화된 교회

레지 맥닐은 미국에서 점점 많은 사람들이 교회를 떠나고 있는데 그

---

22) 이원규, 『기독교의 위기와 희망』 (서울: 대한기독교서회, 2003), 160.
23) Kenneth J. Collins, ed. *Exploring Christian Spirituality: An Ecumenical Reader*, (Grand Rapids, Michigan: Baker Books, 2000), 9-10.

이유는 그들이 신앙을 상실해서가 아니라 오히려 그들이 자신들의 신앙을 지키기 위해서였다는 충격적인 보고를 한 바 있다. 왜 그들은 교회를 떠났을까? 그들에 따르면, 교회는 더 이상 자신들의 영적인 발전에 아무런 도움이 되지 않는다는 것이다.[24] 이 말은 교회가 더 이상 영적인 갈망에 부응할 수 없을 정도로 교회가 종교화되었다는 것을 의미한다.

쟈크 엘룰이 말하는 대로, 기독교의 계시와 신앙이 종교로 변질되는 일은 기독교 역사에서 항상 일어났지만[25] 그것이 문제가 되는 이유는 무엇일까? 칼 바르트에게 있어서 종교란 인간 자신이 바라는 소망에 맞게 하나님을 부합시키기 위해 인간이 창조한 어떤 것[26]이기 때문에 문제가 되는 것이고, 본회퍼에게 있어서 종교란 사람에게 가기 위한 하나님의 길이 아니라 하나님께로 가기 위한 사람의 길이기 때문에 문제가 되는 것이다.[27]

그러면 구체적으로 기독교신앙이 종교로 변질되었다는 말의 의미는 무엇일까? 바르트의 종교비판의 입장에 영향을 받은 쟈크 엘룰은 다음과 같이 종교로 변질된 기독교를 비판한다. 첫째로, 엘룰은 기독교가 권력과 결탁되면서 기독교는 종교가 되었다고 비판한다. 기독교는 권력계층들과 결탁하면서 복음의 소중한 가치들을 잃어버리고 그 대신 대중화의 길을 걸어갔다. 본래 복음은 기독교의 탁월한 혁신, 은총, 사랑, 박애, 생명체에 대한 염려, 비폭력, 사소한 것에 대한 배려, 새로운 시작에

---

24) Reggie McNeal, *The Present Future: Six Tough Questions for the Church*(San Francisco: Jossey-Bass, A Wiley Print, 2003), 4.
25) Jacques Ellul, 김재현 역, 『우리 시대의 모습』(서울: 대장간, 1995), 150.
26) Paul W. Diener, *Religion and Morality: An Introduction*(Louisville, Kentucky: Westminster John Knox Press, 1997), 2.
27) 고재길, "본회퍼의 비종교적 해석과 교회의 윤리적 실천," 김철영교수회갑논문집, 『믿음, 삶 그리고 하나님 나라』(서울: 성광문화사, 2008), 428.

의 소망과 같은 여성적인 가치들을 가지고 있었다. 그러나 기독교가 정복과 권력과 지배의 가치들을 채용하면서부터, 다시 말해 권력과 결탁하면서부터 그러한 소중한 가치들을 잃어버렸다.[28]

둘째로, 엘룰은 교회가 제도가 되고, 교회의 조직이 계급제도로 이루어지게 되면서 기독교가 종교가 되었다고 비판한다. 제국의 종교가 되기 이전 고대 교회는 교인들 간에 평등한 사랑의 사귐 있었고, 교회 안에서와 밖에서 자신의 것을 서로 나누며 살았던 사랑의 공동체였다. 그러나 교회에 교인들이 늘어나고 부자들, 권력자들이 많아지고 돈이 풍부해면서 필요에 의해 제도가 만들어졌고, 그 제도는 제국의 제도들의 영향을 받으면서 직분의 계급화, 권력화가 이루어지게 되었다.[29] 그러나 이것은 계급적으로 우월한 자가 계급적으로 열등한 자를 섬겨야 한다는 예수님의 가르침에 배치되는 것이라고 엘룰은 주장한다.[30]

셋째로, 엘룰은 기독교가 성공주의와 결탁되면서 종교로 변질됐다고 비판한다. 기독교는 로마의 국교가 되면서 확장에 성공했다. 수많은 사람들이 기독교인이 되었고 황제의 가족과 정부의 지배계급까지도 기독교인이 되었다. 이렇게 기독교는 성공했으나 그와 동시에 복음적인 삶이 왜곡되는 비극이 생겨났다. 이에 대해 엘룰은 이렇게 비판한다. "복음을 확장하려 애쓴 덕분에 기독교는 결국 성공했고 일단 한 번 성공하자 그것은 언제나 그렇듯이 계속적인 성공의 갈망을 가져왔고 기독교인도 이 갈망에서 벗어나지 못했다. … 결과적으로 사회가 기독교에 의해 뒤집히기는커녕 오히려 기독교를 뒤집었다는 점이다."[31]

---

28) Jacques Ellul, *La Subversion du Christianisme*, 쟈크엘룰번역위원회, 『뒤틀려진 기독교』(서울 대장간, 1994), 61-62.
29) 위의 책, 59.
30) 위의 책, 131.

넷째로, 엘룰은 기독교신앙이 도덕주의로 변형되면서 기독교는 종교가 되었다고 비판한다. 그에 따르면, 교회는 사회의 부도덕한 상황과 맞서 싸우게 될 때 그 문제를 도덕으로 해결하려고 했다. 다시 말해 서구 사회가 도덕적으로 혼란스러울 때 교회는 복음에 기초를 둔 마음의 진실된 회심보다는 공통적으로 받아들일 수 있는 도덕을 세우는 일에 진력하게 되었고, 도덕의 엄격함을 사용하여 주변의 부도덕과 맞서 싸웠다는 것이다. 이런 과정에서 교회는 복음을 도덕으로 변형시키고 계시를 도덕법칙으로 변형시켰다는 것이다.[32]

엘룰처럼 바르트의 영향을 받아 종교를 계시와 복음에 대한 반대개념으로 보고 종교를 비판했던 또 한 사람은 바로 디트리히 본회퍼이다. 그가 비판적으로 바라보았던 종교란 무엇일까?[33] 첫째로, 본회퍼는 종교가 하나님을 저 멀리 계신 절대적 존재로만 파악하는 것을 비판한다. 종교는 하나님을 인간의 이성으로부터 일종의 최고 존재를 추론하려는 시도를 통해 하나님을 형이상학적 존재로 묘사한다. 다시 말해 종교는 하나님을 세상과 구별되는 초월적인 존재, 그래서 '너무나 먼 존재'로 묘사하고 있는데 이에 대해 본회퍼는 그런 묘사는 예수 그리스도를 통해 사람에게 가까워지고자 하시는 성경의 하나님 이해와 배치되는 것이라고 주장한다.

둘째로, 본회퍼는 종교가 기독교적인 삶을 공동체적인 삶으로 이해하지 않고 개인주의적인 삶으로 이해한다고 비판한다. "성도의 교제"에

---

31) 위의 책, 56.
32) 위의 책, 142-145.
33) John W. Matthews, *The Christ-centerd Spirituality of Dietrich Bonhoeffer*, 공보영 역, 『디트리히 본회퍼의 그리스도중심적 영성』 (서울: SFC출판부, 2006), 60-64; Stanley N. Gundry and Alan F. Johnson, ed. *Tensions in Contemporary Theology*(Grand Rapids, Michigan: Baker Book House, 1976), 75-76.

서 본회퍼는 교회를 "공동체의 형태로 존재하는 그리스도"라고 주장했다. 따라서 그리스도 안에서 살아가는 기독교인이란 공동체 안에서 사는 사람일 수밖에 없다는 것이다.

셋째로, 본회퍼는 종교가 하나님을 특정한 부분에서만 경험할 수 있는 존재로 생각한다고 비판한다. 다시 말해 종교는 기도, 예배 등과 같은 종교적 행위만을 통해서 하나님을 만날 수 있다고 생각한다. 이는 현실을 영적인 것과 세속적인 것으로 이분법적으로 나눈 후에 영적인 것, 저 세상적인 것만 강조하고 세상적인 것과 거리를 두려는 태도이다. 그러나 이런 태도는 종교적 태도이지 기독교적 태도일 수 없다. 왜냐하면, 그리스도를 통해 인간이 되신 하나님은 현실의 모든 영역에 존재하시는 분이기 때문이다.

넷째로, 본회퍼는 종교가 언제나 바리새적인 우월의식, 특권의식을 조성한다고 비판한다. 그는 독일교회가 십자가에 못 박힌 그리스도를 본받으려는 태도를 결여한 채, 특권의식을 구축하려 한다고 보았다. 당시의 독일 기독교인들은 사회적 특권의식을 가지고 안일함을 추구하면서 그리스도에게서 점점 멀어져갔다는 것이다.

다섯째로, 본회퍼는 종교가 하나님을 선택된 자들을 위해 기적적 도피수단을 제공해주고 위기의 순간에 개입하여 문제를 해결해주는 문제해결사로서 생각한다고 비판한다. 그리하여 종교는 사람들이 자신의 능력으로 할 수 있고 또 해야 할 일에 대해서까지도 하나님에게 의존하려는 미성숙하고 과도한 의존성을 부추긴다고 비판한다.[34]

---

34) 이러한 종교비판의 관점을 가지고 본회퍼는 참된 기독교인이란 종교인이 되는 것이 아니라 참된 인간의 원형이신 예수님을 따라 참된 인간, 즉 타자를 위한 존재가 되는 것이라고 주장한다. 〈정원범, 『신학적 윤리와 현실』(서울: 쿰란출판사. 2004), 24, 28.〉

그러면 엘룰과 본회퍼의 종교비판의 관점에서 볼 때 한국교회는 기독교 복음의 본질을 잘 구현하고 있는 교회일까? 아니면 종교로 변질된 교회일까? 오늘의 한국교회는 상당한 부분 종교로 변질된 교회의 모습이라고 해야 하지 않을까? 왜냐하면 한국교회는 너무도 개인주의적이고, 너무도 개교회주의적이며, 너무도 교파주의적이기 때문이다. 뿐만 아니라 교회는 너무도 이원론적이고, 너무도 기복주의적이고 성공주의적이며, 또한 너무도 맘모니즘적이고 너무도 교권주의적이기 때문이다.

2. 기업화된 교회

오늘날 적지 않은 교회목회자들이 탈진현상으로 고생하고 있고, 그뿐만 아니라 수많은 교인들이 점점 탈진 상태에 이르고 있다. 먼저 목회자의 탄식소리를 들어보자.

교회개척 12년째를 맞이하고 있습니다. 개척초기 몇 년은 꿈과 열정으로 훌쩍 보냈습니다. 그러나 몇 년 전부터는 목회사역을 그만두고 싶을 정도로 힘들고 지쳤습니다. 주변에 규모가 큰 교회와 비교하면서 열등감이 생겼고 상처는 내 자신보다 아내와 자녀들을 더욱 힘들게 했습니다.(J 목사)[35]

나는 그런 대로 많은 걸 이룬 소위 성공한 목사가 되었습니다. 하지만 교인 중에서 극도로 속을 썩이는 사람들을 볼 때 또 목회하며 매우 지치고 피곤해질 때 '무엇을 위해 내가 이토록 애쓰고 있는지 모르겠다. 나

---

35) 이태형, 『배부르리라』 (서울: 좋은 생각, 2009), 240.

는 지금 여기서 도대체 무엇을 이루기 위해 이제까지 이렇게도 힘들게
살아 왔는가?'라는 질문이 생길 때가 있답니다.[36]

이제 교인들의 속마음 이야기를 들어보자.[37]

나는 여기에서 가족 같은 분위기는 느낄 수 없습니다. 나는 교회에서도
여러 가지 부담스러운 일들을 수행하고 있을 따름입니다. 제 생활도 엉
망이 되고 있어요. 하지만 어떻게 이런 상황을 극복해야 할지 모르겠습
니다. 누구에게 도움을 구해야 할지도 모르겠어요. 어느 누가 신경이나
쓰겠어요?

목사님, 저희를 좀 편안하게 이끌어주십시오, 저희는 완전히 지쳤습니
다. 지금까지 저희들은 많은 프로그램들을 진행했고, 교회 건물을 건축
했고, 기금을 조성하고 이 마을에서 가장 큰 행사들 예를 들어 가장 거
대한 크리스마스 연주회, 가장 큰 규모의 부활절 연극제, 그리고 여러
행사들을 주최했습니다. 이제 저희는 지칠 대로 지쳤습니다. 그 모든
일들이 우리들을 이 지경으로 만든 것 아닙니까?

왜 이렇게 되었을까? 수많은 교인들이 영적인 만족을 느끼지 못하
고 점점 탈진상태에 빠지는 이유는 무엇일까? 글렌 와그너가 말했듯이,
"모든 문제들의 근원은 목회자와 교회가 공동체 모델이 아닌 기업 모델
에 맞춰 변화되었기 때문"[38]이다. 와그너는 기업체 모델을 따르는 오늘

---

36) 심상영, 『한국교회의 영적 성장을 위한 융의 분석심리학』 (서울: 쿰란출판사, 2001),
  141.
37) E. Glenn Wagner, *Escape from Church, Inc.*, 차성구역, 『하나님의 교회 vs 교회주식
  회사』 (서울: 좋은 씨앗, 2000), 30.
38) 위의 책, 23-24.

날의 교회를 이렇게 비판한다.39)

어떤 교회에서 목회자는 다른 이들이 교회라는 사업체를 운영하도록 도와주는 설교 기계에 지나지 않는다. 또 다른 교회에서 목회자는 최고 경영자, 사장, 이사장이다. 하지만 두 가지 경우 모두 목회자는 목자가 아니라 기업체의 고위 관리에 지나지 않는다.

따라서 그동안 목회자와 교인들이 교회를 교회주식회사로 만들어 왔다고 많은 사람들이 느끼게 되었다. 사실 많은 경우 교회는 그동안 하나님과의 친밀한 사귐을 소중히 여기고 사람을 존중하며 격려와 친밀함을 나누며 생명, 정의, 사랑, 평화의 삶을 위해 헌신하는 하나님 나라 생명공동체를 만드는 일보다는 성장과 확장과 번영만을 추구하는 기업체를 만드는 일에 여념이 없었다. 최근에는 일부 대형교회들이 자금력을 동원해 경차와 컬러 TV, 디지털 카메라와 세탁기 그리고 백화점 상품권 같은 경품을 내걸고 교인 끌어 모으기에 혈안이 되어 있을 정도까지 되었으니 실로 오늘의 교회는 많은 경우 하나님 나라의 가치들을 소중히 여기는 생명공동체라기 보다는 종교기업체에 가까워졌다고 말할 수 있다.

V. 영성을 회복하는 새로운 교회

그렇다면 어떻게 종교화된 교회, 기업화된 교회를 새롭게 하여 영성의 시대에 영적인 갈망을 가진 수많은 사람들의 요구에 제대로 부응하

---

39) 위의 책, 24.

는 교회가 될 수 있을까? 무엇보다도 그 해답은 기독교의 참된 영성을 회복하는 새로운 교회가 되려고 노력하는 것을 통해서 가능하다고 본다. 왜냐하면 교회란 본래 영적으로 거듭난 사람들의 공동체이고 영적인 성장과 성숙을 돕기 위해 존재하는 영성공동체이기 때문이다.

1. 통전적 영성

교회가 회복해야 할 영성이란 어떤 영성일까? 그것은 무엇보다도 통전적 영성이다. 왜냐하면 기독교의 영성은 기본적으로 삼위일체 하나님의 신비 위에 근거하고 있으며 그런 점에서 기독교의 참된 영성은 관계성, 공동체성, 총체성을 특징으로 가지는 것이기 때문이다.[40] 이런 점에서 우리는 마이클 다우니가 말한 대로, "기독교 영성은 … 성령 안에서의 그리스도인의 삶 이외의 다른 것이 아니다. 즉 그것은 그리스도의 인격으로 변화되고 하나님과 연합하고 다른 사람들과 연합되는 것이다. 영성은 성령에 응답하는 기독교인의 삶의 총체를 지칭한다"[41]고 할 수 있다.

통전적 영성이 관계성과 총체성이라는 특징을 가지고 있다는 사실은 통전적 영성의 기본 구조, 즉 헨리 나우웬의 영성에 대한 이해에서 잘 나타난다. 그에 따르면, "영성생활은 우리의 가장 깊은 내면을 향해, 우리의 인간 동료를 향해, 그리고 우리의 하나님을 향해 다가가기 위해 발돋움하는 작업"[42]이다. 여기서 하나를 더해 다시 말한다면, 영성생활

---

40) Michael Downey, *Understanding Christian Spirituality*(New Jergy: Paulist Press, 1997), 45, 90-91, 94-95.
41) 위의 책, 46.
42) Henry J. Nouwen, *Reaching Out*, 이연희 역, 『발돋움하는 사람들』 (서울: 성요셉출판

은 우리의 가장 깊은 내면을 향해, 우리의 인간 동료를 향해, 하나님의 창조질서인 생태계를 향해, 그리고 하나님을 향해 다가가기 위해 발돋움하는 작업이다.

이렇게 통전적 영성이란 우리의 가장 깊은 내면과의 관계, 이웃 인간에 대한 관계, 자연에 대한 관계, 하나님에 대한 관계라는 사중적인 관계성을 기본 구조로 가진다. 그러나 그동안 한국교회는 통전적 영성의 이러한 사중적 관계성을 균형 있게 추구하지 못했다. 아마도 이런 이유로 인해 한국교회는 종교화의 길, 기업화의 길을 걸어오게 되었을 것이다. 따라서 이제 한국교회는 사중적 관계성을 특징으로 하는 통전적 영성을 회복하려는 노력을 통해 교회의 교회다움을 회복할 수 있어야 한다.

필자는 이미 "통전적 영성: 영성과 윤리의 통전성"이라는 논문을 통해 통전적 영성의 특징을 ① 영혼의 영성과 육체의 영성의 통전성, ② 인간의 영성과 자연의 영성의 통전성, ③ 개인의 영성과 공동체의 영성의 통전성, ④ 기도의 영성과 행동의 영성의 통전성의 네 가지로 소개한 바가 있다.43) 그러나 본 글에서는 한국교회가 회복해야 할 영성이 통전적 영성이어야 한다는 전제 하에 우리가 회복해야 할 영성은 관상적 영성과 참여적 영성(또는 저항적 영성)과 공동체적 영성이라는 사실을 보다 명료하게 제시하고자 한다.44)

2. 관상적 영성

둘째로, 종교가 아니라 영성에 대한 갈망이 고조되고 있는 영성의

사, 1997), 10-11.
43) 정원범 편저, 『영성수련과 영성목회』 (서울: 한들출판사, 2009), 34-42.
44) 본 글에서는 지면관계상 생태학적 영성은 생략한다.

시대에 우리가 회복해야 할 영성은 무엇보다도 관상적인 영성이다. 왜 냐하면 기독교란 종교라기보다는 관계이기 때문이다.[45) 다시 말해 영적인 삶이란 본래 하나님과의 살아 있는 관계 즉 하나님과의 친밀한 교제를 추구하는 삶이기 때문이다. 뿐만 아니라 특별히 오늘의 시대는 지친 영혼을 위로해줄 곳을 찾는 '마음의 안식처 트렌드'가 지배적인 트렌드로 자리 잡아 가고 있기 때문이다.[46) 미국에서 1,000만 명에 달하는 사람들이 명상을 하고 있고, 래버린스(일종의 명상 공간)가 인기를 누리고 있는 사실[47)에서 드러나듯이, 한국교회는 이 시대의 많은 사람들이 삶의 의미나 정신적 가치를 추구하고 있고, 보다 깊은 영적인 삶을 갈망하고 있다는 사실에 주목해야 한다.

한국교회의 상황도 크게 다르지 않지만, 우선 밀레니엄 전환기의 미국교회의 상황을 보면, 수많은 청년들이 제도적 종교를 버리고 떠났는데 그들에게 영성에 대한 관심이 없어서 그런 것은 아니었다. 그것은 그동안 마케팅 모델을 활용하고 프로그램을 다양하게 운영함으로써 중대형교회를 이루었던 교회들이, 과거와는 달리 젊은이들이 점점 더 관상적 영성에 관심을 보이고 있다는 사실에 제대로 대응하지 못했기 때문이다. 이런 상황에 대해 제이슨 브라이언 산토스는 이렇게 말한다.[48)

그동안 많은 대형교회들은 작은 쇼핑몰이 되어 커피숍과 서점과 미용

---

45) Tony Campolo and Mary Albert Darling, *The God of Intimacy and Action*(San Francisco: Jossy-Bass, 2007), 119.
46) Faith Popcorn and Lys Marigold, *17 Trends That Drive Your Business And Your Life*, 김영신, 조은정 역, 『클릭! 미래속으로』 (서울: 21세기북스, 2010), 111-130.
47) Daniel Pink, *A Whole New Mind*, 김명철 역, 『새로운 미래가 온다』 (서울: 한국경제신문, 2009), 240-241.
48) Jason Brian Santos, *A Community Called TAIZE: A Story of Prayer, Worship and Reconciliation*, 김율희 역, 『떼제로 가는 길』 (서울: 청림출판, 2009), 200.

실을 열었다. 교회의 행정과 생활 속으로 사업 구조가 침투했고, 자기계발 기독교는 표준이 됐다. '목적' 중심의 영성개발과 재발견된 성경적 기도들은 번영을 약속했으며, 그 탓에 세속적인 문화에서 그리스도의 몸으로 사는 것이 무엇인지에 관한 우리의 인식은 정신없이 '진보'하게 됐다. 그러나 이것은 신앙부흥운동의 마케팅 버전처럼 보였고 수많은 젊은이들의 갈증은 깊어갈 뿐이었다.

오늘날 젊은이들은 고대교회와 중세교회의 영적 전통에 대해서 많은 관심을 보이고 있는데 예를 들면 이냐시오의 영성수련, 동방정교회의 예수기도, 렉시오 디비나 같은 것들이다.[49] 또한 수도원생활과 영성공동체에 대한 관심도 높아지고 있는데 그중에서도 떼제공동체에 대한 관심은 특별하다. 매주 전 세계에서 수천 명의 젊은이들이 떼제공동체를 찾고 있을 정도이니 관상적 영성에 대한 관심과 그 열기가 어느 정도인지 쉽게 알 수 있다.

그러면 관상적인 영성이란 무엇인가? 그것은 관상(관상기도) 또는 관상적 삶을 추구하는 영성을 의미하는 것이므로 여기서 중요한 것은 관상의 의미이다. 관상의 의미를 살펴보기 전에 먼저 관상이란 무엇이 아닌가부터 살펴보기로 하자. 토마스 머튼은 관상이 아닌 것에 대해 이렇게 설명한다. 첫째로, 관상은 피상적이며 외적인 자아의 기능이 아니다. 왜냐하면 관상이란 이런 외적인 자아가 참된 자아가 아니라는 것을 깨닫는 것이기 때문이다.[50] 둘째로, 관상은 수동적이고 조용한 기질의

---

49) 위의 책, 201.
50) Thomas Merton, *New Seeds of Contemplation*(New York: New Directions Publishing Corporation, 1961), 7.

문제가 아니다. 또한 그것은 단순히 활동하지 않음도 아니고 무위나 심적인 평화를 지향하는 경향성도 아니다. 셋째로, 관상은 기도를 잘 하는 것도 아니고, 예전 속에서 만족과 평화를 찾으려는 경향성도 아니다.51) 넷째로, 관상은 황홀경이나 무아지경도 아니고 갑자기 형언할 수 없는 말을 듣는 것도 아니며, 종교적으로 고양되면서 나타나는 감정적 활기나 달콤함도 아니다. 그것은 어떤 본질적인 힘에 의해 붙들리거나 신비적 열광에 의해 해방감을 맛보게 되는 그런 느낌과 같은 열광이 아니다.52) 다섯째로, 관상은 예언의 은사도 아니고 사람 마음의 비밀을 읽는 능력을 의미하는 것도 아니다. 이런 것들은 때때로 관상과 함께 따라올 수는 있지만 그것이 관상의 본질은 아니다. 여섯째로, 관상은 갈등이나 고통과 의심으로부터 도피하는 것도 아니고, 거짓된 신앙, 잘못된 편견 등을 무조건 받아들이게 하는 영적인 진통제도 아니다.53)

그러면 관상이란 무엇인가? 토마스 머튼에 따르면, 첫째로, 관상은 인간의 지적, 영적인 삶의 최고의 표현이다. 왜냐하면 관상은 생명이 살아있다는 것을 충분히 깨닫는 생명자체이기 때문이다. 그러기에 관상은 영적인 경탄이고, 생명의 신성성과 존재의 신성성에 대한 자연스런 경외감이다. 또한 그것은 우리 안에 있는 생명과 존재가 보이지 않는 초월적인 존재의 근원이신 분으로부터 나온다는 사실을 생생하게 깨닫는 것이다. 무엇보다도 관상은 존재의 근원이신 분의 실재에 대한 깨달음이다.54)

---

51) 위의 책, 9.
52) 위의 책, 10-11.
53) 위의 책, 11-13.
54) 위의 책, 1.

둘째로, 관상은 초월적이고 표현할 수 없는 하나님에 대한 경험으로 나아가는 것이다.[55] 다시 말해 관상이란 예수님을 체험하는 것이고 그분의 사랑스러운 현존을 체험하는 것이다. 이 체험은 지성적 체험일 뿐 아니라 마음으로부터 체험하는 감성적인 체험이기도 하다. 관상이란 마리아가 어린이처럼 예수님의 발치에 앉아 사랑으로 가득 찬 눈으로 단순히 바라보기만 했듯이, 주님을 바라보는 것을 의미한다.[56]

셋째로, 관상은 존재하는 모든 것 안에서 말씀하시고, 우리 존재의 깊은 곳에서 말씀하시는 그분으로부터의 부르심에 응답하는 것이다. 왜냐하면, 본래 우리는 그분에게 응답하고 반응하면서 살도록 창조된 존재이기 때문이다.[57]

넷째로, 관상은 본질적으로 침묵 안에서 듣는 것이다.[58] 침묵에는 외적 침묵과 내적 침묵이 있는데 이 침묵은 듣는 기도, 듣는 삶의 필수조건이다.[59] 침묵을 통해 우리는 하나님을 만나는 길, 참된 자아를 만나는 길, 이웃을 만나는 길, 그리고 하나님의 피조세계를 만나는 길로 나아갈 수 있다. 이 모든 관계에서 침묵은 효과적인 들음이 발생하는 장소이고 그런 점에서 침묵은 관상적 삶의 기초가 된다.[60]

다섯째로, 관상은 내가 이룩하는 것이 아니라 주님께서 우리에게 베푸시는 선물이다. 나는 관상의 은총을 받아들이고 그 은총 안에서 성장

---

55) 위의 책, 2.
56) Robert Faricy, S. J., *Seeking Jesus in Contemplation and Discernment*, 심종혁 역, 『관상과 식별』(서울: 성서와 함께, 1999), 18, 24.
57) Thomas Merton, *New Seeds of Contemplation*, 3.
58) Thomas Merton, *Contemplative Prayer*(New York: Doubleday, 1961), 90.
59) Doris Donnelly, "Listening in the Rule of Saint Benedict," E. Glenn Hinson, ed., *Spirituality In The Ecumenical Perspective*(Louisville, Kentucky: Westminster/John Knox Press, 1993), 35.
60) 위의 책, 34-35.

하도록 준비할 수는 있다. 그러나 이런 마음의 준비마저도 주님으로부터 오는 은총이다.[61] 그러므로 관상은 우리의 지적인 노력만으로 얻을 수 있는 어떤 것도 아니고, 우리 내면의 영적 존재에 집중함으로써 생겨나는 자기최면도 아니다. 관상은 창조하시는 성령이 우리 안에 거하시고 우리가 그분 안에 거한다는 사실을 우리 안에 일깨우심으로써 우리 안에서의 신비스런 창조의 사역을 완성시켜 가시는 하나님의 초월적 선물이다.[62]

오늘의 시대는 종교의 시대가 아니라 영성의 시대이다. 다시 말해 종교적 성향은 점점 약화되는 반면 영적인 성향은 점점 커져가는 시대이다. 따라서 한국교회는 "영성은 환영! 종교는 반대!"[63]라는 이 시대의 요구에 부응할 수 있도록 관상적 영성을 회복해야 할 것이다.

3. 참여적, 저항적 영성

셋째로, 거룩한 삶과 세상적인 삶의 분리가 점점 더 심해지고 있는 시대에 우리가 회복해야 할 영성은 참여적 영성이다. 관상적 영성 즉 침묵, 듣는 기도, 명상 등의 관상적 삶을 강조하는 것은 사회를 벗어나 사회로부터 도피하는데 목적이 있지 않다. 오히려 그것은 다시금 사회 안으로 들어가도록 준비시켜준다. 다시 말해 관상적 영성은 세상을 도피하는 세상 도피적 영성을 지지하기 보다는 오히려 세상 안에서의 삶을 보다 철저하게 기독교인답게 살도록 해줌으로써 참여적 영성을 지지한

---

61) Robert Faricy, S. J. *Seeking Jesus in Contemplation and Discernment*, 심종혁 역, 『관상과 식별』, 28.
62) Thomas Merton, *New Seeds of Contemplation*, 4-5.
63) Lenard Sweet, *Carpe Mañana*, 김영래 역, 『미래 크리스천』, 212

다. 이렇게 관상적 영성이 참된 기독교적인 삶의 원천이 된다는 점에서[64] 관상과 행동은 서로 분리될 수 없는 기독교의 참된 영성의 두 측면이라고 할 수 있다.[65] 그러기에 머튼은 "본질적으로 서로 반대되지 않는 내적인 관상과 외적인 활동은 하나님의 동일한 사랑의 두 측면"이라고 말했고[66] 로버트 킹은 "명상은, 그것이 순수한 것이라면, 남을 위한 행동으로 표현되지 않을 수 없고 명상으로 뒷받침되지 않은 사회활동은 아무런 결과를 얻지 못하고 만다. 온전한 영성을 이루기 위해서는 명상과 활동이 함께 요구되는 것이다"라고 말한다.[67]

사실, 참여적 영성의 뿌리는 예언자들의 사역에서 찾을 수 있다. 예언자들의 사명은 무엇보다도 하나님의 말씀을 대언하는 것이었다. 그런데 아모스, 호세아, 이사야, 예레미야 같은 예언자들의 메시지를 보면, 그들의 관심은 사회변혁에 집중되어 있었다. 그들의 메시지는 지도자들의 부정과 부패를 폭로하고 심판하는 내용으로 이루어져 있다. 그들은 권력자들이 정의롭게 다스리지 못하고 불의를 행하고 가난한 자들에게 자비를 베풀지 않는다고 해서 하나님의 심판이 내려질 것이라고 선포했다. 이것은 기독교 영성이 처음부터 사회 도피적이지 않고 사회 참여적이며 동시에 불의에 저항하고 사회를 변혁하려는 참여적이며 저항적인 영성이었음을 잘 보여준다.

교회역사에서 볼 때 칼뱅의 영성[68]과 웨슬레의 영성은 참여적 영성

---

64) Jean Lecercq, O.S.B. "Action and Contemplation: Two Ways Tpward the Ultimate Reality," E. Glenn Hinson, ed. *Spirituality in Ecumenical Perspective*, 73.
65) Dorris Donnelly, "Listening in the Rule of Saint Benedict," 위의 책 38.
66) Thomas Merton, *New Seeds of Contemplation*, 192.
67) Robert H. King, *Thomas Merton and Thich Nhat Hanh*, 이현주 역,『토마스 머튼과 틱낫한: 참여하는 영성』(서울: 도서출판, 두레, 2007), 23.
68) 칼뱅은 영성이라는 말을 피하고 경건이라는 말을 주로 사용하였지만, 여기서는 논의의

또는 저항적 영성의 좋은 모델이다. 칼뱅의 경우를 보면, 그에게 있어서 정치사회적인 문제는 영적인 문제와 서로 분리될 수 없는 문제였다. 왜냐하면, 그에게 있어서 정치경제적인 문제는 그리스도의 지배에 속하는 문제였기 때문이다. 그는 교회가 이웃을 위한 책임성에 충실하고자 할 때 교회는 필연적으로 정치적, 경제적, 사회적 삶에 참여할 수밖에 없다고 보았다. 그러기에 그는 복음의 빛에서 사회문제를 비판적으로 분석하고 해명하였으며 불의한 경제 질서에 대해서는 신랄하게 비판하였다. 예컨대, 노동자들에게 정당하지 못한 임금을 주거나 임금의 지불을 미루는 일을 신성모독에 해당되는 것이라고 보았던 칼뱅은 가난한 사람들에게서 노동을 착취하고 그의 피를 빨아 먹는 자는 낯선 사람들을 상해하는 행위보다 더 잔인한 일이라고 비판했다(렘 주석 22:13). 또한 그는 매점매석하는 상행위를 비판하여 말하기를, "우리는 곡물창고를 폐쇄해 버린 사람들을 본다. 이로 인해 가난한 사람들이 극단적인 기아를 경험하게 되는데, 이러한 일은 가난한 이들의 목을 자르는 것과 다를 바가 없다"고 하였다.[69]

뿐만 아니라 칼뱅은 왕의 독재나 사악한 정부에 대해서도 행정관들이 항거할 수 있다고 보았고 "교회는 타락한 정부를 향해 그 권위의 남용에 저항할 수 있는 권리와 의무가 있다"고 보았다.[70] 물론 칼뱅은 개인적인 반란은 경고하지만 적어도 민주주의적 혁명에 대한 가능성을 조심스럽게 열어 놓았다. 이렇게 해서 칼뱅은 영성과 사회정의를 위한 행동이 분리될 수 없음을 분명히 했다.

존 웨슬리에게 있어서 영성은 하나님을 만나는 체험을 하는 것이고

일관성을 위해 영성이라는 말을 사용한다.
69) 정승훈, 『종교개혁과 칼빈의 영성』(서울: 대한기독교서회, 2000), 160-164.
70) 위의 책, 171.

성령을 체험하는 것이다. 따라서 그의 영성은 성령체험의 영성이고, 그리스도의 완전한 성품과 사랑의 모방을 강조하는 성화의 영성이다. 뿐만 아니라 그의 영성은 정치, 경제, 사회의 제반 문제에의 참여를 강조하는 사회적 영성이다.71) 웨슬리는 18세기 산업혁명 시대에 병자방문을 시작하였고, 아마추어 의사 역할을 맡기도 하였으며, 무료진료소를 만들기도 하였고, 나그네, 병자, 가난한 사람들을 위한 나그네친구회도 조직하였다. 그는 이러한 사회봉사적 운동을 통해 이웃사랑을 실천했을 뿐만 아니라 고용주들의 횡포에 맞서는 노동조합의 결성 등 노동운동에도 영향을 끼쳤다. 19세기 격동의 시기에 감리교는 노동자들의 고통에 적극 참여함으로써 처음에는 박해를 받아 신도들이 줄어들기도 하였으나 후에는 1800년 교인수보다 여섯 배로 증가할 만큼 무산대중들에게 인기를 끌었다.72)

웨슬리는 노예제도에 대해서도 그것은 사회정의를 파괴하는 사회적 불의의 구조적 죄악임을 강조하면서 흑인들을 비참하게 취급하던 당시의 노예제도에 대해 신랄하게 비판하였다. 또한 당시의 혹독한 형벌제도에 대해서도 문제의식을 가지고 감옥제도의 개혁을 주장하기도 하였으며 당시의 시장경제의 문제점에 대해서도 비판하였는데, 시장경제의 의한 시장과 대지와 자본의 독점화를 반대하였고, 경쟁을 부추기는 시장경제 체제를 거절하였으며, 당시의 가난과 실업은 게으름 때문이 아니라 사회의 불평등한 체제의 결과라고 보았다. 따라서 그는 고용체제의 개혁과 세금제도의 개혁을 주장하였다.73) 이렇게 그는 사회봉사

71) 김영선, "웨슬리의 신학과 영성,"『조직신학 속의 영성』(서울: 대한기독교서회, 2002), 60-67.
72) 김홍기,『존 웨슬리의 경제윤리』(서울: 대한기독교서회, 2001), 99-111.
73) 위의 책, 116-133.

의 차원을 넘어서서 사회변혁적 희년운동을 벌였는데 이로써 우리는 그의 영성이 사회변혁을 지향하는 참여적 영성, 저항적 영성이었음을 분명히 확인하게 된다.

이처럼 본래 기독교의 영성은 참여적 영성이었다. 그러나 서구교회든 한국교회든 역사 속의 교회들은 그동안 너무도 자주 관상과 행동을 분리시킨 채 관상이 없는 행동주의적 영성을 추구하든지, 아니면 행동이 없는 정적주의적 영성을 추구하는 오류에 빠져들곤 하였다. 특히 오늘날의 기성종교는 너무도 현상에 순응하는 쪽으로 기울어져 있다. "문제를 직면하고 세상에 의문을 제기해야 할 비전을 잃고 게슴츠레한 눈으로 안락과 안전만 추구"[74]하고 성공과 번영만을 추구한다. 예언자적 저항의 영성을 잃어버린 기성종교에 대해 케네스 리치는 이렇게 말한다.[75]

현재 기성종교는 갈등과 영적 전투를 제거해버렸다. 기성종교는 위안과 보호와 안전의 종교이다. 그러나 기독교 영성의 전복적 성격은 성경에서 나온 것이다. 신약의 그리스도는 대중적인 인물이 아니었다. 그는 인습을 깨뜨렸고 멸시받고 거부당한 사람들을 영접했고 정치적인 전복을 기도한다고 비난받았다. 그가 많은 이들의 마음을 분열시킬 거라는 시므온의 예언은 사실이었다. 그는 그 시대의 기성 질서와 기성 정치, 기성 종교에 대한 위협이었다. 하나님 나라는 안정된 질서를 혼란케 했고 지금도 여전히 그러하다.

---

74) Kenneth Leech, *The Social God*, 신현기 역, 『사회적 하나님』 (서울: 청림출판, 2009), 90.
75) 위의 책, 91.

이것은 기독교 영성의 목표가 하나님 나라임을 분명히 보여주는 것이고 따라서 하나님 나라를 목표로 하는 기독교 영성은 세상의 고난에 참여하는 참여적 영성이어야 하고 사회 불의에 저항하는 저항적 영성이어야 한다는 것을 분명히 보여준다.

4. 공동체적 영성

넷째로, 공동체성이라는 교회의 본질을 상실해 가는 시대에 우리가 회복해야 할 영성은 공동체적 영성이다. 사실 기독교의 영성은 공동체적인 영성일 수밖에 없고 또한 그래야 한다. 왜냐하면 기독교 영성의 근거이신 하나님이 고유한 다양성과 동등성, 그리고 상호의존성을 지닌 가운데 친교하는 공동체적 존재이기 때문이다.[76] 이런 맥락에서 본회퍼는 『성도의 교제』라는 책에서 '교회 공동체로서 존재하는 그리스도'라는 표어를 사용함으로써 기독교의 영성이 공동체적인 영성임을 분명히 했다. 이에 대해 그는 이렇게 말한다.[77]

> 그리스도께서 공동체 안에 계시고 그 공동체만을 통해서 인간들에게 접근하신다는 사실은 그 공동체가 갖고 있는 신비이다. 그리스도는 우리 가운데 공동체로 존재하신다. 그것은 마치 교회가 역사 속에 숨어 있는 것과 같다. 그 교회는 우리 가운데 숨어 있는 그리스도이다. 그러므로 인간은 이제 결코 혼자일 수 없다. 그리고 그에게 그리스도를 안

---

76) Michael Downy, *Understanding Christian Spirituality*, 45.
77) D. Bonhoeffer, *No Rusty Swords, Letters*, Lecture and Notes 1928-1936 from the collected Works of D. Bonhoeffer vol. Ⅰ, trans. by Edwin H. Robertson; 김형근, 『본회퍼의 영성』 (서울: 넷북스, 2010), 88-89. 재인용.

겨주는 공동체를 통해서만 인간은 존재할 수 있다. 그 공동체는 인간을 스스로와 연합시키고 공동체의 생명 가운데로 인간을 이끌어 들인다. 그리스도 안에 있는 인간은 공동체 안에 있는 인간이다. 즉 인간이 존재하고 있는 공동체이다. 그러나 인간은 동시에 개인으로 공동체의 완전한 일원이기 때문에, 그러므로 이 공동체 안에서만 인간 존재의 연속성이 그리스도 안에서 보존된다. 그러므로 인간은 자신으로부터 스스로를 이해할 수 없고 오직 그리스도로부터 자신을 이해할 수 있을 따름이다.

여기서 본회퍼는 그리스도께서 공동체로 현존하시고 공동체 안에 현존하신다는 사실을 통해 그리스도 안에서, 그리고 그리스도와 함께 살아가는 기독교인의 삶 역시 공동체적인 삶이어야 한다는 것을 강조하였다. 다시 말해 기독교 영성은 공동체적 영성이어야 한다는 것이다.

그러면 공동체란 무엇일까? 첫째로, 공동체란 개인들의 집합체가 아니다.[78] 예컨대 쇼핑몰이나 경매장소 등의 장소에 모여 소비를 즐기는 사람들의 집합체, 헬스클럽이나 스포츠클럽에서 여가를 즐기는 사람들의 집합체, 예술과 드라마 문학 등에 관한 관심을 가지고 모여 있는 사람들의 집합체, 특정장소에 모여 있는 사람들의 집합체, 예배를 이벤트나 쇼로 전락시킨 일부 대형교회와 같은 종교적 집합체, 스포츠나 음악, 정치적 행사를 위해 잠시 관계를 맺는 한시적 집합체 등은 참된 공동체와는 거리가 멀다.[79]

---

78) Randy Frazee, *The Connecting Church*, 차성구 역, 『21세기 교회 연구: 공동체』 (서울: 좋은씨앗, 2003), 48.
79) David Augsburger, *Dissident Discipleship: A Spirituality of Self-Surrender, Love of God, and Love of Neighbor*(Grand Rapids, Michigan: BrazosPress, 2006), 67.

둘째로, 공동체란 비슷한 사람들끼리 어울려 지내는 단순한 모임이 아니다.[80] 참된 공동체란 다양한 지체들로 이루어진 살아 있는 하나의 몸이다. 말하자면, 참된 공동체란 상호의존성과 상호귀속성을 그 특징으로 가진다. 그러므로 바울은 지체 중 가장 약한 것이라 할지라도 몸에 꼭 필요한 것이기에 존중해야 한다고 말한다. 모든 지체가 아주 독특하고 소중하고 중요하기에 모두가 존중되어야 한다는 것이다. 이것이 바로 공동체가 무엇인지를 보여준다.[81] 이에 따라 약한 자들을 어떻게 대접하는가에 따라 그 공동체가 참된 공동체인지 아닌지가 결정된다고 바니에는 말한다.[82]

여러 가지 어려움들을 많이 가진 소외된 자들은 공동체 안에서 예언자적 역할을 수행해 나가고 있다. 그들은 진실성을 요구함으로써 공동체를 흔들어 자극한다. 많고 많은 공동체들이 이상들과 좋은 말들을 실현할 것을 목표로 하여 건립되었다. 그러한 공동체들에 소속된 사람들은 언제나 반복하여 사랑, 진리, 그리고 평화에 대하여 많은 말을 한다. 그러나 소외된 자들은 이들이 발설하는 많은 좋은 말들 중 상당 부분이 거짓이라는 사실을 느낀다. 그들은 사람들의 말과 실제로 살아가는 것 사이에는 상당히 먼 거리가 존재하고 있다는 사실을 아는 것이다.

따라서 참된 공동체는 약한 자와 강한 자 모두를 포함해야 한다. 이

---

80) 위의 책, 66.

81) Jean Vanier, *From Brokenness To Community*, 피현희 역, 『희망의 공동체』 (서울: 두란노, 2000), 77-78.

82) Anselm Grün, Meinrad Dufner, *Spritualität Von Unten*, 전헌호 역, 『아래로부터의 영성』 (왜관: 분도출판사, 2008), 132.

에 대해 본회퍼는 다음과 같이 말한다. "사람들 가운데는 재능이 있는 사람도 있고 재능이 없는 사람도 있다. 단순한 사람도 있고 까다로운 사람도 있으며 경건한 사람도 있고 그렇지 못한 사람도 있다. 또 사회성이 있는 사람도 있고 고독을 즐기는 사람도 있다. 재능 없는 사람도 재능 있는 사람과 똑같이 좋은 대접을 받을 위치에 있고, 까다로운 사람도 단순한 사람과 똑같이 좋은 대접을 받아야 할 위치에 있지 않은가?"[83] "모든 그리스도교 공동체는 비단 약자가 강자를 필요로 할 뿐 아니라, 또한 강자도 약자 없이는 존재할 수 없다는 사실을 깨달아야 한다. 약자가 소멸하는 것은 곧 단체의 사멸을 의미한다."[84]

셋째로, 공동체란 사람들이 같은 지붕 밑에서 사는 어떤 장소가 아니다. 참된 공동체란 하나님의 사랑을 발견하는 곳이고, 사람들을 돌보고 서로 사랑하는 법을 배워가는 공동체이다. 참된 "공동체란 모든 사람이, 아니 좀 더 현실적으로 보아 대다수가 자기중심이라는 그늘에서 빠져나와 참된 사랑의 빛 속으로 들어가는 장소이다."[85] 성부, 성자, 성령의 사랑의 공동체로 존재하시는 하나님께서 우리를 사랑의 공동체로 존재하도록 부르시기 때문에 우리는 우리의 교회공동체를 사랑의 공동체로 만들어가야 한다.

이에 대해 장 바니에는 이렇게 말한다. "우리 하나님은 서로 서로 사랑하는 세분입니다. 우리 하나님은 친교하시는 분입니다. 그리고 이렇게 아름답고 사랑스러운 하나님이 이런 사랑의 삶을 살도록 우리 인류를 부르고 계십니다."[86] "공동체 자체가 목적이나 최종 목표는 아닙니

---

83) 위의 책, 62.
84) Randy Frazee, *The Connecting Church*, 차성구 역, 『21세기 교회 연구: 공동체』, 48; 장 바니에, 『공동체와 성장』, 46-47.
85) 장 바니에, 위의 책, 20.

다. 공동체는 우리가 예수님을 만나고 인류와 각 사람을 향한 그분의 사랑을 발견하는 곳입니다. 마틴 부버는 공동체를 신의 출현이 있는 곳이라고 말했습니다. 공동체는 아주 친밀한 관계 속에서 하나님을 만나고 '예수님께 사로잡히는' 경험을 할 수 있는 곳입니다."[87]

넷째로, 공동체란 단순히 친구들의 친교모임이 아니다. 로버트는 "친교는 좋은 것이고 하나님이 주신 것이다. 건강한 교회는 친교가 있어야 한다. 그러나 교회는 친교 이상이다"고 말한다. 참된 교회공동체란 헌신과 책임성을 배워가는 사람들의 공동체이다. 여기서 헌신이란 하나님과 하나님 나라에 대한 헌신과 공동체 구성원에 대한 헌신을 포함한다. 도드라지는 이에 대해 다음과 같이 말한다.[88]

우리는 교회를 사람들로, 서로 간에 갖는 관계로 본다. 그래서 우리는 교회인 다른 사람들에 헌신하는 것에 공감하고 있다. 사람들이 어떤 모임에 참석하든, 어떤 예배당으로 가든 상관없이 우리는 본머스(Bournmouth)에 있는 모든 교회로 우리의 헌신을 확대한다. 결국에는 그런 운동이 전 국가와 전 세계 교회의 일원이 되는 방향으로 뻗어나갈 것이라고 나는 생각한다. 우리의 관계를 성장 시키고, 서로를 지원하고, 서로 배우는 법을 돕고, 다른 사람과 나누며, 책임적이 되는 것, 이것이 바로 일상의 교회가 되는 것이다.

---

86) Jean Vanier, *From Brokenness To Community*, 피현희 역, 『희망의 공동체』, 63.
87) 위의 책, 85-86.
88) Eddie Gibbs and Ryan K. Bolger, *Emerging Churches: Creating Christian Community in Postmodern Cultures*, 김도훈 역, 『이머징교회』, (서울: 쿰란출판사, 2008), 172-173.

이상의 내용은 교회의 본질이 공동체성에 있음을 우리에게 분명히 보여준다. 따라서 그리스도의 몸인, 교회의 지체가 된 기독교인의 영적인 삶이란 공동체적인 영성일 수밖에 없고 또 그래야 할 것이다. 그러나 오늘날 한국교회는 점점 더 공동체성을 상실해가고 있고 그로 인해 많은 문제를 야기하고 있다. 이런 위기의 극복을 위해 조나단 캠벨은 이렇게 말한다. 즉 "현재의 문화적 위기 속에서 복음을 가장 강력하게 증명해 보이는 것은 길과 진리와 생명이신 예수를 구현하는 공동체가 되는 것이다. 건강한 공동체는 우리 안에서, 우리를 통하여 살아가시는 예수의 삶이다."89)

VI. 나가는 말

지금까지 우리는 오늘의 시대를 움직이는 거대한 역설적 메가트렌드가 있다는 사실에 주목하면서 첫째로, 21세기가 세속주의 시대이며 동시에 영성의 시대라는 사실에 대해 살펴보았고, 둘째로, 영성의 시대에 대한 기업과 교회의 대응 모습을 고찰하였으며, 셋째로, 영성의 시대에 교회가 쇠퇴하는 이유가 교회의 종교화와 기업화에 있음을 논하였으며, 넷째로, 기독교의 참된 영성의 회복을 교회 위기를 극복하는 방안으로 제시하였다.

그동안 교회는 모든 것을 다 시도해보았다. 전통에 충실한 교회가 되려고 노력하기도 했고, 새로운 문화현상에 민감한 교회가 되려고 노

---

89) Eddie Gibbs and Ryan K. Bolger, *Emerging Churches: Creating Christian Community in Postmodern Cultures*, 김도훈 역, 『이머징교회』, 146.

력하기도 했고, 프로그램지향적인 교회가 되려고 노력하기도 했고, 교회성장에 도움만 된다면 그것이 샤머니즘의 기복주의이든, 기업의 마케팅 전략이든 무엇이든 도입하여 시도해보기도 했다. 그럼에도 불구하고 전체적으로 볼 때 한국교회의 성장은 멈추었고, 한국사회의 교회에 대한 비난과 조롱은 그 위험수위를 넘은지 오래다. 어떻게 이 심각한 교회의 위기를 극복할 수 있을까? 기독교의 참된 영성을 회복하는 길 이외에 다른 길이 없다고 본다. 이제 한국교회는 필자가 제시한 기독교의 참된 영성, 즉 통전적 영성, 관상적 영성, 참여적 영성(또는 저항적 영성), 공동체적 영성, 생태학적 영성을 회복하는 일에 진력하여 교회다운 교회로 새로워지기를 희망한다.

5 한국교회의 위기 극복을 위한 신앙과 신학의 한 모델: 김교신의 생애와 사상*

I. 낙망의 심연에서 만난 인생의 위대한 스승

이 세상에서 진리인 성서와 조국인 조선을 가장 사랑했던 사람이 있습니다. 바로 김교신 선생입니다. 그는 1901년 4월 18일 함경남도 함흥 사포리에서 부친 김염희와 모친 양신 사이에 장남으로 태어났으나 그가 세 살 때 아버지를 여의어서 엄격한 홀어머니 밑에서 유년시절을 보냈습니다. 그의 집안은 유교의 가풍을 이어받은 가문이어서 일찍부터 한학을 배웠으며, 1916년 함흥 공립보통학교를, 1919년에 함흥공립학교를 졸업하였으며, 일본으로 건너가 동경 세이소쿠영어학교(正則英語學校)에 입학하여 당대의 저명한 영문학자 사이토 히사부로 밑에서 영어를 수학해서 그때부터 런던타임즈를 즐겨 읽으며 세계정세에 눈뜨게 되었고, 후일 영어성경반을 지도할 수 있는 토대를 만들었습니다.

---

* 이 글은『참 스승 — 인물로 보는 한국 기독교교육사상』, 김도일 외, (서울: 새물결플러스, 2014)에 실렸던 글로 새물결출판사로부터 원고의 재사용을 이메일로 허락 받음(2016. 3. 28).

1920년 4월 6일 동경에서 동양선교회 성서학원 재학생 마쓰다(松田)의 노방설교를 듣고 마음에 깊은 감동을 받아 기독교 신앙을 가지게 되었고, 야라이정 홀리니스 성결교회에 입교하여 2개월 후 세례를 받았습니다. 그는 이때의 심정을 1928년에 이렇게 술회하였습니다.

> 60은 고사하고 80에도 '종심소욕불유구(從心所慾不踰矩)'의 역(域)을 천답(踐踏, 밟음)할 희망이 불견(不見)하여 자못 낙망의 심연에 빠지려는 순간 나에게 다시 새로운 희망과 용기를 주어 서게 한 것은 청년 전도사를 통하여 온 기독교 복음의 소리였다.[1]

그러나 안타깝게도 그해 11월 야라이정 교회의 목사가 반대파의 음모로 축출되는 교회내분 상황에 충격을 받아 교회에 대한 회의를 품고 고민하다가 교회 출석을 단념하게 되었습니다. 다음의 글에서도 밝혀지듯이 그 상황은 그에게 있어서 신앙의 일대 위기였습니다.

> 온갖 불의와 권모가 횡행하는 조선 사회에서 생장한 내가 유일의 이상적 생활과 이상 사회를 동경하여 기독교회에 입참(入參)하였던 신앙의 초기에 이러한 불의(不義) 음모의 하열(下劣)한 술책이 교회 내에서 행함을 보고는 단지 교회 탈퇴뿐 아니라, 과연 기독교 신앙의 근저까지 동요치 않을 수 없었다. 한 동안은 교회에 참석치 않고 하숙방에서 홀로 예배하였다고 일지에 기록되어 있으니 말하자면 나의 신앙생활의 일대 위기이었던 것이다.[2]

---

1) 노평구 엮음,『김교신전집2』(서울: 부키, 2001), 127.
2) 위의 책, 277-278.

그러던 중 일본 무교회주의의 창시자인 우치무라 간조의 문하에 들어가 7년간 그의 성서강의를 청강하면서 우치무라의 저서인『구안록』, 『종교와 문학』등을 탐독하였는데 우치무라의 신앙과 사상은 김교신에게 결정적인 영향을 주었습니다. 1936년 김교신이 남긴 다음의 글은 김교신의 성서중심의 신앙과 애국심이 우치무라의 신앙과 애국심과 크게 다르지 않다는 것을 잘 보여줍니다.

우리가 본 대로 우치무라 선생의 전모를 말하라면 무엇보다도 먼저 우치무라 선생은 용감한 애국자이었다. 기독교적 성도라기보다 첫째로 황실에 진심 충성하고 국민을 열애하는 전형적 무사요, 대표적 일본 제국신민이었다. 그야말로 우치무라 선생에게서 애국자라는 요소를 뺀다면 '고자 우치무라'가 될 것이다. 우치무라 선생의 모발부터 발톱까지 전부 참 애국자의 화신이었다고 우리는 본다. 우치무라 선생은 기독교를 본연의 복음대로 전했다. 무교회주의라는 일개주의를 수립 창도한 자로 관찰함은 대단한 피상적 관찰이다. …그의 본류는 항상 불변하는 그리스도의 복음 자체를 선양함에 있었다. 그러므로 우치무라 선생에게서 무교회주의를 빼고라도 넉넉히 성경의 중심 진리를 배울 수 있다고 우리는 말하였다.[3]

이렇게 우치무라 선생으로부터 애국심을 배웠고, 복음의 오의(奧義)를 배웠던 김교신은 "우치무라 선생은 나에게 무이의 선생이었다. 감히 말하노니 우치무라 간조 선생은 나에게 '유일의 선생'이다"[4]라고 하

---

3) 노평구 엮음,『김교신전집1』(서울: 부키, 2001), 271-272.
4) 노평구 엮음,『김교신전집2』, 280.

였습니다.

II. 이보다 더 즐거운 일이 또 있을까

1922년 4월 김교신은 동경고등사범학교 영문과에 입학했다가 다음해 지리박물과로 전과해서 공부하였고, 1927년 3월 동경고등사범학교를 졸업하고 귀국하여 교육활동을 시작하였는데 함흥의 영생여자고등보통학교(1927.3-1928.2), 서울의 양정고등보통학교(1928.3-1940. 2), 서울의 경기고등보통학교(1940.9-1941.2), 개성의 송도고등보통학교(1941.3-1942.3) 등에서 약 15년간 평교사로 가르쳤습니다. 그는 교육하는 일을 가장 즐거운 일이라고 생각하여 "세상 아무런 일보다도 인간을 교육하는 일, 이보다 더 만족하고 즐거운 일은 다시없다. 교육학의 이론에 적합하고 신앙을 기초로 한 교육을 시행할 수 있다고 할진대 우리는 평생토록 직(職)을 교육하는 것 이외에 구할 의사가 없는 자이다"라고 하였습니다.5)

III. 성서를 조선에, 조선을 성서 위에

「성서조선」을 창간했던 김교신은 「성서조선」 창간사에서 자신의 마음을 사로잡은 것은 조선과 성서, 이 두 가지뿐이었다고 했습니다.

---

5) 노평구 엮음, 『김교신전집1』, 125.

자아를 위하여 무엇을 행하고 조선을 위하여 무엇을 계(計)할꼬. 오직 비분개세(悲憤慨世)만이 능사일까. … 우리는 다소의 경험과 확신으로써 오늘의 조선에 줄 바 최진최절(最珍最切, 가장 진귀하고 가장 정성스러움)의 선물은 신기치도 않은 구신약성서 한권이 있는 줄 알뿐이로다. 그러므로 걱정을 같이 하고 소망을 일궤(一軌, 하나의 방향)에 붙이는 우자(愚者) 5-6인이 동경 시외 스기나미촌에 처음으로 회합하여 '조선성서연구회'를 시작하고 매주 때를 기(期)하여 조선을 생각하고 성서를 강(講)하면서 지내온 지 반세여(半歲餘)에 누가 동의하여 어간(於間)의 소원 연구의 일단을 세상에 공개하려 하니 그 이름을 『성서조선』이라 하게 되도다. 명명(命名)의 우열과 시기의 적부(適否)는 우리의 불문하는 바라. 다만 우리 염두의 전폭을 차지하는 것은 '조선' 두 자이고 애인에게 보낼 최진(最珍, 가장 진귀한)의 선물은 성서 한 권 뿐이니 둘 중 하나를 버리지 못하여 된 것이 그 이름이었다.[6]

이렇게 김교신의 마음의 전부를 차지했던 조선과 성서를 합해서 만들어진 것이 바로 「성서조선」이었습니다. "세상에서 제일 좋은 것은 성서와 조선. 그러므로 성서와 조선"이라고 했던 김교신은 「성서조선」 출간의 목적을 이렇게 밝혔습니다.

오직 우리는 조선에 성서를 주어 그 골근(骨筋)을 세우며 그 혈액을 만들고자 한다. … 우리는 오직 성서를 배워 성서를 조선에 주고자 한다. … 그러므로 이러한 구형적(具形的, 온전한 형태를 갖춘) 조선 밑에 영구한 기반을 넣어야 할 것이니 그 지하의 기초공사가 즉 성서적

---

6) 위의 책, 20-21.

진리를 이 백성에게 소유시키는 일이다. 널리 깊게 조선을 연구하여 영원한 새로운 조선을 성서 위에 세우라. 그러므로 조선을 성서 위에.[7]

새로운 조선의 건설은 모래 위의 건축이 아니라 반석 위의 건축이 되어야 한다고 생각한 김교신은 새로운 조선을 성서 위에 건설하고자 「성서조선」을 출간했던 것입니다. 이런 이유로 인해 그는 '나의 본업은 성서조선을 만드는 것이고 교사는 부업'이라고 말하기도 하였습니다.[8]

IV. 암울한 식민시대에 꺼져가는 민족혼의 불꽃을 피우다

1940년대 경기중학교 5학년 졸업반 학생들이 졸업 기념으로 써내려간 공책에 한 학생이 김교신 선생을 기억하며 작성했던 시 한편이 있습니다.

선생님의 팔목에 있는 상처는 어떻게 된 것이냐고 제자인 시인이 묻는다.
그러면 선생님께서 겨레를 사랑하시려고 했다가 수갑을 차였을 때의
상처라고 대답하신다.
다시 제자는 선생님의 가슴에 있는 흉터는 어찌된 흉터냐고 묻는다.
선생님께서 그것은 나라를 사랑하시려고 했다가 묶였을 때의 흉터라고
대답하신다.
다시 제자는 선생님의 등에 있는 핏자국은 어찌 된 핏자국이냐고 묻는다.

---

7) 노평구 엮음, 『김교신전집1』, 22.
8) 노평구 엮음, 『김교신을 말한다』(서울: 부키, 2001), 212.

다시 선생님께서 그것은 주를 위해, 인류를 사랑하고 자유를 사랑하고 평화를 사랑하시려고 했다가 매를 맞은 핏자국이라고 대답하신다.[9]

이 글은 학생들의 마음속에 새겨진 김교신 선생의 민족사랑, 나라사랑의 마음이 얼마나 뜨거운 것이었는지를 잘 보여줍니다. 박동호 역시 김교신 선생의 뜨거운 애국정신에 대해 이렇게 말합니다. "교회에서나 학교에서나 일본의 우리 민족에 대한 식민지 정책에 대해 바른 비판을 해주는 이가 거의 없었으나 김선생님은 기회가 있을 때마다 우리들에게 이 점에 대해 말씀해주셨습니다. 선생님은 민족적 설움과 분함을 참지 못하여 어디 가서 실컷 울고 싶다고 하시며 눈물이 글썽글썽할 적이 많으셨습니다. 학교 조회 때 황국신민서사를 불러야 했는데 우리는 선생님의 뜻을 따라 우리들은 망국신민서사로 불렀습니다."[10]

김교신 선생은 입춘날인 어느 일요일에 학생들과 북한산에 올라갔을 때 학생들에게 바위 아래 쌓여 있는 눈을 치우라고 했습니다. 눈을 치웠을 때 뜻밖에도 눈 밑에서 파릇파릇한 풀들이 나왔습니다. 바로 그때 김교신 선생은 미소를 머금으며 학생들에게 이렇게 말했습니다.

여러분, 이렇게 추운 날씨에도 입춘이 되면 눈 아래 있는 풀도 생기를 도로 찾는 것처럼, 여러분도 삶의 생기를 도로 찾아야 하고, 또 제군들과 같이 젊은 청년들이 우리 민족의 생기를 도로 찾아 줄 수 있도록 돼야 한다. 눈은 풀에 대하여 무서운 장애물이다. 그러나 그 풀은 입춘이 되면 날씨가 춥더라도 생기를 도로 찾게 된다. 여러분 청년 학도들이

---

9) 위의 책, 338.
10) 위의 책, 195.

머리에 간직하고 있는 민족의식과 여러분 가슴에 간직하고 있는 민족
정기는 피압박민족으로 영원히 소멸되는 것이 아니라 영구히 여러분의
머리와 가슴에 살고 있으나 지금 생기를 도로 찾지 못하고 있을 뿐이다.
그러니 절대로 낙담하지 말고 입춘의 시기가 되면 풀이 생기를 찾는 것
처럼 우리도 민족의식과 민족정기를 도로 찾아 일본인의 압박에서 벗
어나 독립을 찾을 때가 있을 것이니, 여러분은 원대한 포부와 희망을
가지고 열심히 공부함은 물론 앞으로 민족과 국가를 위해 이바지할 수
있는 능력과 교양을 쌓는 것이 긴급한 임무다.[11]

김교신 선생은 이처럼 학생들에게 다양한 방식으로 민족혼을 심어
주었는데 정규과목인 지리과목에서는 역사적이고 지리학적인 가르침
을 통해서 학생들에게 매우 과학적으로 민족혼을 심어주었습니다. 그는
"조선지리소고"(1934년 3월)라는 논문을 통해 민족의식을 다음과 같이
일깨워주었습니다.

상술한 바와 같이 지리적 단원으로 보나 그 면적과 인구로 보나 산악과
해안선의 지세로 보나 이 위에 천혜로 주신 기후로 보나 한 구면 혹은
한 무대의 중심적 위치로 놓인 그 대접(待接)으로 보나 조선의 지리적
요소에 관한 한으로는 우리가 불평을 토하기보다 만족과 감사를 표하
지 않을 수 없다. 이는 넉넉히 한 살림살이를 부지할 만한 강산이요, 넉
넉히 인류사 상에 큰 공헌을 제공할 만한 활(活)무대이다. 그러나 조선
의 과거 역사와 현장을 통관(通觀)한 이는 누구든지 그 위치의 불리함
을 통탄하여 마지않는다. 황해가 대서양만큼 넓거나 압록강 저편에 알

---

11) 위의 책, 199.

프스 산맥 같은 고준(高峻)한 연봉 둘러쌌더라면, 조선해협이 태평양만큼이나 넓었더라면 좀 더 태평하였을 것을, 그렇지 못하니 중, 일, 노 3대 세력 중에 개재(介在, 끼어있음)하여 좌충우돌하는 형세에 반만년 역사도 별로 영일(寧日)이 없이 지나왔다고 듣는 자로서 과연 동정의 눈물이 없을 수 없다. 마는 이는 약자의 비명인 것을 미면(未免, 면하지 못함)한다. 약자가 한갓 태평을 구하여 피신하려면 천하에 안전한 곳이라곤 없다. 남미 페루국에 선주(先住)하였던 인디언족의 수도 쿠스코(Cuzco)는 우리 백두산보다 훨씬 더 높은 곳에 있었어도 스페인인들의 참혹한 침략을 피할 수 없었고, 티벳은 해발 4,000미터 이상의 고원에 비장(秘藏)한 나라이었으나 천하 최고의 히말라야산맥도 이 신비국으로 하여금 영인(英人)의 잠식을 피케하는 장벽은 되지 못하였다. 그러므로 우리는 깨닫는다 - 겁자(怯者)에게 안전한 곳이 없고 용자(勇者)에게 불안한 땅이 없다고. 무릇 생선을 낚으려면 물에 갈 것이요, 무릇 범을 잡으려면 호굴에 가야 한다. 조선 역사에 영일이 없었다 함은 무엇보다도 이 반도가 동양 정국의 중심인 것을 여실히 증거하는 것이다. 물러나 은둔하기는 불안한 곳이나 나아가 활약하기는 이만한 데가 다시없다. 이 반도가 위험하다 할진대 차라리 캄차카 반도나 그린란드도의 빙하에 냉장하야 두는 수밖에 없는 백성이다. 현세적으로 물질적으로 정치적으로 고찰할 때에 조선 반도에 지리적 결함, 선천적 결함은 없는 줄로 확신하다. 다만 문제는 거기 사는 백성의 소질, 담력 여하가 중요한 소인인가 한다.[12]

이런 가르침을 받았던 류달영은 김교신 선생이 지리과목의 대부분

---

12) 노평구 엮음, 『김교신전집1』, 62-63.

의 시간을 일본 지리를 가르치도록 되어있었음에도 불구하고 당시의 규정에 아랑곳하지 않고 상당한 시간을 할애해서 우리나라 지리를 가르쳐주었고, 그 가르침을 통해 조국에 대한 새로운 인식과 가슴 벅찬 조국애와 긍지를 가지게 되었음을 다음과 같이 말하고 있습니다.

우리는 거의 일 년을 통해서 우리나라 지리만을 배웠습니다. 자기를 분명히 알아 가는 것이 인생의 근본이라고 주장하셨습니다. 대고구려를, 세종대왕을, 이순신을 배웠습니다. 식민지 교육 밑에서 자신에 대해 소경들이었던 우리 소년들은 비로소 자신에 대해서 눈을 뜨기 시작했습니다. 우리 국토가 넓지 못한 것을, 우리 인구가 많지 않은 것을, 백두산이 높지 못하고 한강이 길지 못한 것을 한탄하지 않게 되었습니다. 스스로를 멸시하기 쉬웠던 우리들은 조국에 대한 재인식을 근본적으로 하게 되었습니다. 산천 조화의 아름다움은 세계에 따를 곳이 없는 극치인 것, 좋은 기후, 특유한 해안선의 발달, 차고 더운 두 해류의 교차, 바다와 물의 풍부한 자원, 동양의 심장 같은 반도로 대양과 대륙으로 거칠 것이 없는 발전성의 내재 등등, 어린 우리들은 조선의 젊은 아들로서 뛰는 가슴을 누르기 어려웠습니다.[13]

V. 칠흙같이 어두웠던 역사 속에서 참 신앙으로 새로운 조선의 미래를 밝히다

김교신선생은 성서적 진리의 기초 위에 새로운 조선이 건설되어야

---

13) 노평구 엮음, 『김교신을 말한다』, 131.

한다고 생각했기에 무엇보다 가장 고귀한 책인 성서를 조선에 주고자 했고, 그리스도의 복음으로 조선인의 영혼을 새롭게 하고자 했습니다. 조선에 필요한 것은 무엇보다도 기독교임을 그는 이렇게 말합니다.[14]

조선에는 부도 필요하다. 힘도 필요하다. 위대한 작품도 필요하다. 그러나 가장 필요한 것은 기독교다. 그러나 그것은 불행히 기독교 청년회의 기독교가 아니다. 교회의 기독교가 아니다. 제도의 기독교가 아니다. 의식의 기독교가 아니다. 16세기 종교개혁자들이 체험한 기독교다. 바울의 기독교요, 요한의 기독교다. 성서의 기독교다. 영적 기독교다. 산 기독교다. 즉 그리스도다. 그렇다. 현재의 조선에 절실한 것은 기독교요, 그 기독교는 살아계셔서 역사하시는 그리스도 자신이다. 우리는 교회를 요하지 않으나 그를 요하며, 청년회를 요하지 않으나 그를 요하며, 제도와 의식을 요하지 않으나 그를 요한다. 그를 얻고 우리는 전부를 얻은바 되며, 그를 잃고 우리는 전부를 잃게 된다.

김교신 선생은 조선 백성의 부정직, 경박, 변절 등의 사례들을 생각하며 조선 백성의 민족성에 대해 탄식을 토로한 적이 있습니다. 그러나 그것은 자기 자신의 한심한 자태에 비길 바가 아니라고 하면서 이렇게 고백합니다.

눈을 돌이켜 나 자신을 응시할 때에 비로소 절망의 참맛을 맛본다. 인류의 장래와 반도의 운명이 한심스럽다 할지라도 나 자신의 한심한 자태에 비길 바가 아니다. 내가 아는 모든 형제의 불신, 소기(小器), 경박,

---

14) 김정환, 『김교신』(서울: 한국신학연구소, 1994), 33.

변절, 무골(無骨, 강직함이나 줏대가 없음)을 모두 합하여도 나 한 사람의 심한 결함에는 비할 수 없다. 과연 나는 모든 악념의 원천이요, 모든 죄악의 소굴이요, 배워도 진취가 없고, 행하여도 적덕(積德, 덕을 쌓음)이 없고, 오늘 밤을 기약할 수 없는 영혼이 명년(明年, 내년) 창고를 설계하는 자요, 진주는 발견하였어도 소유를 진매(盡賣, 다 팔아버림)하여 매득(買得, 매입)하려는 과단성을 결(缺)한 자이다.15)

조선의 운명과 조선백성의 민족성에 탄식을 하고, 자신의 모습에 대해 절망을 하였지만 그럼에도 불구하고 그는 기독교 신앙을 통해 우리에게 새로운 희망이 있다는 사실을 다음과 같이 선언하였습니다.

그런데 이 할 수 없는 절망 덩어리인 나에게 그리스도의 생명이 연결되는 순간순간에 이상한 새 사실을 또한 발견하였다. 나는 본래 땅에 속하여 땅에 애착한 것인데 땅에서 떠나 하늘까지 비약할 수 있는 자임을 실험하였다. 서철(西哲, 서양철학자 여기서는 아르키메데스를 말함) '나에게 지점(支點, 지렛목, 받침점)을 주라, 그리하면 지구를 움직이리라'는 진리를 영계에서 재발견하였다. '나에게 신앙을 주라', 나 자신도 매우 유망한 자이거니와 나의 신앙적 근친자(近親者, 혈연이 가까운 사람)는 더욱 유위한 가경가애(可敬可愛, 가히 존경하고 사랑할만함)한 자 아닌 이가 없다. 그리스도로 인하여 하나님을 믿는 신앙에 입각할 때에 우리가 조선 반도와 세계 인류의 운명에 관하여 크게 역사함이 있고자 한다. 전도(前途)에 양양한 희망이 있다. 만만(滿滿)한 야심이 있다.16)

---

15) 노평구 엮음, 『김교신전집1』, 34.

따라서 김교신 선생은 조선 민족에게 가장 절실한 것은 기독교라고 주장합니다. 그런데 그가 말하는 기독교는 제도적인 기독교가 아니라 진정한 기독교입니다. 왜냐하면 당시의 교회의 신앙이 죽었다고 생각했기 때문입니다.

오늘날 교회의 신앙은 죽었다. 그 정통이라는 것은 생명 없는 형식의 껍질이요, 그 진보적이라는 것은 세속주의다. 이제 교회는 결코 그리스도의 지체도 아니오, 세상의 소금도 아니오, 외로운 영혼이니 피란처조차도 되지 못한다. 한 수양소요, 한 문화 기관이다. 기독교는 그런 것이어서는 안 된다! 다른 종교는 몰라도 적어도 기독교만은 형식에 떨어지고 세속주의에 빠져서는 안 된다. 그리스도가 십자가에 못 박힌 것은 바로 그 형식의 종교와 세속주의를 박멸하기 위하여서가 아니었던가? 이제 다시 그와 영합하는 것은 분명히 그리스도를 배반하는 일이다. 그리스도를 믿는 자는 그를 생명으로 아는 자가 아니면 안 된다. 그에게 절대 복종하고 절대 신뢰하는 자가 아니면 안 된다. … 믿음이란 그저 말로나 외모의 행동으로 하는 것이 아니오, 자기의 전 생명을 그리스도에게 넘겨주는 일이다. 종래 자기 기준, 인간 중심으로 살던 것을 그리스도 표준, 하나님 중심으로 하는 일이다. 자기에 대하여 죽고 그리스도로 사는 일이다. … 그러므로 모든 교회 법규를 다 지키고 외양의 행동을 선히 하여도 '나'를 하나님께 바치지 않는 이상 신앙은 아니다."[17]

김교신 선생은 세속화된 기독교와 형식적인 신앙을 비판하며 참된

---

16) 위의 책, 34-35.
17) 노평구 엮음, 『김교신전집2』, 243.

기독교, 순수한 신앙을 강조하는데 참된 신앙은 그리스도에게 절대 복종하고 절대 신뢰하는 것이고, 자기 기준을 버리고 하나님 중심으로 사는 것이며, 전 생명을 그리스도에게 바치는 것이라고 주장합니다. 또한 그는 세속화되고 형식화된 기독교도 반대하지만, 미국식 기독교도 반대하며 조선의 기독교를 주장하면서 이렇게 말합니다. 즉, "유치하고 젖냄새 분분한 미국식 기독교! 조선기독교가 완전히 발육되려면 우선 온갖 미국과의 관계를 그 교회와 교육기관에서부터 절연하여야 하리라"(1933년 2.1 일기)[18]고 하였고, "기독교도 조선 김치 냄새나는 기독교"가 되어야 한다고 주장했습니다(1934. 12.11 일기).[19]

이렇게 김교신 선생이 말하는 기독교는 세속주의적인 기독교, 형식화된 기독교, 국적 없는 기독교, 교회주의적이고 교권주의적인 기독교가 아니라 살아있는 참된 기독교입니다. 참된 기독교를 표현하기 위해 그는 무교회(주의)라는 말을 사용했는데 그 의미를 다음과 같이 설명합니다.

나에게 무교회주의란 것은 진정한 기독교를 의미하는 것이요, 무교회주의란 진정한 크리스천을 의미하는 것이다. 교회의 유무, 세례의 유무 등은 하등 관계없다. 무교회주의 곧 복음, 무교회주의자 곧 신자이다. … 무교회주의란 결단코 교회를 타파하며, 교회와 대립 항쟁하는 일 같은 것을 사명으로 하는 것은 아니다…. 구원은 그리스도에게 있다는 것을 명백히 하는 것이 무교회주의의 사명이다…. 무교회주의는 환언하

---

18) 김정환, 『김교신』, 42, 332.
19) 위의 책, 42.

면 그리스도의 정신이요, 세인의 생각하는 이상 훨씬 적극적이요, 고귀 심원한 정신이다. 이는 기독교라고 부르는 이외에 적당한 칭호가 없다.[20]

기독교의 제일 대지는 하나님과 사람의 화평을 도모하는 동시에 사람과 자기의 이웃 사람을 중히 여기는 교훈인 것은 너무나 명백한 일이다…. 신교 교회가 교회주의에 타락하지 않았다면 무교회주의가 생길 필요가 없었다. 무교회주의는 일명 '전적 기독교'이다.[21]

그러므로 김교신 선생의 무교회 정신이란 바로 진정한 기독교를 추구하는 정신이라 할 수 있습니다.

VI. 참 인간, 진실한 인물의 배출에 민족의 희망을 걸다

많은 제자들의 입을 통해 밝혀지듯이 김교신 선생은 참 스승이었습니다. 많은 제자들은 "우리는 초등학교에서 대학에 이르기까지 수십 명의 교사를 대하여 왔다. 그러나 교사하면 우선 김교신 선생을 연상할 정도로 이분이 가장 인상 깊게 회상되는 진정한 스승이었다"고 한결같이 술회하고 있습니다.[22] 서울시립대 박물학 교수를 지냈던 구건은 잊혀질 수 없는 김교신 선생의 인상을 이렇게 기록했습니다.

---

20) 노평구 엮음, 『김교신전집2』, 263
21) 위의 책, 261.
22) 김정환, 『김교신』, 45.

중학 초년생 때 나의 눈에 비친 김선생은 기인, 그러나 매력적인 교사였다. 한 해 지나서 받은 인상은 언행 바른 신사, 박학다식의 독서가요 교사였다. 그런데 독서와 함께 선생의 기억력은 참 놀라웠고 또 정확했었다. 다시 한 해 지나서 알게 된 선생은 참된 애국자, 초인간적인 면려, 역행의 교육자이고 또 무교회 신앙의 종교가였다. 후일의 인상은 예수의 십자가의 속죄로 자유를 얻은 정의, 독립의 사람이었다. 그는 참만을 알고 소신대로 믿고 살고 일한 자유인이었다. 자유, 정의, 독립은 그의 성격의 근간이었다. 그의 투철한 교육정신은 젊은이들의 심금을 울렸었고, 그의 신앙은 신에 통했으며, 그의 자유, 정의, 독립정신은 사회의 목탁이었다. 그의 체력 역시 측량키 어려울 정도로 강했으며, 그의 정력은 실로 무한이어서 독서력과 기억력도 한이 없었다. 그의 요지부동의 굳은 신념은 비길 데가 없었다. 그리고 이 모든 것 밑에 십자가 신앙이 있어 이가 그의 생명을 이루고 또 그의 생애의 지주였다. 그의 종생(終生)의 사업은 청년을 위한 참 인간 교육이었고 성서조선과 성서강연을 통한 순수 복음 전도이었으니 오직 국가 민족의 백년대계로 앞날을 위해 일했을 뿐, 그 외는 아무 것도 안중에 없는 참 거룩한 생애였다고 사료될 뿐이다.23)

많은 제자들이 증언하듯이 김교신 선생은 참 애국자, 참 인격자, 참 교육자, 참 신앙가, 순수 복음 전도자였습니다. 그런데 여기서 중요한 것은 "그의 종생의 사업은 청년을 위한 참 인간 교육이었다"는 표현인데 이런 평가는 우리 민족의 희망이 사람에게 달려 있다고 생각한 김교신 선생의 다음의 말에서 잘 드러납니다. 즉, "우리의 희망은 거대한 사업

---

23) 노평구 엮음, 『김교신을 말한다』, 182.

성취나 혹은 신령한 사업 헌신에 있는 것이 아니라 진실한 인물의 출현에 있다. 그가 아무 사업도 성취한 것 없이 그리스도와 같은 참패로써 세상을 마친다 할지라도 참 의미에서 하나님을 믿고 그와 함께 걷고 함께 생각하며 함께 노역하는 자면 우리의 희망은 전혀 그에게 달렸다."[24] 이렇게 민족의 희망이 사람에게 달려 있다고 보았기 때문에 그의 생애는 참 사람을 길러내는 일에 자신의 평생을 바쳤습니다. 구건은 김교신 선생의 특별했던 수업의 모습을 떠올리면서 그의 교육목적이 참 사람 만드는 일이었음을 다음과 같이 술회하였습니다.

박물 시간에 고구려 이야기가 나온다. 세종, 이순신 등의 사화가 나온다. 그야말로 파격적인 수업이었다. 그러기에 선생 시간은 언제나 감동과 감격에 찬 시간이었다. … 아무런 거리낌 없이 그것도 함경도 사투리로 하시는 선생의 말씀에는 일종의 매력이 있었다. 박물 시간에는 곤충 또는 식물계의 신비스러운 이야기가 한없이 쏟아져 나왔다. 그러나 후일에 생각해 보니 선생은 학과에 대해서는 중점적으로 개요만을 이야기하시고 나머지는 학생 스스로 공부하게 하고 대신 여타의 시간에는 사람 자체를 만들려고 노력하신 것으로 깨닫게 되었다.[25]

고려대 심리학 교수였던 김성태도 김교신 선생의 수업 방식이 인물 위주였고, 그의 수업의 목적도 참 인간을 길러내는 것이었음을 이렇게 말했습니다.

---

24) 노평구 엮음, 『김교신전집1』, 35-36.
25) 노평구 엮음, 『김교신을 말한다』, 185-186.

김 선생님의 지리 수업의 특징은 인물을 위주로 가르치시는 것이었다. 어느 지역을 문제 삼을 때 그 지방 출신의 인물이라든가, 그 지방과 관련 있는 인물에 대해 언급이 많으셨다. 위인들의 언행에 대해 감격의 눈물을 섞어 가며 낭랑하게 말씀하실 때 나는 완전히 그분에게 빠져 버리는 것이었다. 지금도 잊혀지지 않는 것은 양자강 유역을 배울 때 적벽강 대목에서 제갈량의 이야기를 많이 하셨고 곁들여 전후 출사표, 소동파의 적벽부를 외게 하셨다. 심양 땅 이야기에서는 도연명을 말씀하시고 귀거래사를 외게 하셨다. 한문은 일본식으로 읽으면 진미를 모른다고 우리말 한문으로 외는 것을 권하셨다. … 후에 김 선생님 전집에서 읽은 대목 같은데 어느 지방을 가르칠 때 지형이며 산물도 중요하지만 그 지방의 역사와 인물이 강조되어야 한다는 것을 암시한 대목을 본 것 같다. 인물 위주의 지리, 말하자면 인간 위주의 과학이어야 한다고 벌써부터 우리를 깨우쳐 주신 것이다. … 김 선생님의 말씀 중 지금도 내 뇌리에 그 음성이 생생하게 남아 있는 한 구절이 있다. 이 군이었던가 좀 과격한 친구였는데 수업시간에 이런 이야기, 저런 이야기 나왔을 때에 우리의 살 길이 문제가 되어 이 친구가 정치적으로 생각해서 간악한 일인 때문에 우리가 고생이니 그들과의 투쟁만이 우리의 살 길이 아니냐고 대들었다. 그때 선생님은 웃으시면서 "일본인에도 훌륭한 사람이 있단다"고 외치시면서 우리가 살 길은 일인이 거꾸러지는 것으로 되는 것이 아니라 우리들 자신이 잘 살 수 있는 참 인간이 되는 것이라는 말씀을 하셨다.[26]

김교신 선생은 성서를 연구하는 목적도 바로 사람다운 생활을 하는

---

26) 위의 책, 210-211.

데 있다고 생각하며 말하기를, "우리가 성서를 공부하는 것은 사람이 사람다운 생활을 하기 위하여, 또 그 생활하는 능력을 얻기 위하여서다"라고 하였습니다.[27]

VII. 참 인간의 정수(精髓)를 젊은이들의 마음속에 아로새기다

1. 신앙심

김교신 선생에게 있어서 참 사람됨의 시작은 신앙이었습니다. 그는 "인격이 존엄한 까닭은 하나님의 형상대로 창조된 때문이므로 하나님이 높임을 받는 곳에서라야만 사람의 인격도 고귀한 빛을 나타낸다"고 보았기 때문입니다. 그래서 그는 "조물주 여호와를 무시한 사회와 국가와 세계에서 인격의 존귀성이 비산(飛散)"한다고 하였습니다.[28] 또한 그는 신앙이 도덕의 출발점이요 도덕의 총화라고 생각했고, 신앙이 국가 융성의 원동력이라고 생각했습니다. 그는 말합니다. "생활의 근본방침에 있어서 하나님께 대한 태도, 곧 신앙이 도덕이다. 하나님을 경외하고 이웃을 자기처럼 사랑하는 것이 도덕의 시작이요 신앙의 완결이다. 하나님과의 바른 관계, 이것이 도덕의 총화요, 갱생 융성의 원동력이라고 고래의 예언자가 번을 갈아 서면서 외치는 소리다."[29]

---

27) 노평구 엮음, 『김교신전집2』, 72.
28) 위의 책, 42.
29) 노평구 엮음, 『김교신전집1』, 197.

2. 정직함과 신실함

김교신 선생에게 있어서 참 사람의 또 다른 근본 요소는 정직함과 신실함입니다. 그는 조선의 갱생을 위한 조선인의 제1급선무가 무엇인가를 질문하며 무엇보다 회개할 것을 주장하였는데 우리 민족이 회개하여 회복해야 할 두 가지 요소, 즉 참 인간됨의 두 요소로 정직성과 신실성이 있음을 다음과 같이 말했습니다.

> 우리는 오늘의 문제요, 실제의 제일의적 급무로 젊은 조선인의 소원을 피로(披露, 널리 펼쳐 보임)하노니 조선 형제여, 우선 '회개'합시다. 하나님 앞에 자과(自過, 자신의 잘못)를 인식 회개하는 하나님과 사람 사이의 '정직성'과 사람과 사람 사이의 '신실성', 이 두 가지는 이양일원(二樣一元, 두 가지 모양이지만 근본은 하나임)의 기반이다. 신실을 결(缺)한 개인들을 모아 완전한 조직체를 이루려 함은 마치 시멘트 가루를 섞지 않고 사립만으로 조합하려 함과 같은 것이다. … 조선의 정치와 경제를 염려하는 이는 우선 회개하라. 의분의 기개(氣槪)를 흠(欠, 부족)함을 탄하는 이도 회개하라. 그리하여 하나님과 사람의 관계를 정히 함으로써 사람과 사람 사이에 신실이 생기고 대분(大憤, 크게 분냄) 진용의 능력을 받아 나중에는 이방 사람이 구하는 바 여러 가지 축복까지도 받을 것이다.[30]

---

30) 위의 책, 31.

3. 신의

김교신 선생이 참 사람됨을 위해 강조한 것은 신의였습니다. 그는 학생들에게 신뢰받는 인간이 될 것을 많이 강조하였는데 양정고 22회 졸업생들은 졸업하면서 그 사실을 다음과 같이 말하고 있습니다.

신의! 타(他)로부터 신임을 받는 인간이 되라고 우리 선생이 외치신 것은 실로 우리들이 제1학년 여름방학을 맞는 날이었다. 선생은 소시에 자기 모친에 대해 신의를 깨뜨린 일이 있음을 참회 하시며 교장(敎場)에서 손수건을 적시셨도다. 우리 이를 목도하였음이여! 아, 그 날 이래 심중에 굳게 잡고 놓치지 않는 노력이란 실로 신의 있는 사람이 되는 것이로다. 신의! 이 있어 인간은 왜 천국이 아니겠는가! 평화향(平和鄕)이 못될 것인가! 선생이여, 우리들은 다 신의를 위해 목숨을 버릴 것임이니이다. 원컨대 마음을 놓으시기를!31)

그는 또한 우리들에게 희망이 되는 사람은 빈부귀천을 떠나 신뢰할 수 있는 사람임을 강조하여 말하기를, "정치, 교육, 종교 등의 상류가 흐리고 부패한 오늘에 목수와 토역 등의 하류에만 청정을 기대함은 무리한 일인지 모르나 상하가 또한 외형에 있는 것이 아니요 내질에 있다. 신의할만한 목수 한 사람 그는 정치가, 교육가 이상의 대인물이요 진실한 미장이 한 사람은 구설(口說)의 종교가 이상의 소망을 우리에게 약속한다"32)고 하였습니다.

---

31) 위의 책, 68-69.
32) 위의 책, 120-121.

4. 정의감

김교신 선생에게 있어서 참 사람됨의 요소로 빼놓을 수 없는 것은 바로 정의입니다. 그가 "도덕은 오로지 의만을 목표로 할 것이다. 즉 다시 말하면 의이신 하나님만을 목표로 할 것이다"[33]라고 말하였기 때문입니다. 그는 다니엘과 세 친구들에 대해 말하기를, 그들은 "다만 망하면 망할지라도 의(義)에 당(當)한 것, 신의에 합한 일이면 감행하고, 땅 짚고 헤엄치듯이 안전한 일이라도 불의한 것은 거절한 것뿐이다"라고 하면서 "신앙생활은 기술(奇術)이 아니라, 천하의 대도공의(大道公義)를 활보하는 생활이다. '망하면 망하리라'는 각오로써"[34]라고 하였습니다. 그는 또한 "'의는 나라를 융성케 하고 죄는 백성을 욕되게 한다.'(잠언 14:34)는 것이 기독교 국가 도덕이다"[35]라고 하였습니다. 이처럼 그는 정의를 신앙생활의 요체요, 사회생활의 요체라고 생각하면서 불의와 타협하지 않았고, 정의의 대도를 세워나갔습니다. 그의 제자들은 말합니다. "선생은 불의를 심히 미워하고 의 아닌 일을 하는 때에는 그것이 자기 자신이건, 가족이건, 평생의 동지들이건, 자기 민족이건 한결같이 냉혹하게 처단했었습니다. 우리가 재학 시대에 선생의 별명이 '양칼'이었습니다. 이것은 선생이 불의를 미워함에 사정이 없는 성격을 잘 표현한 별명인데 걸작이라고 믿습니다."[36]

정의를 신앙생활, 도덕생활의 요체로 보았기 때문에 그는 정의감이 없는 종교인들을 다음과 같이 비판하였습니다. "전문가 중에도 가장 불

---

33) 노평구 엮음, 『김교신전집4』(서울: 부키, 2001), 114.
34) 노평구 엮음, 『김교신전집1』, 160.
35) 위의 책, 197.
36) 노평구 엮음, 『김교신을 말한다』, 135.

쌍한 것은 종교 전문가이다. 종교를 전업으로 삼는 자처럼 세상에 무익 유해한 것은 없다. 종교 전문가라는 것은 섶에 오르게 된 누에처럼 그 체질이 투명무색하여 혈기가 없는 것이 그 특징이다. 저들은 허위 조작을 보고 듣고도 성내지 않고 불의를 목도하면서도 노발할 줄 모르며 억울한 일 당하는 것을 보면서도 구제할 마음이 발동하지 아니함으로써 도를 통했고 세속을 초탈한 까닭인 줄로 자긍한다. 우리는 그러한 초인 간을 타기하고자 한다."[37]

5. 사랑

김교신 선생에게 있어서 참 사람됨의 근본 요소는 신앙이었으며 동시에 사랑이었습니다. 그는 "하나님을 경외하고 이웃을 자기처럼 사랑하는 것이 도덕의 시작이요 신앙의 완결이다"라고 말하고 있기 때문입니다. 다음의 글은 그가 그것을 잘 실천하였음을 보여줍니다.

교사의 초기에는 교단 위에서 볼 때에 생도의 순량한 자와 불량한 자가 확연히 갈라져 보였다. 그리고 순량한 자가 귀엽게 보이는 반면에 불량한 자는 심히 가증해 보였었다. 그러나 오늘날 당해서는 선량한 자와 불량한 자가 모두 한결같이 귀여워 보이며 사랑스러워 보여서 가르치기보다 먼저 어루만지고 싶으니 이제 비로소 교사 자격이 생겼다 할 것인가. 또는 이젠 벌써 교사 자격을 상실하였다 할 것인가. 우리가 스스로 판단키 어려우나 심판적 태도가 자취를 감추고, 동정 연민의 정이 노출하게 된 변화의 흔적만은 숨길 수 없다.[38]

---

37) 노평구 엮음, 『김교신전집1』, 257-258.

김교신 선생은 기독교를 사랑의 종교라고 말하면서 사랑의 중요성을 강조하였지만, 그 사랑은 언제나 정의를 배제하지 않는 사랑이었습니다. 그가 "의의 골근이 없는 시멘트 콘크리트 같은 사랑만을 창도하면 사회의 찬사를 받는 줄을 우리가 모름이 아니다. 우리 선생도 물론 완전 무결한 이는 아니었지만 무엇보다 악을 폭격하는 의의 위력이 강렬하였으므로 뭇 소인들이 저를 기피하며 훼방하였다. 의의 폭격적 요소를 뽑아낸 사랑을 우리에게 권치 말라"[39]고 한 사실에서 알 수 있듯이, 그가 말하는 사랑은 언제나 정의와 함께 하는 사랑이었습니다.

그는 누구보다도 정의의 사람이었습니다. 그러나 동시에 그는 누구보다도 자주 진리에 감동하여 울고, 은혜에 감동하여 울고, 아름다운 것을 보고 울고, 착한 것을 보고 울고, 의로운 것을 보고 울고, 안타까웠던 것을 보고 울었던 눈물의 사람이었습니다. 이것은 그가 그만큼 마음이 따뜻했던 사람이었음을 보여줍니다. 김정환은 이렇게 말합니다.[40]

하여간 그는 눈물을 자주 흘렸다. 라디오에서 심청전을 듣다가도, 자녀의 전학수속을 하다가 문득 어머니와 하나님의 은혜를 회상하고도, 학업성적과 품행이 나쁜 학생을 타이르다가도, 산에 가다가 단풍의 아름다움을 보고도, 그리고 시편을 공부하다가도 울었다. 1939년 5월 14일자 일기에는 새벽 4시 반에 깨어 시편 42, 43편을 주해하고자 정독하다가 감동되어 눈물로서 손수건 두 장을 다 적셔 버렸다고도 적고 있다.

이런 김 선생의 모습에 대해서 서울대 교수였던 류달영도 말하기를,

---

38) 위의 책, 67.
39) 노평구 엮음, 『김교신전집2』, 134.
40) 김정환, 『김교신』, 105.

"우리는 선생을 의에만 치우친 심판관형의 냉혹한 인물로만 알기 쉽고 또 '히니꾸'를 잘 하는 인물로만 알기 쉽습니다. 그러나 선생처럼 쉽게 감격하고 뜨거운 눈물을 잘 뿌리는 분도 드물 것입니다. 피상적으로 선생을 만지는 사람들은 그의 예레미야와 같은 눈물의 생활을 지나쳐 보기가 쉽습니다. 선생은 눈물을 마시고 살아간 분입니다. 그의 일기를 읽어 가노라면 그의 눈물의 내면적인 생활을 엿볼 수가 있습니다. 어느 해 겨울 새벽에 시편 42편을 읽던 선생이 눈물에 막혀 4-5차 읽기를 중단하면서 겨우 끝까지 읽는 것을 본 일이 있습니다. 착한 이야기, 의로운 이야기를 들으면 언제나 눈물을 머금고 했습니다"라고 하였습니다.[41]

눈물이 많았던 김교신 선생은 특별히 약자들을 사랑하였습니다. 김정환은 약자에 대한 김교신 선생의 사랑에 대해 이렇게 말합니다. "그의 사랑은 교실의 학생에게 국한되지 않고 소록도의 문둥병 환자들, 그리고 선생이 교직에서 추방된 뒤에는 흥남질소비료공장에서 강제 징용되어 일하고 있는 오천 명의 노무자에게도 확대되었다. 그는 이들의 복리, 후생, 교육을 위하여 투신하다 전염병에 걸려 며칠 만에 세상을 떠났다 (1945. 4. 25)."[42]

6. 자비, 인자, 겸손, 온유, 관용

김교신 선생에게 있어서 참 사람됨의 또 다른 요소들은 자비, 인자, 겸손, 온유, 관용이었습니다. 그는 말합니다. "바울은 새 사람의 덕성으로서 다섯 요소(자비, 인자, 겸손, 온유, 관용)를 들었지만 이것이 곧 위인

---

41) 노평구 엮음, 『김교신을 말한다』, 137.
42) 김정환, 『김교신』, 62-63.

의 요소이다. 위인이란 인간다운 인간, 남자다운 남자를 말한다. 그러나 남자답다는 것은 반드시 투견투계의 유(類)를 말함이 아니다. 그 가슴에 자비의 마음 즉 용광로 같은 연민 동정의 심정을 소유한 인간이야말로 참으로 남자다운 남자라고 불릴 것이다. 모세가 그런 사람이었다. 석가가 그런 사람이었다. 이사야, 예레미야 등이 그런 사람이었다. 장차 올 사회에 있어서는 자비의 마음, 인자, 겸손, 온유, 관용의 덕을 갖춘 사람만이 참 인간이고 따라서 참 위인이 될 것이라는 것이다."[43] 지금까지 보았듯이 김교신 선생은 기본적으로 성서적 진리에 근거해서 참 사람됨을 규명하였으며, 그 자신이 참 사람됨을 실천하며, 제자들을 참 사람됨으로 이끌었을 뿐만 아니라 성서진리의 토대 위에서 새 조선을 건설하고자 했던 민족의 참 스승이었습니다.

---

43) 노평구 엮음, 『김교신전집2』, 140.

제2부
오늘의 이슈와 한국교회

6 한국기독교 100년 역사에 나타난 교회의 사회문제대책운동*

Ⅰ. 사회문제의 의미와 사회문제대책운동의 신학적 근거

1. 사회문제의 의미

사회문제에 대한 정의를 보면 다양한 정의들이 있지만 표현의 차이가 있을 뿐이지 그 내용은 크게 다르지 않다. 최근의 견해를 보면 사회문제란 "사회 구성원의 일부가 사회에 해가 된다고 판단하여 치료가 필요하다고 생각하는 조건"(Mooney, Knox & Schacht) 또는 "영향력 있는 집단이 어떤 조건이 많은 사람들에게 영향을 미친다고 확신하여 문제로 규정하고 또 집단행동에 의해 해결될 수 있다고 생각하는 것"(Zastrow)으로 정의된다.[1] 즉 사회문제란 영향력 있는 집단이 사회에 해가 된다고 판단하고 집단행동을 통해 해결될 수 있다고 생각하는 조건을 말한다. 이러한 사회문제는 유형별로 보면 첫째로 사회구조적 문제로 도시

---

* 이 글은 『대한예수교장로회 총회창립 100주년 기념백서』 (가제)에 기고했던 글임.
1) 원석조, 『사회문제론』 (경기: 양서원, 2007), 13.

문제, 농촌문제, 노동문제, 빈곤문제 등이 포함되어 있다. 둘째로, 해체적 문제와 세대문제로 가족 해체문제, 빈민지역, 청소년문제, 노인문제, 여성문제, 장애인문제 등이 포함되어 있다. 셋째로, 탈선적 문제로 범죄, 비행, 정신질환, 약물중독, 알코올중독 등이 포함되어 있다. 넷째로, 삶의 질의 문제로 환경문제, 인구문제, 보건의료문제, 여가문제 등이다.2)

2. 사회문제대책운동의 신학적 근거

1) 사회선교

사회문제대책운동의 첫 번째 신학적인 근거는 사회선교라는 개념이다. 21세기 교단발전을 위한 정책제안서에 따르면, 사회선교란 교회가 지금 여기 이 세상 속에서 살아 있는 신앙을 사랑의 행동으로 증거하는 행위로서 "기독교 신앙을 기초로 한 교회와 그리스도인의 대사회적 책임수행과 관련된 모든 활동을 뜻하며 그것은 사회봉사와 사회사업, 사회행동과 사회운동으로 이루어진다."3) 다시 말해 "사회선교는 하나님의 뜻이 하늘에서 이루어진 것같이 땅에서도 이루어지기 위하여 힘쓰는 노력이며 하나님의 구원이 부분적으로나 단편적으로가 아니라 전체적, 통일적으로 이루어지도록 강조하는 것이다."4)

2) 이원규, 『한국사회문제와 교회공동체』(서울: 대한기독교서회, 2002), 23.
3) "21세기 교단발전을 위한 정책제안서"(1998. 9. 25 제83회 총회 채택), 총회사회봉사부 편, 『총회사회선교 정책문서집』(서울: 한국장로교출판사, 2005), 62.
4) "대한예수교장로회 총회 사회선교지침"(1984. 9. 5 제69회 총회 채택), 위의 책, 10.

2) 기독교사회운동

사회대책운동의 두 번째 신학적인 근거는 기독교사회운동이라는 개념이다. 대한예수교장로회 총회 기독교사회운동지침서는 우선 기독교사회운동의 성서적, 신학적 근거를 해명하는 가운데 다음과 같이 기독교사회운동을 규정하였다.5) 첫째로, 기독교사회운동은 하나님의 형상인 인간의 존엄성을 부정하거나 왜곡하는 사회구조에 대항하여 하나님의 형상성을 회복하는 운동이다. 둘째로, 기독교사회운동은 예수 그리스도로 인해서 영적으로 해방된 기독교인들이 사회구조적인 문제로 고통당하는 자들을 해방하고 모두의 진정한 자유를 회복하고자 하는 운동이다. 셋째로, 기독교사회운동은 이 세상에서 세상의 소금과 세상의 빛으로 살아야 하는 기독교인들이 부정부패의 사회를 개혁하고 그 사회가 나아가야 할 방향을 올바로 제시하는 운동이다. 넷째로, 기독교사회운동은 청지기인 기독교인들이 자신들에게 맡겨진 이 세상과 이 세상의 피조물들을 책임 있게 돌보기 위한 과정이다. 다섯째로, 기독교사회운동은 하나님의 말씀으로 하나님의 뜻을 깨달은 기독교인들이 국가와 사회 속에서 되어지는 일들에 대해 하나님의 뜻에 근거하여 '예'와 '아니오'를 진단하고 선포하는 과정이다. 여섯째로, 기독교사회운동은 세상 사람들과 구별된 삶을 사는 기독교인들이 세상의 이기적이고 경쟁적인 삶의 구조를 하나님의 뜻에 상응한 이타적이고 협력적인 삶의 구조로 전환하는 과정이다. 일곱째로, 기독교사회운동은 예수 그리스도의 십자가로 인해 고난의 짐이 가벼워진 기독교인들이 사회의 잘못된 구조와 정

---

5) "대한예수교장로회 총회 기독교사회운동지침서"(1984. 9. 5. 제69회 총회 채택), 위의 책, 32-137.

책으로 인해 고난당하는 이웃들의 삶의 현실에 대해서 관심을 갖고 그 고난을 덜어주는 과정이다. 여덟째로, 기독교사회운동은 모든 기독교인들이 개개인에게 영향을 미치는 정치, 경제, 사회, 문화를 하나님의 뜻에 상응하도록 변혁해가는 과정이다. 아홉째로, 기독교 사회운동은 선교자적인 사명을 부과 받은 기독교인들이 정치, 경제, 사회, 문화 등 모든 영역에 살고 있는 사람들과 그 사람들이 살고 있는 모든 영역 자체를 예수 그리스도의 복음과 가르침으로 인도하기 위한 과정이다.

아울러 지침서는 기독교사회운동이 기독교적인 가치를 실현하기 위해 전개하는 사회운동임을 전제하여 다음과 같이 기독교사회운동의 내용을 설명한다.6) 첫째, 기독교사회운동은 기독교인들이 불의를 방치하거나 자행하고 있는 사회현실을 거부하고 정의가 구조적으로 정착된 사회를 만들기 위한 운동이다. 둘째, 기독교사회운동은 기독교인들이 사회 속에서 구조적인 차원의 사랑을 통해 모두가 더 큰 행복을 누릴 수 있도록 법적이고 제도적인 노력을 강구하는 운동이다. 셋째, 기독교사회운동은 인간생명과 생태생명을 위협하는 세계화의 거대한 파도 앞에서 풍성한 생명에 기여할 수 있는 정치, 경제적 체제를 구축하고 죽음과 죽임의 사회문화적 분위기를 생명과 살림의 사회문화적 분위기로 창출하는 운동이다. 넷째, 기독교사회운동은 기독교인들이 개인적이고 집단적인 분열의 조건을 극복하고 모든 폭력과 전쟁을 거부하며 모든 생명의 충만함 속에서 모두가 평화롭게 살도록 노력하는 운동이다. 다섯째, 기독교사회운동은 기독교인들이 우리 사회의 지극히 작은 자들로 하여금 인간답게 살만한 삶의 필요충분조건을 사회적으로 배려하고 극대화하는 운동이다. 여섯째, 기독교사회운동은 기독교인들이 문제 많은 이

---

6) 위의 책, 137-143.

세상에서의 삶의 자리를 하나님의 나라에 근접한 상태가 되도록 개혁해 나가는 운동이다. 일곱째, 기독교사회운동은 기독교인들이 이 세상에서 하나님 우선성을 지키기 위해 도전하는 운동이다.

II. 사회문제대책운동의 역사

1. 총회창립이후부터 사회부 상설부서화 이전까지(1912년-1976년)의 사회문제대책운동

1) 시대적 배경

기독교가 우리나라에 들어올 당시인 1890년대와 1900년대는 대부분의 백성들이 조선시대의 유교적 봉건 신분제도 아래에서 억압받고 있던 시기였다. 또한 밖으로는 한반도를 둘러싼 청나라, 러시아, 일본 제국주의의 침략세력과 경제적 이권을 얻으려는 서구 제국주의 세력에 맞서야 하는 어려운 과제를 안고 있었다. 이들 외세에 대항하기에는 당시 조선정부의 힘은 너무 미약했다. 1894년의 동학농민혁명, 1894년-1895년 사이의 청일전쟁 등으로 인해 백성들은 실의와 좌절에 빠져 시달리게 되었다. 바로 그 때 기독교는 이와 같은 민족적 수난기에 불안해하는 민중들의 피난처가 되었고 그 결과 1894년 이후 장로교회는 무려 열배 이상의 신도수가 증가하게 되는 급격한 성장을 이루게 된다.[7] 기독교를 찾는 사람들 중에는 개화구국을 목표로 하는 사람들이 있기도 하였고

---

7) 서정민, 『하룻밤에 읽는 한국교회사 이야기(상)』 (서울: 말씀과 만남, 2003), 18-21.

관리들의 가렴주구를 피해 생명과 재산을 보호받으려는 사람들도 있었다.[8]

일제의 병탄 이후 기독교의 대표적인 사회참여운동은 항일운동이었다.[9] 일제 병탄 이전의 항일운동도 있었으나 일제의 병탄 이후 기독교의 항일운동은 더욱 활발하게 나타났는데 비밀 독립운동단체인 신민회를 통한 정치적인 투쟁으로 나타나기도 하였고 3·1 기미독립운동을 통해서는 항일 구국의 의지가 폭발적으로 나타나기도 하였다.

3·1운동 이후 기독교의 사회참여는 적극적인 항일운동보다는 민족계몽운동으로 방향을 선회하였는데 1920-30년대에 교회가 사회운동에서 많은 관심을 보였던 분야는 절제운동, 물산장려운동과 농촌운동 등이었다. 절제운동에는 금주운동, 금연운동, 공창폐지운동, 아편금지, 사치와 낭비의 절제 운동 등이 있었다. 이 운동은 조선물산장려운동과 때를 같이 하여 시작되었으며 1930년에는 조선연합공의회(KNCC)의 활동으로 채택되었다. 이러한 사회운동의 배경에는 장로교와 감리교의 연합기관인 조선예수교연합공의회(KNCC)가 발표했던 1932년 사회신조가 있는데 사회신조의 기본관심사는 다음과 같다. 즉, "우리는 하나님의 아버지 되심과 사람의 형제애를 믿는다. 우리는 그리스도 안에 나타난 하나님의 사랑, 정의 그리고 평화가 사회의 기본 이상이 되어야 한다고 믿는다. 우리는 유물론적 교육과 사상인, 계급투쟁과 혁명론적 방법을 통한 보수적인 억압과 사회 재건을 반대한다. 우리는 기독교 전도, 교육, 사회봉사의 확대를 통하여 구원받고 거듭난 사람들이 사회의 지도자들이 되어야 하며 그리스도의 영이 사회조직을 움직여야 한다고 믿

---

8) 이만열, "한국 기독교 사회운동," 전대련·노종호 엮음, 『한국기독교사회운동』(서울: 로출판, 1986), 47.
9) 신수일, 『한국교회 에큐메니칼 운동사 1884-1945』(서울: 쿰란출판사, 2008), 251.

는다. 우리는 모든 부는 하나님과 사람의 섬김을 위해 하나님에 의해 사람을 부양하는 데 기탁해야 한다고 믿는다."10)

조선예수교연합공의회는 세 가지 중요한 일을 결정하였는데 "1925년에 사회부를 설치하고 1930년에는 여자절제회를 공의회에 가입하게 하고 동시에 농촌부를 설치하면서 서울 YMCA 농촌부와 협동으로 농촌사업을 추진해나가기로 했던 것이다."11)

이런 배경 하에 1920-30년대에 기독교가 사회운동에 가장 관심을 보인 분야는 농촌운동이었다. 일제의 착취와 탐관오리들과 지주들의 횡포로 인해 조선인구의 80%를 차지했던 농민들의 삶이 도탄에 빠질 지경이었기 때문이다. 기독교의 농촌운동은 장로교나 감리교 등의 교파 안에서 뿐만 아니라 연합기관인 YMCA, YWCA, 조선예수교연합공의회, 농촌사업협동위원회 등을 통해 연합적으로도 이루어졌는데 이는 기독교가 피폐해진 농촌의 현실을 외면하지 않고 사회문제에 적극적으로 참여했다는 점에서 의미가 크다고 하겠다.

해방 이후 장로교회의 재건은 경남노회에서 가장 먼저 진행되었고 전국의 노회재건이 완료됨에 따라 1946년 6월 서울 승동교회에서 남부대회(제32회 총회)가 소집되었다. 여기서 주목할 만한 점은 남부대회가 신사참배 결의를 불법으로 규정하고 이를 취소하였으나 진실된 참회의 모습을 보여주지 못했다는 사실이다.12) 교회재건으로 몸을 추스른 한국교회의 첫 번째 과제는 일제강점기의 역사를 청산하는 일이었지만 안타깝게도 한국교회는 잘못된 과거의 역사를 청산하는 일에 실패하고 말았다.13)

---

10) 위의 책, 271-272.
11) 민경배, 『한국교회의 사회사』(서울: 연세대학교 출판부, 2008), 316.
12) 김인수, 『한국기독교회사』(서울: 한국장로교출판사, 1996), 315-317.

1950년대는 나운몽의 용문산 기도원, 박태선의 전도관 등 이단운동이 발흥한 시기였고, 분열의 비극이 연속적으로 일어났던 시기였다. 1950년 6·25 사변으로 인한 남북분열의 비극이 있었고, 민족이 나뉘면서 교회도 나뉘어졌는데 특히 장로교회가 50년대에 세 번씩이나 분열되는 비극이 있었다. "51년에는 고려파가, 53년에는 기장이 갈려 나가더니 급기야 59년에는 소위 통합, 합동이라는 두 개의 교단으로 나뉘게 된 것이다."[14]

1960년대는 신학적으로 토착화문제가 중요한 신학적 이슈로 다루어졌던 시기였지만, 정치적으로는 4·19혁명, 5·16 군사쿠데타가 일어나는 등 정치적 격변의 시기였다. 1960년 4·19 혁명을 계기로 한국교회는 1950년대 이승만정권을 지지하는 친정부적 경향의 정치참여 형태를 보였던 과거의 모습을 다시 돌아보게 되는데 일부 진보적인 신학자들은 교회와 국민 모두가 민주주의의 감시병이 되어야 한다고 주장하기도 하였다. 그러나 "대부분의 보수적인 교회에서는 여전히 정치와 교회의 분리를 강조하면서도 결과적으로 정부의 방침에 순응하는 태도를 취하였다."[15]

1960년대는 박정희 군사정권에 의해 권위주의적 정치구조가 견고해지는 시기였고, 1970년대는 박정희 군사정권이 1969년 3선 개헌을 통해 장기집권을 노골화했던 시기였으며, 1972년 10월 27일 국회에서 유신헌법을 통과시키면서 유신체제라는 전체주의적 독재체제를 탄생

---

13) 이만열, 『한국기독교와 민족통일운동』 (서울: 한국기독교역사연구소, 2001), 282-285.
14) 김인수, 『한국기독교회사』, 348.
15) 김명배, 『해방후 한국기독교 사회운동사: 민주화와 인권운동을 중심으로(1960-1987)』 (서울: 북코리아, 2009), 108.

시켰던 암울한 시기였다. 유신개헌이후 1970년대 기독교는 민주화운동에 적극적으로 참여하게 되는데 당시 기독교는 반독재, 민주화운동을 이끌었던 핵심주체였다.[16]

2) 내용

(1) 항일운동

초기 교회의 사회참여에 있어서 중요한 것은 항일운동이다. 교회의 항일운동은 한일병탄이전에도 있었지만 항일운동이 더욱 거세게 일어난 것은 한일병탄이후이다. 이것은 105인 사건 이후 3·1운동을 통해서 폭발적으로 일어났는데 한말 이후 신사참배에 굴복할 때까지의 기독교회는 독립운동과 불가분리의 관계에 있었다. 김양선이 말했듯이, "한국의 민족운동 내지 독립운동은 기독교회와 더불어 불가분리의 밀접한 관련을 가지고 있다. 그것은 기독교의 교리는 인간의 존엄과 자유 평등사상을 기본으로 한 것이므로 기독신자들은 개인적으로나 민족적으로나 타민족의 부당한 구속과 압박에 그냥 머물러 있을 수 없기 때문이었다. 그러므로 교회를 통하여 민족정신이 크게 흥기 진작되었고 그것은 다시 독립운동에로 약진되었다. 우리나라 독립운동사를 보면 그 지도인물의 절대다수가 기독교인이었다."[17]

기독교인들의 항일운동은 태극기를 게양하고 나라를 위한 구국기도회를 여는 것으로 시작되었다. 미국 북장로교회 해외선교부 총무였던 스피어는 1895년 한국을 둘러본 후 쓴 보고서에서 기독교인들의 애국

---

16) 위의 책, 33.
17) 김양선, 『한국기독교사연구』 (서울: 기독교문사, 1971), 113.

심에 대해 이렇게 기록했다: "한국교회의 가장 흥미 있고 두드러진 특징 중 하나는 그들의 애국심이다. 우리가 탄 볼품없는 연안선은 어느 주일 날 한국의 북부에 우리를 내려놓았다. 대동강변을 따라서 널려 있는 동네에 대나무 끝에 작은 한국 깃발(태극기)이 매달려 휘날리는 것이 우리의 관심을 끌었다. 이 깃발은 그 곳이 기독교인들의 주택이거나 혹은 교회라는 것을 표시하는 것이었다. 이것은 선교사들의 지시에 의한 것이 아니고 기독교인들 간에 자연스럽게 이루어진 행위이며 주일에 그들의 주택이나 교회에서 애국적 표현을 한 행위였다. 그들은 이렇게 함으로써 그 날의 성격을 선포하며 또한 그 날에 대한 존경을 표시한 것이었다."[18]

기독교인들의 항일운동은 구국기도회로 이어졌다. 1905년 일제가 한국을 강압적으로 을사늑약을 맺게 함으로써 민족이 고난의 가시밭길을 걷게 되었을 때 교회는 기도회를 통해 구국운동을 벌였는데 1905년 9월 장로회공의회에서 길선주장로는 나라를 위한 기도회를 갖자는 발의를 했고 공의회는 이를 받아들여 전국교회가 일주일을 국가를 위한 기도주간으로 선포하고 이를 실천하였다. 1907년 7월 일제가 고종을 퇴위시키고 한국의 내정을 장악하려는 의도 하에 정미조약을 체결하였을 때도 교회는 한국을 위한 기도를 세계 교회에 부탁하여 세계교회와 함께 기도하는 구국기도운동을 벌였다.

이외에도 교회는 일제가 억지로 지운 국가의 빚을 갚기 위한 국채보상운동을 전개하였고 교회여성들은 식사 때 반찬을 줄여 먹는 감선회를

---

18) R. E. Speer, *Missions and Politics in Asia*(New York: Fleming H. Revell, 1898), 253. 김인수, 『한국기독교회의 역사』 (서울: 장로회신학대학교출판부, 1997), 332. 재인용. 당시에 태극기를 단다는 것은 흔한 일이 아니었고 일반대중들은 태극기라는 것이 있는 줄도 모르고 있을 때였다.

조직하여 이 운동에 참여하였다. 일제 병탄 이후 가장 강력한 항일운동은 3·1운동이었는데 중요한 역할을 한 지도자들은 대부분 기독교인이었다.[19] 3·1운동의 만세시위는 전국적으로 대부분 교회를 중심으로 일어났는데 장로교의 경우를 보면, 장로교총회장이었던 김선두 목사는 이일영, 김이제, 강규찬 목사, 정일선 전도사 등과 평양의 6개 교회와 함께 3월1일 숭덕학교 운동장에서 천여 명이 모여 선언식과 시위를 하였다. 그 자리에서 김선두 목사는 "구속되어 천년을 사는 것보다 자유를 찾아 백년을 사는 것이 의의가 있다"는 연설을 하였다. 이로 인해 그는 체포되었고 제8회 총회(1919년)가 열린 10월에도 감금되어 부회장 마펫이 총회를 이끌었다.[20]

3·1운동은 전 교회가 참여한 독립운동이었는데 "1919년 6월말까지 체포된 자들은 장로교 1,461명, 감리교 465명, 천주교 57명, 그 밖의 교파가 207명이었고 장로교의 피해가 더욱 심각하여 투옥된 자들이 그해 10월까지 3,804명으로 늘어났고 이들 가운데 134명의 목사와 장로들이 있었으며 41명의 장로교 지도자들이 사살되었고 여섯 명이 타살되었으며 12개의 장로교 예배당이 파괴되었다."[21]

한일병탄 이후 또 다른 항일운동은 경제적 항일운동으로 1920년 7월 조만식에 의해 주도된 물산장려운동이었다. "이 운동의 주요내용은 토산품 애용운동, 일화배척운동, 외래품 배척운동 등이었으며 장로교소

---

19) 3·1운동에 참가한 국민들 중에서 종교별로는 기독교가 가장 다수였는데 그중에서도 장로교인이 가장 많았다. 1919년 3월 1일부터 4월 30일까지의 입감자 9,059명 중에서 기독교 신교가 21.9%(일 중에서 장로교인이 15.9%, 감리교인이 4.8%, 구세군교인이 0.1% 기타교파가 1.1%) 천도교가 15.1%, 불교가 1.2%, 천주교가 0.6% 기타 종교가 0.1%, 무종교가 60.5%였다. (전대련·노종호 엮음, 『한국기독교사회운동』, 40.)

20) 신수일, 『한국교회 에큐메니칼 운동사 1884-1945』, 261-263.

21) *Korean Situation: Authentic Accounts of Recent Events by Eye Witness*, 5. 위의 책, 265. 재인용.

속의 면려청년회, 총회 농촌부, 각 노회에서도 이 운동을 정식으로 채택, 발전시키는 등 기독교내에서도 이를 하나의 신앙운동으로 발전시키기도 했다."22) 이처럼 기독교인들이 적극적으로 참여한 운동이었으나 1924년부터 일제의 압박으로 큰 성과를 거두지 못하였다.

(2) 절제운동

3·1 운동 이후 일제는 한민족 말살 정책을 꾸준히 수행해 나갔는데 그 중에 하나는 한민족의 정신을 피폐하게 만드는 방법이었다. 예를 들면 그들은 한국의 청년들이 퇴폐적인 문화에 물들도록 하기 위해 술, 담배, 아편, 공창 등이 만연하게 하는 악랄한 방법을 사용했다. 이는 정치적, 경제적으로 한국을 수탈하는 방법과 더불어 한국을 정신적으로 황폐화시키는 고도의 전략이었다.

이런 정책에 대해 가장 민감하게 반응한 집단은 역시 교회였다. 정신적 황폐화를 염려하던 교회의 지도자들은 절제회를 창설하였고 기독교단들과 함께 금주운동, 금연운동, 금아편운동, 공창폐지운동과 같은 절제운동을 전개하였다.23) "절제 및 폐창운동은 장로교계의 면려청년회가 1921년 조직되면서 계독부(戒毒部)를 설치할 때나 각 지방에서의 여자절제회가 연합해서 '조선기독교여자절제회'가 창설되던 1923년 9월을 전후해서 본격화하기 시작하였다."24) YMCA는 1924년 금주 단연, 공창폐지, 축첩반대운동을 전개하기로 결의하였고 조선예수교연합공의회에서는 1929년 폐창 금주운동을 전개하기로 하였다. 또한 1931

---

22) 박근원 외, 『한국그리스도교의 신앙증언』(세계개혁교회연맹, 1989), 83.
23) 김인수, 『한국기독교회의 역사』, 464. 472.
24) 한국교회백주년준비위원회사료분과위원회, 『대한예수교장로회백년사』(서울: 대한예수교장로회총회, 1984), 429-430.

년 4월 마지막주일을 공창폐지일로 정하였고 1932년을 금주년으로 정하였다. 남성들의 절제운동은 1932년 5월 5일 '조선기독교절제회'의 창설과 더불어 활발하게 전개되었는데 '조선기독교여자절제회'가 감리교중심의 단체였다면, '조선기독교절제회'는 장로교 중심의 단체였다.25)

조선예수교장로회 제13회 총회(1924년)에서도 교인 중 누룩장사하는 자가 있으면 해당 당회가 권면하고 그 형편에 따라 치리하도록 권고하였고, 제15회 조선예수교장로회 총회(1926년)에서는 오긍선의 공창폐지에 대한 강연을 들은 후 "박수함으로 환영하고 차(此) 사업에 대하야 후원하기로 가결"하였다.26)

(3) 농촌운동

1910년 일제 병탄 이후 일제는 총독부에 '토지조사국'을 설치하고 1912년에 토지조사령을 발표하여 본격적으로 토지수탈에 나섰다. 일제는 동양척식주식회사를 통해 농지를 수탈해감으로써 호남지방의 경우 농지의 75%가 일제의 손에 넘어가고 말았다. 농지를 빼앗긴 농민들은 소작농으로 전락하였고 절대빈곤층으로 살아갈 수밖에 없었다.

이에 따라 선교사들과 기독교지도자들은 농촌문제에 많은 관심을 가지게 되었는데 농촌문제에 특히 많은 노력을 기울인 기관은 YMCA였고, 교단들 중에서 보다 적극적으로 나선 교단은 장로교회였다. 장로교단은 1928년 제17회 총회 때 농촌부를 설치하기로 하고 본격적으로 농촌문제를 다루기 시작하였다. 농촌부 총무에는 1928년 예루살렘에서 열렸던 국제선교사대회(IMC)에 유일한 장로교 대표로 참석했던 정인과

---

25) 한국기독교역사연구소, 『한국기독교의 역사 II』(서울: 기독교문사, 2010), 235-236.
26) 김인수, 『한국기독교회의 역사』 471; 위의 책, 235.

목사가 선출되었다. 1928년 총회에서 정인과는 농촌부의 기본 사업으로 농촌사업전문가 초빙, 농민잡지 「농민생활」 발행, 모범농촌 설치, 농학교 설립 등을 제시하였고 1년 후에는 좀 더 구체적인 사업으로 농촌전도, 농촌위생, 농촌교육, 농촌교풍, 농촌조합운동 등을 제시했다. 이 중에서 제일 먼저 착수된 것이 「농민생활」의 발간이었는데 1929년에 창간된 이 잡지는 창간 4개월 동안 매월 5천부씩 발행되는 호황을 누렸다.27) 1930년 제19회 총회는 전국교회가 농촌선교에 협력하기 위해 10월 셋째 주일을 농촌주일로 지키기로 결의하였고, 농촌을 위한 헌금은 노회농촌부와 총회농촌부가 반반씩 사용하기로 하였다. 이외에도 농촌부에서는 농촌전도, 농촌위생, 농촌교육, 농촌조합운동 등이 시행되었다.28)

그러나 일제는 교회가 농민들을 대상으로 농사개량운동, 농촌신용협동조합운동, 농민지도자 양성 프로그램 등을 시행하는 일이 항일의식을 고취하는 일이라 판단하여 교회의 농촌운동을 억압하기 시작했고 이를 견뎌내지 못한 총회는 1937년(제26회) 급기야 농촌부의 폐지를 결정하였다.

(4) 신사참배결의와 부일협력

일제는 1930년대 대륙침략을 재개하면서 1910년 병탄 이후 강요했다가 보류했던 신사참배를 다시금 강요하기 시작했다. 일제는 경찰력을 동원하여 노회, 총회 등 교단적 차원에서 신사참배를 결의하도록 압력을 가해왔고 이에 장로교는 압박을 견디지 못하고 안타깝게도 1938년

---

27) 한국기독교역사연구소, 『한국기독교의 역사 Ⅱ』, 229.
28) 김인수, 『한국기독교회의 역사』, 457-461.

9월 제27회 총회에서 신사참배를 결의하였다.[29] 이를 기점으로 장로교
는 급격하게 변질되고 말았다.

1939년 9월 제28회 총회에서는 '국민정신총동원 조선예수교장로
회 연맹'을 결성하고 일제의 국가시책에 협력할 것을 다짐하였다. 이를
효과적으로 수행하기 위해 총회는 1940년에 '총회중앙상치위원회'를
조직하였고 총간사에 정인과목사가 취임하였다. 이 위원회는 교회가 실
시할 실천방안으로 신사참배, 궁성요배, 황국신민서사 제창 등을 결정
하였으며, "교회의 헌법, 교리, 의식 등에서 민족주의적 요소를 제거하
고 순 일본적 교회로 만들 것과 찬송가와 기타 기독교 서적들을 재검토
하여 국가의 시책에 어긋나는 것은 그 자구까지 수정하는 등 일제를 위
해 충성을 다하였다."[30] 1940년 제29회 총회에 '국민정신 총동원 조선
예수교장로회연맹' 이사장 윤하영, 총간사 정인과 명의로 보고된 사업
보고서는 교회의 부일협력의 상황을 잘 보여준다.[31] "우리 장로교 교우
들이 다른 종교단체보다 먼저 시국을 철저히 인식하고 성의껏 각자의
역량을 다하여 전승, 무운장구 기도, 전사병 위문금, 휼병금, 국방헌금,
전상자 위문, 유족 위문 등을 사적으로 공동 단체적으로 활동한 성적은
이하에 숫자로 표시되었습니다. … 애국반원들의 활동의 소식을 들을
때 … '이만하면'하는 기쁨을 가지게 되었습니다."

1942년 10월 장로회 제31회 총회의 총회록 역시 한국교회가 어떻
게 부일 협력하였으며 교회의 모습이 얼마나 변질되었는지를 여실히 보

---

29) 김선두총회장이 1938년 8월에 일본에 건너가 미나미총독의 지시에 의한 장로회 총회의
　　강제 신사참배 결의를 막고자 하는 노력은 사전에 탄로나 구속됨으로써 그의 노력은
　　아무 성과 없이 끝나고 말았다. 〈김홍수, 서정민 엮음, 『한국기독교사 탐구』(서울: 대한
　　기독교서회, 2011), 83-84.〉
30) 김인수, 『한국기독교회의 역사』, 525.
31) 한국기독교역사연구소, 『한국기독교의 역사 II』, 311.

여주고 있다.32) "17일 오전 9시에 회원일동 평양 신사에 참배, … 국민 총력 야소교 장로회 총회 연맹의 이사장 철원지화(최지화), 총간사장 덕천인과(정인과)의 보고는 다음과 같다. 1. 1943년 2월 중 본부 주최로 대동아 전쟁의 목적 관철과 기독교도의 책무를 재삼 격려하기 위하여 다음과 같이 연사를 파견해 지방시국 강연회를 개최코자 함. 2. 애국기(愛國機) 헌납의 건, 육·해군에 애국기 1대, 또 육전 기관총 7정 자금으로 150,317원 50전. 3. 육군 환자용 자동차 3대 기금으로서 23,221원 28전. 4. 진유기(眞鍮器) 헌납 건은 합계 2,165점. 5. 헌납종수(예배당의 종) 1,540개. 6. 일본어 상용운동을 하고 일본어의 성서교본을 출판 인쇄 중. 7. 징병령 실시를 철저하게 촉진할 것, 8. 전선 그리스도교 지도자는 일본적 그리스도교 정신 하에 황도정신의 함양과 기독교 신학사상의 명랑화를 기하고 철저하게 연성운동할 것(각 신학교는 폐지되어 황도정신 양성소가 됨)."

1940년 보고된 "시국대응 제실시에 관한 건 보고서"(1937-1939)에 따르면, 장로교회에서 실시한 시국강연 횟수는 해마다 증가하였는데 1939년에는 605회에 이르렀고 1942년 2월에는 "대동아전쟁의 목적 관철과 기독교도의 책무를 재삼 격려하기 위하여" 철도노선에 따라 5대로 나누어 중앙에서 연사를 파견하여 "지방시국강연회"를 개최하게 하였다. 1943년 장로회 총회장 김응순목사는 장로회 총회 연맹 주최 "노회 대표자연성회"에서 22개 노회장, 서기, 회계 3명씩 70여명과 함께 조선 신궁을 참배한 후 개회식을 갖고 각종 시국강연을 하였으며 "전시포교 지침 선포식"을 갖고 군부대견학도 하였다.33)

---

32) 김인수, 『한국기독교회의 역사』, 527-528.
33) 김흥수, 서정민 엮음, 『한국기독교사 탐구』, 93-94.

이러한 일제말기 한국교회의 신사참배와 부일협력은 교회의 본질을 훼손하는 일이었을 뿐만 아니라 신사참배에 반대하며 신앙의 절개를 지켰던 많은 교인들[34])에게 실망과 상처를 주는 일이었다는 점에서 하나님과 민족 앞에 큰 죄악을 범한 일이었다고 할 수 있다.

(5) 도시산업선교

1960년대와 1970년대 한국사회는 산업화가 급속하게 추진되던 시기였다. 산업화와 도시화가 가속되면서 한국교회의 일부 교역자들은 노동자, 도시빈민들을 대상으로 하는 선교에 나서게 되었다. "교회의 본격적인 산업선교는 대한예수교장로회가 1957년 총회에서 산업전도 착수를 결의하고 서울 영등포 지역에서 활동한 데서 시작되었다."[35]) 1980년 장로회 제65회 총회는 산업선교활동에 대한 총회의 입장을 발표하면서 근로자가 당하는 "비인간적인 처우와 부당한 경제적 대우"가 근로자의 권익을 옹호하는 운동에 나서게 되었음을 천명하였고, 1960년대와 1970년대의 산업선교의 발전과정을 다음과 같이 설명하였다: [36]) "초기 산업선교는 산업사회 변천에 따라 몇 단계로 선교방법을 발전시켜왔다. 처음에는 전통적인 목회방법으로 예배와 설교를 해왔으며 다음 단계로 평신도 근로자들을 발굴하여 이들을 통해 복음을 전파하기 위한 교육훈련활동을 해 왔으며 한국 경제규모가 확장되고 노동조합이 발전하면서부터 우리교회는 노동조합을 통한 복음 선교의 길을 모색하면서 기업인들에 대하여 근로자들의 인간존엄성을 강조하고 노사에 대등한 입장에

---

34) 적잖은 교인들이 신사참배반대투쟁을 벌였는데 그 결과 2천여 신도의 투옥과 2백여 교회의 폐쇄, 50여명의 순교자가 나타났다.〈이만열,『한국기독교와 민족통일운동』, 283.〉
35) 한국기독교역사학회 편,『한국기독교의 역사 III』(서울: 기독교문화사, 2011), 227-228.
36) 박근원 외 편저,『한국그리스도교의 신앙증언』, 229-230.

서 서로의 권익을 보장하므로 산업사회의 정의와 평화를 이룩하도록 힘써왔다. 1970년대 초, 근로자의 노동삼권(단결권, 단체교섭권, 단체행동권)이 법적으로 제한되면서 노동조합 활동이 약화됨에 따라 우리 교회는 복음 선교의 방법을 근로자들의 기본 권리와 인간존엄을 강조하면서 일부 기업인들의 불법적인 근로자 대우에 대하여 합법적인 대우를 요청하는 한편, 이에 불응할 경우 그 시정을 사회양심에 호소하게 되었다. 이 과정에서 과거 일부 기업인들과 기업을 옹호하는 몇몇 사람들이 본총회의 산업선교 기구를 불순단체 또는 용공단체라고 중상 모략한 것은 우리 교회 역사상 가장 참을 수 없는 분노의 원인이 되었다."

대한예수교장로회의 도시산업선교중앙위원회는 "산업사회를 위해서는 산업선교가 불가피"하다고 선언했는데 이 위원회의 '산업선교정책'을 1975년 제60회 총회는 총회의 입장으로 채택하였다. 기본입장은 다음과 같다. 즉, "1) 도시산업선교 신학은 영원한 복음에 기초한 성육신의 방법으로 추진되어야 한다. 2) 도시산업선교에 종사하는 실무자들에 대한 총회적인 훈련이 강화되어야 한다. 3) 도시산업선교 활동은 그 지역 노회의 감독과 지원 아래 교회적인 협력으로 이루어져야 한다. 4) 신설 공단에 대한 산업선교 활동을 해지역 노회와 총회는 우선적인 선교사업으로 고려해야 한다. 5) 도시산업선교 활동에 있어서 노사문제는 복음 선교의 제2차적인 것으로 취급되어야 한다."

이처럼 1970년대 한국교회가 도시산업선교 활동을 벌인 것은 산업화 시대에 가장 고통당하는 위치에 있었던 노동자, 빈민의 삶의 질을 향상시키고 그들의 인권을 신장하는데 기여하는 일이었을 뿐만 아니라 70년대의 한국사회의 민주화 인권운동에 기여하는데 결정적인 역할을 하였다.[37) 도시산업선교의 활동은 1980년대에도 지속되었으나 노동자

들이 직접 나서서 자신들의 권익을 스스로 찾아가기 시작하면서 산업선
교의 영향력은 감소하게 되었다.

(6) 반유신 민주화운동

1960년대는 박정희군사정권에 의해 권위주의적인 정치구조가 견
고해지는 시기였다. 박정희정권이 1969년 삼선개헌을 통해 장기집권을
노골화하자 한국기독교교회협의회는 "오늘 우리가 처한 정치상황은 결
코 신앙과 무관할 수 없다"고 하면서 "깊은 우려와 심한 유감의 뜻을 표"
하였다.38) 이런 상황을 배경으로 예장 총회는 1970년 교육부 내에 "교
회와 사회문제연구위원회"를 설치하였고 1972년 총회(57회)에서 "한국
교회 선언"이라는 시국선언문을 채택하였다. 선언문은 "민주한국의 바
탕을 수립하였고 자주독립의 애국적 전통을 지켜 왔던 대한예수교 장로
회"의 전통과 역사를 확인하면서 다음과 같이 고백하였다39): 1) 한국교
회는 진리의 왕이신 "그리스도께서 우리로 자유케 하려고 자유를 주셨
으니 굳세게 서서 다시는 종의 멍에를 메지 말 것"(갈 5:1)을 고백한다.
2) 한국교회는 사회정의 실현이 "지극히 작은 자 하나에게 한 것이 곧
내게 한 것이라"(마 25:40)고 명령하신 그리스도의 뜻을 따르는 것임을
고백한다. 3) 한국교회는 "하나님께서 그리스도 안에 계시사 세상을 자
기와 화해하게 하시며 화해의 말씀을 우리에게 부탁하였음(고후 5:19)
으로, 깨어진 오늘의 세계 속에서 이 화해를 증거할 평화의 사도가 될
것을 고백한다. 4) 한국교회는 "우리와 같이 저희도 하나가 되게 하옵소

---

37) 한국기독교역사학회 편,『한국기독교의 역사 Ⅲ』, 234; 김명배,『해방후 한국 기독교사
    회운동사: 민주화와 인권운동을 중심으로(1960-1987)』, 106.
38) 한국교회백주년준비위원회사료분과위원회,『대한예수교장로회백년사』, 570.
39) 위의 책, 570-571.

서"(요 17:11)라고 기도하신 그리스도는 오늘도 분열된 이 땅의 교회들의 일치를 위하여 계속 기도하시는 것을 고백한다.

1972년 10월 유신체제 이후 성직자들, 정적들, 비판적 지식인들을 투옥하는 등 인간의 기본권과 민주주의를 유린하는 박정희 독재정권 아래서 한국교회는 사회참여운동을 민주화 인권운동으로 이해하게 되었다. 1973년 5월 한국기독교 교역자들은 "한국 그리스도인의 신학적 선언"을 발표함으로써 향후 한국교회의 민주화운동의 방향을 제시하였는데 당시 독재정권에 대한 인식을 보면 다음과 같다.40) 즉, "1) 현재의 한국의 독재정치는 법과 설득에 의한 통치를 파괴하고 있으며 현재는 폭력과 위협만으로 통치하고 있다. 2) 한국의 정권은 양심의 자유와 신앙의 자유를 파괴하고 있다. 한국에는 표현의 자유도 침묵의 자유도 없다. 기독교회의 예배, 기도, 집회, 설교의 내용 그리고 성서의 가르침까지도 정권에 의해 간섭받고 있다. 3) 한국의 독재정권은 국민을 통제하기 위하여 기반과 조각과 세뇌를 조직적으로 사용하고 있다. 4) 한국의 독재정권은 음흉하고 비인간적이며 동시에 무자비한 방법으로 정적들과 비판적 지식인과 죄 없는 국민을 탄압한다. 5) 현재의 독재정치는 한국에서 강한 자가 가난한 자를 지배하는 경제체제를 낳았다. 6) 현재의 남북한의 정권은 통일의 논의를 권력유지에 이용할 따름이다."

1976년 1월에는 KNCC 가입 6개 교단 청년회의 연합체로서 '한국기독청년협의회'(EYC)가 결성되었는데 기독청년들은 에큐메니칼 정신에 입각한 사회정의의 실현과 교회갱신을 목표로 하면서 반독재 민주화운동에 매진하였다. 예장 교단 소속 청년들도 1977년 1월 대전선교대회를 기점으로 하여 하나님의 선교(Missio Dei) 신학적 입장을 분명히

---

40) 박근원 외 편저, 『한국그리스도교의 신앙증언』, 193-194.

하였는데 이 대회에서 청년들은 지금까지 예장 청년들이 사회적 불의와 부조리에 대해 예언자적 사명을 다하지 못한 것을 통감하며 산업화 과정에서 소외된 노동자, 농어민, 도시빈민 등 억눌린 민중들에게 복음을 전하고 그들을 해방시키는 선교활동에 참여해야 할 것과 근본주의적이고 샤머니즘적인 병폐에 빠져 있는 한국교회를 갱신하는 가운데 민주주의와 사회정의가 실현되도록 하는데 헌신할 것을 선언하였다.[41]

1978년은 산업선교에 대한 탄압이 집중된 시기였다. "78년 5월 1일에는 영등포산업선교회의 인명진목사가 4월 17일 청주산업선교회 주최로 열린 '농민을 위한 기도회'에서 행한 설교가 문제되어 긴급조치 위반으로 구속되었고, 같은 날 경찰은 영등포산업선교회의 사무실을 수색하여 각종 서류와 신용협동조합의 장부 및 기금 일체를 압수하여 20일간 조사 후, 조지송 목사가 갑근세 등을 내지 않았다는 이유로 2,000여만 원의 세금 및 벌금을 부과하고 신용협동조합의 인가를 취소하여 산업선교 활동의 말살을 시도하였다."[42]

이에 예장 교단은 산업선교와 유신헌법 철폐를 위해 투쟁하다가 투옥된 인사들을 위한 기도회와 가족돕기운동을 펼치는 가운데 총회 차원에서 교단 소속 인명진, 고영근 목사 석방을 위한 총회 주최 기도회를 1978년 7월 25일 연동교회에서 총회 임원, 사회문제대책위원, 30개 노회장 등 200여 명이 모인 가운데 개최하였다.[43]

---

41) 김명배, 『해방후 한국 기독교사회운동사: 민주화와 인권운동을 중심으로(1960-198
7)』, 163-164.
42) 위의 책, 178.
43) 김인수, 『한국기독교회사』, 385-386.

2. 사회부 상설부서화 이후부터 IMF 경제위기 이전까지(1977년-1996년) 의 사회대책운동

1) 시대적 배경

1980년대는 1979년 10.26 사건 이후 전두환을 중심으로 하는 신군부세력이 정권을 장악하면서 전두환 세력이 사회의 모든 부문을 통제하며 국민의 기본권을 제한하고 민주화세력을 강하게 탄압하던 시기였다.[44] 1980년 4월 14일 전두환은 국군보안사령관과 중앙정보부장 서리를 겸임함으로써 군부와 정보권을 장악하였고 동시에 내각에 대한 통제력을 행사하기 시작하였다. 이에 1980년 5월 13-15일에 걸쳐 전국의 대학에서 학생들이 계엄철폐, 유신잔당 퇴진, 이원집정부제의 철폐 등을 외치며 가두투쟁을 벌여 반군부독재 민주화 투쟁은 절정에 달했다. 광주지역은 14일-16일까지 3일간의 대규모 가두시위를 거치면서 투쟁이 점차 거세지기 시작하였고 신군부세력이 계엄군을 투입해 이들을 잔인하게 폭력적으로 진압한 이후 8월27일 전두환은 통일주체국민회의에서 대통령으로 당선되었다.

그러나 부끄럽게도 광주항쟁이후 "일부 기독교계의 중진 지도자들은 조찬기도회를 통해 전두환 장군을 광주시민을 보호한 용사로 미화시키고 그를 하나님의 이름으로 축복해 주었다. 1980년 8월 6일 한경직 목사를 포함한 20여명의 교회지도자들은 서울 롯데 호텔에서 전두환 일행이 참석한 가운데 '전두환 상임위원장을 위한 조찬기도회'를 가졌다. … 조찬기도회에 참석한 교회 지도자들 중 다수는 박정희 대통령의 집

---

44) 한국기독교역사학회 편, 『한국기독교의 역사 Ⅲ』, 244.

권시기에도 조찬기도회에 참석하면서 그의 독재정치에 대해서 침묵을 지키거나 그의 치적에 감사해 한 사람들이었다."45)

이처럼 1980년대 한국교회의 일부에서는 전두환정권을 지지하는 입장을 보여주기도 하였지만, KNCC, 기독교장로회, 예장 통합교단 전북동노회, 기독교감리회 선교국 등 또 다른 개신교 진영에서는 광주의 아픔에 동참하고자 기도회와 추모예배를 갖기도 하였다.

1985년 2·12 총선을 계기로 군부통치종식과 대통령 직선제를 외치는 민주화의 열기는 전국적으로 확산되었고, 1985년 한국기독교교회협의회(KNCC), 한국기독교청년협의회(EYC), 한국기독학생총연맹(KSCF) 등 기독교연합기관들은 민주헌법쟁취운동, 개헌서명운동, KBS-TV 시청료 납부 거부운동, CBS 기능정상화운동 등 민주화운동을 적극적으로 전개해 나갔다.46)

1986년 4·13 호헌 조치 이후 기독교계는 호헌반대성명서를 발표하고 구국단식기도회를 개최하기도 하였는데 이로써 6월 민주항쟁의 서막을 열었다. 6·10 항쟁 당시 개신교회의 민주화운동은 그동안 교회의 사회참여에 부정적인 입장을 보였던 일부 보수교단들까지도 합세함으로써 광범위한 민주화운동을 전개할 수 있었다.47)

1950년대 이후 1980년대 초반까지 급속한 교회성장을 이루었던 모습과 비교하면, 1990년대는 교회의 성장률이 둔화되기 시작한 시기였다.48) 기독교사회운동의 차원에서 보면, 1990년대는 이주노동자 문제

---

45) 김명배, 『해방후 한국 기독교사회운동사: 민주화와 인권운동을 중심으로(1960-1987)』, 302-303.
46) 위의 책, 320-321.
47) 위의 책, 322-323.
48) 1960년대 16% 성장, 1970년대 7% 성장, 1980년대 7%성장한 데 비해 1990년대에 들어서면서 3%라는 성장 둔화 현상을 보였다. 〈박종삼, "기독교사회복지의 과제와 전

에 많은 관심을 보였던 시기였고 북한관련 단체들이 활발하게 활동한 시기였다.49)

2) 내용

(1) 5·18 광주민주화운동에의 뒤늦은 동참

5·18 광주민주화운동 이전에 신군부세력은 재야세력, 학생운동세력, KNCC를 중심으로 한 교회 등 민주세력에 의한 반군부독재 민주화운동의 저항을 받았다. 1980년 2월 KNCC와 교회사회선교협의회가 "계엄해제", "민의에 입각한 개헌", "정치일정 앞당겨 조속한 시일 내에 새 정부 구성" 등을 내용으로 하는 성명서를 발표하였고, 4월 24일에는 예장 통합교단 전북 동노회가 〈시국에 관한 성명서〉를 채택하여 "구속된 민주인사의 조속석방", "계엄령의 조속해제와 현 체제의 퇴진" 등을 발표하였다.50)

1980년 5월 "계엄군에 의해 시민들의 인명이 살상되고 폭도로 몰리는 긴박한 상황을 맞이하여 광주의 기독교인들이 보인 반응은 기도회와 수습위원회 활동의 참여, 그리고 광주민주화운동 사실을 알리는 유인물 배포 등이었다."51) 80년 5월 25일 목포역 광장에서 기독교인 6백여 명이 참석한 가운데 '목포시 기독교연합회 비상구국기도회'가 열렸고 6월 이후에도 희생자들의 유가족들을 위로하기 위한 기도회와 추모예배가

망," 기독교사회복지 엑스포 조직위원회, 『한국교회의 사회복지와 기독교생명운동』 (서울: 기독교사회복지엑스포2005 추진본부, 2005), 16.〉

49) 한국기독교역사학회 편, 『한국기독교의 역사 Ⅲ』, 255-258.

50) 김명배, 『해방후 한국 기독교사회운동사: 민주화와 인권운동을 중심으로(1960-1987)』, 202.

51) 위의 책, 209.

열렸다.

1982년 5월18일 한국기독교장로회 전남노회교회와사회위원회, 광주기독교연합회, 광주기독교청년연합회 공동 주관으로 광주민주화운동의 희생자를 위한 예배가 열렸는데 이 때 예장통합교단의 고영근목사는 설교를 통해 "5·18은 순국의 피를 흘린 의거"라고 전제하면서 미국의 대한정책을 비난하며 현 정권의 퇴진을 요구하였다.

이처럼 일부 교회와 지도자들이 광주민주항쟁의 아픔에 동참하였지만, 광주 지역 이외의 대부분의 교회에서는 광주민주항쟁에서의 수많은 희생자들에 대한 이해와 고난에의 동참이 부족하였다. 이에 따라 예장 통합 인권위원회는 그동안 반독재 민주화운동에의 참여가 전 교회적 차원에서 미흡했음을 인식하고 이를 1995년 5월 16일, "5·18광주민주화운동 15주기 선언문"을 통해 다음과 같이 고백하였다: "5·18 광주민주화운동 15주기를 맞는 우리는 불의한 세력에 의해 죽임을 당하고 상처를 받은 광주의 아픔에 동참하면서 우리의 입장을 밝히는 바입니다. 우리는 독재 권력이 국민의 생명을 유린하고 기본권을 억압하였을 때 하나님의 공의의 편에서 적극적으로 예언자적 사명을 감당치 못한 것을 마음 아프게 생각합니다."[52] 또한 예장 인권위원회는 "5·18 관련 책임자 처리에 관한 우리의 입장"이라는 성명서를 통해 광주민주화운동의 진상규명과 관련자 책임추궁에 관하여 다음과 같이 요구하였다. "우리는 정부가 형사소송법을 신속히 개정하거나 특별법을 제정하여 5. 18 관련자들에 대한 공소시효를 연장 또는 폐지하고 특별검사제를 도입한 공정한 재수사를 통해 5·18 광주민주화운동을 포함한 80년 당시의 헌정중단 사태에 대한 진상을 규명하고 관련자들을 법정에 세워 엄단함으

---

52) 대한예수교장로회총회 제80회 회의록(1995).

로써 우리 민족의 정기와 이 땅의 삶과 법의 질서를 바로 세우기를 강력히 촉구한다."53) 이처럼 제80회 총회(1995년)는 5·18 진상규명을 위한 특별법 제정을 촉구하는 성명서를 발표한 이후 서명운동을 벌였으며 교계 언론에 그 경과를 발표함으로써 여론을 형성시켰으며 그 결과 정부의 5·18 특별법 제정 발표에 일조하였다.54)

(2) 6.10 민주화운동

1987년 1월 14일 박종철 고문치사 사건은 전두환 정권의 본질을 드러낸 사건으로 6.10 민주화운동의 촉매제가 되었다. 박종철 고문치사 사건이 일어나자 한국교회는 정부의 탄압 속에서도 박종철 군 고문치사 사건을 규탄하는 성명서 발표, 기도회, 항의농성 등을 전개하였다. 1월 16일 KNCC 고문-폭력대책위원회는 진상규명과 고문수사근절을 요구하는 성명서를 발표하였고 1월 20일 예장 통합교단 소속 목사 20여명은 인권위원회 사무실에서 박 군의 죽음을 추모하는 철야예배를 드렸고 다음 날 예장 총회 인권위원회는 〈하나님의 형상을 모독하는 고문은 즉각 종식되어야 한다〉는 성명서를 발표했다. 이 성명서에서 예장 통합교단은 "고문은 어떤 목적이든 죄악이며 인간의 존엄성을 파괴하는 행위일 뿐 아니라 민주사회의 기초를 붕괴시키는 야만적 행위"라고 주장하였다.55)

1987년 5월 27일 민통련과 통일민주당이 주축이 되어 광범위한 민

---

53) 위의 글. 인권위원회는 그 이후에도 5·18 광주민주화운동 18주년, 19주년, 21주년 등을 기해 계속하여 선언문을 발표하였다.
54) 대한예수교장로회총회 제81회 회의록(1996).
55) 김명배, 『해방후 한국 기독교사회운동사: 민주화와 인권운동을 중심으로(1960-1987)』, 258-256.

주세력을 포함시킨 "민주헌법쟁취 국민운동본부"가 설립되었는데 서울 향린교회에서 발족식이 열렸고 6월 10일을 "박종철군 고문치사조작은 폐규탄 및 호헌철폐 국민대회"개최일로 결정하였다. 6·10 대회는 전국 22개 지역에서 약 40만 명이 동시다발로 참가하는 대규모 투쟁이었고 약 20여 일에 걸친 전국적 규모의 항쟁으로 전개되었다.

6·10 대회 이후 6·29 선언이 있기까지 개신교의 각 교단과 지역협의회, 각 노회들은 매일같이 나라를 위한 기도회를 열었고 그 열기는 가두시위로 이어졌다. 기독교장로회는 7월 5일을 〈나라를 위한 기도주일〉로 정하였고 7일을 〈비상시국에 접한 전국교역자 철야기도회〉로 모였다. 감리교는 6월 21일 종교교회에서 1500여 명의 목회자와 평신도가 참석한 가운데 〈민주화를 위한 구국기도회〉를 가진 이후 가두시위를 벌였다.

예장 통합교단은 1987년 1월 21일 성명서[56]를 통해 박종철 군 고문치사사건과 관련하여 전두환정권 하에서 "무수한 인권탄압과 혹독한 고문으로 인하여 살인에까지 이르는 비인도적 야만행위"발생하였음을 비판하면서 고문이 종식되어야 한다고 주장하였고, 5월 25일에는 박종철군 고문살인 사건 범인조작 은폐를 규탄하는 성명서[57]를 발표했다.[58] 또한 6월 22일에는 2,500여명의 목회자와 교인들이 새문안교회에서 〈나라를 위한 기도회〉를 가졌는데 이날 부총회장 김형태 목사는 설교에서 "우리는 오늘 순교할 각오로 이 자리에 모였다"고 전제하고 "교회는 국가의 잘못에 순응할 수 없으며 오직 하나님께 충성할 뿐"이라고 하면서 "한국교회는 순교의 피로 세운 거룩한 교회로 불의의 세력을

---

56) 장동진 총회장과 조남기 인권위원장 명의의 성명서
57) 대한예수교장로회총회 인권위원회 성명서
58) 대한예수교장로회총회 제72회 회의록(1987)

제거하기 위해 기도해야 한다"고 강조하였다.[59]

(3) 도시빈민 돕기 운동

1970년대 이후 경제성장 일변도의 산업화 과정을 거치면서 우리 사회는 경제적으로 성장과 발전을 이룬 것이 사실이지만, 도시 저소득층이 구조적으로 재생산되면서 도시빈민의 규모 역시 확대되어갔는데 오늘날 그 규모는 도시 전체 인구의 5분의 1 정도로 추산되고 있다. 1989년 현재 영세민이 밀집된 지역은 서울, 부산, 대구, 인천, 광주, 대전 등 6대 도시에만 798개(100가구 이상 영세민 밀집지역)나 되는 것으로 조사되고 있다.[60] 이들 가운데는 다양한 유형의 빈곤자들이 있겠으나 대부분은 단칸방에 살면서 막노동, 파출부, 그리고 행상을 해야 먹고 살 수 있는 맞벌이 부부들이다. 이들이 생존의 문제를 풀어가는 데 있어서 가장 큰 문제들은 아무래도 주택문제와 탁아 및 자녀교육의 문제였다.

이에 따라 도시빈민의 문제를 선교적 과제로 인식하고 있었던 예장 교단 사회부는 1989년 빈민계층의 자녀교육에 크게 도움이 되었던 공부방의 활동상황과 당면과제들을 제74회 총회에 보고하였고[61], 1990년에는 당시의 무주택 서민문제와 탁아문제에 대한 교회의 대응책을 논의하였는데 서민주택 문제에 대한 교회의 과제로는 1) 교회 예산 중에 상당한 부분을 사용할 수 있도록 배려한다. 2) 지역사회와 협력하여 집 때문에 목숨을 부지하기 어려운 자나 갈 곳 없는 사람들을 위한 '가수용

59) 김명배, 『해방후 한국 기독교사회운동사: 민주화와 인권운동을 중심으로(1960-1987)』, 265-269.
60) 이원규, 『한국사회문제와 교회공동체』, 180-181.
61) 당시 전국의 공부방은 대개 빈민지역과 공단지역을 중심으로 30여 군데 있는 것으로 조사되었다. (대한예수교장로회 총회 제74회 회의록(1989))

시설'을 지어 주는 사랑의 집짓기운동을 전개하도록 한다. 3) 교계언론인 기독교방송, 기독공보 등을 통하여 캠페인을 전개하도록 한다. 4) 무주택 서민의 보호를 위하여 목회서신, 공동메시지 등을 작성하여 전교회적으로 집세 안 올리기 등의 신앙운동과 물질만능의 자세를 회개하는 운동을 전개한다 등의 내용을 제시하였고, 교회가 정부에 촉구할 일로는 1) 전월세에 대한 인상규정을 강화하는 특별조치법이 제정될 수 있도록 압력을 넣어야 한다. 2) 가수용시설을 위한 국공유지(그린벨트, 녹지 포함)를 10년간 무상 임대 할 수 있는 긴급처방을 할 수 있도록 촉구해야 한다. 3) 실수요자들을 위한 영구 임대주택을 더 많이 지을 수 있도록 촉구해야 한다. 등을 제시하였다. 그리고 탁아소(놀이방, 어린이집)와 공부방은 도시빈민을 위한 선교운동으로서 매우 소중한 부분임을 확인하면서 탁아소와 공부방에 대한 적극적인 지원방식과 발전방향에 대해 논의하였다.[62]

(4) 폐탄광지역 살리기 운동

1989년 석탄산업합리화 조치 이후 많은 광산들이 폐광하게 되는데 태백 역시 폐광하게 되었다. 태백지역의 유일한 경제기반이었던 석탄산업이 몰락하게 되자 지역경제가 몰락하게 되었고 지역 존립의 기반이 무너지게 되었다. 이에 따라 1993년 광산지역사회선교협의회는 광산지역을 살리기 위한 정부의 대책마련을 요청하였고 이를 위한 대통령면담 요청을 위해 청와대에 청원서를 발송하였다. "대통령에게 보내는 청원서"가 지적한 대로, 탄광지역은 심각한 사회복지적 문제들이 나타나기 시작했는데 ① 슬럼화현상의 심화, ② 단순 진폐증 환자의 속출, ③ 무의

---

62) 대한예수교장로회총회 제75회 회의록(1990)

탁노인의 증가, ④ 불우아동의 증가 등이었다. 사회선교협의회는 지역사회가 고통을 겪고 있는 이러한 사회문제들에 대해 적극적으로 대응하는 것이 교회의 선교적 과제임을 인식하고 청원서를 통해 대통령에게 다음과 같이 구체적인 대안들을 제시하였다: ① 폐광산 시설이나 유휴시설을 활용하는 노인복지시설의 제공, ② 광원사택을 활용하는 소년소녀 가장을 위한 주택시설의 제공, ③ 유휴시설을 이용하는 모자원 시설의 제공, ④ 자가요양 중인 진폐환자를 위한 주거시설의 제공, ⑤ 폐광시설의 관광자원화 등이었다.63)

(5) 도서지역 살리기 운동

도서개발촉진법은 도서(島嶼)의 생산, 소득 및 생활기반시설의 정비, 확충으로 생활환경을 개선함으로써 도서주민의 소득증대와 복지향상을 도모함을 목적으로 1986년 제정된 법이다. 그러나 이 법이 실제로는 시행되지 않음으로써 도서지역주민들이 큰 어려움을 겪고 있는 것을 보고 대한예수교장로회 총회는 1995년 3월 6일 김기수총회장의 명의로 이 법의 조속한 시행을 위한 청원서를 대통령에게 제출하였다. 청원서에서 총회는 "법시행이 연기되고 있어서 지역주민들의 소득증대, 복지향상은 차치하고서라도 교통, 통신, 교육, 후생, 의료 등 기본적인 생활을 위한 환경이 너무나 열악하여 상당한 불편을 겪고 있습니다. 심지어 풍.수해 및 재해 등의 방재를 위하여 필요한 방파제, 방조제 시설이 완전하게 구축되어 있지 않아 피해를 당하는 사례가 발생"하고 있다고 제출 사유를 밝힌 후에 "도서개발촉진법 제정의 목적대로 산업 및 생활기반시설 등이 다른 지역에 비하여 현저하게 낙후된 도서개발지역을 종

---

63) 대한예수교장로회총회 제78회 회의록(1993).

합적으로 개발하여 지역주민의 생활환경이 개선되어 지역 간의 격차가 해소"될 수 있도록 법시행과 적절한 소요예산의 책정이 이루어질 수 있도록 지도해달라고 건의하였다.[64]

3. IMF 경제위기부터 현재까지 (1997년-현재까지)의 사회문제대책운동

1) 시대적 배경

1992년 대선에서 김영삼이 민정당 노태우, 민주당 김영삼, 자민련 김종필의 3당 합당을 기반으로 하여 대통령에 당선됨으로써 군부세력에 기반을 둔 변형된 문민정권이 수립되었다. 그러나 안타깝게도 김영삼정부의 잘못된 외환금융 투자정책과 국제투기자본의 횡포와 경제주체들의 부도덕한 경제 행위 등으로 인해 1997년 11월 외환위기가 터졌다. 국가경제가 파탄나게 되었고, 기업들은 하루에도 수십, 수 백여 개씩 파산하는 사태가 속출하였다.

외환위기가 터진 이후 1997년 헌정사상 최초로 수평적인 정권교체가 이루어졌다. 새로 들어선 김대중정부는 IMF 관리체제하에서 경제위기를 극복해나갔으나 노동자, 농민, 빈민 등을 희생시키는 해고중심의 구조조정으로 인해 대규모의 실업자가 발생하고 비정규직이 급증하면서 중산층은 붕괴되었고, 부익부 빈익빈 현상이 심화되면서 20:80의 양극화사회를 초래하고 말았다.

---

64) 대한예수교장로회총회 제80회 회의록(1995).

2) 내용

(1) 안기부법, 노동법 개악철폐 운동

1996년 12월 26일 김영삼정부와 한나라당의 전신인 신한국당은 개악 안기부법과 노동법을 날치기로 통과시켰다. 정리해고제를 도입하고 안기부(현 국정원)에게 수사권을 준다는 것이 그 내용이었다. 이에 대해 1997년 1월 30일 대한예수교장로회 총회는 한국교회100주년기념관 소강당과 탑골공원에서 "안기부법, 노동법 개악철회와 나라를 위한 기도회"를 열었고 "예장목회자 시국선언"문을 발표하였다.[65] 여기서 선언문은 "신한국당 의원들 단독으로 이루어진 개악법 통과는 의회 민주주의에 대한 폭거이며 과거 군사정권의 악습을 되풀이하는 구태"라고 전제하면서, "이번 개악 안기부법과 노동법은 인간이 지녀야 할 최소한의 권리를 원천적으로 부정하는 독소적 조항이 많다. 개인의 사상과 신앙, 양심, 표현의 자유를 부정하며 결사의 자유를 인정하지 않고 있다. 안기부법, 노동법의 변칙통과가 국가의 안보와 국제경쟁력 강화라는 미명하에 행하여졌지만, 우리는 인간의 가장 기본적인 권리와 자유가 보장되지 않는 이번 사태를 어떤 이유로든지 인정할 수 없다"고 하였다. 특히 개악 안기부법에 대해서 비판하기를 "우리는 이번 개악 안기부법이 형제와 형제가, 부모와 지식이 천륜과 인륜을 부정하도록 강제하는 것에 대하여 심각한 우려와 함께 결코 인정할 수 없음을 선언한다. 이번에 부활된 국가보안법상의 고무찬양과 불고지죄에 대한 안기부의 수사권 부여는 과거에 많은 양심적인 시민과 학생들이 겪은 투옥과 고초의 악몽을 되살아나게 하는 것이다"라고 하였다.

---

65) 대한예수교장로회총회 제82회 회의록(1997)

(2) IMF 경제위기 극복 운동

1997년 11월 외환위기는 한국전쟁 이후 최대의 국난이었다. "기업들은 하루에도 수십, 수백여 개씩 부도를 내고 쓰러지며 기업의 도산과 폐쇄, 퇴출로 직장을 잃은 실업자들은 공식 통계로만 2백만 명을 넘어서게 되었다. 일용 노동직의 실업과 잠재 실업인구를 합치면 실제로는 4백여 만 명 이상이 실업 상태에 놓였다."66) 1998년 1월에서 3월까지 3개월간 자살자가 매일 평균 25명 도합 2,288 명이라는 통계가 나올 정도로 많은 사람들이 스스로 목숨을 끊는 절망적인 상황이 발생했다.

이러한 국가적 경제 위기와 전 국민적인 삶의 고통에 직면하여 1998년 대한예수교장로회 제87회 총회는 "경제위기 극복을 위한 교회의 신앙각서"를 채택하였고, 총회사회부는 IMF 극복을 위한 대책활동을 펼쳤는데 그 내용은 다음과 같다: 1) 총회장 명의의 "경제위기 극복을 위한 시국담화문"(1998. 11. 25)을 발표하였고 "경제위기 극복을 위한 총회장 목회서신"(12. 1)을 발송하였고, 2) 실업문제 관련 실무교육 세미나(1998. 2. 17)를 실시하였으며, 3) "희망의 쉼터" 공개 세미나(1998. 4. 16)를 개최하였고, 4) 기독교 인력은행 개소예배 및 현판식(4. 16)을 하였으며, 5) 실직 노숙자 대책을 위한 종교시민단체협의회에 참여하였으며, 6) 정부의 실직 노숙자대책 사업소개 및 지원 연계사업을 하였으며, 7) 실직 노숙자 집중상담(6. 17-24)을 실시하였고, 8) 각 지역 실직자쉼터 개설을 격려하며 운영비(7곳)를 지원하였으며, 9) 전국교회에 IMF 시대의 실천지침을 담은 "IMF 시대를 맞아 실직 가정을 돕는 일에 힘써 주시기 바랍니다"라는 제하의 공문을 총회장과 사회부장 명의로 발송(7. 23)하였다.67) 1999년에도 총회 사회부의 교회와사회분과에서

66) 총회사회봉사부 편, 『총회사회선교 정책문서집』, 25.

는 "IMF 시대 실업문제와 교회의 대응"이라는 주제 하에 교회지도자 초청 세미나를 수차례에 걸쳐 실시하였다.[68]

IMF 경제위기 상황이 지속되면서 대량 실직자들과 노숙자 문제가 심각해지자 대한예수교장로회 총회 사회부는 총회 산하 희망의 쉼터협의회 임원회를 통해 실직노숙자선교지침서를 작성한 후 총회에 제출하였고, 제87회 총회(2002)는 "대한예수교장로회 총회 실직노숙자선교지침서"를 채택하였다. 이 지침서는 대량실직자와 노숙자 문제는 "신자유주의 경제원칙에 준한 금융자본의 세계화와 정보기술의 산업화로 말미암아 급속하게 변천하는 산업구조에 원인이 있다. 그 결과 경제구조의 빈익빈 부익부 현상이 더 심화되었고 이제는 중산층이 무너진 80 대 20의 사회로 고착화되었다"고 전제하고 총회 산하의 모든 교회들이 실직노숙자 선교를 잘 감당할 수 있기 위한 실직노숙자 선교를 위한 성서적, 신학적 근거와 선교지침을 다음과 같이 제시하였다. 성서적, 신학적 근거로는 1) 행복추구의 권리 선언, 2) 노동의 권리 선언, 3) 떠돌이, 고아, 과부 등 가난한 자들에 대한 권리 선언, 4) 사회적 약자에 대한 사랑의 실천 선언, 5) 더불어 사는 공동체 선언, 6) 하나님 나라 실현의 영성 선언 등을 제시하였고, 선교지침으로는 1) 교회는 정부로 하여금 사회적 약자들을 위한 사회복지제도와 사회안전망을 강화하도록 촉구하여야 한다. 2) 교회는 실직노숙자들에게 물질적 봉사와 더불어 심리적이고 영적인 회복을 위하여 심리치유 프로그램 및 영성회복 훈련 프로그램을 마련하여 실시한다. 3) 교회는 실직자, 노숙자들을 위하여 교회 예

---

67) 대한예수교장로회총회 제83회 회의록(1998).
68) 세미나 장소는 다음과 같다: 대구 삼덕교회(1999. 8. 20), 태백 황지교회(8. 26), 광주 호남신학대학(9. 14), 부산 부산진교회(10. 22), 청주 청북교회(11. 19), 대전 충남제일교회(12. 3)

배당과 사회봉사시설을 개방하고 이를 통하여 봉사, 상담, 교육, 재활 프로그램 등의 사업을 전개한다. 4) 교회는 우리 사회의 공동체성을 회복하는 데 역할과 사명을 다하여야 한다. 5) 교회는 물질적 부와 풍요를 축복의 기준으로 삼아 물신주의적 가치관을 바르게 정립하지 못한 죄를 회개한다는 것 등을 제시하였다.[69]

(3) 학원폭력 예방운동

1990년대 말 청소년폭력에 대해 실시한 설문조사에 따르면, 학생들의 84.4%, 학부모 88.2%, 교사 70.1% 응답자들이 심각하다고 응답하였으며, 실제로 1998년에 청소년폭력으로 피해를 당한 경험이 있는 학생이 전체 조사대상자 500명 중 309명인 61.8%로 많은 수의 학생들이 폭력의 피해경험이 있는 것으로 나타났다.[70] 이에 따라 대한예수교장로회 총회사회부 교회와사회분과는 1999년 학원폭력 예방운동을 전개하였는데 그 내용은 다음과 같다: 1) "정책자문위원 선임 및 정책협의회" 개최, 2) 학원폭력 현황 설문조사(서울시내 10개 중고등학교 3,000명 대상), 3) 청소년 폭력예방 자료 발간 및 전국교회 발송, 4) 청소년 폭력예방 순회 세미나, 5) "학교폭력 예방을 위한 좋은 학교 만들기 운동" 시범학교 운영(대상: 대광중학교, 정신여자고등학교), 6) 청소년 폭력예방 기자간담회 등이었다.

(4) 장애인선교운동

"2000년 현재 우리나라 장애인 수는 모두 144만 9,496명이며 장애

---

69) 총회사회봉사부 편, 『총회사회선교 정책문서집』, 87-92.
70) 대한예수교장로회 총회사회부, 『학교폭력과 교회의 대응』(서울: 대한예수교장로회총회사회부, 1999), 8-9.

인 출현률(인구 100명당 장애인 수)은 3.09%로 나타나고 있다. 장애인 가운데는 지체장애인이 가장 많은 55만 6,861 명이며, 중복장애인이 다음으로 많은 31만 1,736명이다. 다음으로는 시각장애인이 16만 3,309명, 뇌병변장애인이 10만 9,866명, 청각장애인이 10만 9,503명인 것으로 나타났다. 그 다음으로는 정신장애인(6만 4,953명), 정신지체인(5만 7,780명), 심장장애인(3만 6,221명), 신장장애인(2만 1,685명), 언어장애인(1만 2,956명), 발달장애인(4,626명) 순으로 나타나고 있다."[71] 이들 장애인에 대해 우리 사회는 그동안 부정적인 인식과 편견이 지배적이었다. 그런데 한국교회 역시 이 점에 있어서 크게 다르지 않았다. 따라서 대한예수교장로회 총회는 2001년 9월 제86회 총회에서 "장애인헌장"을 채택하였다.

이 헌장은 "한국교회는 오랫동안 편협되고 단편적인 신학적 배경으로 장애인을 부정적인 시각으로 바라보거나 시혜의 대상으로 보아 왔으며 교회의 사명을 인간의 영혼 구원에만 둠으로써 소외된 장애인의 삶을 외면하였다"고 전제하고 장애인선교의 활성화를 위해 장애인에 대한 성서적, 신학적 이해와 장애인선교의 방향과 행동강령을 구체적으로 제시하였다.[72]

(5) 노인복지선교운동

"우리 사회는 오늘날 급속한 고령화를 경험하고 있다. 지난 2000년 65세 이상 인구가 전체 인구의 7%를 초과하는 고령화사회로 진입한 이후, 2019년에는 고령사회, 2026년에는 초고령사회로 변화될 것으로 예

---

71) 이원규, 『한국 사회문제와 교회공동체』, 148.
72) 총회사회봉사부 편, 『총회사회선교 정책문서집』, 78-86.

측되고 있다."73) 이처럼 갑작스럽게 노인인구가 증가함에 따라 우리 사회는 사회가 변화하면서 나타나는 노인역할의 상실로 인한 심리적 좌절감 문제, 조기은퇴 등으로 인한 수입원의 상실문제, 노령으로 인한 질병문제 등 사회적 문제가 급격하게 증가되었고 그 대책이 시급하게 요구되는 시점에 이르렀다. 이에 따라 대한예수교장로회 제88회 총회(2003년)는 노인복지선교가 이 시대의 필수적이고도 중요한 선교사역임을 인식하고 이의 활성화를 위해 노인복지선교지침서를 제정하게 되었다. 이 지침서는 "노인복지란 노인이 인간다운 생활을 영위하면서 자기가 속한 가족과 사회에 적응하고 통합될 수 있도록 필요한 자원과 서비스를 제공하는 데 관련된 공적, 사적 차원에서의 제반적인 조직적 활동을 의미한다"고 전제하고 노인복지선교의 방향과 지침을 구체적으로 제시하였다.74)

(6) SOFA 개정운동

2002년 6월 13일 신효순, 심미선 두 여중생이 훈련 중인 미군 장갑차에 치여 숨지는 사건이 일어났다. 이 사건에 대해 5개월 뒤 미군 군사법원은 통신장애가 사고의 주원인이므로 두 미군 병사의 책임을 묻기 어렵다고 판결을 내렸다. 무죄판결을 내린 후 미군 당국은 두 미군을 곧바로 미국으로 출국시켰다. 이것이 국민을 자극했고 대대적인 반미 촛불시위가 시작됐다. 2002년 12월 3일 기독교계에서도 무죄평결에 대한 항의를 위한 긴급기도회가 KNCC 교회와사회위원회 주관으로 덕수궁 대한문 앞에서 진행되었는데 약 250여명의 기독교인들이 모여 부시미

---

73) 위의 책, 101.
74) 위의 책, 101-109.

대통령의 직접사과, 소파개정 등을 요구하며 기도회를 가졌고 항의서한을 기독교대표단(문장식 목사외 3인)이 직접 주한 미 대사관에 전달했다.[75]

대한예수교장로회 총회는 이 사건의 배경에 불평등한 한미주둔군지위협정(SOFA)이 있음을 확인하고 2002년 12월부터 2003년 2월까지 한미주둔군지위협정(SOFA) 개정을 위한 전국교회 서명운동을 벌였는데 476교회 32,742명의 성도가 서명에 동참하였고 여중생 사망사건 1주년을 맞이하여 총회장(제87회기 총회장 최병곤) 성명서를 발표하였다. 이 성명서를 통해 대한예수교장로회 총회는 보다 평등하고 미래지향적인 한미관계의 확립을 위해 다음과 같이 요구하였다: 1) 한미 정부 당국은 불평등한 한미주둔군지위협정의 독소조항을 평등하게 개정하라. 2) 한미 정부 당국은 주한미군 범죄 근절을 위해 보다 근본적인 대책을 마련하라. 3) 한반도 평화정착을 위해 한미 정부 당국은 상호 평등한 입장에서 대화하여 문제를 해결하라. 이렇게 요구한지가 10년이 지났지만 SOFA 개정은 요원한 채, 불평등한 한미관계는 아직도 계속되고 있다.

(7) 가족복지선교운동

오늘날 심각한 사회문제 중에 하나는 가족해체의 문제이다. 현대사회는 자녀수의 감소, 핵가족의 증가, 한부모가족, 독신가족, 무자녀 가족의 증가 등에서 나타나듯이 가족의 구조가 변하고 있고 이처럼 변하는 가족구조에서는 이혼이나 별거가 증가할 수밖에 없다. "1970년에는 결혼한 23쌍당 1쌍이, 1980년에는 결혼한 18쌍당 1쌍이, 1990년에는

---

75) 대한예수교장로회총회 제87회 회의록(2002).

9쌍당 1쌍이 이혼을 했으나, 2000년에는 결혼을 한 세 쌍 가운데 한 쌍 이상이 이혼을 한 것으로 나타났다."[76] 특히 경제난이 장기화되면서 파산가정이 증가하였고 이는 곧 가정불화, 이혼, 버려지는 아이들과 노인들의 증가로 이어지면서 심각한 사회문제로 표출되고 있다.

따라서 대한예수교장로회 제89회 총회(2004년)는 가족복지가 교회의 필수적이고도 중요한 선교사역임을 확인하면서 가족복지선교지침을 제정하였다. 총회는 "가족복지선교지침서"를 통해 가족복지선교를 위한 활동지침을 총회 차원, 노회 차원, 개교회 차원에서 제시하였고, 가족복지선교를 위한 프로그램으로 1) 위기발생의 예방적 차원의 프로그램과 2) 위기발생 시 돕고 치유하는 차원에서의 프로그램을 제시하였다.[77]

(8) 인간복제문제 대책

이안 윌머트 박사는 1997년 2월 23일 스코틀랜드 에딘버러 소재 로슬린 연구소에서 체세포로 똑같은 복제 양 돌리를 만들었다. 2002년에는 유사종교단체 '라엘리언 무브먼트' 산하 클로네이드사가 인류 최초로 복제인간을 출생시켰다고 주장함으로써 세상에 큰 파장을 일으키기도 했다. 이에 따라 예장 교단은 인간복제문제로 인해 인간의 존엄성이 파괴되며 기본적인 가족관계가 붕괴될 수 있는 상황을 깊이 우려하면서 다음과 같이 총회장(최병곤 목사)과 사회문제전문위원회장(이만규 목사) 명의의 성명서를 발표하였다.[78]

그 내용은 다음과 같다. ① 생명윤리 기본법의 입법을 서둘러 주시

---

76) 이원규, 『한국 사회문제와 교회공동체』, 60.
77) 총회사회봉사부 편, 『총회사회선교 정책문서집』, 110-129.
78) 대한예수교장로회총회 제 87회 회의록(2002).

기 바랍니다: 이 법 안에는 인간개체복제 금지뿐만 아니라 인간배아보호, 유전자검사 및 유전자정보 보호, 유전자 치료 규제, 국가생명윤리위원회 설치, 생명공학연구소의 자격요건 및 책임에 대한 규정 등의 내용이 포함되어야 할 것입니다. ② 인간개체복제를 전면 반대합니다: 인간개체의 복제는 하나님이 창조하신 생명에 대한 심각한 훼손이자 도전이며 인류의 전통적인 가족관계를 무너뜨리는 윤리적 문제를 안고 있다…. 따라서 우리는 인간의 존엄성과 정체성을 위태롭게 하는 인간개체복제를 전면 반대합니다. ③ 배아복제를 원칙적으로 반대합니다: 배아도 인간이 될 잠재성을 가지고 있는 생명체로 그것의 존엄한 가치가 인정되어야 하며 법적인 보호를 받을 필요가 있습니다. … 인간개체복제의 가능성을 가진 체세포 핵이식 배아복제 및 생식세포에 의한 복제 모두가 원칙적으로 금지되어야 합니다.

III. 사회문제대책운동의 평가와 과제

1. 사회문제대책운동에 대한 평가

첫째로, 일제치하의 한국교회는 민족과 함께하는 교회였다. 일제 치하 당시에 동일한 사상과 기치 하에 가장 대규모적으로, 가장 잘 조직된 가장 강력한 조직체였던 교회가 국가의 주권을 빼앗긴 채 일제의 온갖 모멸과 만행을 당하는 상황에서 일제에 대해 저항하는 것은 필연적일 수밖에 없었다. 왜냐하면 기독교인들에게는 민족의 생에 대한 천부적 권리의식이 있었기 때문이다.79) 이에 따라 교회는 기도회를 통한 항일운동 외에 조세저항운동, 국채보상운동, 탈환회운동, 감선회운동, 물산 장려운동 등 경제적 항일운동을 벌이기도 하였는데[80] 이처럼 교회가 민족의 고난에 동참하는 민족의 교회로 그 사명을 다했을 때 교회가 급속하게 성장하게 된 것은[81] 결코 우연한 일이 아니다.

둘째로, 한국 근대역사 초기의 한국교회는 사회변혁의 동력이었다.[82] "조선 사람의 경우에 있어서 기독교인이 된다는 것은 그의 생활의 전면적인 혁명"을 의미하는 것이었다.[83] 다시 말해 "교회 회원이 된다는 것은 묵은 관습, 신분 질서, 축첩관계, 그 밖의 여러 사회적 인습을 거부할 것을 교회 회원 앞에서 공식적으로 서약하고 위반했을 때에는 회원자격을 잃고 마는 새로운 행동규범을 준수하는 집단의 한 구성원이 된다는 것을 의미하였다."[84] 실제로 초기의 교인들은 회개하고 입교하면 구습과 구태를 버릴 뿐만 아니라 신앙 양심을 위해 직업까지 포기하는 도덕적 용기를 보였다. 이와 같은 기독교신앙의 도덕적 갱신의 기폭력은 자연스럽게 당시 사회의 온갖 폐습을 개혁하는 일로 나타날 수밖

---

79) 한국교회백주년준비위원회사료분과위원회, 『대한예수교장로회백년사』, 189-191.
80) 블레어가 증언한 대로 "많은 한국인들은 교회를 한국의 유일한 희망으로 보았다."〈박용규, 『평양대부흥이야기』(서울: 생명의 말씀사, 2007), 49.〉
81) 한국교회백주년준비위원회사료분과위원회, 『대한예수교장로회백년사』, 183.
82) 박영신 · 정재영, 『현대한국사회와 기독교』(서울: 한들출판사, 2006), 68.
이 점에 대해서 이광수는 1917년 청춘지에서 이렇게 평가했다: 첫째로, 기독교는 어두운 한국사회에 구미의 새로운 문명을 제일 먼저 도입하여 문명개화와 자유인권의 선구자가 되었다. 둘째로, 전국적 규모의 민족교회를 창건하여 민중에게 신앙의 복음을 전파하고 인격과 자유를 중심으로 한 새로운 도덕을 고창했다. 셋째로, 많은 학교와 병원과 봉사기관을 세워 민족교화와 사회복지에 공헌했다. 넷째로, 폐창(廢娼)운동, 금주 금연의 절제운동을 위시하여 사회개혁을 하였다. 다섯째로, 민족의 많은 인재를 배출하여 민족사상을 고취하였다. 여섯째로, 성서와 찬송가의 간행으로 문맹타파에 선봉이 되었다. 일곱째로, 교회가 중심이 되어 농촌계몽운동의 전위적 기수의 역할을 담당했다. 〈김병서, 『한국사회와 개신교』(서울: 한울아카데미, 1995), 164-165.〉
83) 한국교회백주년준비위원회사료분과위원회, 『대한예수교장로회백년사』, 169.
84) 박영신 · 정재영, 『현대한국사회와 기독교』, 73.

에 없었고 그 결과 기독교는 근대적 사회변동을 자극한 사회발전운동의 중요한 세력으로 나타나게 되었다.

셋째로, 한국교회는 사회적 약자와 함께 해온 교회였다. 기독교 복음의 중요한 특징 중에 하나는 모든 인간이 하나님의 형상대로 창조되었다는 사실에 기초해서 인간의 존엄성을 강조한다는 사실이다. 따라서 초기의 교회는 조선말기 인간이하의 존재로 가장 천대받던 노비나 백정들에게 관심을 갖고 인간으로서의 대접을 받게 하고 그들의 해방을 위해 앞장서서 노력하였으며, 성차별을 받던 여성들의 인권신장을 위해 노력하였고,[85] 고아, 병자, 신체장애자, 노약자들을 치료하고 구호하는 일에 최대의 노력을 기울였다. 뿐만 아니라 1920-30년대에 농지를 빼앗기고 절대빈곤층으로 전락한 농민들을 위해서 교회는 농촌을 살리는 운동을 하였으며, 1960-70년대 산업화과정에서 비인간적인 처우와 부당한 경제적 대우를 받는 노동자들과 도시빈민들을 위해서는 도시산업선교를 통해 그들의 인권회복과 권익보장을 위해 노력하였고, 1997년 IMF 외환위기 이후에는 수많은 실직자들과 노숙자들을 돕는 일에 매진하기도 하였다. 이외에도 한국교회는 장애인, 외국인노동자를 위한 선교운동을 하는 등 사회적 약자를 돕는 일을 계속해오고 있다.

넷째로, 한국교회는 사회적, 정치적 불의에 저항하는 교회였다. 1970년대 한국교회는 반독재 민주화운동을 이끌었던 핵심주체였다. 1970년대 기독교의 민주화운동은 일부 소수의 목회자나 기독학생, 일부 교회의 신앙고백적 차원의 운동이었던 반면, 1980년대 기독교의 민주화운동은 그 수가 절대 다수는 아니라 할지라도 보다 많은 교회, 교단

---

85) 당시 교회는 소실을 두는 제도를 금지하였고 소실을 정리하지 않은 자는 결코 세례를 주지 않았다. (김인수, 『한국기독교회의 역사』, 304-305.)

과 기독교인들이 참여하는 민주화운동으로 발전해갔다. 1987년 정부가
4·13 호헌조치를 발표했을 때는 그동안 침묵했던 많은 기독교인들까지
단식, 기도회, 성명발표, 시위, 농성 등에 참여하는 등 민주화운동에 적
극적으로 참여했다. 물론 그동안 대다수 보수진영 그룹에 있는 교회와
기독교인들이 이승만, 박정희, 전두환 독재정권을 지지하는 체제유지세
력으로 기능했음도 사실이지만, 1970년대 이후 기독교는 전체 민주화
운동에 크게 기여했음을 부인할 수 없다.[86]

다섯째로, 한국교회는 신사참배, 친일부역과 독재권력을 지지하는
등 예언자적인 사명을 다하지 못한 부끄러운 과거가 있는 교회이다.
1938년 대한예수교장로회 제27차 총회는 공식적으로 신사참배를 가결
했고 다음 해 1939년에는 "국민정신총동원장로회연맹" 사업의 강화를
다짐하고, 1939년에만 "무운장구(武運長久)기도회"를 전국에 걸쳐
3,793회 열었다.[87]

이처럼 안타깝게도 한국교회는 일제를 위해 충성하고 천황과 국가
를 숭배하는 교회로 변질되고 말았다.[88] 시간이 흘러 1945년 해방을
맞이하게 되었고 출옥성도들은 평양 산정현교회에 모여 1945년 9월 25
일 "한국교회재건기본원칙"을 통해 "교회지도자들은 모두 신사에 참배
하였으니 권징의 길을 취하여 통회자복한 후 교역에 나아갈 것"을 정하
였다. 그러나 이런 방침에 대해서조차 반대하는 사람이 있었으니 그 중
에 한 사람이 신사참배를 결의한 27회 총회의 총회장이었던 홍택기목사

---

86) 김명배, 『해방후 한국 기독교사회운동사: 민주화와 인권운동을 중심으로(1960-198
7)』, 30-33.
87) 민경배, 『한국교회의 사회사』, 427.
88) 박용권, 『국가주의에 굴복한 1930년대 조선예수교장로회의 역사』 (서울: 그리심,
2008), 423-425.

였다.[89] 그는 이렇게 당당히 말했다: "옥중에서 고생한 사람이나 교회를 지키기 위하여 고생한 사람이나 그 고생은 마찬가지였고 교회를 버리고 해외로 도피생활을 했거나 혹은 은퇴생활을 한 사람의 수고보다는 교회를 등에 지고 일제의 강제에 할 수 없이 굴한 사람의 노고가 더 높이 평가되어야 한다. 그리고 신사참배에 대한 회개와 책벌은 하나님과의 직접관계에서 해결될 성질의 것이다." 이는 그가 신사참배에 대한 아무런 죄책감도 느끼지 않음을 보여준 것이다. 부끄러운 역사는 여기서 끝나지 않았다. 한국교회는 과거 불의한 군사 독재정권을 지지하고 옹호하는 잘못을 저질렀다. 1960년-70년대 교회의 지도자들은 5·16군사 쿠데타를 환영하기도 했고[90], 1980년 8월 6일 한경직, 조향록, 김지길, 정진경 등 각 교단 총회장급 지도자 23명은 "나라를 위한 조찬기도회"를 통해 광주시민을 학살하고 쿠데타에 성공한 전두환을 하나님의 이름으로 축복하기도 하였다.[91] 이렇게 한국교회는 불의한 정권과 세력에 대해 예언자적인 사명을 다하지 못했던 부끄러운 과거가 있음을 고백하지 않을 수 없다.

2. 사회문제대책운동을 위한 제안

1912년 대한예수교장로회 총회가 창립된 이후 지금까지의 한국교

---

89) 한규무, "해방직후 남한 교회의 동향," 한국기독교역사연구소, 『한국기독교와 역사』 제2호(서울: 교문사, 1992), 41.

90) 5·16쿠데타가 일어나자 10일 만에 기독교계는 그것을 지지하는 성명을 내었고 1972년 11월에는 이종성, 김희보, 김정준, 조종남, 홍형설 등 신학대학 학장들에 이어 유호준, 김윤찬, 지원상, 김창인, 조용기, 한경직 등 40 여명의 목사들이 유신을 찬양하였다.〈이만열, 『한국기독교와 민족통일운동』, 287-288.〉

91) 한국기독교역사회 편, 『한국기독교의 역사 Ⅲ』, 245.

회는 일제치하에서의 친일행위와 1960년대 이후 독재정권을 지지했던 부끄러운 역사가 있기는 하지만, 일제하의 민족 수난기에는 민족의 고난에 동참하는 가운데 국권을 회복하기 위한 항일운동과 사회변혁운동으로, 1960년대 이후 산업화 시대에는 노동자, 빈민 등 사회적 약자들의 인권과 권익을 옹호하는 인권운동으로, 박정희, 전두환 군사독재정권하에서는 반독재, 민주화운동으로 교회의 사회선교적 사명을 어느 정도 수행해왔다고 할 수 있다. 이제 지난 100년간 한국교회의 공과를 돌아보면서 교회의 사회선교적 책임을 보다 잘 수행하기 위해 몇 가지 제언을 하고자 한다.

첫째로, 사회선교적 사명을 보다 더 잘 수행하기 위해서 한국교회는 사회참여신학을 보다 분명히 확립해야 한다. 왜냐하면 많은 교회지도자들이 교회는 정치, 경제, 사회적 불의에 고난당하는 사람들의 아픔에 동참하는 일은 목회나 선교와 상관없는 일이라고 생각하는 경우가 많이 있기 때문이다. 그러나 분명한 사실은 교회는 한국과 세계의 정치, 경제, 사회적인 고난의 현실에 적극적으로 참여해야 한다. 여기에는 적어도 네 가지의 이유가 있다.[92] 1) 기독교의 창조교리 때문이다. 하나님이 만물을 창조하셨다고 믿는 창조신앙은 이 세상을 거룩한 영역과 속된 영역으로 나누는 이원론적 사고를 허용하지 않는다. 2) 이 세상이 하나님의 사랑과 구원의 대상이기 때문이다. 3) 예수 그리스도가 만유의 주가 되시기 때문이다. 4) 사회적 약자들을 사랑해야 한다는 그리스도의 사랑의 계명 때문이다.

둘째로, 사회선교적 사명을 보다 더 잘 수행하기 위해서 한국교회는 한국근대화 초기 사회변혁의 동력이었던 초월지향성을 회복해야 한다.

---

92) 김세윤, 『그리스도인의 현실참여』 (서울: IVP, 1990), 7-11.

안타깝게도 오늘날 한국교회는 가치지향성에 있어서 세상과 크게 다르지 않다는 비판을 받고 있다. 교회 밖의 사람들이 바라고 꿈꾸고 얻고자 하는 그 모든 것들을 교인들도 똑같이 바라고 꿈꾸고 얻고자 한다. 한국교회가 어느새 기복주의, 경제주의, 성공주의 등의 세속적 가치관에 포로가 되고 말았다. 마침내 한말 근대적 사회변동을 자극한 가장 강력한 영향력 있는 세력이었던 한국교회가 사회로부터 불신과 조롱을 당하는 집단으로 전락하고 만 것이다.

어떻게 한국교회가 잃어버린 사회변혁의 동력을 회복할 수 있을까? 가장 근본적인 방법은 기독교신앙이 가지는 초월지향성을 회복하는 것이다. 왜냐하면, 한국교회 역사 초기에 교회가 사회를 변화시켰던 변혁의 에너지가 다름 아닌 초월지향성에서 나왔기 때문이다. 기독교 신앙의 본질은 세속적 욕심을 채우는데 있는 것이 아니라 하나님에게 헌신과 충성을 다하며 자유, 정의, 사랑, 평화 등과 같은 하나님 나라의 가치를 구현하는 데 있다. 따라서 교회는 사회선교적 사명을 바로 수행하기 위해서 이러한 신앙의 본질이 되는 초월지향성을 회복하는데 힘을 모아야 할 것이다.

셋째로, 한국교회는 사회적 약자를 지지하고 옹호했던 아름다운 전통을 회복해야 한다. 복음의 핵심 중에는 모든 인간이 하나님의 형상으로 창조되었다는 인간존엄성의 원리가 있다. 이에 근거하여 한국교회는 사회적 약자들의 인권을 회복하고 그들의 권익을 옹호하는 일에 앞장서왔다. 그러나 교회성장신학, 번영신학의 영향을 지나치게 받으면서 한국교회는 교회성장과 교세확장에 몰입하게 되었고 사회적 약자들의 고통에는 무관심하게 되었다. 그 결과 교회가 사회로부터 외면당하는 처지에 놓이게 된 것이다. 따라서 교회는 잃어버린 신뢰를 다시 회복하기 위해서라도 주님이 전한 복음은 특별히 가난한 자를 위한 복음이었음을 기억할 필요가 있다. "주의 성령이 내게 임하셨으니 이는 가난한 자에게 복음을 전하게 하시려고 내게 기름을 부으시고 나를 보내사 포로 된 자에게 자유를, 눈 먼 자에게 다시 보게 함을 전파하며 눌린 자를 자유롭게 하고 주의 은혜의 해를 전파하게 하려 하심이라"(눅 4: 18-19)고 말씀하셨던 주님의 말씀을 기억하면서 한국교회는 가난한 자, 포로 된 자, 눈 먼 자로 지칭되는 사회적 약자들의 아픔에 동참하는 사랑의 교회로 거듭날 수 있어야 한다.

넷째로, 한국교회는 교회의 사회적 책임을 보다 더 잘 수행하기 위해 한국과 세계의 반생명적이고 반평화적인 삶의 현실을 직시해야 하며, 사회구조적인 악으로 인해 고통당하는 자들의 고통에 동참하는 가운데 반생명적이고 반평화적인 일들과 그 세력에 저항하는 예언자적인 사명을 보다 확고하게 수행할 수 있어야 한다. 왜냐하면 교회가 전하고 있는 복음은 단순히 영혼만을 살리는 반쪽짜리 구원의 복음이 아니라 전인으로서의 인간, 즉 영적인 삶과 정치, 경제, 사회적인 현실의 삶을 살아가는 전인으로서의 인간을 살리는 총체적인 구원의 복음이기 때문이다. 또한 우리가 전하는 복음은 바로 생명을 살리고 생명을 풍성하게 하는 생명의 복음이고 폭력과 전쟁을 지지할 수 없는 평화의 복음이기 때문이다.

다섯째로, 한국교회가 교세확장에만 몰두하는 이기적인 단체라고 지탄을 받는 오늘의 현실 속에서 총회는 이러한 부정적인 인식이 불식되도록 하기 위해서라도 한국사회에서 반생명적이고 반인권적이고 반민주적이고 반평화적인 일이 발생할 때 매우 분명하게 생명, 정의, 평화의 복음의 정신을 구현하기 위해 노력해야 한다. 왜냐하면 예수 그리스도의 복음이 생명, 정의, 평화의 복음이기도 하거니와 반생명적이고 반인권적이고 반민주적이고 반평화적인 일에 대해 저항하게 될 때 한국사회는 복음의 진정성을 자연스럽게 인식하게 될 것이고 그럼으로써 복음전도의 확실한 결실이 수반될 수 있을 것이기 때문이다. 이 점을 분명히 인식하고 총회는 한국교회가 처한 문제 상황이 무엇인지, 또한 오늘의 현실에서 일어나고 있는 반생명적, 반인권적, 반민주적, 반평화적인 일들은 무엇인지 정확하게 파악해서 한국교회가 그에 합당한 예언자적인 사명을 할 수 있도록 선도적인 역할을 잘 감당해야 할 것이다.

여섯째로, 총회사회봉사부는 총회가 발표하는 대사회적 선언들이 전국교회 목회자들의 의식 속으로 스며들 수 있도록 하는 일과 한국교회 목회자들의 사회선교의식이 깊어질 수 있도록 하는 일을 위해 더욱 노력해야 한다. 왜냐하면, 그동안 총회(사회봉사부)의 대사회적인 선언이나 민주화운동, 인권옹호운동, 사회정의운동, 평화운동, 통일운동, 환경운동과 같은 사회선교적 활동들은 극히 일부의 교회와 목회자들에게만 국한되는 경우가 많았기 때문이고, 또한 그 일이 일회성으로 끝나는 경우가 많이 있었기 때문이다. 따라서 총회사회봉사부는 총회의 대사회적 선언이나 사회선교적 활동들이 모든 교회의 선교적 사명 의식과 활동 속으로 확대되어질 수 있도록 하는 일에 더욱 힘을 쏟아야 할 것이다.

〈총회의 사회대책운동 연표〉

1905년 9월 장로회공의회에서 길선주장로가 나라를 위한 기도회를 갖자
는 발의를 하고 전국교회가 일주일을 국가를 위한 기도주간으로
선포하고 이를 실천

1919년 3월 장로교총회장 김선두 목사가 숭덕학교 운동장에서 3·1 운동 선언식에서 연설

1920년 7월 조만식 장로에 의해 물산장려운동이 주도됨

1924년 9월 제13회 총회에서 누룩장사를 금함

1926년 9월 제15회 총회에서 공창폐지 사업을 후원하기로 가결함

1928년 9월 제17회 총회에서 농촌부를 설치하고 정인과 목사를 총무로 선출함

1929년 조선예수교연합공의회가 폐창 금주운동을 전개함

1929년 총회 농촌부가 농민잡지 〈농민생활〉을 창간함

1930년 9월 제19회 총회가 10월 셋째 주일을 농촌주일로 지키기로 결의함

1932년 장로교가 중심이 된 조선기독교절제회가 남성들의 절제운동을 활발히 전개함

1938년 9월 제27회 총회에서 신사참배를 결의함

1939년 9월 제28회 총회에서 '국민정신총동원 조선예수교장로회 연맹'을 결성하고 일제의 국가시책에 협력할 것을 다짐함

1940년 9월 제29회 총회에서 일제를 위해 충성하기 위한 '총회중앙상치위원회'를 조직하고 총간사에 정인과를 선출함

1942년 10월 제31회 총회에서 '국민정신총동원 조선예수교장로회 연맹'은 대동아전쟁을 위한 기금 모금현황과 헌납한 예배당 종수 등을 보고함.

1938년-1943년 총회장, 노회장 등 장로교 지도자들이 대동아전쟁의 목적 관철과 기독교도의 책무를 격려하기 위한 시국강연회를 매년 수 백회 개최함

1957년 9월 제42회 총회에서 산업전도에 착수할 것을 결의함

1969년 9월 한국기독교교회협의회가 박정희 정권의 삼선개헌에 대해 유감을 표하는 성명서를 발표함

1972년 9월 제57회 총회에서는 "한국교회선언"이라는 시국선언문을 채택함

1975년 9월 제60회 총회에서 도시산업선교에 대한 입장을 발표함

1977년 7월 예장 교단 청년들이 대전선교대회에서 하나님의 선교 신학적 입장을 밝히고 민주주의와 사회정의가 실현되도록 하는데 헌신할 것을 선언함

1978년 7월 총회 임원, 사회문제대책위원, 30개 노회장 등 200여 명이 산업선교와 유신헌법 철폐를 위해 투쟁하다 투옥된 인사들(인명진, 고영근 목사 등)의 석방을 위한 기도회를 연동교회에서 개최함

1980년 2월 KNCC와 교회사회선교협의회가 "계엄해제", "민의에 입각한 개헌", "정치일정 앞당겨 조속한 시일 내에 새정부 구성" 등을 내용으로 하는 성명서 발표함

1980년 4월 예장 교단 전북 동노회가 "구속된 민주인사의 조석석방", "계엄령의 조속해제와 현 체제의 퇴진" 등을 내용으로 하는 성명서를 채택함

1980년 5월 목포역 광장에서 열린 '목포시 기독교연합회 비상구국기도회'에 기독교인 600여 명이 참석함

1980년 8월 한경직 목사 등 20여명의 교계지도자들이 롯데호텔에서 '전두환 상임위원장을 위한 조찬기도회'를 가짐

1980년 9월 제65회 총회에서 산업선교활동에 대한 입장을 발표함

1982년 5월 광주민주화운동의 희생자를 위한 예배에서 고영근 목사가 "5·18은 순국의 피를 흘린 의거"라는 전제 하에 미국의 대한 정책을 비난하며 현 정권의 퇴진을 요구하는 설교를 함

1984년 9월 제69회 총회에서 "대한 예수교장로회 총회 사회선교지침" 채택함

1986년 4월 총회장(이종성) 명의의 시국 성명서 발표함

1987년 6월 새문안교회에서 열린 "나라를 위한 기도회"에서 부총회장(김형태)이 "교회는 국가의 잘못에 순응할 수 없으며 오직 하나님께 충성할 뿐"이라고 설교함

1990년 12월 총회장(남정규) 명의의 "과소비, 사치, 향락 풍토를 퇴치합

시다" 담화문 발표

1993년 12월 광산지역사회선교협의회가 광산지역을 살리기 위한 정부의 대책 마련을 요청하는 "대통령에게 보내는 청원서"를 발송함

1994년 12월 총회 인권위원회가 인권위원장(문장식) 명의의 " 12.12 사건 관련자 처리에 관한 우리의 입장"을 발표함

1995년 3월 도서개발촉진법의 조속한 시행을 요청하는 총회장(김기수) 명의의 청원서를 대통령에게 발송함

1995년 5월 총회 인권위원회가 "5·18 광주민주화운동 15주기 선언문"을 발표함

1995년 7월 총회 인권위원회가 인권위원장(문장식) 명의의 "5·18 관련 책임자 처리에 대한 우리의 입장"을 발표함

1995년 9월 제80회 총회에서 5·18 진상규명을 위한 특별법 제정을 촉구하는 성명서를 발표하고, 5·18 특별법 제정촉구를 위한 서명운동을 벌이기로 결의함

1995년 12월 "5·18특별법 제정 촉구대회"라는 명칭으로 연동교회에서 인권주일연합예배를 드림

1997년 1월 총회 사회부에서 "안기부법, 노동법 개악철폐와 나라를 위한 기도회"를 개최하고 "예장목회자 시국선언"문을 발표함

1998년 5월 인권위원회에서 "5·18 광주민중항쟁 18주년 선언문"을 발표함

1998년 6월 외국인노동자와 함께 하는 목요기도회에서 국제결혼 가정보호제도 제정을 정부에 촉구하는 담화문을 발표함

1998년 9월 제83회 총회에서 "경제위기 극복을 위한 교회의 신앙각서" 채택함

1999년 9월 총회 사회부가 "총회노인주일"을 10월 첫 주일로 제정해달라고 제안함

1999년 총회 사회부가 1월부터 6월까지 학교폭력예방운동을 전개함

2000년 11월 총회장(박정식) 명의의 "SOFA 개정 협상에 대한 총회 성명서"를 발표함

2001년 5월 인권위원회(위원장 이명남)에서 "5·18 광주 민중항쟁 21주
　　　　년 선언문"을 발표함

2001년 5월 총회장(박정식) 명의의 "최근 주요시국 현안에 대한 총회의
　　　　입장"이라는 성명서를 통해 새만금 간척 사업에 대한 입장과 미국
　　　　미사일 방어체제 추진에 대한 입장을 밝힘

2001년 9월 제86회 총회에서 "대한예수교장로회 장애인헌장" 채택함

2001년 11월 사회부장(우제돈)과 사회문제전문위원회 위원장(이명남)
　　　　명의의 "마약, 퇴치운동에 힘을 모읍시다"라는 담화문을 발표함

2002년 1월 총회장(최병곤)과 사회문제전문위원장(이만규) 명의의 "인
　　　　간복제 문제에 대한 교회의 입장" 선언문 발표

2002년 9월 제87회 총회에서 "대한예수교장로회 총회 실직노숙자 선교
　　　　지침서" 채택함

2002년 9월 제87회 총회에서 "대한예수교장로회 총회 21세기 환경선교
　　　　선언문" 채택함

2002년 12월 총회장(최병곤) 명의의 "한미주둔군지위협정(SOFA) 개
　　　　정을 위한 전국교회 서명운동" 담화문을 발표함

2002년-2003년 2002년 12월부터 2003년 2월까지 한미주둔군지위협
　　　　정 개정을 위한 서명 운동을 전개함

2003년 1월 총회장(최병곤) 명의의 "인간복제 문제에 대한 교회의 입장"
　　　　을 발표함

2003년 2월 총회장(최병곤) 명의의 "대구지하철 참사에 즈음하여" 담화
　　　　문 발표함

2003년 5월 대한예수교장로회 총회, 한국기독교장로회 총회, 미국장로
　　　　회총회가 "한반도평화와 통일에 관한 공동성명"을 발표함

2003년 6월 총회장(최병곤) 명의의 "고 신효순, 심미선 사망사건 1주년
　　　　을 맞이하여" 담화문 발표함

2003년 9월 제88회 총회에서 "대한예수교장로회 총회 노인복지선교지
　　　　침서" 채택함

2003년 12월 총회장(김순권) 명의의 "부안 핵폐기장 문제가 평화적으로 해결되기를 바랍니다" 담화문 발표함

2004년 9월 제89회 총회에서 "대한예수교장로회 총회 가족복지선교지 침서" 채택함

2004년 9월 제89회 총회에서 "대한예수교장로회 총회 기독교사회운동 지침서" 채택함

2005년 9월 제90회 총회에서 "아동, 청소년복지선교지침서" 채택함

2005년 9월 제90회 총회에서 "정신지체인(발달장애인)의 세례에 대한 지침"을 채택함

2006년 9월 제91회 총회에서 "장애인복지선교지침서" 채택함

2007년 9월 제92회 총회에서 "대한예수교장로회 총회 환경선교지침서" 채택함

2008년 5월 총회장(김영태) 명의의 "중국동포에 대한 차별은 시정되어 야 합니다." 담화문 발표함

2008년 9월 사회봉사부가 제93회기 총회에서 "안티기독교에 대한 총회 차원의 대처방안 보고서"를 제출함

2009년 9월 제94회 총회에서 "경제와 생태정의를 위한 총회 선언문"을 채택함

2010년 4월 총회장(지용수) 명의의 "독도영토수호를 위한 대한예수교 장로회총회 성명서"를 발표함

2010년 9월 제95회 총회에서 "총회자원봉사지침서"를 채택함

2010년 9월 제95회 총회에서 "총회빈곤복지선교지침서"를 채택함

7 남북한 평화통일을 위한 한국교회의 윤리 · 선교적 과제*

I. 들어가는 말

어느 덧 우리는 광복 70주년, 분단 70년을 맞게 되었다. 분단의 상처와 아픔이 더욱 크게 느껴질 수밖에 없는 분단 70년의 세월이 흘러간 것이다. 더욱이 우리나라가 마지막 남은 분단국가라는 사실로 인해 분단 70년의 세월은 더 큰 아픔으로 다가오고 있다. 분단이 된지 70년이 되었건만 이산가족들은 북에 두고 온 가족이 살아 있는지 죽었는지 생사를 알 수도 없고, 살아 있음을 알았다 해도 자유롭게 서로 만날 수 없는 한스런 세월을 70년간 살아온 것이다. 도대체 이런 비극적인 분단은 어떻게 해서 생긴 것일까? 분단 70년 동안 우리는 무엇을 했는가? 분단 극복을 위해 남한 교회는 그동안 무엇을 했는가? 민족통일을 위한 남한 교회의 사명이 있다면 그것은 무엇일까? 등등 여러 가지 물음을 갖지 않을 수 없다. 이제 이런 문제의식들을 가지고 필자는 통일운동은 남한 교회의 윤리 · 선교적 과제라는 전제 하에 민족의 평화통일을 위한 남한

---

* 이 글은 「기독교사회윤리」 33, 2015에 실렸던 것을 약간 수정한 글임.

교회의 윤리·선교적 과제[1]를 제시하고자 한다. 이를 위해 먼저 한반도 분단의 과정과 통일의 의미와 필요성을 살펴보게 될 것이고, 다음으로 민족통일을 위한 신학적 토대로서 평화통일신학의 의미와 목표를 살펴본 후 남한 교회의 통일운동의 역사를 정리하게 될 것이며, 마지막으로 민족의 평화통일을 위한 남한 교회의 윤리·선교적 과제를 제시하고자 한다.

II. 한반도 분단과정과 통일의 필요성

1. 한반도의 분단과정

한반도 분할론은 일본에 의해 나왔던 것으로 그 기원은 1592년 임진왜란으로 거슬러 올라가지만[2], 1945년 한반도의 실제적인 분할은 1910년 일본의 한반도 침탈이 그 원인이었다. 동경대 교수 화전춘수는 "한반도 분단은 한국이 일본의 식민지였다는 사실에 기초하고 있으며 일본의 패전과 직접적인 관계가 있다"[3]고 말함으로써 이 점을 시인한 바 있다. 16세기부터 시작된 한반도에 대한 일본의 침탈 야욕은 19세기 후반 이후 다시 드러났다. 1894년 청일전쟁에서 승리한 일본은 청나라와 1895년 시모노세키조약을 체결하여 청나라의 조선의 종주권 포기를

---

1) 여기서 윤리란 스탠리 하워와즈의 견해를 따라 교회로 하여금 교회되게 하는 것을 의미하며, 선교란 카를로스견해를 따라 "하나님의 백성들이 세상 안에서의 하나님의 행위에 참여하는 것"을 의미한다. ⟨Carlos F. Cardoza-Orlandi, *Mission: An Essential Guide* (Nashville: TN, Abingdon Press, 2002), 15.⟩
2) Noh, Jong-Sun, *The Third War: Christian Social Ethics*(Seoul, Korea: Yonsei University Press, 2000), 95.
3) 화전춘수, "日 '역사의 진실' 회피 못한다." 「동아일보」 1995년 2월 2일.

확보했고, 1902년 영일동맹을 통해 일본은 한반도에 대한 영향력을 한 층 강화했다. 1904년에는 러일전쟁에서 승리함으로써 한반도에 대한 영향력을 확고히 다졌고, 1905년에는 미일 가쓰라 · 테프트 밀약을 체결함으로써 한반도의 종주권을 완전히 확보했다. 급기야 일본은 1905년 을사늑약을 거쳐 1910년 8월 조선을 강제로 합병하였다.[4]

그리고 35년이 지난 1945년 8월 15일 일제 식민 통치에서 해방됨과 동시에 한반도가 분단되었다. 이 분단의 원인은 무엇인가? 통일원은 "첫째, 1945년 8월과 9월에 시작된 소련과 미국의 한반도 분할 점령이다. 둘째, 1946년 초의 신탁통치를 둘러싼 한반도 내의 균열 구조이다. 셋째, 한반도 독립국가 수립 문제를 논의하기 위해 1946년과 1947년에 개최된 미 · 소 공동위원회의 결렬이다"[5]라고 주장하지만, 무엇보다 중요한 원인은 미국과 소련의 한반도 분할 점령에 그 원인이 있다. 물론 이 분단은 열강들 사이에서 이미 논의된 것이었다. 한반도의 분할은 1945년 2월 미국, 영국, 소련 3국의 얄타회담과 1945년 7월 포츠담 선언을 거쳐 국제적으로 확정되었기 때문이다. "얄타 회담의 결정에 따라 1945년 8월 9일에 참전한 소련군이 한반도의 북쪽 지역을 점령하였으며, 미군은 1945년 9월 8일에 남쪽 지역에 들어왔다. 미국 측은 소련이 한반도를 단독으로 점령하는 것을 막고 한반도에 잔류해 있던 일본군의 무장을 해제하기 위하여 38도선의 분할 점령을 제안하였다. 소련이 이에 동의하여 한반도는 광복과 동시에 미국과 소련"[6]에 의해 분할 점령되면서 한반도가 분단이 된 것이다.[7] 이렇게 한반도의 분단이 강대국들

---

4) 남태욱, 『한반도 통일과 기독교 현실주의: 라인홀드 니버를 중심으로』 (서울: 나눔사, 2012), 19.
5) 통일교육원, 『2013 통일문제이해』 (서울: 통일원 통일교육원, 2013), 58.
6) 위의 책, 58.

의 횡포에 의해 이루어진 것이기는 하지만 한반도 내부의 분열적 요인이 결합되고, 6·25 전쟁을 거치면서 한반도의 분단은 더욱 고착화되었다.

2. 통일의 의미와 필요성

1) 통일의 의미

통일부 통일교육원에 따르면 통일은 네 가지의 의미를 가진다. 첫째는 지리적 통일이다. 이것은 국토의 통일을 의미한다. 둘째는 정치적 통일이다. 이것은 체제의 단일화를 뜻한다. 통일은 남북한에 세워진 두 개의 정치 체제를 통합해 하나의 국가로 만드는 것이다. 셋째는 경제적 통일이다. 이것은 경제권의 통합을 의미한다. 넷째는 사회문화적 통일이다. 이것은 남북주민 사이의 이질화를 극복하고 민족동질성을 회복하는 것을 의미한다.8)

2) 통일의 필요성

최근 다수의 통일 관련 여론조사에 따르면 대체로 우리 국민들은 통

---

7) 미국의 UCC(United Churches of Christ)교단은 1987년도에 발표한 "Peace and the Reunification of Korea"문서에서 "우리는 우리나라(미국)가 한국의 분단을 창조하고 유지하고 심화시키는 데 있어서 맡았던 역할을 깊이 자각하고 있다. 우리의 정부, 군부와 경제계는 각각 그 책임을 분담해야 한다. 그러나 우리 교회 역시 고백해야 할 많은 것들을 가지고 있다."고 하였다. (Christian Conference of Asia and International Christian Network for Democracy in Korea, ed. *Reunification: Peace and Justice in Korea*, 80.)

8) 통일교육원, 『2014 통일문제이해』(서울: 통일원 통일교육원, 2014), 10-11.

일의 필요성과 당위성에 대해서는 긍정적인 것으로 나타났지만, 2011 년에서 2013년까지의 설문자료를 보면, 통일을 반대하는 부정적인 인식이 5%에서 9%로 증가 추세를 보이는 것으로 나타났다.[9] 따라서 21세기 한민족의 희망찬 미래와 개인적인 삶의 질의 향상을 위해서 왜 통일이 필요한지에 대한 인식이 확산될 필요가 있다. 왜 통일을 해야 할까? 통일원은 그 이유를 네 가지로 제시하고 있는데[10] 첫째로, 현재 정전 체제에 의해 유지되고 있는 분단구조는 긴장을 고조시키고 언제든지 전쟁을 일으킬 가능성이 있기 때문이다. 다시 말해 "분단구조는 소모적인 경쟁과 대결로 인해 엄청난 자원을 낭비시킬 뿐 아니라 고통과 손실 등 상당한 비용을 유발시켜 발전을 저해하고 있다. 따라서 남북이 통일

---

9) 2011년 통일의식 조사에 따르면, 통일이 한 개인에게 전혀 이익이 되지 않을 것이라는 응답이 77.1%로 나타났다.〈임성빈, "세대차이와 통일인식에 대한 신학적 반성,"「장신논단」46-2(서울: 장로회신학대학교출판부, 2014), 257.〉

10) 통일교육원은 통일해야 하는 이유를 다시금 네 가지로 정리하고 있다. 첫째로, 개인적 차원에서 통일은 남북으로 갈라진 이산가족의 고통을 해소하고 남북 간에 자유롭게 오가며 살 수 있는 등 다양한 선택의 기회를 부여할 것이다. 통일은 남북 구성원 모두에게 전쟁의 위협으로부터 벗어나 자유롭고 평화로운 삶을 향유할 수 있게 해주며 자유와 복지, 인간의 존엄과 가치, 인권 존중이라는 혜택을 누릴 수 있게 해줄 것이다. 둘째로, 국가적 차원에서 통일은 전쟁 위협을 근원적으로 제거하고 소모적인 경쟁과 대결로 인해 지불하고 있는 자원과 민족적 역량의 낭비를 없애준다. 통일로 인한 군사비 감소, 자연 자원과 인적 자원의 상호 보완적 활용 등 규모의 경제에 따른 이득 확보로 비약적 발전을 기대할 수 있다. 통일은 한반도에 단일 경제권을 형성함으로써 인적·물적 자원을 확대하고 경제규모를 키워 강대국으로 나아갈 초석을 마련해 줄 것이다. 또한 통일을 이룩한다면 활동무대가 한반도 전역으로 확장되고, 나아가 유라시아대륙과 태평양을 연결함으로써 막대한 경제적 이득을 확보할 수 있을 것이다. 셋째로, 민족적 차원에서 통일은 역사적 정통성과 민족의 동질성 회복을 위해 필요하다. 우리 민족은 한반도를 중심으로 같은 문화와 전통을 간직한 민족국가를 이뤄왔으나 분단·전쟁으로 인해 민족의 역사적인 정통성이 약화됐다. 통일은 분단으로 인해 굴절된 역사를 바로 세우고 민족공동체를 구현하고 민족문화의 융성을 위해 실현돼야 한다. 넷째로, 국제적 차원에서 통일은 한반도에서의 전쟁 위협을 제거해 동북아와 세계평화에 기여할 수 있다. 핵과 인권문제 등 '북한문제'는 그동안 한반도와 동북아 정세의 불안정한 요소로 작용해 온 점을 고려하면 남북통일은 한반도의 평화뿐만 아니라 동북아 지역의 안정과 세계평화에 기여할 것이다.

해야 하는 이유는 분단의 구조에 따른 상황의 불안정성을 극복하고 소모적인 자원낭비와 비용의 절감을 통해 지속가능한 발전을 하기 위해서다."11) 둘째로, "남북한 주민이 같은 민족이라는 정체성을 기초로 하나의 민족공동체를 이루며 살아왔기 때문이다. 남북한이 통일을 해야 하는 원초적인 이유는 남과 북이 언어, 문화, 역사 등을 공유한 민족으로서 하나의 공동체를 이뤄왔다는 사실에 뿌리를 두고 있다."12)

셋째로, "통일이 되면 다양한 편익을 누릴 수 있기 때문이다. 통일은 전쟁 위협을 해소해 항구적인 평화를 보장할 뿐 아니라 내부의 이념적 대립을 종결함으로써 사회통합과 국론결집을 가능하게 한다. … 통일은 새로운 성장 동력과 시장의 확보를 통해 비약적 성장을 가능하게 할 것이다. 통일은 일차적으로 국토 면적의 확장 및 인구 증가로 인한 내수시장 확대를 가져온다. 이와 더불어 남한의 자본과 기술이 북한의 노동력과 지하자원과 결합해 시너지 효과를 창출함으로써 새로운 성장 동력을 확보하게 된다. 또한 통일한국은 해양과 대륙으로 진출할 수 있는 요충지에 있는 한반도의 지정학적 특성을 살려 태평양, 중국, 시베리아, 유럽, 아시아를 연결하는 물류와 교통의 중심지역으로 부상할 것이다. 통일은 내수시장의 확대와 대륙으로의 진출 등을 통해 기업에는 새로운 성장활로를, 개인에게는 다양한 직업 선택과 취업의 기회를 제공하게 될 것이다."13)

넷째로, 통일은 "남북 구성원 모두에게 자유와 인권과 행복한 삶을 보장"해주기 때문이다. "특히, 남북 이산가족과 북한이탈주민 등이 분단으로 인해 겪고 있는 고통 해소와 북한 주민의 삶 개선 차원에서도 통일

---

11) 통일교육원, 『2014 통일문제이해』, 13.
12) 위의 책, 13.
13) 위의 책, 13-14

이 필요하다. 통일은 북한 주민도 우리와 마찬가지로 자유와 복지, 인간의 존엄과 가치 존중이라는 혜택을 누릴 수 있게 해 준다. 우리가 통일을 해야만 하는 이유는 분단으로 인해 지불하고 있는 비용과 폐해를 없애고 보다 나은 삶을 보장받기 위한 것이다. 통일은 분단에 따른 유·무형의 비용을 없애고 새로운 이익을 창출함으로써 국가·사회뿐 아니라 개인의 삶의 질도 향상시킬 것이다."14)

이 외에도 우리는 신앙의 관점에서 통일의 필요성과 당위성을 생각할 수 있는데 첫째로, 기독교인이 남한과 북한과의 증오하고 적대하는 관계를 청산하고, 같은 민족 간에 화해와 평화와 일치를 이루기 위해 노력하는 일로서의 통일운동에 참여하는 것은 하나님과 화해된 자로서 마땅히 실천해야 할 윤리, 선교적 과제이다(고후 5:18). 둘째로, 굶주림에 허덕이는 북한 동포들과 인권을 유린당하는 탈북자들이 그 고통에서 벗어나는 일을 근본적으로 돕는 일과 권력 유지를 위해 분단 상황을 악용해오면서 자유와 인권을 유린해왔던 기득권 세력의 불의로부터 남한사회를 참으로 자유롭게 하는 일로서의 통일운동은 하나님께서 명령하시는 이웃사랑과 정의 실천의 명령을 수행해야 되는 기독교인으로서의 마땅한 임무이다. 셋째로, 통일운동은 기독교인이 동북아시아와 세계에서 하나님 나라 공동체를 구현해 가고자 할 때 기독교인이 우선적으로 실천해야 할 우선적인 선교적 과제이다. 그도 그럴 것이 기독교인의 삶의 궁극적인 목표가 하나님 나라이고, 또 그래서 그 하나님의 나라를 이 세상에서 구현해나가야 한다면, 기독교인은 마땅히 인종과 국가와 계급을 초월한 화해와 평화와 일치의 하나님 나라 공동체를 한반도와 동북아시아와 지구 세계에서 구현해 가야 하기 때문이다.

---

14) 위의 책, 14.

III. 평화통일신학의 의미와 목표

1. 평화통일신학의 의미와 근거

평화통일신학이란 무엇인가? 평화통일신학이란 남북한의 통일에 대한 신학적 성찰로서의 통일신학의 전제와 방법과 목표가 평화라는 점을 강조하여 지칭하는 바 통일신학의 또 다른 이름이라고 할 수 있다. 다시 말해 이 용어는 통일의 전제와 방법과 목표가 평화라는 점을 분명히 한다는 점에서 통일신학은 기본적으로 평화신학임을 말해준다.[15] 이러한 기본 개념을 토대로 하여 평화통일신학의 전제와 근거에 대해 살펴보자. 우선 평화통일신학은 민족분단에 대한 죄책고백을 전제로 한다. 이 점은 한국기독교교회협의회가 1988년 "민족의 통일과 평화에 대한 한국기독교회선언"에서 강조한 바 있는데 이 선언에 따르면 "한국 민족의 분단은 세계 초강대국들의 동서 냉전체제의 대립이 빚은 구조적 죄악의 결과"[16]이며 동시에 한반도 안에서의 모든 구조악의 원인이다. 따라서 평화신학으로서의 통일신학은 한반도 분단의 실상이 무엇인지에 대해 올바르게 인식하는 일과 그동안 한국교회가 저질러 온 반평화적이고 반통일적인 행위가 무엇이었는가에 대해 바르게 성찰하는 일과 아울러 반평화적이고 반통일적인 모든 죄에 대해 회개하는 일을 수행하는 것으로부터 시작되어야 한다.

---

15) 박종화, 『평화신학과 에큐메니칼운동』(서울: 한국신학연구소, 1991), 16-17; 신옥수, "평화통일신학의 형성과 과제: 하나님 나라 신학의 빛에서," 「선교와 신학」 35집 (2015), 17.
16) NCCK, "민족의 통일과 평화에 대한 한국기독교회선언,"(1988년 선언되었기에 88선언이라고도 함) 허호익, 『통일을 위한 기독교신학의 모색』(서울: 동연, 2013), 408-409.

다음으로 평화통일신학의 근거는 삼위일체 하나님이다. 그도 그럴 것이 기독교신앙과 기독교적 삶의 궁극적인 모델과 표준이 되시는 하나님이 성부, 성자, 성령 삼위일체 하나님이기 때문이다. 성부, 성자, 성령 삼위일체 하나님은 고유한 다양성과 동등성, 그리고 상호의존성을 지닌 가운데 친교하는 공동체적 존재이다.17) 칼 바르트가 말한 대로, "하나님은 영원히 고독하게 자족적이고 자아 의존적으로 존재하는 분이 아니라 삼위일체론적 본성 안에서 상호관계적인 공동체로 존재하신다."18) 다시 말해 기독교의 하나님은 홀로 고고하게 자족하는 하나님, 인간의 지배와 독재를 정당화시켜 주는 독재자 하나님, 군주와 같이 일방적으로 지배하는 유일독재자 하나님이 아니라 사랑의 공동체(사귐)로 존재하는 하나님이시며, 이 세상을 창조하시고 구원, 섭리하시는 하나님의 사역을 공동으로 정의롭게 그리고 평화롭게 수행하시는 삼위일체 하나님이시다.19)

이렇게 하나님의 존재와 사역은 언제나 공동체적이다.20) 또한 삼위일체는 본질적으로 서로 사랑하는 인격들의 교제이다. 영원 전부터 하나님은 성부, 성자, 성령으로 살아 계시며 사랑하신다. 그러므로 삼위일체 하나님의 삶은 모든 성차별, 인종차별, 계층차별의 벽을 넘어서서 서로 자유롭고 평등한 사랑의 참된 공동체를 이루는 근거요 원천이다. 레오나르도 보프가 말한 대로, "인격들 사이의 교제로서 이해되는 삼위일

17) Michael Downy, *Understanding Chrisian Spirituality*(New York: Paulist Press, 1997), 45.
18) Karl Barth, *Kirchliche Dogmatik Ⅱ*, 402; 김현진, 『공동체적 교회회복을 위한 공동체 신학』(서울: 예영커뮤니케이션, 1998), 53. 재인용.
19) 이신건, 『조직신학입문』(서울: 한국신학연구소, 1992), 44; 신옥수, "평화통일신학의 형성과 과제: 하나님 나라 신학의 빛에서," 26.
20) Daniel L. Migliore, *Faith Seeking Understanding: An Introduction to Christian Theology*, 장경철 역, 『기독교조직신학개론』, 110-115.

체 하나님은 서로 평등한 형제, 자매의 사회를 위한 기초를 놓는다."[21]
따라서 평화통일신학은 우리 신앙과 신학의 근거이신 삼위일체 하나님
을 따라 서로 평등한 형제, 자매의 공동체, 정의와 사랑과 평화의 공동체
를 지향한다.

2. 평화통일신학의 목표

평화통일신학의 목표는 무엇인가? 성경에 따르면, 그것은 하나님
나라이다. 왜냐하면 하나님 나라는 하나님의 뜻이었고, 예수의 사역의
궁극적인 목표였기 때문이고, 또 그래서 그것은 모든 기독교신앙과 삶
의 목표가 되기 때문이다. 평화통일신학의 목표, 곧 통일의 목표 또는
통일한국의 미래 비전은 하나님의 나라이다. 하나님의 나라는 어떤 나
라인가? 첫째로, 하나님의 나라는 하나님의 통치가 이루어지는 은혜의
나라이다. 하나님 나라의 근본적인 의미는 하나님의 다스림이다.[22] 하
나님의 은혜로운 통치로서의 하나님 나라는 "미래의 사건이며 동시에
현재의 실재"이다. 하나님의 통치는 미래의 완성을 기다리는 것이지만,
동시에 그것은 현재에 경험될 수 있는 하나님의 은혜로운 선물이다. 이
선물은 종말론적 구원의 선물인 바, 몸의 구속을 의미할 뿐 아니라 죄로
인해 단절된 하나님과 인간 사이의 교제의 회복을 의미한다. 그러므로
하나님 나라를 받아들인다는 것은 하나님과의 참된 교제 안으로 들어간
다는 것을 의미하는 것이며 선물로 주어지는 바, 그 나라의 축복의 즐거
움에 들어간다는 것을 의미하는 것이다.[23] 따라서 평화통일신학은 이

---

21) 위의 책, 114.
22) George Eldon Ladd, *The Presence of the Future*(William B. Eerdmans Publishing
    Company, 1996), 195.

러한 하나님과의 은혜로운 교제를 누리는 가운데 하나님의 은혜로운 통치로서의 하나님 나라가 이 땅에서도 이루어지는 것을 목표로 한다.

둘째로, 하나님의 나라는 구원, 곧 자유와 해방의 역사가 이루어지는 나라이다. 이사야에서 하나님의 통치의 가장 중요한 표지는 하나님의 구원인데, "그 구원은 억압과 불의로부터의 자유와 해방을 의미하며 죄, 죽음, 전쟁과 노예상태, 속박과 포로상태로부터의 해방을 포함한다."[24] 예수가 공생애를 시작하시면서 사명선언문과 같은 말씀으로 하셨던 눅 4:18-19의 취임사의 말씀은 예수님께서 선포하셨던 하나님의 나라가 바로 자유와 해방의 나라이고, 하나님의 구원역사의 핵심이 바로 자유와 해방의 역사임을 잘 보여준다. 그러므로 하나님의 나라를 목표로 하는 평화통일신학은 하나님의 통치, 곧 죄와 죽음의 속박 가운데 있는 사람들을 위한 자유와 해방의 사역은 말할 것 없고, 정치, 경제, 사회적인 억압과 착취와 온갖 불의로 고통당하는 자들을 위한 자유와 해방의 사역에도 적극적으로 참여하는 실천적 신학이 되어야 한다.

셋째로, 하나님의 나라는 정의와 평화의 나라이다. "하나님의 나라는 먹는 것과 마시는 것이 아니요 오직 성령 안에 있는 의와 평강과 희락이라"(롬 14:17)는 말씀대로, 하나님의 나라는 정의와 평화와 기쁨의 나라이다. 예수님이 세례를 받으실 때 성령이 임하시는 장면에서 공관복음은 이사야 42:1의 말씀을 인용하는데 사 42:1-7의 말씀은 종의 사명에서 정의가 중심에 있다는 사실을 잘 보여준다. 이사야서에서 정의는 네 가지 차원을 가지고 있는데 ① 가난한 자들과 힘없는 자들을 그들이 늘 경험하는 불의로부터 건져 내는 것, ② 권세자의 힘센 발을 그들이

---

23) 위의 책, 207-217.

24) Glen H. Stassen & David P. Gushee, *Kingdom Ethics*, 신광은 · 박종금 역, 『하나님의 통치와 예수따름의 윤리』(대전: 대장간, 2011), 47.

내리누르는 고통 받는 사람의 목에서 치우는 것, ③ 폭력을 중지하고 평화를 만드는 것, ④ 소외되고 버려진 자들, 이방인들, 유랑자들, 도피자들을 공동체 안으로 회복시키는 것 등이다. 정의를 뜻하는 히브리어 '체다카'란 억압받는 자를 구출하고 풀어주는 정의, 곧 해방하는 정의와 힘없는 자와 버림받은 자를 언약의 공동체 안에서 그들의 정당한 지위로 복권하는 정의, 곧 공동체 회복의 정의를 의미한다.[25] 그러므로 하나님의 나라를 목표로 하는 평화통일신학은 이 세상에서 정의와 평화를 위한 사역에도 적극적으로 참여하는 실천적 신학이 되어야 한다.

넷째로, 하나님의 나라는 치유와 화해가 이루어지는 사랑의 나라이다. 한스 요아킴 크라우스가 말한 대로, "하나님의 나라는, 치유하고 구원하는 사랑의 능력으로 세상을 채우며, 단절을 극복하고, 적대성을 종결짓고, 이기주의와 집단 이권에서 세상을 해방시킴으로써 세상의 모든 영역과 생활 영역을 전적으로 변화시킨다는 의미에서 혁명적으로 실현된다. 하나님의 나라는 개인들의 나라가 아니라 사랑의 표징 안에서 새로운 공동생활의 토대이며 시작이다."[26] 선한 사마리아인 비유의 가르침에서 사랑의 의미에 관한 네 가지 강조점을 발견하게 되는데 여기서 ① 사랑은 긍휼의 마음으로 바라보는 것이며 속박된 사람들의 상황으로 들어가는 것이다. ② 사랑은 구원하는 행위를 한다. ③ 사랑은 자유와 정의, 그리고 미래에 대한 책임있는 공동체로 초대한다. ④ 사랑은 소외된 사람들을 거절하는 자와 그들이 선호하는 세속적인 가치들, 즉 기복주의, 성공주의, 이기주의, 개교회주의, 교파주의, 교회성장주의, 성직주의 등과 맞서게 한다.[27] 여기서 "하나님 나라의 사랑은 촉구나 율법

---

25) 위의 책, 467, 65-66.
26) Hans Joachim Kraus, 박재순 역, 『조직신학』 (서울: 한국신학연구소, 1986), 21.
27) Glen H. Stassen & David P. Gushee, *Kingdom Ethics*, 신광은, 박종금 역, 『하나님

이 아니라 새로운 공동생활의 개시이며 질적으로 새로운 행동에로의 해방이다.[28] 그러므로 하나님 나라를 목표로 하는 평화통일신학은 자유와 해방, 치유와 용서, 정의와 사랑, 화해와 평화의 나라인 하나님 나라 공동체를 바로 남북한이 분단된 우리 민족의 현실 속에서 구현해가는 실천적 신학이 되어야 한다.

IV. 남한 교회의 통일운동의 역사

1. 해방 이후에서 50년대까지의 통일운동

이 시기는 이승만 정권의 제1공화국 시대에 해당되는데 "북진통일론"과 "무력통일론"이 유일한 공식정책으로 군림했던 시대이다.[29] 이 시기 남한 교회는 통일문제에 대해 전적으로 정부에 동조하는 입장이었다.[30] 다시 말해 남한 정부가 북진통일론을 한창 내세우고 있을 때 자유당 정권 하에서 권력과의 유착관계를 형성했던 남한 교회들 역시 반공주의 입장을 가지고 북진통일론을 강하게 주장하였다.[31]

의 통치와 예수따름의 윤리』, 447-460.
28) Hans Joachim Kraus, 박재순 역, 『조직신학』, 22-23.
29) 이창호, "역대 한국정부의 통일정책에 대한 기독교 윤리적 응답: 전쟁과 평화전통을 중심으로," 「기독교사회윤리」, 제20집(2010), 229.
30) 고현영, "한국교회의 통일운동," 『평화』 1993. 봄(서울: 제3세계신학연구소, 1993), 21.
31) 김흥수, "한국교회의 통일운동역사에 대한 재검토," 『기사연무크 3』 (서울: 민중사, 1991), 101-102; 김명배, "한국교회 통일운동의 역사와 그 신학·사상적 배경에 관한 연구," 「기독교사회윤리」, 제27집(2013), 165.

2. 60년대의 통일운동

이 시기는 4·19혁명에서 5·16까지의 시기와 5·16이후 1960년대까지의 시기로 나누어질 수 있지만 이 두 시기 역시 남한 교회의 반공주의적 통일노선은 변함이 없었다. 4·19혁명 이후 남한 사회에는 '중립화통일론' '평화통일론' '남북교류론' 등이 대두되는 등 통일논의가 활발하게 전개되었지만, 5월 16일 쿠데타로 집권한 박정희정권은 반공을 제1의 국시로 삼고, '선건설, 후통일'이라는 슬로건을 내세우며 모든 통일논의를 차단시켰다.32) 이렇게 통일논의가 통제된 상황 속에서도 반공이나 무력적 대결 투쟁의 길보다는 평화공존이 우리의 살 길이라고 주장했던 박상증목사와 같은 소수의 기독교 인사들이 없었던 것은 아니지만 대부분의 남한 교회지도자들은 조찬 기도회에 참여하는 등 군사정권을 축복하면서 군사정권의 반공국시에 무조건 동의하였다.33)

3. 70년대의 통일운동

70년대에 들어오면서 북한정책에 대한 큰 변화가 나타났다. 박정희정권은 1970년 8.15 광복절 '평화통일선언'을 통해 '유일합법정부론'을 포기하고 '두 개의 한국'을 인정한 것이다. 또한 1972년 남북이 함께 '7.4 남북공동성명'을 발표하여 쌍방이 조국의 평화적 통일을 이룰 것을 합의

---

32) 김명배, "한국교회 통일운동의 역사와 그 신학·사상적 배경에 관한 연구,"「기독교사회윤리」, 제27집(2013), 166.
33) 홍성현, "한국교회의 평화통일운동,"『평화와 통일신학1』(서울: 한들출판사, 2002), 65-67; 이만열, "한국 기독교 통일운동의 전개과정,"『민족통일을 준비하는 그리스도인』(서울: 도서출판 두란노, 1994), 38-39.

했다. 그러나 박정희는 국무회의에서 7.4 공동성명을 발표한 지 사흘 후에 공동성명에 지나친 낙관을 하지 말라고 하면서 반공교육을 계속 강화하라고 시달하였는데 이는 7.4공동성명 역시 유신정권 유지를 위한 하나의 방편에 불과했음을 여실히 보여준 것이다.34)

유신체제 이후 군사정권은 조국근대화를 명분으로 경제건설에 치중하면서 국가안보를 내세워 비판세력을 더욱 탄압하였는데 이에 대해 양심적인 기독교인들은 '선민주 후통일'이라는 슬로건을 내걸고 민주화운동에 앞장섰다. 그러나 모든 민주화운동이 저지당하면서 기독교지도자들은 인권을 신장하고 민주화를 이룩하기 위해선 우리 사회의 근본 모순인 분단의 문제를 먼저 해결해야한다는 인식을 하기에 이르렀다. '선민주 후통일'이 아니라 민주화와 통일을 함께 추구해야 한다는 새로운 인식을 하게 된 것이다. 이런 인식은 1978년 "통일은 민주화를 전제하고 있으며 민주화는 통일을 전제하고 있다"35)고 하였던 문익환목사의 말에서 잘 나타난다. 그러나 이런 인식도 일부 지도자들에게 국한된 것이었고 보수적인 대부분의 교회들은 "통일의 당위는 말하지만 통일활동은 보류하는 이중성을 가지고" 있었던 점에서 교회는 통일운동에 어떤 기여도 하지 못했다.36)

4. 80년대의 통일운동

이 시기는 1979년 10. 26 사태로 유신체제가 무너지면서 들어선 전

---

34) 홍성현, 위의 책, 68; 이만열, "한국 기독교 통일운동의 전개과정," 『민족통일을 준비하는 그리스도인』, 41-42.
35) 문익환, "민주회복과 민족통일," 『씨알의 소리』 (1978. 7.8월호), 26.
36) 이만열, "한국 기독교 통일운동의 전개과정," 『민족통일을 준비하는 그리스도인』, 43.

두환 정권에서 시작하여 1988년 시작된 노태우정권 전반기까지의 시기
이다. 이 시기 역시 통일논의는 정부가 독점하였다. 그러나 1980년대는
남한 교회가 본격적으로 통일논의를 하기 시작한 시기였다. 공식적인
통일논의가 시작된 것은 1981년 6월 서울에서 있었던 '한독교회협의회'
에서였다. 1980년대 교회의 통일운동의 방향은 70년대 말의 "민주화운
동과 통일운동 동시 추구론"에 의해 결정되었는데 80년대의 통일운동
에서 주목할 점은 70년대부터 나온 비판이긴 하지만, 기독교지도자들
이 집권자들의 통일논의 독점을 비판하며 '민에 의한 통일'론을 주장했
다는 점과 해외동포 기독자들과 북한기독자들의 만남이 있었다는 점
(1979년부터 시작되기 했지만)과 1984년 '제3차 한·북미 교회협의회에
서 미국이 한반도를 분단시킨 나라라는 것과 그래서 미국교회는 한국교
회와 함께 한반도의 통일을 위해 공동으로 책임져야 한다는 요지의 결
의문을 남겼다는 점 등이다.[37]

　　1980년대 통일운동에서 중요한 것은 세계교회와의 연대를 이루는
가운데 남북교회가 서로 만남을 가졌다는 점이다. 1984년 일본 도잔소
에서 세계교회협의회 국제문제위원회가 주관한 '동북아시아의 평화와
정의에 관한 협의회'가 이루어졌는데(20개국 65명의 교회지도자들이 참
석) 이 회의는 한반도통일문제를 다룬 최초의 국제회의였다. 이 모임을
통해 교회의 통일운동은 활성화되기 시작했고, 남북교회가 1986년 스
위스 '제1차 글리온회의'에서 처음으로 역사적인 첫 만남을 가졌다.[38]
그 이후에도 남북 기독 DLS들은 스위스 글리온과 미국과 독일과 일본
등에서 여러 번의 만남을 가졌다.

---

37) 위의 책, 44-47.
38) 위의 책, 46-48; 허문영, "기독교 통일운동," 기독교학문연구회, 『민족통일과 한국기독
　　교』(서울: 한국기독학생회출판부, 1994), 126-127.

또 하나 중요한 점은 민족통일의 문제를 교회의 선교과제로 인식하기 시작했다는 점이다. 한국기독교장로회는 1980년 3월에 "통일은 교회의 선교적 과제"임을 천명했고, 1986년 처음으로 통일문제를 신앙고백서에 포함시켰던 대한예수교장로회(통합)도 평화통일이 그리스도인의 사명임을 선언했다. 통일이 선교적 과제라는 사실이 가장 강하게 부각된 것은 1988년 한국기독교교회협의회의 "민족의 통일과 평화에 대한 한국기독교선언"에서였다.39) 이 선언은 통일운동사에 미친 영향이 지대한데 첫째로, 이 선언은 기존의 통일운동에 새로운 방향을 제시한 것으로 기독교계 내의 통일논의를 활성화하는 계기를 마련하였고, 둘째로, 이 선언은 노태우대통령의 의한 7·7통일정책선언을 도출하는데 큰 역할을 하였으며, 셋째로, 세계교회협의회와 세계개혁교회연맹이 이 선언에 지지뿐만 아니라 세계적 연대의 확대를 제안해줌으로써 통일을 위한 새로운 지평을 열어주었다.40)

5. 90년대 이후의 통일운동

1990년대는 구소련을 비롯한 동유럽 사회주의권의 붕괴, 동서독의 통일 등 세계상황의 변화에 힘입어 남한 교회의 통일운동이 더욱 활발해진 시기이다. 90년대에 들어와서는 복음주의권도 통일운동에 참여하기 시작했는데 1993년 출발한 '평화와 통일을 위한 남북나눔운동'도 그 중에 하나이다. 남북나눔운동은 통일을 준비하는 남한 교회의 복음주의권이 주축을 이룬 진보와의 연합운동이었는데 이 운동은 남한 교회의

---

39) 정원범, 『기독교윤리와 현실』(서울: 성지출판사, 1998), 108-110.
40) 이만열, "한국 기독교 통일운동의 전개과정," 『민족통일을 준비하는 그리스도인』, 63-64.

통일운동에 활력을 불어넣었다. 이외에도 1994년 기독교학문연구회, 기독교대학설립동역회, 아시아미션, 남북나눔운동 등이 참여하여 공동 발표한 "1994 한국기독인통일선언"과 1994년 한기총이 발표한 "통일 및 북한선교를 위한 결의문" 등이 있는데 특히 주목할 것은 1994년 한국 교회의 120여 교단 및 연합기관이 총망라되어 평화통일을 함께 추진해 갈 수 있는 '한국기독교평화통일추진협의회'가 창립되었다는 점이 다.41) 그 이후에도 기독교계에서 1995년 8월 15일 "1995년 평화와 통일의 희년선언"이 발표되었고, 1996년 한국복음주의협의회는 "한국교회의 통일정책 선언"을 발표하였다.

2000년도에 들어오면서 초교파적으로 '평화와통일을위한기독인연대'가 발족되었는데 2011년에 "평화와 통일을 위한 한국교회 8.15 선언"을 발표하였고, 2014년 "평화와 통일을 촉구하는 성명서"를 발표하였다. 2015년 광복 70년, 분단 70년을 맞이하면서 복음주의권과 에큐메니칼 인사들로 구성된 '광복70주년을맞이한한국그리스도인의선언준비위원회'는 '광복 70주년 그리스도인 선언문'을 발표하였는데 이 선언문은 한국 기독교 사회 선교 단체와 교회가 중심이 돼 평화통일과 사회정의와 생태정의를 실현하려는 목적으로 발표되었다. 이상에서 볼 수 있듯이 1990년대 이후의 통일운동은 보수(복음화 또는 복음전도의 차원)와 진보(사회참여 또는 사회선교의 차원)의 연합운동으로 이루어지고 있다는 특징을 보여주고 있는데42) 이 점에서 최근의 통일운동은 과거에 비해 보다 성숙해진 면이 있다고 하겠다. 물론 아직도 일각에서는 보수적인 기독교단체나 대형교회 목회자들이 일방적인 친미, 반공, 반

---

41) 정원범, 『기독교윤리와 현실』, 114.
42) 정성한, 『한국교회의 남북 분단의식과 통일의식 변화에 관한 역사적 연구』(서울: 장로회신학대학원, 2002), 256.

북한 성향의 발언이나 집회를 개최하면서 반평화적이고 반통일적인 모습을 보이고 있는 것은 남한 교회가 풀어야 할 중요한 숙제 가운데 하나이다.

V. 남북한의 평화통일을 위한 남한 교회의 윤리·선교적 과제

1. 기도운동의 과제

첫째로, 민족통일의 윤리·선교적 과제를 수행하기 위해 무엇보다 필요한 것은 기도운동을 동력화하는 일이다. 2001년부터 '북한사랑'이라는 격월간지를 통해 이루어진 기도운동, 2004년부터 시작된 쥬빌리기도회, 2009년 시작된 에스더 기도운동, 2014년부터 시작된 철원목요통일기도회, 평화와 통일을 위한 신촌목요기도회 등을 통해 통일을 위한 기도운동이 네트워크를 형성하였고, 이런 네트워크를 통해 통일을 위한 기도운동은 더욱 활성화되고 있다. 통일을 위한 기도운동은 교단별로도 이루어지고 있는데 대한예수교장로회(통합)는 2015년 6월 7일부터 8월 15일까지 '민족의 치유와 화해, 평화통일을 위한 70일 기도운동'을 전개하였다. 이는 광복 70주년을 맞아 교단 산하의 모든 교회가 한반도의 평화와 안녕을 위해 기도하며 평화통일을 준비하자는 취지로 진행된 것인데 기도운동 마지막 주간인 8월 10~15일에는 전국교회가 '민족공동체의 치유와 화해, 평화통일을 위한 특별새벽기도회'를 열기도 하였다. 이와 같은 민족통일을 위한 기도운동은 앞으로도 지속적으로 이루어져야 할 것이다.

2. 회개와 교회갱신의 과제

둘째로, 민족통일의 윤리 · 선교적 과제를 제대로 수행하기 위해서는 남한 교회는 분단체제 안에서 지은 죄를 회개해야 한다. 한국기독교교회협의회는 1988년 발표한 '88선언'에서 고백하기를, "우리는 갈라진 조국 때문에 같은 피를 나눈 동족을 미워하고 속이고 살인하였고, 그 죄악을 정치와 이념의 이름으로 오히려 정당화하는 이중의 죄를 범하여 왔다. 우리 그리스도인들은 전쟁 방지의 명목으로 최강 최신의 무기로 재무장하고 병력과 군비를 강화하는 것을 찬동하는 죄를 범했다." 또한 "우리는 한국교회가 민족분단의 역사적 과정 속에서 침묵하였으며 면면히 이어져 온 자주적 민족통일운동의 흐름을 외면하였을 뿐만 아니라 오히려 분단을 정당화하기까지 한 죄를 범했음을 고백한다. 남북한의 그리스도인들은 각각의 체제가 강요하는 이념을 절대적인 것으로 우상화하여 왔다. 이것은 하나님의 절대주권에 대한 반역죄이며, 하나님의 뜻을 지켜야 하는 교회가 정권의 뜻에 따른 죄이다"라고 하였다. 이처럼 한국교회는 북한에 대해 원수 사랑을 적용하지 못한 죄, 분단체제 안에서 분단을 정당화하며 불의한 정권을 지지한 죄, 분열과 대립과 갈등의 현실에 편승하거나 방관했던 죄 등을 회개해야 한다.

이런 회개와 동시에 남한 교회는 민족통일준비와 통일이후 통일한 국의 건설에 기여할 수 있기 위해서 자기 개혁과 갱신을 위한 노력을 기울이지 않으면 안 된다. 왜냐하면 김동춘 교수의 말대로, "한국기독교는 화해의 종교라기보다는 증오의 종교에 가깝다. 전쟁, 분단, 독재의 희생자들에게 눈물을 닦아주는 역할보다는 그들을 따돌리고 차별하는 편에 서서 그들의 고통을 배가시키는 역할을 했다", "민족적 화해사업에 한국 교회의 역할은 너무나 미약하다"는 비판이 많이 있기 때문이다.[43) 1995년에서 2005년 사이의 교회 청소년 감소율을 보면 성인 감소율에 비해 네 배가 더 높은 것으로 나타났는데 교회를 떠나간 가장 큰 원인이 교회와 목회자들의 비신앙적이고, 비도덕적인 모습에 대한 실망 때문이 었다는 사실 역시 통일 준비와 통일 이후 통일한국 건설에 기여할 수 있 기 위해 교회의 자기 개혁과 갱신은 무엇보다 우선하여 수행해야 할 중 요한 과제임을 보여준다.

3. 분단신학 극복의 과제

셋째로, 민족통일을 위한 윤리·선교적 과제를 제대로 수행하기 위 해서 남한 교회는 무엇보다 분단신학을 극복해야 한다. 분단신학은 북 한동포들과 탈북자들인 "네 이웃을 네 몸같이 사랑하라"는 하나님의 계 명을 어기게 했기 때문이다. 분단의 역사 70년을 회고해 볼 때 한국교회 는 남북한 정부가 체제유지를 위해 악용해 온 분단체제를 거부하지 못 하고 당연시해 왔고, 극우적인 사고를 지지하면서 분단의 고착화에 가 세해왔다. 심지어 분단체제에 저항하면서 희생당했던 사람들을 비판하 기도 했다. 그러나 이것은 그리스도께서 십자가로 막힌 담을 허시고 우 리를 하나님과 화해시키시고 갈등과 대립과 분쟁이 있는 세상 속에서, 특히 분단된 민족의 현실 속에서 화해의 사명을 주신 하나님의 뜻에 위 배되는 행위이다.

---

43) http://www.theosnlogos.com/news/articleView.html?idxno=823

분단신학이란 한마디로 분단체제를 지지하는 반통일신학이고, 기득권의 지배체제를 옹호하는 현상유지 신학이다. 분단신학의 입장을 확실히 보여주는 사람은 서구의 유명한 기독교신학자였던 라인홀드 니버이다. 그는 미국이 주도하는 세계제국주의를 불가피한 현실로 받아들여야 한다고 보았는데 이런 입장에서 한반도가 분단되고 6·25 전쟁이 발발한 것은 제국들의 대결의 결과로서 불가피하며 수용해야 될 것이라고 주장한 것이다.[44]

이런 분단신학의 바탕 위에서 한국교회는 북한을 적대했고, 탈북자 형제들을 무시하고 차별하는 잘못을 범해 온 것이 사실이다. 따라서 민족통일을 위한 선교적 사명을 제대로 수행하기 위해서 남한 교회는 무엇보다 반평화적이고 반통일적인 분단신학부터 극복할 수 있어야 할 것이다.

4. 반공신학 극복의 과제

넷째로, 민족통일을 위한 윤리·선교적 과제를 바르게 수행하기 위해서 남한 교회는 반공이데올로기를 극복해야 한다. 반공이데올로기는 분단체제를 정당화하는 근거이고 수단이었기 때문이다. "한국 기독교 교회가 반공주의의 입장을 갖기 시작한 것은 일제강점기인 1920년대부터였다. 한국에는 1920년대 초부터 소련과 일본으로부터 사회주의가 소개되었다. 사회주의 영향을 받은 무신론자들은 기독교에 대해서 공개

---

44) 노정선, 『통일신학을 향하여』 (서울: 한울, 2006), 59. "미국의 하버드 대학 교수 에드윈 라이샤워는 미국이 한반도를 38도선에서 분단하기로 결정하고 소련의 협력을 얻게 된 것은 역사적 실수였다고 지적을 하고 있다."(위의 책, 43.)

적으로 비판하기 시작하였다. 그러나 그때까지는 기독교인 지식인들은 사회주의자들과 대화해 보려고 노력하였다. 기독교 안에 기독교 사회주의자들이 생겼을 정도였다. 그러나 이러한 노력도 1950년의 한국 전쟁으로 완전히 사라졌다. 수많은 기독교인들이 남쪽으로 피난 내려와서 교회를 세우고 반공의 보루의 역할을 하게 된다. 반공주의적 한국 기독교는 반공을 국시로 내세운 정부와 협조하며 함께 반공운동에 앞장섰다."[45] 반공을 국시로 내건 보수적 정부를 보수적이며 반공적인 교회는 적극적으로 밀어주었고, 정부는 국가안보를 위한 모임, 대형 부흥집회 등 반공적인 집회들을 장소나 장비를 빌려주는 방식으로 지원했다.[46] 6 · 25전쟁을 거치면서 전투적 반공주의로 변한 극단적인 반공주의는 공산주의를 철저히 배척하고 극우적인 반공정권을 무조건 지지하였다. 이렇게 정부와 밀착되어 있었던 기독교 반공주의는 공산주의자를 마귀로 여기고 반공주의의 승리를 위해 죽어야 하는 존재로 여겼다. 여기에서 우리는 반공신학에 내재된 비인간성과 폭력성을 보게 된다.[47]

그러므로 우리는 무엇보다 북한동포와 탈북자들을 비인간화시키는 극단적 반공신학을 버려야 한다. 그도 그럴 것이 극단적 반공주의는 하나님의 형상대로 창조된 사실에서 비롯되는 인간의 존엄성을 거부하는 행위[48]이며 그런 점에서 하나님을 거역하고 배신하는 불신앙이기 때문이다. 그러기에 한국기독교교회협의회는 반공 이데올로기에 빠져 북한

---

45) 권진관, "분단된 국가에서의 교회: 냉전체제로 구조화된 한국 개신교에 대한 한 분석," 한국기독교학회, 「제43차 정기학술대회 자료집」(2014. 10.31), 367.
46) 위의 책, 368.
47) 임희모, "남북한 분단체제와 평화통일운동으로서의 선교," 「선교와 신학」 35집(2015 봄호), 131-132.
48) WCC, 「An Ecumenical Call to Just Peace」, "정의로운 평화에 대한 에큐메니컬 선언," 『정의로운 평화동행』(서울: 대한기독교서회, 2013), 19-20.

을 철전지 원수로 여기고 증오와 적개심을 품어 왔던 일에 대해 죄책고백을 하기를, "남한의 그리스도인들은 반공 이데올로기를 종교적인 신념처럼 우상화하여 북한 공산정권을 적개시한 나머지 북한 동포들과 우리와 이념을 달리하는 동포들을 저주하기까지 하는 죄(요 13:14-15, 4:20-21)를 범했음을 고백한다. 이것은 계명을 어긴 죄이며, 분단에 의하여 고통 받았고, 또 아직도 고통 받고 있는 이웃에 대하여 무관심한 죄이며 그들의 아픔을 그리스도의 사랑으로 치유하지 못한 죄(요 13: 17)"[49]라고 고백했던 것이다.

5. 이원론신학 극복의 과제

다섯째로, 민족통일의 윤리·선교적 과제를 바르게 수행하기 위해서 남한 교회는 이원론신학을 극복해야 한다. 보수적인 목사나 교인들은 종종 '민족통일은 신앙의 영역을 떠난 정치적 사회적 문제이다', '교회가 왜 정치에 관여하며 통일과 같은 전문적인 정치 문제에 개입하느냐'는 주장을 해왔다. 이런 생각은 루터의 두 왕국론에서 비롯된 것이다. 루터는 "하나님은 세속정부가 이성에 따르도록 하셨다. 왜냐하면 세속 정부는 하나님이 인간의 지배 아래 둔 육체적이고 잠정적인 일들만 관여하지, 영혼의 문제와 영원한 가치에 대해서는 아무런 재판권도 가지지 못하기 때문이다. 이러한 이유로 복음은 어떻게 세속 정부를 다스리고 유지하는지 가르치지 않으며, 단지 세속 정부에 대립하지 말고 존중하라고 가르친다. 그러므로 지금까지 보여 준 것처럼 세속의 일에 대해서는

---

49) NCCK, "민족의 통일과 평화에 대한 한국기독교회선언," 허호익, 『통일을 위한 기독교 신학의 모색』, 409-410.

이교도들이 잘 말하고 가르칠 수 있다"[50]고 하였다. 이처럼 "루터는 복음을 효과적으로 삶의 영적이고 사적인 부분에 제한함으로써 기존 질서를 신성화한다. 루터의 기독교 신앙의 비정치화는 현 체제에 강한 정당화를 제공한다."[51]

그러나 이러한 이원론신학은 반기독교적인 신학이다. 그도 그럴 것이 하나님은 사회적이고 사회, 정치, 경제에 깊숙이 참여하는 분이기 때문이다.[52] 하나님은 인간의 존엄성을 해치는 정치, 경제, 사회적인 모든 불의와 악을 싫어하시는 정의와 사랑의 하나님이며, 화해와 평화의 하나님이시다. 그러므로 남한사회의 구조적 악의 근원인 분단의 문제와 그로 인한 탈북자들의 고통을 외면하면서 하나님의 정의와 사랑, 화해와 평화를 말할 수는 없을 것이다. 따라서 우리가 통일선교, 탈북자선교를 올바르게 수행하기 위해서는 하나님의 선교에 큰 장애물인 이원론신학부터 극복할 수 있어야 할 것이다.

6. 사회변혁의 과제

여섯째로, 민족통일의 윤리·선교적 과제를 제대로 수행하기 위해서 남한 교회는 남한사회 안에서 사회 변혁적 사명을 보다 적극적으로 수행해야 한다. 왜냐하면 통일 이후 민족의 내적인 통합을 이루는 데 장애요인으로 작용하게 될 남한사회의 부정적인 요소들을 개혁하지 않고서

---

50) Duncan B. Forrester, *Theology and Politics*, 김동건 역, 『신학과 정치』 (서울: 한국장로교출판사, 1999), 57.
51) 위의 책, 58.
52) Kenneth Leech, *The Social God*, 신현기 역, 『사회적 하나님』 (서울: 청림출판, 2009), 24-27.

는 남북한 사회의 진정한 통합이 쉽지 않을 것이기 때문이다. 동서독 통일의 경우에서 볼 수 있듯이 민족통일의 문제는 제도적이고 외적인 통일의 성취보다 통일이후의 진정한 통합이 보다 더 중요하다. 그러므로 남한 교회는 통일 이후 남북한의 진정한 통합이 가능할 수 있도록 남북한 사회통합의 장애요인으로 작용할 모든 부정적인 요소들을 개혁하는 일에 앞장서야 한다.

'광복70주년을맞이한한국그리스도인의선언준비위원회'는 '광복 70주년 그리스도인 선언문'에서 기독교인들의 사회 변혁적 과제를 10가지로 제시하였는데 세 가지만 소개하면 다음과 같다. "6. 제헌헌법 제84조가 선언한 대로 모든 국민의 기본 생활 수요를 충족시키는 사회정의의 실현과 국민경제의 균형발전이 정치경제의 기본이다. 조세정의를 실천하고 상속의 범위를 최소화하며 투기소득에 중과세하는 결단이 필요하다. 천민자본주의와 사회적 양극화를 정당화하는 시장근본주의를 극복하고 정의롭게 성장과 분배가 이루어지는 경제질서를 구축해야 한다. 7. 하나님의 공의를 따라 공동체를 관리하는 선한 청지기의 자세를 정착시켜야 한다. 부정직한 지도자를 처벌하는 주민소환제와 공명선거제도를 강화하고, 부정부패를 발본색원할 뿐만 아니라 부정하게 축적한 재산을 환수하는 징벌적 보상제를 실시해야 한다. 과다한 소비를 절제하고 검소와 절약을 생활화해야만 올바른 나눔을 실천할 수 있다. 가난하고 외로운 사회적 약자를 돌보고, 노인과 어린이들을 잘 보양하며, 장애인들의 처지를 향상시키는 정책을 실천해야 한다. 8. 토지와 물과 공기와 우주공간은 인류가 자자손손 공유해야 할 공동체적 자산이다. 배타적 점유권과 이윤동기에 의한 자연 훼손과 남용은 마땅히 절제되어야 한다."[53]

53) http://www.newsm.com/news/quickViewArticleView.html?idxno=5206

7. 남북한 화해운동과 나눔운동의 과제

일곱째로, 민족통일을 위한 윤리·선교적 과제를 바르게 수행하기 위해서 남한 교회는 남북 간의 화해와 남북한 더불어 살기를 위한 나눔을 실천해야 한다. 남한 교회는 남북 간의 뿌리 깊은 불신과 오해와 증오심을 제거하고, 서로 신뢰하고 협력하는 관계를 회복해가는 화해운동을 펼쳐나가는 동시에 동포애를 발휘하여 굶주리는 북한 동포와 탈북자들을 돕는 나눔운동[54])을 실천해야 한다. 그도 그럴 것이 남북한 나눔운동은 성경이 말하는 희년운동을 실천하는 것이기 때문이다.

한국교회가 남북한 나눔운동을 본격적으로 시작한 것은 1993년부터였는데 이 운동은 어려움에 처한 북한을 돕기 위해 기독교계의 진보와 보수가 함께 연합하여 펼쳤다는 점에서 그 의미가 크다고 할 수 있다. 그 이후 한국교회는 인도주의적인 차원에서 다양한 형태로 북한주민돕기운동을 전개하였으나 이명박, 박근혜 정권이 들어서면서 이들 보수적인 정권이 취해온 '대북 상호주의에 입각한 강경책'으로 인해 민간차원의 대북지원 활동은 많이 위축된 상태에 있었다. 그러다 최근 들어 대북 인도적 지원의 길이 약간은 열리는 것처럼 보이긴 하지만, 정부는 통일한국의 미래를 위한 대승적인 안목을 가지고 민간단체들이 북한지원을 위한 다양한 활동을 펼칠 수 있도록 적극 지원할 필요가 있다. 그리고 한국교회는 북한지원을 위한 활동을 다양하게 전개할 필요가 있는데 예를 들면 북한과의 교류가 가능한 외국의 기관들이나 인사들을 통한 간접지원 방식도 고려할 수 있을 것이다. 아울러 북한지원의 방식은 긴급

---

54) 박종화, "교회희년과 민족희년을 위한 신학적, 실천적 과제," 『한국기독교신학논총』 12 (서울: 도서출판 감신, 1995), 31-33.

구호의 지원도 필요하겠지만, 보다 근본적인 차원의 지원이 되도록 하기 위해 지원방식을 긴급구호의 성격에서 식량증산프로젝트와 같은 개발지원적 사업의 형태로 발전시켜가야 할 것이다.[55]

8. 정전협정에서 평화협정으로의 전환운동의 과제

여덟째로, 민족통일을 위한 윤리-선교적 과제를 제대로 수행하기 위해서 남한 교회는 정전협정을 평화협정으로 바꾸는 일에 앞장서야 한다. 그도 그럴 것이 "1953년 7월 27일 정전협정으로 한국전쟁이 중단된 후 60년 동안 남한과 북한 미국, 중국은 핵무기 비축을 비롯한 방어적인 군사력 증강을 통해 기술적 측면에서 전쟁상태를 계속 유지"[56]해 왔기 때문이다. 이에 따라 WCC는 한반도에서 평화협정체결이 긴급하게 필요하다는 사실을 주장한 바 있는데 남한 교회도 한반도의 평화와 통일을 위해서 정전체제를 평화협정으로 바꾸는 일의 긴급성을 인식하여 평화협정을 위한 폭넓은 캠페인을 벌일 필요가 있다고 하겠다. 왜냐하면 평화협정은 남북한 상호신뢰 구축을 위해서뿐만 아니라 핵무기 없는 동북아지역의 평화구축을 위해서도 크게 기여할 것이기 때문이다.[57]

통일한국의 미래에 대한 비전 제시의 과제

아홉째로, 민족통일을 위한 윤리 · 선교적 과제를 제대로 수행하기

---

55) 황홍렬, 『한반도에서 평화선교의 길과 신학』 (서울: 예영 B&P, 2008), 328-330; WCC, 「한반도 평화와 통일에 관한 성명서」, 「한국기독공보」 2013. 11. 8.
56) WCC, 「한반도 평화와 통일에 관한 성명서」, 한국기독공보, 2013. 11. 8
57) 위의 글.

위해서 남한 교회는 통일한국의 미래에 대한 비전을 제시할 수 있어야 한다. 왜냐하면 과정으로서의 통일이란 그것이 곧 새로운 한국을 만들어 가는 과정이기 때문이다. 진정한 의미의 통일은 '결과로서의 통일'이라기보다는 '과정으로서의 통일'이다. '결과로서의 통일'은 남, 북 한 쪽의 붕괴를 전제로 한 것인데 이런 통일은 그동안 "아무런 성과가 없었고 오히려 남북 간의 적대성만 강화시켰다는 점에서 문제가 있다."58) 이에 반해 "'과정으로서의 통일'은 통일을 어느 한 순간의 어떤 사건(전쟁, 붕괴 등)으로 보지 않고 형성적인 것으로 본다. 즉 남과 북의 분단이 극복되고 이질성이 완화되어 동질성이 강화되며 새로운 통일국가의 질이 형성되는 과정이 곧 통일"이라고 보는 것이다."59) 다시 말해 '새로운 나라를 창조하는 과정'이 곧 통일의 과정인 것이다.

"독일연방공화국(서독)의 초대수상이었던 아데나워는 '새로운 독일'을 만든다는 건국의 비전이 있었다. … 새 독일, 즉 독일연방공화국은 기본법 1조에 '인간의 존엄성은 침해되어서는 안 된다. 인간의 존엄성을 존중하고 보호하는 것이 모든 공권력의 의무이다'고 규정하고 이에 따라 독일 국민의 모든 의식을 바꾸고 제도를 새롭게 창조해갔다."60)고 한다.

통일의 과정이 새로운 나라를 만들어 가는 과정이라면, 그 일은 무엇보다 탈북자들을 대상으로 해서 이루어져야 할 것이다. 왜냐하면 탈북자를 대상으로 하는 통일선교는 새로운 나라를 만들어가는 하나의 예행연습이 되기 때문이다. 그런데 통일한국의 새로운 미래비전은 무엇일까? 성경에 의하면, 그것은 통일한국이 하나님 나라 공동체가 되는 것이

---

58) 배기찬, "북한과 통일은 우리에게 무엇인가?" 평화와통일을위한기독인연대 출판위원회, 『평화통일과 한국교회』 (서울: 도서출판 평통기연, 2014), 75.
59) 위의 책, 76.
60) 위의 책, 76-77.

다.[61] 다시 말해 성경이 제시하는 통일한국의 미래 비전은 통일한국이 인간의 존엄성이 존중받는 나라, 자유와 해방이 꽃피는 나라, 치유와 용서가 이루어지고, 정의와 사랑이 하수같이 흘러가며, 화해와 평화가 바다물결같이 출렁이는 나라가 되는 것이다.[62]

VI. 나가는 말

지금까지 필자는 통일운동은 남한 교회의 윤리 · 선교적 과제라는 사실을 전제로 하여 한반도의 분단과정과 통일의 필요성, 통일운동의 토대로서의 평화통일신학, 남한 교회의 통일운동의 과정을 살펴보는 가운데 한반도 평화통일을 위한 남한 교회의 윤리 · 선교적 과제를 아홉 가지로 제시하였다. 이 논문의 목적은 한반도 통일을 위한 남한 교회의 과제를 제시하는 것이었다. 그러나 이 과제를 단순히 선교적 과제라 하지 않고 윤리 · 선교적 과제라고 한 데는 특별한 이유가 있다. 왜냐하면 통일을 위한 과제는 선교적 과제이며 동시에 윤리적 과제이기 때문이다. 통일

---

61) 김상복은 통일한국의 미래상으로 1. 하나님의 나라와 그의 의를 추구하는 통일한국, 2. 사랑을 추구하는 통일한국, 3. 평등을 추구하는 통일한국, 4. 평화를 추구하는 통일한국, 5. 하나님의 주권 속에 있는 통일한국, 6. 자유를 추구하는 신본주의 통일한국, 7. 섬김과 일치를 추구하는 통일한국, 8. 다양성과 통일성이 조화된 통일한국, 상식이 통용되는 통일한국, 삶의 질을 높이는 통일한국 등을 제시한 바 있다.〈김상복, "하나님이 통치하는 민족공동체 통일한국," 강승삼 외,『평화통일과 북한복음화』(서울: 쿰란출판사, 1997), 22-39.〉

62) 정원범,『교회 · 목회 · 윤리』(서울: 쿰란출판사, 2008), 93-102. "교회는 시장경제가 줄 수 있는 것과 다른 것을 주는 곳이지요. 공산주의 국가들은 평등은 있지만 자유가 없고, 서구에는 자유는 있지만 평등은 없는 상황입니다. 자유와 평등을 연결해서 새로운 사회를 만들어 가는 것이 필요합니다"라고 말했던 몰트만의 관점에서 말하자면 통일한국의 미래상은 자유와 평등이 조화를 이룬 새로운 사회가 되어야 할 것이다.〈정재영, "통일 후 교회의 역할,"『통일 · 사회통합 · 하나님 나라』, 179.〉

을 위한 과제를 수행하는 일은 교회가 지금까지 잘못해왔던 행위들을 신앙적으로, 신학적으로 바로 잡는 것을 포함하는 일이라는 점에서 그 것은 교회가 교회다워지는 길이며 그런 점에서 그것은 곧 교회의 윤리 적 과제를 수행하는 일이기도 하다. 하워와즈가 말한 대로 "기독교사회 윤리의 첫 번째 과제는 교회로 하여금 교회되게 하는 것이다…. 교회는 사회윤리를 소유하는 것이 아니라 교회가 바로 사회윤리이다."[63] 말하 자면, 한반도 통일을 위한 위의 아홉 가지 과제는 교회를 교회되게 하는 운동이라는 점에서 교회의 윤리적 과제이며, 동시에 그것은 "하나님의 백성들이 세상 안에서의 하나님의 행위에 참여하는 것"[64]이라는 점에 서 교회의 선교적 과제인 것이다.

독일 통합 직후 당시 서독교회협의회 총무였던 헬무트 감독은 이렇 게 말했다.[65]

우리 모두 통일을 기원했습니다. 우리 모두 그리스도인이었고 한 민족 이었기에 통일이 되면 서로 잘 협력할 수 있으리라고 믿고 있었습니다. 그러나 막상 통일이 되고 나니 우리는 너무 준비가 부족했다는 사실을 통감했습니다. 한국교회는 우리의 경험을 시금석으로 삼아 통일에 대 한 준비를 철저히 해나가십시오, 사실 우리는 서로 서신을 주고받을 수 있었으며, 신문, 라디오, 텔레비전 등을 볼 수 있었으며, 방문도 가능하 여 우리는 서로 잘 알고 있는 줄 알았습니다. 그러나 막상 통일이 되고

---

63) Duncan B. Forrester, *The True Church and Morality*, 김동선 역, 『참된 교회와 윤 리』, 79.
64) Carlos F. Cardoza-Orlandi, *Mission: An Essential Guide*, 15.
65) 김동선, "민족통일과 북한선교," 호남신학대학교 편, 『기독교와 한반도평화정착』 (서울: 한들출판사, 1998), 210-211.

보니 우리는 너무 서로를 몰랐습니다. 이렇게 서로가 달라져 있었다는 사실을 알고, 때로는 통일을 후회하기도 하였습니다. 제가 알기로는 동서독과 달리 남북 사이에는 서신교환, 상호방문은 물론 서로 알 수 있는 길이 완전히 차단되어 있는 것으로 알고 있습니다. 더군다나 동서독 사이에는 전쟁은 없었지만, 남북한 사이에는 전쟁으로 서로 피 흘린 경험이 있었던 것으로 알고 있습니다.

통일을 위해 착실하게 준비했다고 알려진 독일이 이처럼 통일이후 통일의 후유증으로 상당한 진통을 겪었다고 한다면, 우리의 통일을 위한 준비가 얼마나 부족한가를 잘 알 수 있다. 따라서 남한 교회는 독일이 경험했던 시행착오를 반복하지 않기 위해서라도 민족의 통일을 위한 준비를 보다 철저하게 해나갈 수 있어야 한다. 그동안 대부분의 남한 교회들은 분단체제 안에 안주하였고, 통일을 윤리적, 선교적 과제로 잘 생각하지 못했다. 따라서 남한 교회는 이제부터라도 민족통일을 하나님이 우리에게 주신 윤리적, 선교적 사명이라는 사실을 깨달아 민족통일운동에 적극적으로 참여해야 한다. 그도 그럴 것이 분단된 민족의 통일운동에 참여하는 것은 그것이 곧 이웃의 아픔과 민족의 고통에 참여하며 하나님의 사랑을 실천하는 윤리실천운동이 되기 때문이며, 또한 그것은 남한사회와 통일한국 속에서 하나님의 나라를 구현해가는 멋진 생명선교, 정의선교, 화해선교, 평화선교가 되는 것이기 때문이다.

8 한국교회의 탈북자 선교의 과제*

I. 들어가는 말

어느 덧 우리 사회는 탈북자 3만 명 시대가 되었다. 탈북자들이 이렇게 많아졌건만 우리사회의 사람들은 탈북자들의 존재에 대해 무관심한 채 살아가는 경우가 많다. 그러나 우리와 같은 동포인 탈북자들의 눈물 겨운 사연들을 듣게 될 때, 그들의 눈물이 우리와 상관없는 눈물이 되기는 어려울 것이다. 그들의 사연을 들어보자.

첫째 사연: 무산광산 선전대 여배우 출신인 방미선 씨는 남편이 2002년 굶어 죽고 나서 아들과 딸에게 밥이라도 배불리 먹여주겠다는 일념으로 탈북을 시도했으나 중국에서의 생활은 비참한 삶 그 자체였다고 털어놓았다. 방 씨는 "중국에 가면 밥도 많이 먹을 수 있고 북한에서보다 훨씬 나은 생활을 할 수 있다고 들었지만 나를 기다리고 있었던 것은 인신매매단이었다"면서 "중국에 가자마자 인신매매단에 팔려 처음에

---

* 이 글은 "탈북자 이해와 한국교회 탈북자선교의 과제"라는 제목으로 「선교와 신학」 38, 2016에 실렸던 글임.

는 중국인 장애인과 강제결혼하고 나중에는 14살 연하 남자와 결혼까지 해야만 했다"고 울먹였다. 하지만 방 씨에게 그것이 고통의 끝이 아니었다. 방 씨는 결국 신분이 탈로나 중국 공안당국에 의해 붙잡혔고 강제로 북한에 송환돼 짐승보다도 못한 생활을 해야 했다. 방 씨는 "북한으로 다시 끌려가 강제수용소에서 너무 매를 많이 맞아 지금은 제대로 걷지 못한다"면서 치마를 걷어 올려 당시 맞은 허벅지에 움푹 팬 상처를 직접 보여줬다. 방 씨는 참혹했던 당시 상황이 생각이 나는지 잠시 말을 잇지 못했고 참석자들 가운데 일부는 눈물을 글썽이기도 했다. 방 씨는 자신과 같은 희생자가 더는 다시 나오지 않아야 한다면서 "국제사회가 북한여성이 더 이상 짐승처럼 팔려다니며 고통을 받지 않는 세상이 오도록 도와달라"고 눈물로 호소했다.[1]

둘째 사연: "갑자기 허무해지고 아무 말도 할 수 없고 가슴이 터질 것만 같고 눈물이 쏟아지는데 누군가를 만나고 싶은데 만날 사람이 없다." 이것은 탈북자 장미리(35. 가명) 씨가 한국에서 혼자 보냈던 첫날밤의 심정을 표현했던 글이다. 탈북자들은 하나원에서 나온 첫날밤을 국가로부터 배정받은 11평(1인 기준) 임대주택에서 홀로 쓸쓸히 보내야만 한다. 그들 옆에는 하나원에서 가져온 이불과 옷 몇 점, 그리고 단출한 가재도구 몇 개뿐이다. 남한 나이 1살인 그들은 외딴곳에 버려진 아이처럼 외로움과 두려움으로 첫날 밤을 맞이하는 것이다. 하나원 출소 후 첫날 밤을 혼자 눈물을 흘리며 뜬눈으로 밤을 지새웠다는 박진주(33. 가명) 씨는 "내가 살아야 할 집이 너무나 무섭게 느껴졌어요. 오죽하면 눕지도 못하고 며칠 동안 쪼그린 채 잠을 잤지요"라며 첫날 밤의 예상

---

1) http://m.blog.naver.com/spp0805/120067687740.

치 못한 두려움과 외로움에 많이 시달렸다고 한다. 하나원에 있을 때만 해도 비슷한 입장의 사람들과 같이 있어 외로움을 잊은 채로 살아왔지만 그 첫날은 타향에서의 홀로서기를 비로소 실감하는 시간이어서 더욱 눈물을 흘린다고 한다. 그들은 한국의 문화와 상대하기 전에 이렇듯 외로움부터 먼저 만나게 되는 것이다.[2]

본래는 하나의 민족이었었는데 어쩌다가 이렇게 둘로 나누어진 후 북한의 동포들과 탈북자들은 이토록 비참한 처지에 놓이게 된 것일까? 또한 남한사회에 거주하는 탈북자들의 79%가 우울하거나 슬프다고 하는데 무엇이 이들을 이토록 고통스럽게 만들고 있는 것일까? 남한사회는 이들을 끌어안을 수 없을 만큼 비정한 사회인가? 이들을 이대로 방치한 채 남한사회는 행복할 수 있을까? 이들을 이대로 방치한 채 남한사회는 통일을 말할 자격이 있는 것일까? 한국교회는 이들의 고통에 무관심하면서 하나님의 사랑을 말할 수 있는 것일까? 사람들은 탈북자들을 가리켜 "먼저 온 미래", "먼저 온 통일"이라고 말하고, "탈북자들의 남한사회 정착과정은 통일 후 남북통합의 시험과정"이라고 말하는데 북한선교, 통일선교를 말하는 한국교회는 탈북자들의 남한사회 정착을 위해 무엇을 하고 있을까? 이 모든 질문들을 고민하면서 필자는 본고를 통해 탈북자 선교는 통일운동의 예행연습이며, 통일한국의 새로운 미래 만들기의 예행연습이라는 사실을 전제로 하여 한국교회의 탈북자 선교의 과제를 제시하고자 한다. 이를 위해 2장에서는 탈북자의 실태와 문제를, 3장에서는 탈북자선교의 형태와 문제를 살펴본 후 4장에서 탈북자 선교의 과제를 다루되 첫째는 탈북자 선교의 운동적 차원의 과제를, 두 번째

---

2) http://www.bluetoday.net/news/articleView.html?idxno=247

는 탈북자 선교의 신학적 과제를 제시하고자 한다.

II. 탈북자의 실태와 문제

1. 탈북자의 실태

탈북자들은 누구인가? 그들을 지칭하는 명칭은 시대에 따라 바뀌었다. 분단 이후 1980년대까지는 북한을 탈출하여 남한에 온 사람들을 '귀순용사'라는 군대 용어를 사용하였다. 1990년대부터는 상황이 다소 달라지는데 군인들 이외에도 여러 계층의 북한주민들이 늘어나면서 그들은 '귀순자'로 불렸다. 이때까지는 중국을 경유하기보다는 휴전선을 넘어오는 경우가 많았다. 귀순자들도 일반 주민보다는 북한 체제를 반대했거나 불법을 저지른 반체제 정치인 또는 군인이 다수를 차지했다. 그러다 1990년대 중반 이후 북한이 최악의 경제 위기에 직면하자 '생계형' 탈북자가 늘어나기 시작했다. 이들은 배를 이용해 국경을 넘기도 했으나, 대부분은 중국을 경유해 남한으로 들어왔다. 이때부터 가족을 동반한 '가족 탈북'이 이어졌다. 문민정부 말기인 1997년 1월부터는 탈북자의 호칭이 '북한 이탈자'로 불렸다. 참여정부 시절인 2005년 1월부터 '새로운 터전에서 삶을 시작하는 사람'이라는 뜻의 순우리말인 '새터민'으로 불렸다. 하지만 '새터민'이란 용어는 재외탈북자를 배제하는 문제가 있으며, 북한이탈주민들로부터도 별로 환영받지 못하고 있다.3) 그러다

---

3) 북한이탈주민들은 자신들을 '새터민'으로 부르지 말고 '탈북자'라고 불러달라고 요구한다.〈윤인진, 『북한이주민』(서울: 집문당, 2010), 162.〉

가 이명박 정부가 출범한 후인 2008년 11월에 다시 '북한 이탈 주민'으로 바뀌었다. 이렇게 탈북자들은 시대에 따라, 정권에 따라 명칭이 바뀌었다. 그런데 "자유를 찾아온 북한인협회"는 '탈북자'로 부르기보다는 '자유북한인'으로 불러줄 것을 제안하였고, 일부 탈북자들은 '자유 이주민'으로 불려지기를 바라고 있기도 하지만4) 임용석은 탈북동포들을 국제적으로는 난민으로 규정하고 있는 사실에 근거하여 탈북난민이라고 부르기도 한다.5) 본고에서는 인용문이 아닌 경우 가능한 한 탈북자라는 말을 사용하기로 한다.

우선 한국 내 탈북자 수를 보자. 통일부 자료에 따르면 1998년 탈북자 수는 947명에서 2006년 9717명, 2010년 2만400명, 2014년 2만7518명으로 늘어난 것으로 조사됐다.

〈표 1〉에서 볼 수 있듯이 탈북자 수는 2006년을 기점으로 증가하다가 2012년 이후 감소추세에 있는데 남성에 비해 여성 탈북자들이 월등히 많은 것을 알 수 있다.6)

다음 〈표 2〉7)에 나타난 탈북자들의 현황을 볼 때 두드러진 사실은 20-30대가 가장 많이 탈북하고 있고, 무직이거나 노동자들의 탈북이 압도적으로 많으며, 학력은 중고등학교 출신이 가장 많았다는 점이다. 그들의 탈북 요인을 보면, 크게 북한의 내부 요인과 북한 외부의 요인으로 나누어 볼 수 있는데 북한의 내부 요인만 살펴보면, 탈북 난민 발생의

---

4) http://www.sisapress.com/news/articleView.html?idxno=57328. 장신대 남북한 평화신학연구소, 「제1회 한반도의 화해와 평화통일과 북한선교를 위한 국제포럼」(2014. 10. 27), 28-29.
5) 임용석, 『통일, 준비되었습니까?』(서울: 도서출판 진리와자유, 2011), 104.
6) http://cafe.daum.net/biblicaleducation/Flbo/966?q=%BA%CF%C7%D1%C0% CC% C5%BB%C1%D6%B9%CE%C0%D4%B1%B9%C7%F6%C8%B2&re=1.
7) http://cafe.daum.net/worldnewkorean/TWu2/15?q=%BA%CF%C7%D1%C0% CC%C5%BB%C1%D6%B9%CE%C7%F6%C8%B2&re=1.

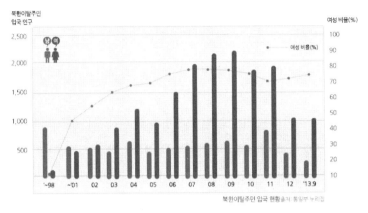

북한이탈주민 입국 현황출처: 통일부 누리집

〈표 1〉 북한이탈주민 입국 현황

■ 북한이탈주민 현황

› 입국 현황(~'12.12월 입국자기준)

구분	~'98	~'01	'02	'03	'04	'05	'06	'07	'08	'09	'10	'11	'12.12 (잠정)	합계
남(명)	831	565	511	472	624	423	512	571	608	671	589	797	402	7,576
여(명)	116	479	632	810	1,272	959	1,510	1,977	2,196	2,258	1,813	1,909	1,107	17,038
합계(명)	947	1,044	1,143	1,282	1,896	1,382	2,022	2,548	2,804	2,929	2,402	2,706	1,509	24,614
여성비율	12%	46%	55%	63%	67%	69%	75%	78%	78%	77%	75%	70%	72%	69%

› 연령별 유형(~'12.7월 입국자기준)

구 분	0-9세	10-19세	20-29세	30-39세	40-49세	50-59세	60세이상	계
누계(명)	988	2,793	6,541	7,359	3,898	1,209	1,091	23,879
비율(%)	4	12	27	31	16	5	5	100

› 재북 직업별 유형(~'12.7월 입국자기준)

구 분	무직 부양	노동자	관리직	전문직	예술체육	봉사분야	군인	계
누계(명)	12,264	9,041	393	483	195	874	629	23,879
비율(%)	50	38	2	2	1	4	3	100

› 재북 학력별 입국현황(~'12.7월 입국자기준)

구 분	취학전 아동	유치원	인민학교	고등중	전문대	대학 이상	기타 (불상)	계
누계(명)	643	216	1,556	16,773	2,198	1,689	804	23,879
비율(%)	3	1	6	70	9	8	3	100

※ 사망,말소,이민자와 주소 미등록, 보호시설수용자 제외

〈표 2〉 북한 이탈 주민 현황

직적접인 요인은 1990년대 이래 심각했던 북한의 식량난이라 할 수 있다. 이와 더불어 개인적 자유와 인권을 억압하고 출신성분에 따라 차별 대우하는 북한의 전체주의체제에 대한 불만 등이 탈북의 동기로 작용하고 있다. "중앙집권적 계획경제에 의한 중앙배급체제가 무너지면서 식량을 구하기 위한 여행이 어느 정도 자유로워졌고, 자본주의 시장경제의 일종인 장마당의 매매활동이 비공식적인 영역에서 공식적인 영역으로 보편화되면서 교류와 왕래가 빈번해졌다. 정보와 소문이 물 흐르듯 퍼져 나가게 되었다. 일부 북한동포들은 중국 및 한국의 발전상을 알고 있으며 한국의 영화와 드라마 녹화물을 시청하거나 라디오 방송을 비밀리에 청취하는 주민들의 수도 증가하고 있다고 한다. 이러한 가치관의 변화는 북한 동포들의 탈북을 촉진시키고 있으며 이미 탈북을 경험했던 사람들의 재 탈북과 탈북 경험자의 이야기를 들은 친인척들의 탈북이 이어지고 있는 것이다."8) 이렇게 볼 때 탈북의 내부적 요인에는 크게 생존의 문제를 해결하기 위한 경제적 요인, 자유를 누리기 위한 정치적 요인, 보다 나은 삶의 질을 위한 복지적인 요인이 있다고 하겠다.

2. 탈북자의 문제

첫째로, 탈북자가 느끼는 문제는 무엇보다 심리적 적응의 문제이다. "남북한 간의 사고방식의 차이, 남한 사람들의 북한이주민에 대한 편견과 부정적 태도 등으로 인해 북한 이주민들은 심리적 적응에 어려움을 겪고 있다."9) 이런 어려움으로 한국생활 몇 년 만에 미국으로 떠난 탈북

8) 임용석, 『통일, 준비되었습니까?』, 107.
9) 윤인진, 『북한이주민』, 157.
2001년 북한이탈주민후원회 조사에 따르면 '남한사람의 편견과 차별'이 사회(직장)생활

자들도 있다.10) 또한 탈북자들이 가장 힘들어하는 점은 외로움이다.11)

서연재 씨(가명. 47세, 대구거주 5년)는 "대구에 살면서 가장 힘든 것이

외로움"이라고 말했다.12) 요즈음 경제적 문제도 있지만 외로움과 이로

인한 우울증으로 자살하는 탈북자들이 늘고 있다. 탈북자들의 자살비율

은 국내 평균 자살률보다 3배가 높다. 극단적인 선택을 하는 탈북자들이

늘고 있는데 경찰청 조사를 보면 탈북자들의 자살률은 지난 2008년

10.4%, 2009년 16.3%로 일반 국민 평균 자살률 6.2%보다 3배 가까이

높은 것으로 나타났다.13) 이러한 사실을 통해 우리는 탈북자들이 남한

에서 가장 어려운 문제점으로 지적되었다. 구체적으로 직장생활을 통해 우리 사회 정착
정도를 묻는 '직장생활에서 가장 어려운 점은 무엇인가?'라는 질문에 '남한사람들의 편견
과 차별이 가장 힘들다'고 응답한 사람들이 218명으로 전체 응답자 973명 가운데 22.4%
를 차지하였다."

10) http://www.hani.co.kr/arti/politics/politics_general/492007.html
"2002년 한국에 온 탈북자 박연자(가명 · 42)씨는 채소가게에서 일했다. 가게에는 점원
이 여럿 있었다. 한국 점원은 한 달에 110만원을 받았다. 조선족은 90만원을 받았다.
박씨는 '북에서 왔다는 이유로' 80만원을 받았다. '오만가지 정이 딱 떨어졌어요.' 한국
에서 박씨는 3등 국민이었다. 탈북자를 돕는다는 교회에 나갔다. 예배당에는 '탈북자
자리'와 '한국인 자리'가 구분되어 있었다. 구분과 격리는 식사 시간에도 이어졌다. 예배
가 끝나자 한국 교인들이 밥을 먹었다. 탈북자 30여명은 그들과 떨어진 다른 방에서
밥을 먹어야 했다. '그때는 정말…, 단 하루도 한국에 있기 싫었어요.' 한국 생활 2년 만
에 박씨는 미국으로 떠났다."

11) "가족을 떠나 아무도 아는 사람이 없는 곳으로 왔다는 사실이 외로움을 증폭시키기도
한다. 이들은 가족을 떠나왔다는 자책감에 힘들어 하는 경우가 많다. 잔류 가족의 안전
에 대한 불안감도 크다. 또 정치적 이유보다 경제적 이유로 인한 탈북이 많아지면서 탈
북자들은 국적을 버렸다는 또는 조국을 떠났다는 (또는 배반했다는) 자책감을 갖기도
하고, 고향으로의 귀환 가능성에 대한 막연한 기대감을 갖기도 한다. 이렇게 이중감정
속에 혼란과 갈등을 경험하기도 한다. 뿐만 아니라 탈북과정에서 은신, 체포, 고문, 탈
출 등의 극단적 상황을 경험한 경우 외상 후 스트레스 장애나 불안장애 등이 나타나기도
한다. 또 남한에 입국하여 낯선 사회에서 문화충격과 더불어 소외감을 느끼며 우울증을
겪기도 한다."〈조은식, "탈북자들의 남한 사회통합을 통한 평화 만들기," 「제43차 정기
학술대회 자료집」(2014. 10. 31), 269.〉

12) 영남일보, 2015. 3. 24

13) http://www.rfa.org/korean/weekly_program/cc3ec544ac00b294c2ecb9acc0
c1b2f4/counselling-07182012103438.html

에 정착하는 일이 얼마나 어려운가를 알 수 있다.

둘째로, 탈북자들이 겪는 가장 심각한 문제는 경제적으로 적응하는 문제이다. 북한이탈주민지원재단의 조사14)에 따르면, 탈북자들은 경제적 하층민의 삶을 살고 있는 것으로 드러났다. "탈북자 상당수가 저임금과 불안한 고용 상황에 처해 있으며 그나마 일자리를 구한 경우의 절반은 임시직·일용직처럼 고용의 질이 낮은 직업들이다. 경기가 나빠질 경우 해고 위험이 큰 일자리의 비율이 절반에 가깝다. 2만 명 넘게 국내로 들어왔지만 공직에서 일하는 탈북자는 미미하다. 지난해 12월 현재 정부 중앙부처에 81명, 지자체에 56명 등 총 137명이 근무한다. 정식 공무원은 25명, 행정보조 인력은 112명이다. 취약한 고용은 경제력으로 이어진다. 탈북자의 월평균 소득은 101만~150만원이 41.3%로 가장 많고, 50만~100만원이 25.0%, 50만 원 이하가 8.2%다. 33.2%가 월 평균 100만 원 이하다. 탈북자 3명 중 1명이 한 달에 100만원도 못 버는 셈이다. 주거 형태도 영구임대아파트 52.2%, 국민임대아파트 36.4% 등 95.6%가 타인 소유의 주택에 거주한다."15) 통일부에 따르면, 2014년 말 현재 탈북자 수는 2만 7518명인데 2014년까지 의료·교육·법률·군사·정보통신 등 전문 경력을 가진 탈북자는 533명이지만 이들 중 관련 분야에 취업한 사람은 10%에 불과하다. 나머지는 막노동이나 식당일 등을 하고 있는 것으로 조사됐다. 이런 사실에 비추어 볼 때 탈북자들 대부분이 경제적 적응에 어려움을 겪고 있음을 알 수 있다.16)

---

14) 2011년 7~8월 두 달간 2010년까지 입국한 8세 이상 탈북자 가운데 주민등록상 거주자 1만8천997명을 접촉, 이 가운데 8천299명(남성 2천258명, 여성 6천41명)을 면접 조사.
15) 「경기일보」 2012. 2. 13
16) 북한에서 일정한 직업이 없던 사람은 말할 것도 없지만 "북한에서 '엘리트' 대접을 받던 사람들 상당수도 남한에서 사회의 하위층으로 전락한 상태다. 북한에서 지질연구소 연구원으로 활동하다 현재경기도에서 노동일을 하고 있는 정모씨는 '모든 탈북자들이 다

셋째로, 탈북자들은 사회문화적인 적응에도 어려움을 느끼고 있다. 탈북자들은 남한사회가 경제적으로 풍요한 것은 인정하면서 자신들도 풍요롭고 자유로운 삶을 살고 싶어 하지만 기대와 현실 사이에서 커다란 괴리를 발견하며 남한사회에서의 생활에 어려움을 느끼고 있다. 말하자면 그들은 남한사회에 대한 이중적인 태도를 보이는데 한편으로는 남한에서의 풍요로운 삶에 대한 기대가 있고, 다른 한편으로는 그러한 풍요로운 삶으로의 진입이 어렵다는 사실에 절망감을 가지게 된다. 특히 남한사회를 치열한 경쟁 속에서 밀려난 사회의 약자들에게는 무정하고 이기적인 사회, 사회적 약자들은 전혀 배려하지 않는 비인간적인 사회, 약육강식의 논리가 지배하고 물질만능주의가 팽배한 사회로 인식하면서[17] 그들은 이러한 남한사회의 비정함으로 인해 남한사회를 그만 떠나기도 하고, 목숨을 끊기도 하는데 이는 남한사회에서의 적응이 얼마나 어려운가를 잘 보여준다고 하겠다.

III. 탈북자 선교의 형태와 문제

1. 탈북자 선교의 형태

탈북자 선교는 크게 세 가지 형태로 나타난다. 첫째, 중대형교회의 북한선교부서를 통한 사역이다. 둘째, 탈북자 출신의 목회자가 탈북자

고생하기 마련이지만, 북한에서 좀 대접받고 살았던 엘리트층은 '목숨 걸고 압록강·두만강을 건넌 대가가 이런 것이냐'는 생각에 더 적응을 못하는 경우가 많다'고 했다."
(http://news.chosun.com/site/data/html_dir/2015/03/09/2015030900219.html).
17) 윤인진, 『북한이주민』, 152.

들을 중심으로 교회를 개척하여 사역하는 경우이다. 셋째, 남한 목회자가 탈북자들을 품고 남한교인들과 함께 교회를 개척하는 경우이다. 현재 탈북자선교에서 가장 대표적인 모델이 대형교회의 북한 관련 부서 모델일 것이다. 이런 교회에서 탈북자 예배의 형태는 세 가지 형태를 가지는데 첫째는 탈북자들 중심의 예배를 따로 드리는 형태이고, 두 번째는 탈북자와 남한교인이 6:4, 7:3 등의 비율로 함께 참여하여 예배를 드리는 형태이고, 세 번째는 교회의 주일 낮 예배를 드린 후 소그룹으로 모임을 갖는 경우이다.[18]

2. 탈북자 선교의 문제

첫째로, 한국교회의 탈북자 선교의 문제점은 탈북자에 대한 태도에서 나타난다. 북한을 탈출해 남한 사회에 정착한 탈북자 대부분은 국내로 들어오는 과정에서 교회나 선교단체의 도움을 받았지만, 국내에 들어온 이후 교회에 제대로 정착하지는 못하고 있다. 탈북자 선교단체와 교회들은 국내에 정착해 신앙생활을 유지하는 탈북자가 20-30%에 불과한 것으로 추정하고 있다.[19] 중국이나 남한에서 신앙생활을 시작한 탈북자들 가운데 적지 않은 사람들이 교회를 더 이상 다니지 않거나 일반교회에서 탈북자교회로 떠나는 경우가 많은데 그 이유는 무엇일까? 조요셉과 임용석은 탈북자들이 남한 교회에 출석하다가 탈북자 교회로 옮기는 이유를 다음과 같이 설명한다. 첫째, 교회에 가면 남한교인들이 자기들을 대하는 태도가 마음에 들지 않기 때문이다. "탈북자가 교회에

---

18) 북한사역목회자협의회 편, 『통일선교목회, 지금부터 시작하라』 (서울: 진성애드피아, 2014), 90-92.
19) http://www.newspower.co.kr/sub_read.html?uid=16638

서 정착하기 어려운 가장 중요한 원인은 탈북자를 이상한 눈으로 본다는 것이다. 한국 사람의 가장 나쁜 성품 중의 하나는 자기들보다 조금만 못사는 나라나 민족에게 상당히 배타적이라는 것(또는 그들을 무시한다는 것)이다."20) 둘째, 남한교인들과 대화가 잘 이루어지지 않기 때문이다. 셋째로, 남한교인들이 자신들을 가르치려고만 하기 때문이다. 넷째로, 남한교인들은 외모도 자기들보다 낫고 옷도 잘 입고 다니는 반면, 자신들은 왜소하고 남루하여 수치감을 느낄 뿐 아니라 남한교인들이 입으로는 사랑한다고 하면서 사랑을 실천하는 것을 보기 어렵기 때문이다.21) 이외에도 문제가 되는 것은 한국교회 목회자나 교인의 이중성문제이다. 탈북자들은 남한 교회에 대해 "목회자나 교인의 이중성을 비판한다. 목사와 신자들의 99%가 이중적이다. 입으로는 복음을 말하면서도 실제로는 돈을 최고로 여긴다"22)는 것이다. 이러한 목회자나 교인들의 이중성, 부도덕성, 교회의 분열상 등을 고치려는 노력이 없이는 제대로 된 탈북자선교는 쉽지 않을 것이다.

둘째로, 한국교회의 탈북자 선교에는 전도 우선주의의 문제점이 있다. 탈북자 선교를 할 때 많은 경우 전도부터 하거나 전도를 가장 중요시하고 우선시한다는 문제점이다. 이런 태도는 지금까지의 그들의 삶의 경험을 전혀 고려하지 않는 일방적인 태도이다. 기독교 신앙을 처음 접하는 탈북자들의 반응을 보면, 그들은 북한에서 듣는 기독교방송의 내용을 이해하기가 어렵다고 말하는 경우가 있었고, 기도하는 모습은 별난 감이 들기도 하였고, 통성기도는 미친 사람들 같이 보였고, 식사기도

---

20) 임용석, 『통일, 준비되었습니까?』, 23.
21) 조요셉, "탈북민과 함께 하는 통일선교목회: 통일선교 지향적 교회세우기," 북한사역목회자협의회 편, 『통일선교목회, 지금부터 시작하라』, 73-74.
22) 황홍렬, 『한반도에서 평화선교의 길과 신학』(서울: 예영B&P, 2008), 199.

는 우습게 보였다는 반응이 있기 때문이다.23) 이러한 탈북자들의 삶의 경험들을 고려해 볼 때 탈북자들을 만나서 무조건 교회 나오라는 전도 방식은 얼마나 무모한 전도방식인가를 알 수 있다. 이런 전도방식은 전도가 되기보다는 오히려 탈북자의 마음에 상처를 주는 등 역효과를 나타낼 확률이 매우 높다. 이와 관련하여 탈북자를 선교할 때 나타나는 문제점으로 그들을 북한선교를 위한 도구적 가치로만 보려고 하는 문제점도 있다. 물론 그들이 북한선교를 위한 중요한 자원이기는 하지만 탈북자선교를 처음부터 끝까지 북한선교에만 초점을 맞추는 것은 잘못된 것이다.

셋째로, 탈북자 선교는 물질지원중심의 선교방식일 때가 많다. 이런 방식은 교회가 탈북자를 구제대상으로만 보는 문제점이 있다. "한국교회는 '주는 자'로, 북한이탈주민은 '받는 자'로 관계가 고정되면 '받는 자'는 "내적 장애인"이 되고, '주는 자'는 구제 행위를 통해 구원을 얻으려는 강자로 남으려는 유혹에 빠지며 결과적으로 이신칭의를 부정하게 된다. 결국 물질 지원 중심의 선교 방식은 '주는 자'와 '받는 자' 모두 복음으로부터 떠나게 하기 때문에 북한이탈주민 선교에 채택되어서는 안 된다."24) 물질 지원 중심의 선교 방식의 문제점에 대해 탈북자 김순미(가명, 70세) 씨는 말하기를, "큰 교회가 매달 10만원씩 도움을 줘서 큰 도움이 됐지만, 교회에 다니는 4년 동안 담당 목사 외에 어느 교인과도 사귀지 못했다"면서 "도움 받던 10만원이 아쉽지만 마음 편히 신앙생활을 하고 싶어 탈북자 교회로 옮겼다"25)고 말했다.

---

23) 위의 책, 204.
24) 위의 책, 205-206.
25) http://christian.nocutnews.co.kr/show.asp?idx=1640651

IV. 탈북자 선교의 과제

1. 탈북자 선교의 운동적 차원의 과제

첫째로, 탈북자 선교를 위해 중요한 것은 탈북자들이 하나님의 은혜와 사랑을 공급받고 성령 감동의 역사가 이루어지도록 하기 위해 기도하는 일이다. 그도 그럴 것이 탈북자들은 종교 자체에 대해 부정적인 생각을 가지고 있고, 많은 상처들로 인해 마음이 닫혀져 있기 때문이고, 그래서 그들의 마음을 움직이는 일은 하나님의 사랑과 성령의 감동이 없이는 불가능하기 때문이다. 사실 독일의 통일도 동독에 있는 성 니콜라이 교회에서 매주 기도회를 했던 것이 시민혁명으로 연결되면서 결정적인 계기를 맞게 되었다고 한다. 그러므로 남북한의 통일은 기도 없이는 불가능하다는 사실을 기억해야 한다.

둘째로, 탈북자의 존재가 얼마나 중요한가를 인식해야 한다. 그도 그럴 것이 탈북자는 통일한국의 미래를 위해, 남북통일의 예행연습을 위해 "먼저 온 미래"[26]이기 때문이다. 그런 점에서 오혜정의 탈북자 이해는 우리에게 시사하는 바가 크다고 본다. 그녀는 탈북자를 첫째, 우리에게 북한을 알려주는 도우미, 둘째, 남한 사회를 알려주는 도우미, 셋째, 통일 이후 남북한 주민들의 삶을 미리 보여 주는 자, 넷째. 정신적, 심리적, 물질적 측면에서 사마리아인을 만나야 하는 쓰러진 병자, 다섯째, 북한 복음화를 준비하는 남한 교회에 꼭 필요한 거들 짝(배필)으로 본다.[27] 황홍렬도 탈북자를 단순한 "지원의 '대상'이나 북한의 직접 선

---

26) 임용석, 『통일, 준비되었습니까?』, 150.
27) 오혜정, "북한 이탈 주민-북한 복음화의 거들 짝," 「사목」 269(2001. 6), 26-35.

교를 위한 훈련 '대상'으로 볼 것이 아니라 남한의 자본주의 문화와 북조선의 주체문화 사이의 경계에 서 있는 제3의 문화적 주체로서 북의 문화적 정체성을 지닌 채 남의 문화에 적응하는 과정에서 남북의 문화적 통합 과정에서 새로운 문화적 주체를 세우는 데 중요한 기여를 할 수 있는 사람들로 보아야 한다."28)고 말한다.

탈북자에 대한 이러한 새로운 이해의 관점에서 볼 때, 탈북자와 남한사람과의 관계는 한쪽은 열등하고, 다른 한쪽은 우월한 그런 관계이거나 한쪽은 받기만 하고, 다른 한쪽은 주기만 하는 그런 일방적인 관계가 아니라 피차 서로에게 도움을 주기도 하고 받기도 하는 그런 상호 보완적인 관계임을 기억해야 한다. 또한 남한 사람은 변할 필요가 없고, 탈북자는 남한의 삶의 방식에 무조건 순응해야 하는 그런 관계가 되어서도 안 된다. 왜냐하면 남한사회의 삶이 너무도 천박한 자본주의와 맘모니즘에 빠져 있어서 남한의 삶의 방식은 통일 이후 남북한 간의 사회문화적 통합을 이루는데 장애가 되는 것은 말할 것도 없지만, 그것은 통일 이전부터 탈북자와 남한 사람 간의 사람의 통일을 이루는데도 커다란 장애물이 되고 있기 때문이다.

여기서 우리는 우월한 사회와 열등한 사회, 지배적 국가와 피지배 국가, 식민지와 피식민지 사람들이라는 이분법적 구도를 극복하기 위해 바바(Homi K. Bhabha)가 주창한 '혼종성'이란 개념에 주목할 필요가 있다. 이 개념은 서로 다른 문화, 배경, 역사, 경험을 가지고 있는 개인이나 집단은 일방적으로 영향을 주거나 받는 것이 아니라 서로에게 영향을 주기도 하고 받기도 한다는 점에서 상호의존성을 강조하는 개념이다.29) 그러므로 탈북자선교에 있어서 중요한 것은 탈북자와 남한사람

---

28) 황홍렬, 『한반도에서 평화선교의 길과 신학』, 81.

과의 관계가 일방적인 관계가 아니라 상호의존적 관계라는 사실을 기억하는 일이다.

탈북자 선교는 통일운동의 예행연습이다. 달리 말해 탈북자가 남한에 들어와 있다는 것은 이미 통일은 시작된 것이고, "탈북자들의 남한사회 정착과정은 통일 후 남북통합의 시험과정"[30]이라 할 수 있다. 그래서 탈북학교 교장인 윤동주는 이렇게 말한다. "지금 탈북민이 2만 7천여 명 가량입니다. 삼팔선이 무너져야 통일입니까? 우리 가운데 이미 통일은 이루어졌습니다. 지금 넘어 온 탈북민들도 북한 사람입니다. 이미 통일된 한국입니다. 영토의 통일에서 벗어나야 합니다. 사람이 통일이 되어야 통일입니다. 영토가 통일되기에 앞서 한국의 탈북민들을 통일 한국의 일원으로 인정하는 것, 그것이 우리가 해야 할 일입니다."[31]

셋째로, 탈북자 선교는 무엇보다 그들이 누구인지, 그들의 특성은 무엇인지를 아는 것으로부터 시작되어야 한다. 그들이 보이는 심리적 특성에 대해 전우택은 다음과 같이 설명한다.[32] 첫째, 탈북과 남한에 들어온 행동에 대하여 공적인 가치와 명분을 세운다. 둘째, 타인을 의심하고 불신한다. 셋째, 극단적인 흑백논리를 주장하는 경직된 사고를 갖는다. 넷째, 법보다는 힘을 가진 사람의 의지가 더 중요하다는 시각을 갖는다. 다섯째, 수동적이고 의존적이다. 여섯째, 공평한 대우를 받는 것에 대해 예민하다. 일곱째, 힘에 대해 예민하다. 또 그들이 지닌 특성

---

29) Bill Ashcroft, Gareth Gareth and Helen Tiffin, *Key Concepts in Post-colonial Studies*(London: Routledge, 1998), 118; 박홍순, "한국사회의 이주민, 대안적 정체성 그리고 성경 해석," 「선교와 신학」 20집, 163. 재인용.
30) http://www.ohmynews.com/NWS_Web/View/at_pg.aspx?CNTN_CD=A0001769725.
31) 김봄, 『복음 안에 하나 되리라』 (서울: 예수전도단, 2013), 131.
32) 윤인진, 『북한이주민』, 158.

을 강점과 약점으로 나누어 살펴보기로 하자.33) 그들의 강점을 보면 다음과 같다. ① 정이 많고 착하다: 작은 것을 주어도 기뻐하고 어른을 존중한다. ② 도움을 받은 것은 반드시 갚으려 한다. ③ 생존본능이 강하고 새로운 환경에 적응을 잘한다. ④ 활동적이다. ⑤ 다른 사람의 기분에 잘 맞추어주는 능력이 좋다. ⑥ 고난 받는 사람들에 대한 연민이 강하다. ⑦ 독립심이 강하다. ⑧ 공동체 정신을 가지고 있다. ⑨ 동기부여가 주어지면 월등한 결과를 만들어 낸다. 반면, 그들의 약점을 보면 다음과 같다. ① 남한사회에 대한 이해가 부족하다. 예컨대 자유를 다른 사람에게 피해가 되든, 사회질서를 어지럽히든 자기 멋대로 행동하는 것으로 인식하는 탈북민도 있다. ② 책임의식이 희박하고 자기중심적인 이기주의 경향을 보일 때가 있다. ③ 인간 상호간의 연대감이나 사회성이 부족한 경우가 있다. ④ 북한에서 테러분자를 내려 보내 가해를 할 것이라는 생각 등으로 정서적 불안감과 초조감을 느낄 때가 있으며 남한 사회에 적응하지 못해서 무력감을 느끼거나 그로인해 욕구불만에 빠지기 쉽다.

특히 그들은 북한에서 교육받은 주체사상의 영향으로 종교 자체에 대한 부정적인 시각을 가지고 있다는 사실을 기억할 필요가 있다. 다음은 탈북자들의 종교 이해에 대한 고백들이다.34)

북한에서 교육받은 대로 종교를 무조건 부정적으로 보려는 시각을 갖

---

33) 임용석, 『통일, 준비되었습니까?』, 153-156.
34) 위의 책, 22. "제가 북한을 떠나 한국에 자리를 잡고 사는 동안 많은 분들이 교회에 나오라고 전도하면서 하나님은 어떤 분이라는 것을 가르쳤지만 저로서는 도저히 믿을 수가 없었고 심지어 그러는 사람들이 바보스럽고 어리석어 보였습니다. 도대체 왜 저렇게 정신 나간 사람들처럼 모일까? 저는 차라리 내 자신을 믿지 왜 보이지도 않는 허공에 대고 나의 모든 것을 구하고 맡기라고 하는가 너무 어이없는 일이라고만 생각했습니다."(조00, 여, 44세)

고 있었다. 종교는 아편이며 인민의 피를 빨아 먹는 철면피와 같다는 의식이 강했다. 그래서 북한에 있을 당시 종교인을 정신병자로 취급해 그들을 멀리했다. 문익환, 임수정, 문규현 신부가 방문했을 때도 이들을 북한에 동조하는 친북세력으로 보았을 뿐 종교인이나 박애주의자로는 전혀 생각하지 않았다. (류OO, 남, 44세)

본인의 기독교에 대한 시각은 북한 종교정책의 영향을 받았다고 본다. 종교는 비현실적이며 인간을 허무주의에 빠지게 하는 미신의 한 종류라고 배웠고 또 그렇게 인식하고 있다. (유OO, 남, 43세)

넷째로, 탈북자 선교는 무엇보다 사랑의 선교, 치유의 선교이어야 한다. 왜냐하면 그들에게는 기본적으로 종교 자체 대해 부정적인 시각이 있을 뿐 아니라 북한과 중국에서의 탈북과정과 이질적인 남한사회에서의 적응과정에서 무수한 상처를 받은 사람들이기 때문이다. "일반적으로 탈북민은 대다수가 부모, 형제들이 굶어 죽었거나 생이별을 당한 아픔, 아무 죄도 없으면서도 먹고 살기 위해 장사를 했다는 이유로, 중국으로 몰래 오갔다는 이유로, 또는 배고파 옥수수를 훔쳐 먹었다는 이유로 공개 처형당했거나 모진 고문으로 몸이 병들어 있는 사람들이다."[35] 그러기에 그들이 복음을 수용하게 되는 가장 큰 계기는 그들에게 헌신적인 사랑을 보여주었던 하나님의 사람들과의 지속적인 관계 때문인 것으로 나타난다. 다음의 고백들은 한국교회가 탈북자 선교를 어떻게 해야 하는지를 잘 보여준다.[36]

---

[35] 대한예수교장로회총회 국내선교국,「제 99회기 총회전도정책포럼: 작은 자와 함께하는 희망교회」(서울: 대한예수교장로회총회 국내선교국, 2015), 168.
[36] 임용석,『통일, 준비되었습니까?』, 23-25.

전혀 인간답지 않게 살아오던 제가 예수를 영접하고 구원받는 인생을 시작하게 된 것은 제대로 신실하신 예수님의 제자 되신 장로님을 알게 되고부터였습니다. 그분과의 만남 속에서 티 없이 깨끗하고 진실한 인간의 모델을 찾게 되었다고 감히 말할 수 있습니다. 북한에서 김일성, 김정일에게 속을 대로 속아 살아온 우리가, 철들기 전에 벌써 산전수전 다 겪어온 우리가 누구의 전도나 말을 쉽게 믿겠습니까? 장로님은 우리들에게 예수 믿으라고 한마디도 하시지 않으셨고 교회에 가자는 말씀도 한마디 하시지 않으셨습니다. 그냥 우리를 구원하시려 뛰어다니시는 그런 모습들이 그렇게 진실할 수가 없었습니다. 우리에게 가장 필요한 것이 돈일 수도, 또 제3국행일 수도 있지만 그보다는 상처 난 가슴을 어루만져 주고 감싸주고 품어주는 자애로움일 것이라고 말하고 싶습니다. 그분의 신실하신 모습과 인간 사랑에 탄복하였고 장로님처럼 멋있게 살고 싶었습니다. 이것이 나의 간증입니다. 어느 날 저는 장로님더러 어떤 종교를 믿는가고 물었습니다. 장로님은 단호하신 어조로 "나는 크리스천, 예수님의 제자입니다"라고 말씀해 주셨고 자신의 헌신과 노력은 예수님의 사랑이지 어느 한 인간의 사랑이 아니라고 하시면서 예수님에 대해 차근차근 이야기해주셨습니다. 이런 분이 믿으시는 하나

"나는 그 당시 생명의 안전과 생존의 문제로 누군가의 도움을 절실히 필요로 했다. 북경으로 가 옛 친구를 찾았으나 아무도 없었다. 그러다가 수소문 끝에 다른 대학에서 공부하는 일본인 학생들을 만났다. 한 여학생은 나를 진심으로 위로하면서 미화 2천불을 주는 등 헌신적으로 나를 도와주었다. … 이 때 그 일본인 여학생이 바쁜 가운데 매주 하루 네 시간씩 시간을 내어 나에게 성경을 가르쳐 주었다. 그러던 어느 날 그녀에게 갑자기 연락이 왔다. 그녀는 일본에 있는 아버님 교회에 취직이 되어 귀국하게 되었다면서 그동안 자신의 생활비를 절약해 모은 2천불을 나에게 주었다. 사실 그녀는 중국에서 8년을 공부하고 6개월만 더 논문을 쓰면 학위를 받을 수 있었다. 그러나 나의 한국행을 위한 목돈을 만들어 주기 위해 유학을 포기하고 귀국하기로 결단했던 것이다. 이때 나는 크게 인격적인 감동을 받아 하나님께 헌신하고 통일을 위해서 일해야 하겠다고 결단했다."(류00, 남, 44세)

님, 예수님이라면 분명히 믿겠다고 생각하고 결심하게 되었습니다. (김00, 남, 33세)

다섯째로, 우리는 교회의 개혁운동과 교회의 일치와 연합운동을 펼쳐야 한다. 그도 그럴 것이 많은 탈북자들은 교회의 이중성, 교회의 분열 등에 대해 실망하며 교회를 떠나는 경우가 많기 때문이다. "탈북자가 교회에 다닐수록 교회에 대하여 부정적인 것은 탈북자들이 너무 이상적이고 환상적인 교회상을 가지고 있기 때문이기도 하지만, 교회가 교회답지 못한 것이 더 큰 이유이다. 여러 교단 교파로 분열되어 경쟁과 갈등을 하고 돈으로 선교를 하고 진정으로 가족과 같이 사랑하지 않고 탈북자를 단순히 선교의 대상화로만 인식하기 때문이다."37)

남한 교회에 대해 탈북자들이 느끼는 가장 큰 문제 중의 하나는 남한 교회 안에 만연되어 있는 맘모니즘 문제이다. 한 탈북자는 지적하기를 "남한 사회나 교회에 팽배해 있는 물질만능주의는 너무도 큰 어려움이었습니다. 교회마저도 맘몬주의에 사로잡혀, 사람의 마음을 돈으로 해결하겠다는 식으로 사역을 하고 있어서 너무나 힘들었습니다. 중국에서 예수님을 믿고 헌신한 사람들이 한국에 오자마자 먼저 받는 유혹이 물질입니다. 그것도 교회에서 말이죠"38)라고 하였다. 이처럼 오늘날 자유와 평등, 정의와 사랑, 화해와 평화라는 하나님 나라의 가치는 사라지고, 기복적이고 물량주의적이고 세상보다 더 세속적인 종교가 되었다는 비판을 받고 있다면, 교회의 신뢰를 회복하기 위해서, 그리고 탈북자 선교를 바르게 수행하기 위해서 우리는 무엇보다도 교회갱신운동, 교회의

---

37) 이만식, "북한이탈주민의 교회에 대한 태도를 통한 이해," 대한예수교장로회 총회 국내 선교부 편 「북한이탈주민과 생명살리기」(2005), 57.
38) 김봄, 『복음 안에 하나 되리라』, 62.

일치와 연합운동을 펼쳐가야 할 것이다.

2. 탈북자 선교의 신학적 과제

첫째로, 탈북자 선교를 제대로 수행하기 위해서 우리는 무엇보다 분단신학, 반공신학, 이원론신학과 같은 반통일신학을 극복해야 한다. 우선 분단신학은 북한동포들과 탈북자들인 우리의 이웃을 사랑하라는 하나님의 계명을 어기게 했기 때문이다. 분단신학이란 분단체제를 지지하는 반통일신학이고, 기득권의 지배체제를 옹호하는 현상유지 신학이다. 이런 분단신학의 바탕 위에서 한국교회는 북한을 적대했고, 탈북자 형제들을 무시하고 차별하는 잘못을 범해왔다. 남북분단이 무엇인가? 그것은 신학적으로 볼 때 기본적으로 죄의 결과이다. "한국 민족의 분단은 세계 초강대국들의 동서 냉전체제의 대립이 빚은 구조적 죄악의 결과"[39] 즉, 미·소 강대국들이 자기네들의 이권을 공유하기 위해 만들어 놓은 구조악의 산물이다.[40] 더욱이 문제가 되는 것은 남북분단은 "남북한 사회 내부의 구조악의 원인이 되어 왔다"[41]는 점이다. "우리는 갈라진 조국 때문에 같은 피를 나눈 동족을 미워하고 속이고 살인하였고, 그 죄악을 정치와 이념의 이름으로 오히려 정당화하는 이중의 죄를 범하여 왔다. 분단은 전쟁을 낳았으며, 우리 그리스도인들은 전쟁 방지의 명목으로 최강 최신의 무기로 재무장하고 병력과 군비를 강화하는 것을 찬

---

39) NCCK, "민족의 통일과 평화에 대한 한국기독교회선언,"(1988년 선언되었기에 88선언이라고도 함) 허호익, 『통일을 위한 기독교신학의 모색』 (서울: 동연, 2013), 408-409.
40) 박종화, 『평화신학과 에큐메니칼운동』 (서울: 한국신학연구소, 1991), 71-72
41) NCCK, "민족의 통일과 평화에 대한 한국기독교회선언," 허호익, 『통일을 위한 기독교신학의 모색』, 409.

동하는 죄를 범했다."[42] 그런 점에서 "분단체제[43]는 형제를 살해하고 증오와 적대심으로 자신의 존재를 유지하는 악마적 대결체제이다. 왜냐하면 분단체제는 군사적 무장과 생명을 살상하는 행위를 장려하고 옹호하기 때문이다."[44] 분단체제 속에서 남북한 정부는 기득권의 유지를 위해 언론과 출판, 집회와 결사의 자유를 억압해 왔고, 수많은 사람들의 인권을 유린해 왔다. 그럼에도 불구하고 한국교회는 분단체제를 옹호하면서 그 체제의 고착화에 기여해왔는데 한국교회가 이렇게 하게 된 데는 한국교회를 지배해온 분단신학의 영향이 크게 작용했다고 할 수 있다. 그러므로 한국교회는 탈북자선교를 올바르게 수행하기 위해 무엇보다 반통일적인 분단신학부터 극복할 수 있어야 한다.

다음으로 우리는 반공주의를 극복해야 한다. 반공주의는 분단체제를 정당화하는 근거이고 수단이었기 때문이며, 반공주의에 젖어 있는 남한 사람들은 북한에서 온 탈북자들을 빨갱이로 인식하거나 차별대우하는 경우가 종종 있기 때문이다. 한국의 반공주의는 단순한 공산주의 비판수준에서 끝나지 않는다. 그것은 공산주의를 극도의 적대감과 절멸의 대상으로 여긴다.[45] 다시 말해 "공산주의는 더불어 함께할 수 없는 '병균'이기 때문에 '박멸'해야 한다고 생각한다."[46] 남한의 반공주의는

---

42) 위의 책, 409.
43) 남한사회에 구조화되고 만연한 분단지속화 장치들로는 극단적 반공주의, 반통일적 대결구조, 북한에 대한 편견과 오만, 자본주의에 대한 맹목적 추종, 남남갈등 조장, 근거 없는 좌파와 종북몰이, 정치적 지역주의, 다문화 외국인과 탈북자에 대한 자민족중심주의 등이 있다. 〈임희모, "남북한 분단체제와 평화통일운동으로서의 선교,"「선교와 신학」 35집(2015 봄호), 143.〉
44) 평화와통일을위한기독인연대, 『하나님은 통일을 원하신다』(서울: 평화와통일을위한 기독인연대, 2012), 14.
45) 김동춘 외, 안인경, 이세현 역, 『반공의 시대: 한국과 독일, 냉전의 정치』(서울: 돌베개, 2015), 189.
46) 김동춘, 『대한민국은 왜?』(서울: 사계절, 2015), 157.

한국전쟁을 거치면서 전투적 반공주의로 변하게 되는데 극우적인 반공 정권을 무조건 지지했던 기독교 반공주의 역시 공산주의자를 마귀로 여기고, 그들을 제거의 대상으로만 여겼다. 여기에서 우리는 반공신학에 내재된 비인간성과 폭력성을 보게 된다.47) 그러므로 탈북자선교를 바르게 수행하기 위해서 우리는 무엇보다 북한동포와 탈북자들을 비인간화시키는 극단적 반공신학을 극복해야 한다.

그뿐만 아니라 우리는 이원론신학을 극복해야 한다. 보수적인 목사나 교인들은 종종 '교회가 왜 정치에 관여하며 통일과 같은 전문적인 정치 문제에 개입하느냐'는 주장을 해왔다. 심지어 '강단에서 성경이야기를 해야지 왜 정치이야기를 하고, 경제이야기를 하느냐' 반문하는 사람들도 있다. 그러나 이런 생각은 성경에 대한 오해이다. 성경을 보면 얼마나 많은 정치, 경제 이야기가 나오는가? 또한 정치나 경제에 참여하지 않는다는 것은 불가능한 일이기도 하지만, 중립을 지킨다는 것은 현상유지를 용인하는 것이란 점에서 문제가 있다. 이에 대해 요더는 이렇게 말한다.48)

> 많은 사람들이 하나님과 그분의 영이 한 세상에 존재하고 사람들과 그들의 정치는 다른 세상에 존재하는 것처럼 생각하기를 좋아한다. 어떤 종교인은 하나님에 대해 그렇게 생각하고, 어떤 정치가는 정치에 대해 그렇게 생각한다. 하지만 둘 다 틀렸다. ⋯ 성경이 관심을 갖는 선택이

---

47) 임희모, "남북한 분단체제와 평화통일운동으로서의 선교," 「선교와 신학」 35집(2015 봄호), 131-132.

48) J. H. Yoder, "The Spirit of God and the Politics of Men," in *For the Nations*(Eerdmans, 1997), 221-223; Jim Wallis, *The Great Awakening*, 배덕만 역, 『그리스도인이 세상을 바꾸는 7가지 방법』(파주: 살림, 2009) 재인용.

나 긴장은 정치와 정치가 아닌 다른 어떤 것 사이의 선택이 아니라, 바른 정치와 잘못된 정치 사이의 선택이다. … 관련된 오해 중 하나는 그리스도인이 정치 영역에서 쉽게 그리고 전적으로 물러날 수 있다거나 혹은 피할 수 있다는 생각이다. … 공개적으로 정치적 증인이 되는 것을 피할 수도 있고, 기존의 구조를 비판하지 않을 수도 있다. 그러나 그런 침묵도 적극적인 정치 활동의 한 방편이다. 현실을 있는 그대로 받아들이기 때문이다.

성경에서 볼 수 있듯이 이원론신학은 반 기독교적이다. 그도 그럴 것이 하나님은 사회적이고 세상에 깊이 참여하는 분이기 때문이다.[49] 그러므로 남한사회의 구조적 악의 근원인 분단의 문제와 그로 인한 탈북자들의 고통을 외면하면서 우리가 하나님의 정의와 사랑을 말할 수는 없을 것이다. 따라서 우리가 탈북자 선교를 올바르게 수행하기 위해서는 하나님의 정의·평화선교에 큰 장애물인 이원론신학을 극복할 수 있어야 할 것이다.

둘째로, '나그네와 행인'으로서의 기독교인의 정체성을 새롭게 인식해야 한다. 오혜정에 의하면, 탈북자는 우리에게 북한을 알려주는 도우미이며 동시에 남한 사회를 알려주는 도우미이다. 다시 말해 그들은 우리가 누구인지를 들여다 볼 수 있게 해주는 거울인 셈이다. 우리가 그들을 통해 발견하게 되는 우리의 정체성은 무엇인가? 탈북자가 남한에서 '나그네와 행인'이듯이 우리들도 이 세상에서 '나그네와 행인'이라는 사실이다. 성경은 기독교인의 신분을 '외인과 나그네'(엡 2:19) 또는 '거류

---

49) Kenneth Leech, *The Social God*, 신현기 역, 『사회적 하나님』(서울: 청림출판, 2009), 24-27.

민과 나그네'(벧전 2:11)로 설명한다. 박흥순이 말한 대로 "고향이나 낯선 곳에 머물거나 생활하는 사람을 나타내는 용어인 '나그네와 행인'은 신약성서에서 이 세상에 잠시 머물고 살아가는 존재인 그리스도인을 부르는 단어로 사용된다. 우리가 살고 있는 이 세계는 임시로 잠시 머물고 있는 장소이기에 그리스도인들은 나그네 혹은 진정한 집을 찾아서 여행을 떠나는 행인이라고 말할 수 있다."[50] 이처럼 우리가 이 세상에 나그네와 거류민의 신분이라면, 그리고 그 사실을 인식한다면, 남한 사회의 나그네요 거류민인 탈북자들에 대한 인식이 달라질 수 있고, 그들에 대한 처우가 달라질 수 있을 것이다. 그러므로 탈북자 선교를 제대로 수행하기 위해 우리는 탈북자 정체성에 대한 새로운 이해를 통해 기독교인의 정체성을 새롭게 이해할 필요가 있다. 우리가 이 세상에서 나그네와 거류민이듯이 그들도 남한에서 나그네와 거류민이다. 이처럼 그들이 곧 우리의 정체성을 비추는 거울이라면 우리가 그들을 쉽게 무시하고, 쉽게 대상화, 수단화할 수는 없는 것이다. 통일한국의 미래를 위한 선교동역자로서 그들을 배려하고 존중하는 가운데 탈북자들을 품어가야 할 것이다.

셋째로, 주변부 사람인 탈북자를 위한 선교를 제대로 수행하기 위해서 우리는 기존의 중심성 신학을 버리고 주변성 신학을 추구해야 한다. 왜냐하면 예수가 하나님과 인간, 유대인과 이방인이라는 두 세계 모두에 존재하면서 두 세계 사이에 존재하셨던 새로운 주변부 사람이었기 때문이고 동시에 기독교인 역시 주변부 사람이기 때문이다.[51] 사실, 예

---

50) 박흥순, "북한이탈주민의 정체성과 성서해석," 한민족평화선교연구소, 『둘, 다르지 않은 하나』 (서울: 한들출판사, 2007), 24-25.
51) Lee Jung Young, *Marginality*, 신재식 역, 『마지널리티』 (서울: 포이에마, 2014), 114-115.

수의 삶은 주변성의 삶이었다. 예수는 집 없는 사람이었다. "여우도 굴이 있고 공중의 새도 거처가 있으되 인자는 머리 둘 곳이 없다"(마 8:20). 집 없는 사람으로서 그는 가장 가난한 사람이었고, 세상 죄로 고통을 받았고, 사람들로부터 멸시와 거부를 당했다. 사람들은 예수에게 침을 뱉고 얼굴을 주먹으로 쳤으며, 군인들은 비웃고, 자색 옷을 입히고, 가시관을 씌웠다. 또 예수를 때리고 침 뱉고 절하며 조롱했다(막 15:14-20). "그는 멸시를 받아 사람들에게 버림받았으며 간고를 많이 겪었으며 질고를 아는 자라. 마치 사람들이 그에게서 얼굴을 가리는 것 같이 멸시를 당했고 우리도 그를 귀히 여기지 아니했도다"(사 53:3).

그러면 중심성이란 무엇이고 주변성이란 무엇인가? 이정용이 말하는 중심성, 중심주의 경향, 중심주의 이데올로기, 중심부적 가치란 한마디로 중심, 즉 권력의 자리를 추구하고, 부와 명예와 지배를 추구하는 세상의 지배이데올로기이다. 반면 주변부 가치는 예수님이 친히 보여주신 사랑과 겸손과 섬김이다. 중심성은 위계구조적 가치에 의존하지만, 주변성은 평등주의 원리에 근거한다. 중심성은 지배하지만, 주변성은 섬긴다. 중심성은 통제를 위해 경쟁하지만, 주변성은 협력을 추구한다. 중심성의 권력은 통제하고 지배하고 배제하지만, 주변성의 사랑은 포용적이고 상호보완적이다. 중심성은 자기의 이익을 구하지만, 주변성은 전체의 이익을 구한다. 중심성은 개인주의적이지만, 주변성은 공동체적이고 관계적이고 다원적이다. 중심성은 동일성, 단일성을 강조하지만, 주변성은 다름과 다원성을 강조한다.52)

이제 한국교회는 예수 그리스도를 따라 교회가 시작된 처음 장소인 주변으로 돌아가야 한다. 교회는 본래 주변부 사람들의 공동체이기 때

---

52) 위의 책, 234-243.

문이다. 그리스도인이 된다는 것은 주변부 사람이 되는 것을 의미하고, 주변부 사람이 된다는 것은 세상의 종이 되는 것을 의미한다. 그러므로 한국교회는 교회의 주인이신 예수를 따라서, 그리고 초대교회의 주변성 신학을 따라서[53] 사랑과 겸손과 섬김과 같은 주변부적 가치를 따라 탈북자들을 겸손하게 사랑하고 섬길 수 있어야 할 것이다.

넷째로, 통일한국의 미래에 대한 비전을 제시할 수 있어야 한다. 왜냐하면 '먼저 온 미래'로서의 탈북자에 대한 선교는 통일한국의 미래를 만들어가는 일이기 때문이다. 사실 통일은 '결과로서의 통일'이라기보다는 '과정으로서의 통일'이다. 남과 북 한 쪽의 붕괴를 전제로 한 '결과로서의 통일'은 그동안 "아무런 성과가 없었고 오히려 남북 간의 적대성만 강화시켰다는 점에서 문제가 있다."[54] 이와는 달리 '과정으로서의 통일'은 통일을 어느 한순간의 어떤 사건(전쟁, 붕괴 등)으로 보지 않고 형성되어 가는 과정으로 본다. "즉 남과 북의 분단이 극복되고 이질성이 완화되어 동질성이 강화되며 새로운 통일국가의 질이 형성되는 과정이 곧 통일"이라고 보는 것이다.[55] 이렇게 통일의 과정이 새로운 나라를 만들어 가는 과정이라면, 탈북자 선교는 새로운 나라를 만들어가는 하나의 예행연습이라고 할 수 있고, 그런 점에서 우리는 통일한국의 새로운 미래에 대한 비전을 분명히 제시할 수 있어야 한다. 그런데 통일한국의 새로운 미래비전은 무엇일까? 성경에 의하면, 그것은 통일한국이 하나님 나라 공동체가 되는 것이다. 말하자면 성경이 제시하는 통일한국

---

53) 이동춘, "타인의 고통을 대하는 한국교회의 태도에 대한 기독교윤리적 반성," 「선교와 신학」 37집(2015 가을호), 255.
54) 배기찬, "북한과 통일은 우리에게 무엇인가?" 평화와통일을위한기독인연대 출판위원회, 『평화통일과 한국교회』 (서울: 도서출판 평통기연, 2014), 75.
55) 위의 책, 76.

의 미래 비전은 통일한국이 인간의 존엄성이 존중받고, 생명의 가치와 자유와 평등과 박애의 가치가 존중받으며, 정의와 화해와 평화가 흘러 넘치는 나라가 되는 것이다.[56]

V. 나가는 말

지금까지 필자는 탈북자의 실태와 탈북자 문제, 그리고 탈북자선교의 형태와 문제점들을 살펴 본 후에 탈북자 선교의 과제를 운동적 차원의 과제와 신학적 과제로 나누어 제시하였다. 이 시대 우리 민족이 풀어가야 할 최대의 숙제가 있다면 그것은 통일문제이고, 이 시대 우리 가운데 가장 고통당하는 사람들이 있다면 그들은 바로 탈북자들이다. 그런 점에서 탈북자들은 우리가 올바르게 신앙의 삶을 살아가는지, 또 올바르게 선교사명을 수행하는지를 알아보시기 위해 하나님이 내어주신 시험문제와 같은 존재들이며 동시에 그들은 우리 민족이 통일의 예행연습을 하도록 미리 허락해주신 하나님의 선물과도 같은 존재들이다. 그렇다면 우리가 통일의 예행연습을 어떻게 잘 할 수 있을까? 필자는 탈북자선교의 운동적 차원의 과제를 다섯 가지로 제시하였는데 첫째로, 한국교회는 탈북자들의 닫힌 마음이 열릴 수 있도록 기도해야 한다. 둘째로, 탈북자 존재의 중요성을 인식해야 한다. 왜냐하면 탈북자들은 남북통일의 예행연습을 위해 "먼저 온 미래"이기 때문이다. 셋째로, 탈북자의 특성을 잘 이해해야 한다. 넷째로, 탈북자들을 사랑으로 치유해야 한다. 다섯째로, 탈북자들이 교회에 대한 부정적인 생각을 갖지 않도록 교회

56) 참고. 정원범, 『교회 · 목회 · 윤리』 (서울: 쿰란출판사, 2008), 93-102.

를 갱신해야 한다. 다음으로 탈북자선교의 신학적 과제를 제시하였는데 첫째로, 민족통일의 장애물인 분단신학, 반공신학, 이원론신학을 극복해야 한다. 둘째로, '나그네와 행인'으로서의 기독교인의 정체성을 확인해야 한다. 셋째로, 권력과 부와 명예와 지배를 추구하는 중심성 신학을 버리고, 사랑과 겸손과 섬김과 포용을 지향하는 주변성 신학을 추구해야 한다. 넷째로, 하나님 나라 공동체를 통일한국의 미래비전으로 제시해야 한다.

지금까지의 논의를 통해 알 수 있듯이, 탈북자 선교는 단순한 구제의 문제가 아니다. 그것은 기독교인이 누구인지를 깨닫게 해주는 문제이고, 한국교회와 한국사회의 갱신을 촉구해주는 문제이며, 통일한국의 미래를 열어가는 문제이다. 그러므로 한국교회는 무엇보다도 탈북자의 존재와 탈북자 선교의 중요성을 인식해야 한다. 왜냐하면 그들과 더불어 사는 삶이 곧 통일의 예행연습이기 때문이며, 그것이 곧 통일한국의 미래를 만들어가는 예행연습이기 때문이다.

9 지구적 위기와 생명운동*

I. 들어가는 말

오늘날 우리는 전례 없는 지구적 위기에 직면해 있다.[1] 레스터 브라운의 말을 빌리면, 오늘의 세계는 벼랑 끝에 서 있다고 할 수 있다. 그는 세계가 직면한 복합적 위기들의 구체적인 사례들을 제시한다. 2010년 여름의 기록적인 폭염으로 인해 러시아는 곡물생산량이 40%가 줄었다. 세계적인 밀수출국인 러시아가 곡물수출을 금지시키자 세계 곡물시장에서 밀 가격이 60%가 상승했다. 또한 파키스탄은 2010년 7월말 며칠간 계속된 폭우로 인해 인더스 강이 범람하였고, 전 국토의 1/5이 물에 잠기게 되었으며 그 결과 2천명에 가까운 사람들이 사망했고, 백만 마리 이상의 가축들이 죽었다. 이 사태는 갑작스런 폭우 때문만은 아니었다. 폭우가 시작되기 전 이미 서부 히말라야 지역의 눈과 빙하가 녹아내려 인더스 강이 이미 불어나 있었고, 더욱이 파키스탄의 소, 양, 염소를 키

---

* 이 글은 "지구적 위기와 위기 극복의 방안"이란 제목으로 「신학과 문화」 23, 2014에 실렸던 글임.
[1] Sallie McFague, *Life Abundant*, 장윤재 · 장양미 역, 『풍성한 생명』(서울: 이화여자대학교출판부, 2008), 47.

우기 위한 목적으로 인더스강 유역의 원시림의 90%가 이미 사라져버린 상태에서 폭우가 내렸기에 그 폭우의 피해가 가중되었던 것이다.[2] 2010년 러시아와 파키스탄에서 일어났던 이 두 가지 사태들은 오늘의 세계가 벼랑 끝에 서 있음을 보여준다는 것이다.

또한 레스터 브라운은 현재 인류문명이 파멸을 향해 치닫고 있는 증거들을 제시한다.[3] 첫째로, 그는 사회, 경제적 붕괴는 거의 언제나 환경의 몰락 이후에 따라온다고 주장한다. 피터 골드마크가 말한 대로, 자연 환경이 파괴된 후에 살아남은 문명은 없다는 것이다. 둘째로, 인류의 경제적인 수요가 이미 오래 전에 지구 자체의 재생산 능력을 훨씬 초과했다는 점이다. 셋째로, 최근 몇 년 동안 수십 개 국가에서 식량 폭동이 일어났고, 정부가 더 이상 식량생산과 식량 확보 같은 기본적인 기능을 담당하지 못해 해체되는 국가들이 늘어나고 있으며, 이런 국가들이 폭동과 내전, 해적과 마약 중개, 핵무기 개발 등 세계질서에 큰 위협이 되고 있다는 점이다. 넷째로, 세계 각국이 군사비로 지출하는 돈은 2009년 현재 1조 5천억 달러가 넘으며, 화석연료 생산과 소비에 연간 5천억 달러에 달하는 막대한 보조비를 지급하고 있는 반면 재생에너지 생산을 위해서는 연간 500억 달러의 보조비만을 지급하고 있다는 점이다. 이에 비추어 볼 때 인류문명은 파멸을 향해 질주하고 있다는 것이 레스터 브라운의 주장이다.

이처럼 오늘날 우리는 경제적 불의, 생태학적 파괴, 제국의 위협, 점증하는 종교간 갈등, 인종간의 갈등, 국가 간의 갈등 속에서 명백히 나타나고 있는 생명 죽임의 세계 체계 속에서 살아가고 있음을 부인할 수 없

---

2) 김준우, 『기후붕괴의 현실과 전망 그리고 대책』(서울: 한국기독교연구소, 2012), 107.
3) 위의 책, 110-111.

다. 그러면 오늘날 인류가 직면한 지구적 위기의 실상은 무엇이고, 그 원인과 해결방안은 무엇일까? 본고에서 필자는 인류가 직면한 지구적 위기를 크게 1) 폭력위기, 2) 생태위기, 3) 빈곤위기, 4) 식량위기의 네 가지로 살펴보는 가운데 그 위기들의 원인으로 1) 제국주의, 2) 거대 다국적 기업, 3) 신자유주의적 세계화, 4) 정치권력의 부패, 5) 이원론적 사고, 6) 소비주의를 제시할 것이고, 마지막으로 지구적 위기를 극복하기 위한 방안으로 1) 제국신학에서 신국신학으로의 전환, 2) 지배적 사회패러다임에서 새로운 생태학적 패러다임으로의 전환, 3) 산업형 식량시스템에서 생태학적 식량시스템으로의 전환, 4) 기계적 진보의 세계모델에서 지속가능한 유기체의 세계모델로의 전환, 5) 개인주의적 삶의 모델에서 공동체적 삶의 모델로의 전환을 제시하게 될 것이다.

II. 지구적 위기의 현실

1. 폭력 위기

지구세계를 위기의 공간으로 만드는 첫 번째 요소는 인간이 인간에게 가하는 폭력이다. 오늘날 미국인의 사망원인 1위를 차지하고 있는 것은 에이즈나 암이 아니라 폭력이다.[4] 폭력에 대한 라틴어 violare는 '힘으로 강제하다'라는 뜻으로 옛날에는 '상처를 입히다, 명예를 실추시키다, 격분시키다, 범하다' 등의 의미로 쓰였다. 네이글러에 따르면, 폭력

---

4) Michael Nagler, *The Search for a Nonviolent Future*, 이창희 역, 『폭력 없는 미래』(서울: 두레, 2008), 88.

이란 손상을 입히려는 의도를 포함해서 손상을 입히는 행위이고, 요한 갈퉁에 따르면, 폭력이란 해치거나 다치게 하는 행위이다.5) 요한 갈퉁이 말한 대로, 폭력에는 크게 세 종류가 있다.6) 직접적인 폭력, 구조적인 폭력, 문화적인 폭력이 그것이다. 첫째로, 직접적인 폭력은 언어적 폭력과 신체적 폭력으로 구분된다. 둘째로, 구조적인 폭력은 사회, 국가, 세계의 사회적, 정치적, 경제적 시스템 속에 구축되어 있는 폭력, 즉 억압과 착취를 말한다. 셋째로, 문화적 폭력은 폭력에 정당성을 부여하는 신념을 말한다.

그런데 이 세 가지 폭력의 피해를 가장 많이 받은 곳은 바로 제3세계이다. 오늘날 지구상에는 22억 명의 사람들이 영양실조, 기근, 전염병, 극도의 빈곤 등으로 고통을 당하고 있고, 이런 현상은 남반구에서 더욱 극심하게 나타나고 있다.7) 아시아, 아프리카의 남반구 주민들이 이렇게 극심한 가난에 처하게 된 것은 상당부분 서양이 남반구 주민들에게 가했던 폭력 즉, 서양이 저지른 두 가지 범죄인 노예무역과 식민주의를 통한 무자비한 학살과, 자원 약탈행위의 결과였음을 부인할 수 없다.8) 지난 500여 년간 서양은 세계를 지배했다. 서양, 즉 영국, 프랑스, 네덜란드, 독일, 벨기에, 이탈리아, 스페인, 포르투갈의 군대들은 아시아, 아프리카를 무자비하게 침략했고, 식민지의 문화와 정체성을 파괴하면서 각종 자원을 착취해갔다.

과거 식민지의 역사는 고통과 잔학성으로 점철된 역사였다. "1948년 당시 전체 인류의 3/4은 식민지 지배자의 채찍 아래서 신음했다. 캄

---

5) 위의 책, 77-78; 정원범 편저, 『평화운동과 평화선교』(서울: 한들출판사, 2009), 21.
6) 정원범 편저, 위의 책, 21-22.
7) Jean Ziegler, 양영란 역, 『빼앗긴 대지의 꿈』(서울: 갈라파고스, 2010), 32.
8) 위의 책, 78.

보디아 고무 농장에서 강제로 노역하는 노동자들의 숙소에서 아이들은 영양실조와 오염된 물, 말라리아 등으로 죽어갔다. 가봉, 카메룬, 콩고 등지에서 프랑스 임업 업체가 고용한 십장들은 너무 약하거나 병들어 할당량의 나무를 벌목하지 못하는 일꾼들을 못이 박힌 채찍으로 피가 나도록 때렸다. 키부, 마니에마, 카사이 등지에서 벨기에 행정 담당관들은 도둑질을 했다고 의심되는 광산 노동자들의 손목에 수갑을 채운 채 이들을 나뭇가지에 매달아 놓았다. 손목에 괴저 증상이 보이면 나무에서 끌어내려 손목을 잘라버렸다."[9]

이러한 끔찍한 반인권적 폭력 행위는 과거 식민통치가 이루어졌던 곳이면 어느 곳에서나 발견되는 일이지만, 여기서 문제가 되는 것은 과거의 그런 억압적이고 약탈적인 폭력행위가 오늘날에는 더욱 지능적으로 이루어지고 있다는 사실이다. 즉 "세계화된 서양자본이 세계무역기구, 국제통화기금, 세계은행을 비롯하여 다국적 민간 기업들로 구성된 용병을 이끌고, 신자유주의 이념을 무기 삼아 강요하는"[10] 방식으로 남반구 주민들을 억압하고 약탈하고 있는 것이다. 이런 점에서 오늘의 세계지배체제는 그 자체가 폭력인 셈이다.

2. 생태 위기

지구세계를 위기의 공간으로 만드는 두 번째 요소는 인간이 자연에게 가하는 폭력, 즉 생태학적 폭력이다. 인간에 의해 파괴되고 있는 지구의 현실을 살펴보자. 2014년 3월 21일 뉴시스가 보도한 대로, "최근 지

---

9) 위의 책, 125.
10) 위의 책, 103.

구촌 곳곳에서 기상이변으로 인한 피해가 속출하고 있다. 영국은 대규모 홍수로, 미국 동부는 기록적인 한파와 폭설로 미국 서부는 극심한 가뭄으로 수많은 인명 피해와 천문학적인 경제적 손실을 입고 있는 실정이다."11) 우선 폭염과 가뭄과 한파의 사례들을 살펴보자. 2003년 여름, 유럽 지역에서는 38도가 넘는 폭염이 일주일 이상 계속되었고, 프랑스에서는 40도가 넘는 폭염이 나타나 유럽 전 지역에서 모두 5만 5천 명 이상이 사망했다. 또한 호주에서는 2010년, 11년째 계속되는 가뭄이 든 적이 있고, 호주의 한 오지 마을은 2012년부터 2014년 현재까지 2년째 지속되는 극심한 가뭄을 견디다 못해 삶의 터전을 버리고 3천여 명의 마을 주민 전체가 집단 이주하는 방안을 추진 중에 있다고 한다.12) 남미에서도 극심한 가뭄이 계속되고 있는데 이로 인해 설탕과 커피 값이 급등하고 있고, 미국 캘리포니아와 호주 퀸즐랜드의 가뭄은 쇠고기 값을 끌어올리고 있다.13) 한파의 사례를 보면, 2009년 겨울 몽골에서는 영하 50도 이하의 날씨가 계속되면서 혹한으로 인해 가축 820만 마리가 동사하는 사태가 발생했다.

둘째로, 태풍과 홍수이다. 아시아와 유럽을 비롯한 전 세계에 폭우와 태풍 등 기상이변이 빈발해 큰 피해를 주고 있는데, 2005년 8월에는 미국 남동부를 강타한 허리케인 카트리나로 인해 뉴올리언즈를 비롯한 인근 지역에서 최소한 1,800여 명이 사망했고, 2만 명 이상의 실종자, 10만 명 가까운 이재민을 내는 사태가 발생하기도 하였다. 2013년 7월,

11) http://www.newsis.com/ar_detail/view.html?ar_id=NISX20140321_0012802198&cID
      =\10807&pID=10800
12) http://www.yonhapnews.co.kr/bulletin/2014/02/06/0200000000AKR 20140206
      060100093.HTML?input=1179m
13) http://www.hankyung.com/news/app/newsview.php?aid=2014030699381

중국에서는 열흘 가까이 계속되는 폭우와 중·남부 지역을 덮친 태풍 솔릭(Soulik)의 영향으로 296명이 사망·실종되고, 730만 명이 넘는 이재민이 발생했다. 고온다습한 열대성 남쪽 기단과 한랭한 북쪽 기단이 중·고위도 지역에서 만나 정체되는 전 세계적인 이상기후가 주요인으로 꼽히고 있다. 인도에서도 폭우와 홍수 피해가 컸다. 북부 히말라야 산악지대 우타라칸드주(州) 정부는 2013년 6월 15일부터 이틀간 쏟아진 폭우로 5748명이 사망·실종했다. 유럽도 물난리로 큰 피해를 입었다. 2013년 6월초 독일·오스트리아·폴란드 등 중·동부 지역에 폭우가 내려 20여명이 사망했다.[14]

셋째로, 빙하해빙과 해수면 상승이다. 지구온난화로 인해 빙하가 급속히 녹고 있다. "북극의 얼음크기는 2007년 예년에 비해 영국의 12배가 되는 지역이 녹았으며, 서남극의 해빙 속도는 10년 전보다 75% 빨라졌다. 볼리비아의 해발 5천 미터 높이의 차칼타야 빙하도 1980년대 중반부터 녹기 시작해서 2009년에는 완전히 사라졌다."[15] 지구온난화로 빙하가 녹으면 직접적인 위협은 먼저 해수면 상승으로 나타난다. 뉴욕타임스에 따르면, 해수면이 1m가량 상승할 경우, 대양의 섬나라와 해변의 도시가 침수돼 전 세계 인구의 10%에 달하는 6억 명의 이재민이 발생한다. 특히 저지대 상당수가 바다에 잠기게 돼 인류의 안전이 위협에 처하고, 전 세계는 홍수뿐만 아니라 가뭄과 질병 등에 시달리게 된다. 미국 아리조나 주립대(UA) 연구진은 금세기 말까지 지구 해수면이 약 1m 상승할 경우, 미국 180개 주요 해안 도시의 육지 가운데 9%가 물에 잠길 것으로 내다봤다. 세계적인 휴양지로 각광받는 대양의 섬나라들은

---

14) http://news.chosun.com/site/data/html_dir/2013/07/17/2013071700207.html.
15) 김준우, 『기후붕괴의 현실과 정망 그리고 대책』, 44.

세계지도에서 아예 사라지게 된다. 투발루의 경우 해수면 상승으로 이미 국토의 상당 부분이 물에 잠긴 상태이고, 이르면 50년 이내에 지도에서 사라지게 될 것으로 전망했다.16)

넷째로, 사막화와 바다 산성화이다. 사막화 현상은 몽골, 중국, 사하라 이남, 스페인, 미국 남서부 등지에서 나타나고 있는데 가장 염려되는 곳은 아마존이다. 브라질 국립우주연구소(INPE)는 인공위성으로 촬영한 영상을 바탕으로 2012년 8월부터 2013년 7월까지 1년간 2천766㎢의 아마존 삼림이 사라졌다고 발표했다. 이는 미국 로스앤젤레스 넓이의 2배에 해당하는 것으로 이전 같은 기간과 비교해 35% 증가한 것이다. 아마존 숲이 파괴되는 것은 농지 개간, 목초지 조성, 광산 개발, 인프라 사업 때문이다. 유엔 정부 간 기후변화위원회(IPCC) 보고서는 아마존 삼림지역에서 진행되는 급격한 사막화로 인해 이번 세기 안에 숲의 70%가량이 사라질 가능성이 있는 것으로 지적했다.17) 한편, 2013년 국제 과학자들은 이산화탄소의 증가로 세계 바닷물의 산성화가 급속하게 진행되면서 바다 생물들이 숨 쉬는 것이 어려워져 바다 생물의 약 30%가 멸종할 수 있다고 경고하고 있다.

다섯째로, 생물종의 감소이다. "1850년에서 1950년까지는 매년 하나의 동물종이 사라졌고, 1989년경에는 하루에 하나의 종이 사라졌으며, 2000년경에는 시간당 하나의 종이 사라지고 있다. 기후변화에 관한 정부 간 패널에 따르면 사라진 종들의 퍼센티지는 50년 이내에 30%에 이를 것이라고 한다."18) 생물종의 감소가 이렇게 급격하게 일어나고 있

16) http://www.munhwa.com/news/view.html?no=20130820010703270310020
17) http://www.yonhapnews.co.kr/bulletin/2013/10/02/0200000000AKR20131002002
    000094. HTML?input=1179m.
18) Ulrich Duchrow, "The Challenge of Imperial Globalization to Theological

다는 것은 오늘날 생태계 파괴 현상이 얼마나 심각한지를 잘 보여준다. 이 외에도 대기 및 수질의 오염, 토지파괴, 지구온난화 등 심각한 생태계 파괴현상을 들 수 있는데 오늘날 지구생태계는 점점 파멸 지경에 이르고 있다.

3. 빈곤 위기

지구세계를 위기의 공간으로 만드는 세 번째 요소는 세계의 절반이 굶주리고 있는 빈곤상황이다. 유엔 식량농업기구가 2006년 10월 로마에서 발표한 2005년의 세계빈곤실태를 보면 다음과 같다. "10세 미만의 아동이 5초에 1명씩 굶어 죽어가고 있으며 비타민 A 부족으로 시력을 상실하는 사람이 3분에 1명 꼴이다. 그리고 세계 인구의 7분의 1에 이르는 8억 5,000만 명이 심각한 영양실조 상태에 있다. 기아에 희생당하는 사람들이 2000년 이후 12만 명이나 증가한 것이다."[19] "오늘날 지구상에는 18억이 넘는 인구가 하루에 1달러도 안 되는 수입에 의존해 극도의 빈곤 속에서 살고 있다. 반면 가장 부유한 1%의 인구는 가장 가난한 사람 57%의 수입을 모두 합친 것과 같은 액수의 돈을 번다."[20]

좀 더 구체적인 국가별 사례를 보자. "브라질 인구 1억 7,600만 명 중에서 4,400만 명은 만성적인 영양결핍에 시달리고 있다. 영양실조와 기아는 해마다 직접 또는 간접적으로 브라질 어린이 수만 명의 목숨을

Education: Liberation from Violent, Possessive Individualism towards Life in Relationships," in 『하나님이 그리는 아름다운 세상』 (서울: 한들출판사, 2008), 50-51.

19) Jean Ziegler, 유영미 역, 『왜 세계의 절반은 굶주리는가?』 (서울: 갈라파고스, 2009), 18.

20) Jean Ziegler, 양영란 역, 『탐욕의 시대: 누가 세계를 더 가난하게 만드는가?』 (서울: 갈라파고스, 2009), 36.

앗아간다."21) "브라질 국민들은 거의 재앙에 가까운 열악한 사회적 경제적 상황 속에서 고통스러워하고 있었다. 최저 생계비를 가까스로 넘긴 사람들이 5,300만 명 정도에 지나지 않았다. 8천만 명은 세계보건기구에서 정한 1일 최소 필요 열량인 1,900칼로리도 섭취할 수 없는 형편이었다. 1억 1,900만 명은 한 달에 100달러에 못 미치는 수입으로 생계를 이어갔다."22) "브라질 인구의 절반은 배가 고파서 잠을 이루지 못한다. 나머지 절반도 배고픈 절반이 두려워 잠을 이루지 못한다."23)

　　"온두라스는 세계에서 가장 가난한 나라 중의 하나다. 77.3%의 주민이 절대적 빈곤 속에서 산다."24) "에티오피아 국민의 82%는 절대 빈곤층으로 살아간다. 5세 미만의 어린이들의 50%는 비정상적인 저체중이다. 2006년의 경우, 사망한 5세 어린이들 가운데 59%가 영양 결핍으로 사망했다. 1997년부터 2000년 사이에 어린이 사망률은 25%나 증가했다."25) "몽골은 만성적이고 심각한 영양실조 비율이 평균 43%나 되는 나라이다. … 몽골 인구의 40% 정도는 극단적인 빈곤 한계점에도 못 미치는 생활을 하고 있다."26) 아이티에서는 600만 명이 극빈자로 분류된다. 이들은 바로 진흙과자로 연명한다. 나이지리아는 1억 4,000만 명의 인구 중에서 70%가 극빈자들이다. 이들은 하루에 2달러 미만으로 생계를 꾸려간다. "사하라 이남에 위치한 대부분의 아프리카 국가들은 처참한 빈곤에 시달리고 있다. 거기에 비하면 나이지리아는 너무도 부유한 나라이다."27)

---

21) 위의 책, 89.
22) 위의 책, 212.
23) 위의 책, 218.
24) 위의 책, 84.
25) 위의 책, 179.
26) 위의 책, 137.

2007년의 여러 자료들을 보면, 한 해 동안 3,600만 명이 기아로 인한 후유증으로 사망했다. 900만 명은 서양에서는 이미 오래 전에 정복된 질병들로 인하여 목숨을 잃었다. 또한 700만 명은 오염된 물 때문에 사망했으며, 서양에서는 트리테라피 덕분에 치료가 가능해진 에이즈에 걸려서 죽은 사람들도 수백만 명에 이른다. 경제 생산력 저개발과 남반구의 참혹한 빈곤으로 인한 사망자는 5,700만 명에 이른다. 만성 영양실조, 의약품 부족, 식수 부재 등으로 인해서 장애인이 된 사람은 무려 22억 명이었다.[28]

현재 지구상에서는 20억 명이 유엔에서 이른바 '보이지 않는 기아', 즉 영양결핍이라고 부르는 상황으로 고통 받고 있다.[29] 이렇게 기아 또는 영양결핍으로 인한 질병으로 죽어가는 사람이 1년에도 수백만 명(2006년의 경우, 3,600만 명 이상이 사망함)에 달한다는 사실은 21세기 최대의 비극이 아닐 수 없다.

4. 농업(식량)위기

지구세계를 위기의 공간으로 만드는 네 번째 요소는 산업화되고 세계화된 농업 시스템 곧 세계 식량체계이다. 현재의 세계 식량체계는 농민을 죽이고 먹거리를 파괴하는 주범이다. 우선 세계 식량체계로 인한 농민들의 자살 사례를 보자. "지난 5년간(2001년-2006년) 인도의 마하라슈트라 주를 비롯한 네 개 주에서 가난 때문에 자살한 농민은 5,000명에 이른다. 또한 이런 농민들의 자살은 최근 들어 점점 늘며 마치 유행처

---

27) Jean Ziegler, 양영란 역, 『빼앗긴 대지의 꿈』, 184.
28) 위의 책, 281.
29) Jean Ziegler, 양영란 역, 『탐욕의 시대: 누가 세계를 더 가난하게 만드는가?』, 127.

럼 번져가고 있다. 이들이 빚을 지는 이유는 계속되는 흉년의 탓도 있지만, 1990년대 초 인도 정부가 WTO 가입을 계기로 농업 시장을 개방하고 수입 면화와 미국산 변형 종자가 들어오게 되면서부터 그 심각성이 대두되기 시작한 것이다. 값싼 미국산 면화가 쏟아져 들어오면서 면화 값은 계속 폭락하고, 정부에서 권장한 미국산 변형 종자를 심은 결과 각종 전염병이 나돌면서 농민들은 큰 빚을 지게 됐다. 이들이 지는 빚은 대부분 우리나라 돈으로 100만 원 안팎. 그러나 대부분 사채 빚을 쓸 수밖에 없는 농민들은 결국 원금을 훨씬 웃돌게 되는 이자를 갚지 못해 자살을 선택한다. 그런데 더 큰 문제는 바로 이렇게 자살한 농민들의 빚이 고스란히 남겨져 가족들에게 떠맡겨 진다는 것. 가난한 아내와 아이들은 날품팔이 등을 통해 힘들게 빚을 갚아나간다."30)

왜 이렇게 많은 농민들이 자살했을까? 이 질문에 대해 반다나 시바는 이렇게 말한다. "물론 '몬산토' 때문이다. 몬산토는 세계 최대 종자 회사로 인도 전역에서 Bt 면화를 판매하고 있다. 몬산토가 판매하는 Bt 면화가 재배되는 곳이 바로 농민 자살이 번지고 있는 곳이다. 간단히 말하면, 몬산토의 광고에 속아 넘어가 몬산토의 Bt 면화를 재배했던 농민들이 Bt 면화를 살 때 진 빚에다 Bt 면화를 재배하기 위해 뿌린 농약 값을 감당하지 못해 자살하고 있는 것이다."31)

그녀는 몬산토의 문제에 대해 이렇게 말한다. 즉 "몬산토는 종자 분야에서 독점을 추구하고 있다. 나는 그 독점에 반대한다. 인도 전역의 모든 면화 종자가 몬산토 한 회사로부터 수입되고 유통되고 있다. 거기

---

30) http://media.daum.net/press/newsview?newsid=20060831141015596
31) http://www.canong.or.kr/menu03/main.html?mode=view&bid=pds01&cno
=253&cur_page=1&s_username=&s_subject=checked&s_con-
tents=checked&s_category=checked&q_box=&code=menu01&sortfield=

에는 어떤 독립체계도 없다. 몬산토가 독점해 팔고 있는 종자를 'Bt 면화'라고 하는데, 바로 '유전자 변형 면화'다. 해충이 잘 꼬이는 면화가 스스로 'Bt 독소(일명 나비세균)'를 만들어 해충을 퇴치하게 유전자를 변형한 것이다. 인도에서 몬산토는 하루 100번 이상 텔레비전 광고를 내보냈다. '이 면화를 심으면 농약을 뿌릴 필요가 없다, 당신도 부자가 될 수 있다, 백만장자가 될 수 있다'고. 이 선전에 넘어간 농민들은 재배하던 검은콩, 녹두, 참깨, 토종 면화 등을 포기하고 빚을 내 Bt 면화 종자를 사들여 재배했다. 그런데 얼마 지나지 않아 해충이 Bt 독소에 적응했고 더 많은 농약이 필요해졌다. 그것은 당연한 이치였다. 해충은 오랫동안 독소에 노출되면 적응하기 마련이다. 이것이 바로 유전자 조작 종자의 문제점이다."[32] 인도의 농민자살 사건은 세계 식량체계의 불의와 폭력성을 잘 드러내주고 있다.

III. 지구적 위기의 원인

1. 제국주의

지구세계가 제3세계의 민중들과 자연에 대한 억압과 착취가 일상화되는 위기에 직면하게 된 첫째 이유는 제국주의 때문이다. 제국주의란 "군사력이든 아니면 더 세련된 수단에 의해서든 국민과 토지를 정치 경

---

32) http://www.canong.or.kr/menu03/main.html?mode=view&bid=pds01&cno=253&cur_page=1&s_username=&s_subject=checked&s_contents=checked&s_category=checked&q_box=&code=menu01&sortfield=

제적으로 광범위하게 지배하는 것" 또는 "제 나라 자본가계급을 온갖 수단으로 지지하는 중심국들이 세계경제를 지배하기 위해 서로 경쟁하면서 주변국에 대해 지배와 권력을 행사하는 세계체제"를 말한다.33) 서구의 자본주의 문명과 부의 축적도 제3세계의 빈곤의 고통도 모두 제3세계들을 군사력으로 침략하고 경제적으로 수탈해가는 제국주의에서 비롯된 것이다. "예컨대 1492년 콜럼버스의 신대륙 발견과 식민화 및 노예무역이 없었더라면 영국에서 자본주의의 성립은 불가능했을 것이다."34) 고전적 제국주의 시기 즉, 19세기말, 20세기 초로 접어들면서 제국들은 식민지 쟁탈전을 벌였는데 제국들 간에 치열했던 경쟁은 마침내 제1차, 제2차 세계대전을 야기하고 말았다. 제2차 세계대전 이후 냉전시대의 제국주의는 소련을 중심으로 한 동방 제국주의와 미국을 중심으로 한 서방 제국주의간의 정치·군사적 경쟁이라는 형태로 전개되어 오다가 미 제국주의의 완승으로 끝남으로써 미 제국주의의 세계적 패권이 보다 강화되었다. "오늘의 세계는 미 제국주의가 지배하는 자본주의이며 세계화란 미 제국주의의 세계적 지배의 확장과정일 뿐이다."35)

인류역사 속에서 제국이란 서구 백인들의 제3세계 민중들에 대한 폭력과 파괴, 억압과 착취, 탐욕과 죽임의 체제 이외의 다른 것이 아니었다. C.L.R. 제임스는 백인 지배자들이 아프리카 흑인들에게 가했던 제국의 잔혹성을 다음과 같이 생생하게 전한다.36)

---

33) 정성진, "21세기의 자본주의와 제국주의," 경상대사회과학연구원 편, 『제국주의와 한국사회』(서울: 한울아카데미, 2002), 33-34.
34) 위의 책, 35.
35) 위의 책, 39.
36) C.L.R. James, *The Black Jacobin*(New York: Vintage Books, 1989), 12-13, 성공회신대 신학연구원 편저, 『제국의 신』(서울: 동연, 2008), 212. 재인용.

이들 아프리카인들을 주인의 명령에 복종하는 존재로 만들기 위해서 치밀하게 계산된 잔혹한 폭력체제가 성립되었다. … 몸의 일부를 절단해 버리는 일은 다반사였다. 가령, 손이나 발, 귀, 때로 성기 등을 잘라버려 이들에게 삶의 기쁨을 누릴 수 있는 가능성을 박탈해버렸다. 주인의 무서움을 절감하게 한 것이다. 그 주인들은 이들 노예들의 손이나 팔, 또는 어깨에 펄펄 끓는 초를 부어 버리기도 하고, 이들의 머리 위로 뜨거운 사탕수수 녹은 물을 쏟기도 하며, 산 채로 태워 버리거나 천천히 불에 익혀 버리든지 몸에 화약을 채워 성냥을 긋고는 그 자리에서 폭발해서 날려 버리기도 하는 만행을 저질렀다. 그뿐 아니었다. 목만 땅위에 내놓은 채로 생매장을 하기도 했으며 머리 위에 설탕을 부어 파리들이 잔뜩 달라붙어 죽게 하는 일도 있었다…. 도대체가 그 경우를 헤아릴 길이 없이 많지만 문제는 이러한 잔혹한 행위가 노예체제의 일상에서 너무도 흔하게 벌어지는 일이었다.

2. 신자유주의적 세계화

지구세계의 수많은 사람들이 절대빈곤의 위기에 직면한 둘째 이유는 신자유주의적 세계화 때문이다. 무엇이 세계를 불평등하게 하고 비참하게 만들고 있을까? 바로 인간의 얼굴을 버린 채, 사회윤리를 벗어난 신자유주의, 즉 시장원리주의와 폭력적인 금융자본 때문이다.[37] 왜 수천만 명이 기아로 사망하고 수억 명이 만성적 영양실조에 시달리게 되

---

37) Jean Ziegler, 유영미 역, 『왜 세계의 절반은 굶주리는가?』, 153, 163. 장 지글러에 따르면 "신자유주의 원리는 자본의 흐름이 완전히 자유로워지고 그 유동성이 완전하게 용인되면 이윤이 가장 많은 쪽으로 자본이 집중된다는 것, 즉 자유로운 세계시장에 맡기면 진정으로 공평한 사회가 실현된다는 것이다."

는 것일까? 그 주범은 살인적이고 불합리한 세계경제질서이다.38) "소리 없이 매일 많은 사람을 죽이는 기아에 대한 범세계적인 투쟁이 어려운 것은 또한 세계은행, 세계무역기구, 국제통화기금의 무차별적인 신자유주의 정책 때문이다."39)

서아프리카 흑인농부들과 유목민들의 예를 들어보자. 그들은 수백만 마리의 낙타, 소, 양, 염소들을 가지고 있다. 그러나 신자유주의적 독트린에 따라 국제통화기금은 '국립 수의사국'을 민영화할 것을 요구했다. 그 결과, 그들은 다국적 제약회사가 파는 혈청, 비타민, 구충제 등의 높은 의약품 가격을 지불할 수 없다. 그리하여 가축을 기르는 농가들이 몰락하고 있다.40) 이런 방식으로 세계은행과 국제통화기금, 세계무역기구는 극단적인 자유주의와 국가 및 공동체에 적대적인 민영화와 규제 철폐 정책으로 제3세계 나라들의 취약한 경제구조를 황폐화시키고 있다.41)

국제통화기금이 외국투기 자본가들의 이익을 보장하고 대변하는 기관임을 보여주는 태국의 사례를 살펴보자. "1997년 7월, 외국의 투기 자본가들은 태국 통화인 바트를 집중적으로 공격했다. 약세에 놓인 바트화를 공략함으로써 단시간에 거대한 이익을 챙기려는 의도에서였다. 방콕의 태국 중앙은행은 당시 외환보유고에서 수억 달러를 풀어 시장에 나온 바트화를 사들였다. 자국화의 가치를 지키기 위해서였다. 하지만 아무 소용없었다. 3주 동안 적극적으로 환율 방어에 주력했던 중앙은행은 마침내 투쟁을 포기하고 국제통화기금에 손을 내밀었다. 국제통화기

---

38) Jean Ziegler, 유영미 역, 『왜 세계의 절반은 굶주리는가?』, 22. 37.
39) 위의 책, 180.
40) 위의 책, 180-181.
41) 위의 책, 182-183.

금은 태국 정부에 새로 외채를 도입할 것을 요구했다. 태국 정부는 새로 끌어들인 외채로 외국 투기자본에 진 빚을 갚아야 한다는 조건이었다. 그러므로 외국 투기자본은 태국에서 단 한 푼도 손해를 보지 않았다. 이와 동시에 국제통화기금은 수백 개의 공공병원과 공립학교를 폐쇄하고 공공부문 지출을 삭감하며 도로 보수공사를 중지하고 공공은행이 태국 민간 기업들에게 대출해준 돈을 조기에 회수할 것을 종용했다. 그 결과는 어떠했는가? 불과 두 달 사이에 수십만 명의 태국인들과 외국인 노동자들이 일자리를 잃었다. 문을 닫은 공장도 수천 개에 이르렀다."[42]

미국이 주도하는 오늘의 세계경제질서가 불의한 경제 질서라는 사실은 다음의 사실에서도 드러난다. "북미 자유무역협정으로 인해 멕시코에 공급되는 식량 중에서 수입품이 차지하는 비율은 1992년 20%에서 1996년 43%로 증가 하였다. 북미자유무역협정이 발효된 지 18개월만에 220만 명의 멕시코인들이 일자리를 잃었고 4천만 명의 사람들이 극빈 상태에 처했다. 소작농 두 명 중 한 명은 굶주림에 시달리고 있다."[43] 따라서 촘스키는 "FTA는 신자유주의의 강요된 질서"이고, "국민의 의사는 빠진 채 국가의 배후에 있는 무책임한 사기업의 횡포에 인간의 삶을 넘겨주는 행위를 표현한 것일 뿐"이라고 규정하면서 "세계화는 '자유·보호주의적 수단과 투자자 권리를 내세워 투자자, 금융기관, 권력 집단의 이익을 지켜주는 특수한 형태의 국가 간 경제 통합'일뿐"이라고 비판한다.[44]

---

42) Jean Ziegler, 양영란 역,『탐욕의 시대: 누가 세계를 더 가난하게 만드는가?』, 98-99.
43) Vandana Shiva, *Stolen Harvest: The Hijacking of the Global Food Supply*, 류지한 역, 『누가 세계를 약탈하는가』 (서울: 울력, 2005), 21-22.
44) ttp://blog.naver.com/PostView.nhn?blogId=toyo2115&logNo=50127656875.

3. 거대다국적 기업들의 횡포

지구세계가 빈곤의 위기와 먹거리 위기에 처하게 된 세 번째 이유는 거대다국적 기업들의 탐욕스런 횡포 때문이다. 유엔 식량농업기구의 자료에 따르면, 현재 지구에는 63억 명의 인구가 살고 있는데 생산되는 식량은 120억 명이 먹을 수 있는 양이라고 한다. 그런데도 한편에서는 8억 명의 사람들이 영양실조와 굶주림으로 고통 받고 있고, 다른 한편에서는 17억 명의 사람들이 과식으로 인한 비만으로 고생하고 있다.45) "브라질은 오늘날 세계에서 가장 중요한 곡물 수출 국가인데도 불구하고 심각한 만성 영양결핍에 시달리는 국민이 수천만 명에 달한다." 어떻게 이런 모순적인 현상이 일어나고 있는 것일까? 한마디로 다국적 기업들의 횡포 때문이다.

브라질은 거대 다국적 민간 기업들의 과도한 영향력 때문에 신음하는 나라이다. 2,400억 달러를 넘어서는 부채는 브라질 국민 총생산의 52%를 차지한다. 브라질 국부(산업시설, 상업부문, 광산, 토지, 도로, 댐 등)의 절반 이상을 북반구의 다국적 기업들이 장악하고 있다.46) "브라질은 세계에서 가장 중요한 농산물 수출국이다. 하지만 이러한 수출은 전적으로 농가공 식품 트러스트에 의해 통제되고 있으며 이 트러스트는 대부분 외국 그룹에 의해 좌지우지되고 있다. 서류상으로 보면 브라질은 식량 면에서 자급자족이 가능한 나라이지만 실제로는 수백만 명의 남녀노소가 만성적인 영양실조와 그로 인한 각종 질병에 시달리고 있다."47)

---

45) Vandana Shiva, ed., *Manifestos on the Future and Seed*, 송민경 역, 『공존을 위한 먹을거리 혁명 테라 마드레』(서울: 다른, 2009), 25.
46) Jean Ziegler, 양영란 역, 『탐욕의 시대: 누가 세계를 더 가난하게 만드는가?』, 195.
47) 위의 책, 213.

"오늘날 북반구가 남반구를 지배하는 가장 강력한 수단은 부채를 제공하고 그에 대해서 받는 대가라고 할 수 있다. ⋯ 2006년 북반구 선진 산업 국가들이 제3세계 122개국의 개발을 위해 지원한 돈은 580억 달러였다. 같은 해 제3세계 122개국은 부채에 대한 이자와 원금상환명목으로 북반구 은행에 포진한 세계화지상주의자들에게 5,010억 달러를 지급했다. 오늘날의 세계 질서 속에서 부채는 그 자체로 구조적 폭력의 전형적인 예라고 할 수 있다."[48] 외국의 "채권자들은 채무국에 돈을 빌려주는 대신 엄격한 조건을 제시한다. 그러므로 제3세계 국가들은 빌린 돈에 대해서 일반적으로 금융시장에서 통용되는 이자보다 5배에서 7배쯤 높게 책정된 이자를 지불해야 한다. 그뿐 아니다. 세계화지상주의자들은 몇 개 되지도 않는 이들 국가의 기업들이나 탄광, 실속 있는 공공서비스(전화사업 등)를 민영화하거나 외국에 판매할 것을 종용하며 군대의 무장을 위해서 외국의 무기를 구입하도록 촉구하는 식이다."[49]

다국적 기업이 얼마나 탐욕스러운지는 농민들이 수 천년동안 재배해왔던 토착종자들에 대해 약간의 유전자변형을 시켜 식물과 종자들에 대한 특허권을 독점해가고 있는 사실에서 잘 드러나는데 오늘날 단 10개의 기업들이 230억 달러 규모의 상업용 종자 시장의 32%와 유전공학적으로 조작된 변형 종자 시장의 100%를 통제하고 있다. 이 기업들은 또한 전 세계 농약 및 살충제 시장도 통제하고 있다. 단지 5개 기업들이 전 세계 곡물 무역을 통제하고 있다.[50]

그들의 탐욕이 절정을 보인 것은 바로 자살씨앗을 만든 사실이다.

---

48) 위의 책, 79.
49) 위의 책, 81.
50) Vandana Shiva, *Stolen Harvest: The Hijacking of the Global Food Supply*, 류지한 역, 『누가 세계를 약탈하는가』, 21.

'자살씨앗'이란 한 번 수확을 하면 자손을 남기지 않고 죽어버리도록 유전자를 변형시킨 종자를 말하는데 그 결과 농부들은 매번 작물을 심을 때마다 새로 씨앗을 사야 한다.51) 이렇게 다국적 기업들의 정책은 "자연을 훼손시키고, 사람들이 가지고 있던 식량주권을 빼앗고 있으며 농부와 축산업자들의 자유를 침해하고 있다."52)

4. 정치권력의 부패

지구세계 특히 제3세계가 절대빈곤의 위기에 처하게 된 네 번째 이유는 정치권력의 부패 때문이다. "제3세계 국가들에서는 국고 횡령, 부패의 확산, 스위스, 미국, 프랑스 등지의 일부 민간 은행들과 협조 체제 하에 이루어지는 조직적 배임 행위 등이 기승을 부리고 있다. 콩고민주공화국으로 이름을 바꾼 자이레의 독재자 조제프 데지레 모부투 원수의 개인 재산은 80억 달러에 이른다. 그런데 2006년 콩고민주공화국의 외채는 150억 달러였다. 아이티는 라틴 아메리카에서 가장 가난하며, 전 세계적으로는 세 번째로 가난한 나라다. 24년 넘는 독재 기간 동안 뒤발리에 일가가 국고에서 횡령하여 서구 은행의 개인 계좌로 옮겨 놓은 돈은 9억 2천 달러나 된다. 오늘날 아이티의 외채와 거의 맞먹는 액수다."53)

"남반구에 위치한 상당수 국가들은 부패의 늪에 빠져 신음하고 있다. 모로코나 온두라스, 방글라데시, 카메룬 같은 나라의 장관이나 고위

51) 주간경향 1074호(2014. 5.6)
http://weekly.khan.co.kr/khnm.html?mode=view&code=117&artid
=201312241451041&pt=nv
52) Vandana Shiva, ed., *Manifestos on the Future and Seed*, 송민경 역,『공존을 위한 먹을거리 혁명 테라 마드레』, 23.
53) Jean Ziegler, 양영란 역,『탐욕의 시대: 누가 세계를 더 가난하게 만드는가?』, 90-91.

장성들은 외국은행들이 해당국가의 국고로 넣어 주는 차관에서 우선 일정 비율을 떼어내 제네바나 런던 혹은 뉴욕 등지의 대형 은행에 개설해 놓은 자신들의 개인계좌로 옮긴다."[54] "이집트의 국가 원수인 호스니 무바라크는 부패와 배임으로 똘똘 뭉친 정권을 지휘하고 있다. 그가 펼치는 국내 정치나 지방행정은 전적으로 그의 후견인격인 미국 정부의 법령과 이익을 대변한다. 페르베즈 무샤라프는 파키스탄의 지도자다. 미국의 정보조직이 그를 보호하고 지지한다. 그는 매일 워싱톤으로부터 직접 지시를 받는다. 온두라스나 과테말라의 라티푼디움 소유주, 인도네시아와 방글라데시의 지도자 계급들에 대해서는 특별히 언급할 필요가 있을까? 이들의 이익은 현재 이들 나라에서 왕성하게 활동 중인 거대 다국적 민간 기업들의 이해와 밀접하게 연결되어 있다. 거대 다국적 기업들은 국가의 기본적인 이해관계, 국민들의 생존과 직결된 수요 따위엔 아랑곳하지 않는다."[55]

5. 이원론적 사고

지구세계가 인종차별, 여성차별, 농민억압, 자연억압이 일상화되는 위기에 처하게 된 다섯 번째 이유는 기계적, 이원론적 사고 때문이다. 데카르트 이래 사유의 주체가 객체와 분리되는 이원론적 사고는 실재를 인간/자연, 남성/여성, 백인/유색인, 영혼/육체, 부유한 자/가난한 자, 문명/자연, 문화국가/미개국가, 문화인/야만인, 선진국/후진국 등으로 나눈 후 양자의 관계를 우월과 열등의 관계로 보고, 후자에 대한 전자의

---

54) 위의 책, 87.
55) 위의 책, 82.

지배를 정당화한다.56) 여기서 이원론적 사고는 실재의 이분화에서 시작해서 객체의 타자화와 타자의 열등화를 거치게 되는데 바로 이 타자화 과정을 통해 자신을 우월하다고 생각하는 주체는 타자에 대한 지배와 착취를 정당화하게 되는 것이다. 말하자면, 인간은 자연을 타자화한 후 자연을 억압했고(자연파괴), 서구는 제3세계를 타자화한 후 억압하고 착취했으며(제국주의), 백인들은 흑인들과 원주민들을 타자화한 후 그들을 자원으로 취급하여 착취하였고(제국주의), 남성은 여성을 타자화한 후 여성을 억압해왔던 것이다(성차별주의). 이렇게 볼 때 제국주의, 식민주의, 인종차별주의, 성차별주의, 환경파괴의 뿌리에는 지배와 종속, 억압과 착취를 정당화하는 이원론적 사고가 자리하고 있다고 하겠다.

6. 소비주의

지구세계가 빈부격차가 심화되어가고 자연세계가 파괴되어 가는 위기에 직면하게 된 여섯 번째 이유는 소비주의 때문이다. 소비주의란 인간의 욕망을 무한히 충족되어야 할 인간의 본성으로 간주하며, 소비를 통한 욕망 충족의 결과에 의해 자신의 정체감, 사회적 지위와 자신의 행복함이 결정된다고 생각하는 가치체계를 말한다. 소비주의 문화는 3가지 환상 위에 서 있다. "첫째는 유한한 자연 환경 속에서 경제 성장이 무한히 계속될 수 있다는 환상이다. 둘째는 인생의 목적과 인간의 자아실현이 물질적 소비를 통해 성취 가능하다는 환상이다. 셋째는 과학 기술이 인간의 모든 당면한 문제들을 해결할 수 있다는 환상이다."57) 이

---

56) 한국기독교연구소 편, 『생태계의 위기와 기독교의 대응』 (서울: 한국기독교연구소, 2000), 381.
57) 위의 책, 528.

러한 환상 위에서 소비주의 문화는 우리들에게 "존재의 본질 자체가 소유하는 것이며 보다 많은 것을 소유하려는 욕구를 충족시키는 것이 인생의 목적과 의미라고 가르친다."[58] 이러한 소비주의 문화에 사로잡힌 소비지향적인 인간들은 첫째로, 소비를 통해 개인의 정체성을 확인하기 때문에 자신의 주체성을 상실하게 되고 둘째로, 자신을 상품이나 도구로 경험할 뿐 아니라 모든 인간관계를 소비의 대상으로 삼기 때문에 다른 사람들과의 연대성을 상실하게 되며 셋째로, 초월성을 상실하게 되고 그럼으로써 기존체제의 현상유지에 순응하게 되고 넷째로, 보다 많은 상품을 생산하고 수송하고 선전하기 위해 각종 자원을 낭비하여 고갈시킬 뿐 아니라 쓰고 버리는 생활양식을 당연시하고, 새로운 상품을 갈망하는 노예가 되어 한계를 모르는 소비생활을 함으로써 생태계 파괴를 초래하고 있다.[59]

IV. 지구적 위기의 극복방안

1. 제국신학에서 신국신학으로의 전환

로마제국의 제국신학은 오늘날에도 계속되고 있는데 이는 미국의 지배세력이 자신을 스스로 새로운 로마라고 생각하면서[60] '미국의 세계 지배는 하나님의 뜻'이라고 주장하며, 미국은 하늘로부터 세계지배

---

58) 위의 책, 538.
59) 위의 책, 537-562.
60) Richard A. Horsley, *Jesus and Empire: The Kingdom of God and New World Disorder*, 김준우 역, 『예수와 제국』 (서울: 한국기독교연구소, 2004), 20.

권을 위임받았기에 '미국에 맞서는 행위는 악'이라고 규정하는 사실과 보수적인 한국교회가 이런 미국을 절대 선으로 인식하고 있는 사실에서 잘 드러난다.

여기서 우리는 예수가 로마제국의 질서에 순응하신 분이 아니라 "예루살렘 제사장의 귀족 정치뿐만 아니라 로마제국의 통치 이데올로기에 대항"[61]하신 분이라는 사실을 기억해야 한다. 크로산이 말한 대로, 예수는 이 세상의 왕국인 로마제국에 대하여 하나님의 나라로 맞선 분이다.[62] 로마제국과 하나님의 나라는 근본적으로 다른 것이다. 로마제국이 불의한 폭력에 뿌리를 두고 있지만, 하나님의 나라는 비폭력의 정의에 뿌리를 두고 있기 때문이다.[63] 로마의 제국신학이 황제의 신성과 모든 땅과 바다, 세계와 지구에 대한 지배를 핵심 요소로 하는 것이라면,[64] 예수의 신국신학 또는 예수의 하나님 나라 운동은 지배자들에 대한 하나님의 심판과 이스라엘백성의 갱신이라는 두 주제를 핵심요소로 하는 것이다.[65] 이처럼 예수가 제국의 질서를 비판하고 하나님 나라운동을 통해 억압이 없고 정의롭고 서로 협력하는 새로운 사회질서를 대안적 질서로 제시하였다면, 한국교회도 이제는 제국신학을 버리고 신국신학을 따라야 하고, 예수의 하나님 나라 운동에 참여해야 한다.

---

61) Richard A. Horsley ed. *Paul and Empire: Religion and Power in Rome Imperial Society*, 홍성철 역, 『바울과 로마제국』 (서울: 기독교문서선교회, 2007), 13.
62) John Dominic Crossan, *God and Empire*, 이종욱 역, 『하나님과 제국』 (서울: 포이에마, 2010), 12, 175.
63) 위의 책, 13.
64) 위의 책, 30-52.
65) Richard A. Horsley, *Jesus and Empire: The Kingdom of God and New World Disorder*, 김준우 역, 『예수와 제국』, 134.

2. 지배적 사회 패러다임에서 새로운 생태학적 패러다임으로의 전환

오늘날의 전 지구적인 생명위기의 현실은 기존의 지배적인 가치관 또는 기존의 지배적인 삶의 방식에서 비롯된 것이다. 따라서 우리는 자연의 파괴와 절망스런 빈곤의 상황을 개선하고, 지구의 안녕과 가난한 사람들의 안녕을 위해서 기존 사회의 지배적인 가치관과 삶의 방식을 바꿔야 한다. 밀브레이스는 기존의 지배적 사회 패러다임에서 새로운 생태적 패러다임으로의 전환을 강조하면서 두 개의 패러다임을 다음과 같이 비교하여 설명하고 있다.[66]

지배적 사회 패러다임	새로운 생태학적 패러다임
자연의 가치를 경시함	자연에 높은 가치를 부여함
1) 인간의 자연 지배	1) 인간과 자연의 전체적 공존
2) 자연을 상품생산에 이용	2) 자연 자체를 애호함
3) 성장의 한계를 거부	3) 성장의 한계 인정
4) 환경보다 경제성장을 우선함	4) 경제성장보다 환경을 중시
5) 생산과 소비의 강조	5) 자연의 보존과 유지 강조
6) 자원고갈 부인	6) 자원고갈 인정
7) 인구문제 경시	7) 인구폭발의 문제 인정
현재 사회에 만족	새로운 사회의 추구
1) 인간의 자연 파괴로 인한 심각한 문제는 없음	1) 인간의 자연 파괴로 자연과 인간 모두에 심각한 문제 발생
2) 위계질서와 효율	2) 개방과 참여
3) 시장 강조	3) 공공재 강조
4) 경쟁	4) 협동
5) 복잡하고 바쁜 생활방식	5) 단순한 생활방식
6) 돈을 벌기 위한 노동	6) 노동 자체의 즐거움
좁은 범위의 특수한 연민	넓은 범위의 일반화된 연민

---

[66] 윤형근 편, 『살림의 말들』(서울: 모심과 살림 연구소, 2009), 172-173.

1) 인간은 욕구를 위해 다른 종 파괴 2) 타 인종에 대한 무관심 3) 자기 세대에만 관심	1) 다른 종에 대한 연민 2) 타 인종에 대한 관심 3) 미래 세대에 대한 관심
부의 극대화를 위해 위험 감수	위험을 피하고 사려깊은 계획과 행동
1) 과학과 기술의 숭배와 맹신 2) 핵무기의 개발 3) 대규모 경성(hard)기술 강조 4) 자연보호를 위한 정부규제 소홀	1) 과학기술에 대한 비판적 통제 2) 핵무기의 개발 정지 3) 소규모 연성(soft) 기술의 개발 4) 자연보호를 위한 정부규제 강조
기존의 정치	새로운 정치
1) 전문가에 의한 지배 2) 시장기능의 신뢰 3) 제도정치 강조 4) 좌우대립-생산수단 소유 여부	1) 협의와 참여 2) 준비와 계획 3) 직접 행동 불사 4) 개발과 환경이라는 새로운 축의 형성

3. 산업형 식량시스템에서 생태학적 식량시스템으로의 전환

산업형 농업 시스템은 오늘날의 전 지구적인 생명의 위기를 초래한 중요한 요인들 중의 하나이다. 따라서 우리는 지구공동체의 생존과 번영을 위해 산업형 식량시스템(산업화된 단일경작 시스템)을 생태학적 식량시스템으로 전환하지 않으면 안 된다. 산업형 농업 시스템의 폐해를 살펴보면, 우선 그것은 자연적인 지역 농업 방식에 기술을 침투시킴으로써 생태계를 취약하게 만들었고 유전자 변형 작물을 통해 오염된 유전자를 퍼뜨리는 것은 물론 공기, 물, 토양까지 오염시키고 있다. 단일경작 시스템을 적용하기 위해서는 엄청나게 많은 화석연료를 사용해야 하는데 이로써 지구온난화의 위기가 더욱 악화될 수밖에 없다. 더욱이 산업형 농업시스템은 세계 식량 생산을 좌지우지하는 몇 개의 다국적 거대 농업회사의 성장과 집중화를 촉진시켰으며 지역 식량 생산자와 지역 식량 공급을 감소시켰다. 뿐만 아니라 식품의 질을 급속히 떨어뜨렸고 지역사회와 국가의 식량자립 능력까지 파괴해 버렸다.[67] 이외에도 산업형 농업은 종자와 작물, 가축 육종의 다양성을 심각하게 훼손시켜 왔다.[68]

산업형 농업주의자들이 내세우는 주장 중 하나는 늘어나는 세계 인구를 먹여 살릴 유일한 방법이 생산증대뿐이라는 것이다. 그러나 유기농 경작자들은 막대한 투자 없이도 수확량을 획기적으로 증대시켜 왔다. 유엔 식량농업기구의 자료에 따르면, 볼리비아의 감자 생산량은 헥타르당 4톤에서 15톤으로 늘어났다. 쿠바에서는 도시에 있는 유기농 밭의 채소 생산량의 거의 2배가 되었으며 20년 전 엄청난 기근에 시달렸던 에티오피아의 고구마 생산량은 헥타르당 6톤에서 30톤으로 늘어났다. 케냐의 옥수수 생산량은 헥타르당 2.25톤에서 9톤으로 증가했고, 파키스탄의 망고 생산량은 헥타르당 7.5톤에서 22톤으로 증가했다.[69]

생태학적 식량 시스템의 유익을 구체적으로 보면, "사람들이 지역적으로 식량을 생산하게 되면 생산자와 소비자 사이의 거리를 줄일 수 있고 지역사회의 복지에 기여하게 되며 농부들의 번영을 돕고 소비자에게는 건강을 주며 토지에게는 아름다움을 더해주는 생산방법을 선택하게 된다. 이런 지역경제는 자연과 완벽한 조화를 이룬다."[70]

이에 따라 유럽의 여러 나라들이 생태학적 식량 시스템을 도입하기 시작했는데, 1987년 덴마크는 국가 차원에서 유기농 지원정책을 처음으로 도입했고 독일도 유기농과 유기농으로 전환하는 것을 지원하기 시

---

67) Vandana Shiva, ed., *Manifestos on the Future and Seed*, 송민경 역, 『공존을 위한 먹을거리 혁명 테라 마드레』, 66.
68) 위의 책, 111.
69) 위의 책, 41.
70) 위의 책, 24.

작했다. 그리고 1996년까지 룩셈부르크를 제외한 모든 유럽연합 국가들이 유기농 지원정책을 실시했다. 이탈리아의 투스카나 주는 유전자 변형 종자에 강력하게 반대해 왔고, 소규모 농장과 생태 농업, 그리고 생산물의 지역소비를 촉진시키는 정책을 앞장서서 실시해왔다. 오스트리아와 스위스에서는 농업생산물의 10%가 유기농작물이며 스웨덴은 15%가 유기농작물이다. 스위스의 한 현에서는 유기농작물의 비율이 50%에 달하기도 했으며 독일의 농무부 장관은 2010년까지 유기농작물 비율을 20%까지 끌어올리겠다는 목표를 세웠다.[71]

4. 기계적 진보의 세계관에서 지속가능한 유기체의 세계관으로의 전환

현대문화의 토대를 이루고 있는 세계관 또는 세계 모델은 기계적 진보의 세계관이다. 여기서 지구는 부속품을 대체할 수 있으며 인간이 조작할 수 있는 기계로 여겨진다. 기계적 진보의 세계관은 17세기 과학혁명과 산업혁명에서 비롯된 것으로 현재까지 대부분의 현대인들에게 지배적인 세계관으로 영향을 끼치고 있다. 그런데 이 세계관은 세계를 인간의 관리로 계속 발전할 수 있는 기계로 보기 때문에 유기체로서의 세계를 보지 못한다는 문제가 있다. 다시 말해 기계적 세계관은 우리의 눈을 가려 우리 자신이 지구를 구성하는 하나의 요소에 불과하다는 사실과 우리가 자연과 다른 사람들에게 의존되어 있는 존재라는 사실을 보지 못하게 한다. 결국 기계적 진보의 세계관은 생태계의 연약함과 상호의존성을 거의 무시함으로써 자연과 가난한 사람들에게 피해를 주게 된다.[72]

---

71) 위의 책, 88-89.
72) Sallie McFague, Life Abundant, 장윤재 · 장양미 역, 『풍성한 생명』, 80-82, 84.

따라서 우리는 기계적 진보라는 잘못된 세계관을 비판하고 더욱 건강한 새로운 세계관, 즉 지속가능한 유기체의 세계관을 받아들여야 한다. 이 세계관은 세계를 인간의 삶을 향상시키기 위해 조작할 수 있는 기계로 보기보다는 하나의 공동체로 살아가는 수많은 다양한 지체들로 이루어진 고도로 복잡한 몸으로 바라본다.[73] 여기서 세계는 모든 부분들이 본질적으로 연관된 하나의 공동체 또는 유기체로 이해된다. 몸의 모델은 다음의 두 가지 주장을 한다는 점에서 기계론적 모델과 근본적으로 대립된다. "첫째로, 몸의 모델은 우리 인간이 더 이상 다른 모든 부분들을 통제하는 것으로 생각할 수 없으며 오히려 먹이사슬의 맨 꼭대기에 있는 피조물로서 우리는 우리보다 아래에 있다고 생각되는 다른 모든 존재들에 완전히 의존해 있다는 사실을 인식해야만 한다고 주장한다. 둘째로, 몸의 모델은 세계 인구의 20%에 지나지 않는 사람들이 세계 에너지의 80%를 사용하기 때문에, 자원을 모든 생명체와 함께 나누기를 거부함으로써 지구상의 비참한 가난에 대해 책임이 있다는 사실을 인식할 수밖에 없도록 만든다."[74]

5. 불의한 체제에서 정의로운 체제로의 전환

현재의 세계경제체제는 다수의 절망적 빈곤을 대가로 하여 소수가 과도한 풍요를 누리고 있는 불의한 체제이다. 오늘의 세계경제체제는 "15억의 사람들은 하루에 1달러도 채 안 되는 돈으로 생활하고 있는데. … 세계에서 가장 부유한 20%가 상품과 서비스의 86%를 소비하고 있

---

73) 위의 책, 83.
74) Sallie McFague, 김준우 역, 『기후변화와 신학의 재구성』 (서울: 한국기독교연구소, 2008), 211-212.

다. 최고 부자 1%의 연간 수입은 가장 가난한 사람 57%의 수입에 해당하며 최소한 24,000명이 날마다 가난과 영양실조로 죽어"[75]가는 불의한 체제이다. 따라서 지구공동체가 생존할 수 있고(지속가능성), 지구공동체의 모든 구성원들이 지구자원을 함께 사용할 수 있기(분배정의) 위해서 우리는 자연의 파괴와 과도한 빈부격차를 심화시키고 있는 불의한 경제체제를 정의로운 체제로 바꿔야 한다.

첫째로, 우리는 세계적 차원의 불평등과 불의를 초래하는 자유무역을 정의로운 무역으로 바꿔야 한다. 세계교회협의회가 제시하는 정의로운 무역 협정의 원리는 다음과 같다.[76] 1) 생명의 경제의 기본 원리인 연대, 재분배, 지속가능성, 안전, 자결을 전제로 해야 한다. 2) 작고 약한 나라들의 이익을 보호하고 향상시키는 것이어야 한다. 3) 지속가능한 발전과 빈곤의 근절을 추구하되, 민중 자신의 판단을 중시해야 한다. 4) 식량, 물, 생필품에 대한 민중의 권리를 우선시하고 소생산자들이 생존하고 번영할 수 있도록 보호하는 것이어야 한다. 5) 자원의 공평한 분배를 보장하고 강대국 정부들이 무역을 자국의 경제적, 군사적, 정치적 이익을 높이기 위한 무기로 사용하지 못하도록 제한함으로써 인류평화에 기여해야 한다. 6) 사유재산에 대한 사회적 의무를 근거로 한 정부의 규제에 대하여 보다 큰 사회적 책임과 책무를 보장해야 한다.

둘째로, 우리는 고리대금업을 정의로운 금융으로 바꿔야 한다. 세계교회협의회는 국제통화기금과 세계은행에 대해 정의로운 금융체제를 위한 기준을 다음과 같이 제시한다.[77] 1) 미국의 거부권을 폐지하고 개발도상국들의 목소리를 강화하는 방향으로 투표 구조를 바꿔야 한다.

---

75) 세계교회협의회, 김승환 역, 『경제세계화와 아가페운동』(원주: 흙과 생기, 2007), 15.
76) 위의 책, 47-48.
77) 위의 책, 59-61.

2) 의사결정이 투명해져야 하며 빈곤축소 전략보고서라는 잘못된 이름으로 진행되는 미봉적 협의에서 한 걸음 더 나아가도록 시민사회의 역할이 강화되어야 한다. 3) 채권자 쪽에서 일방적으로 부과하는 방식으로 진행되는 구조조정 프로그램이 폐지되어야 한다. 4) 국제통화기금과 세계은행은 부채위기를 해결하기 위하여 자신의 자원을 사용하여야 한다. 5) 각 나라들의 정부로 하여금 다국적 기업들을 규제하도록 요구함으로써 국제금융기구와 다국적 기업들의 지배를 깨뜨린다. 6) 특별히 채무국들의 연합행동을 통해서 악성 부채에 대한 이자지급을 거부한다. 7) 불법적 부채를 탕감하고 선진국들의 국민총소득의 0.7%를 공적 개발지원금으로 헌납케 함으로써 남반구에서 북반구로 흘러 들어가던 금융자산과 생태학적 자산의 흐름을 역류시킨다. 8) 투기적 금융거래의 양을 줄이고 매일 거래되는 1.9조 달러에 달하는 통화량에 대해 통화거래세를 징수함으로써 진정한 개발지원에 필요한 수입을 늘인다.

V. 나가는 말

우리는 지금 처참한 빈곤 속에 있는 가난한 사람들과 파괴되고 있는 자연의 탄식의 도전에 직면하고 있다. 우리가 목도하는 지구의 현실은 사라져가는 숲, 경작지의 부족, 세계 빈곤의 증가, 민족 간의 증오와 전쟁, 인종차별과 성차별, 대기 및 수질 오염, 먹을 물의 부족, 토지 파괴, 지구온난화의 위협, 생물다양성의 감소 등과 같은 암울한 현실이다. 이와 같은 지구적인 재난과 인간의 고통의 소식들은 끝도 없이 들려지고 있다. 그런데 문제는 이 모든 문제들의 상당 부분이 인간들에 의해 만들어지고 있다는 사실이다. 지구의 안녕을 해치는 모든 문제들은 거의 모두 인간의 잘못된 사고방식, 잘못된 삶의 방식이 만든 문제들이다. 그렇다면, 이제 우리는 지구공동체의 안녕을 위해 세상을 다르게 보고 세상을 다르게 살기를 시작해야 한다. 즉, 우리의 생각과 삶을 제국의 신학에서 하나님 나라 신학으로, 자신의 이익만을 추구하는 개인주의적인 삶에서 지구공동체의 공동선을 추구하는 공동체적인 삶으로, 기계적인 사고에서 유기적인 사고로, 영혼의 구원에서 몸과 영의 통전적인 안녕으로, 소비적인 삶에서 생태학적 삶으로 전환해야 한다.

> "창조주 하나님, 당신의 은총의 능력으로 저희를 변화시키소서.
> 그리스도여, 저희로 하여금 서로 서로 그리고 세계와 함께 생명을 나누도록 용기와 희망을 나누도록 도와주소서.
> 성령이여, 저희로 하여금 인간과 땅에 대한 정의를 위하여 일하게 능력을 주소서.
> 은총의 하나님, 세상을 변화시키소서. 아멘."[78]

---

78) 위의 책, 111.

10 WCC의 에큐메니칼 운동과 치유선교*

I. 들어가는 말

대한예수교장로회 총회는 2002년에서 2012년까지의 "생명살리기 운동 10년" 프로젝트를 통해 생명목회와 생명선교를 21세기의 목회와 선교의 방향으로 훌륭하게 제시한 바 있고, 이 프로젝트를 보다 구체적으로 심화시키기 위해 2012년부터 2022년까지 "치유와 화해의 생명공동체운동 10년" 프로젝트를 전개하고 있다. "치유와 화해의 생명공동체운동(이하 치화생운동)"은 "치유하고 화해하는 하나님의 백성공동체(엡 2: 11-16)의 사명을 감당하기 위해, 생명의 하나님의 말씀과 성령의 능력 안에서 하나님의 정의와 평화를 지향하며(사 42: 1-4) 날마다 새롭게 변화하는 생명공동체를 형성해"가는 것을 비전으로 제시하였는데, 치화생운동 10년[1]은 한마디로 치유와 화해의 사역을 통한 생명공동체 건설을 목표로 하는 하나님 나라 운동이라 할 수 있다.

---

* 이 글은 「선교와 신학」 36, 2015에 실렸던 글임.
1) "치생운동 10년"은 "생명살리기운동 10년"과 연속성을 가지면서도 치유와 화해라는 주제에 초점을 맞춘 생명공동체운동이다. 황홍렬, "WCC의 생명선교와 한국교회의 생명선교 과제," 「선교와 신학」 34집(2014), 72.

이 치화생운동은 근본적으로는 치유하고 화해케 하시는 예수 그리스도의 복음을 토대로 전 지구적인 생명 위기의 현실에 적극적으로 응답하는 운동이지만, 에큐메니칼운동사의 관점에서 볼 때 그것은 WCC 제10차 부산총회의 "함께 정의와 평화의 순례를 떠납시다"라는 메시지에 대한 응답이며 동시에 그것은 아테네 세계선교대회(2005년 5월)의 문서였던 "화해의 목회인 선교" 문서와 "교회의 치유선교" 문서에서 많은 신학적인 통찰력의 도움을 받고 있는 운동이기도 하다. 이렇게 치화생운동은 그것이 예수 그리스도의 복음에 근거하고 있다는 점에서 철저하게 에반젤리칼한 운동이며 동시에 그것이 WCC의 에큐메니칼 신학과 21세기 지구세계에서 제기되는 에큐메니칼 과제와 긴밀하게 연결되어 있다는 점에서 치화생운동은 철저하게 에큐메니칼한 운동이라고 할 수 있다.

이런 배경을 전제로 필자는 치화생운동의 두 주제 중 하나인 치유 주제와 관련하여 "WCC의 에큐메니칼 운동과 치유선교"라는 제목으로 에큐메니칼 운동의 의미, 건강과 치유선교의 의미를 살펴본 후에, 치유선교의 신학적 근거와 치유선교를 위한 치유공동체로서의 교회의 과제를 제시하고자 한다.

II. 에큐메니칼운동의 의미

에큐메니칼 운동은 1910년 에딘버러의 세계선교대회를 통하여 탄생된 운동이지만, 이 운동을 주도한 기관은 1948년도에 창립된 WCC이다. "세계교회협의회는 성경에 근거하여 주 예수 그리스도를 하나님이

자 구세주로 고백하는 교회들의 공동체이다. 따라서 세계교회협의회의 구성원 교회들은 하나이신 하나님, 성부와 성자와 성령의 영광을 위해 부름 받은 자들로서 그들의 공동의 소명을 완수하고자 노력한다."[2] 여기서 WCC를 "교회들의 공동체"로 규정하는 것은 WCC가 교회는 아니며 또한 그 자체가 '초교회'가 되어서는 안 된다는 것을 의미한다.

아무튼 "WCC는 에큐메니칼 운동을 가장 잘 표현하는 방식이자 도구"이다.[3] 에큐메니칼이라는 말은 희랍어 오이쿠메네에서 유래한 말로서 사전적 의미로는 "사람들이 살고 있는 온 세상"이라는 의미를 가지고 있다. WCC는 이러한 어원적인 뜻을 근거로 해서 에큐메니칼 운동이란 한마디로 온 교회(the whole church)와 전 인격(the whole person)이 전체적인 복음(the whole Gospel)을 전 세계(the whole world)에 증거하는 운동이라고 정의한다(1975년 제5차 나이로비총회).[4] 에큐메니칼 진영에서 "'에큐메니칼'이란 용어는 교회연합을 추구, 전 세계적인 선교와 전도 과제를 감당함에 있어서의 상호협력, 디아코니아를 위한 헌신, 정의와 평화의 옹호를 표현하는 용어라는 점에 대해서는 동의가 이루어졌다."[5] 에큐메니칼 운동 안에는 크게 세 가지 흐름의 운동이 있는데 첫째는 교회의 일치와 연합을 추구하는 '교회일치운동'이고, 둘째는 세

---

2) WCC, "WCC의 공통의 이해와 비전을 위하여," Michael Kinnamon and Antonios Kirepoulos, ed. *The Ecumenical Movement*, 이형기 외 역, 『에큐메니칼운동』 (서울: 한들출판사, 2013), 1055.
3) WCC, "WCC의 공통의 이해와 비전을 위하여," Michael Kinnamon and Antonios Kirepoulos, ed. *The Ecumenical Movement*, 이형기 외 역, 『에큐메니칼운동』, 1053.
4) Konrad Raiser, "새로운 비전을 추구하는 에큐메니즘," Michael Kinnamon and Antonios Kirepoulos, ed. *The Ecumenical Movement*, 이형기 외 역, 『에큐메니칼운동』, 138.
5) WCC, "WCC의 공통의 이해와 비전을 위하여," Michael Kinnamon and Antonios Kirepoulos, ed. *The Ecumenical Movement*, 이형기 외 역, 『에큐메니칼운동』, 1053.

상을 섬기는 '생명, 정의, 평화운동'이고, 셋째는 복음전파와 하나님의 선교를 추구하는 '선교운동'이다.6)

첫째로, 에큐메니칼 운동은 교회의 일치와 연합을 추구하는 교회일 치운동을 의미한다. 언급한 바와 같이 현대의 에큐메니칼 운동은 1910 년 에든버러에서 열린 세계선교대회를 기점으로 탄생한 운동이다. 선교 의 위대한 세기라고 불려지는 19세기의 선교활동은 주로 교파적 색채를 띤 기독교 확장의 역사였다. 그러다 보니 선교 현장에서 불필요한 경쟁 과 분열을 초래했고 이것은 곧 선교의 장애 요인이 되었다. 이러한 경쟁 과 대립의 갈등 상황을 극복하기 위해 선교사들이 서로 대화하게 되었 고 교파들의 연합과 사귐의 필요성이 제기되었는데 바로 이런 배경에서 개최되었던 것이 바로 에든버러 세계선교대회였다. 여기서 볼 수 있듯 이 에큐메니칼 운동이란 신학이론의 차원에서가 아니라 선교현장에서 시작된 것이다. 그러니까 "교회의 분열은 교회의 증언을 왜곡하고 교회 의 선교를 좌절시키고 교회의 본질을 부정하는 것이"7)(1952년 빌링엔 세계선교대회) 되므로 하나님의 선교8)를 위해 교회의 일치와 연합을 추 구하자는 운동이 바로 에큐메니칼 운동인 것이다.

WCC는 교회의 하나 됨이 성령의 선물이며 동시에 우리의 과제라고 이해한다. 그래서 WCC 1차 총회문서는 성령의 하나 되게 하심을 일컬

---

6) Michael Kinnamon and Antonios Kirepoulos, "학습과 기도: 형성과 영성의 공동체를 지향하며," Michael Kinnamon and Antonios Kirepoulos, ed. *The Ecumenical Movement*, 이형기 외 역,『에큐메니칼운동』, 877.

7) Duncan B. Forrester, *The True Church and Morality*, 김동선 역『참된 교회와 윤리』 (서울: 한국장로교출판사, 1999), 55.

8) "하나님의 선교는 선교의 주인이 하나님이시고 선교의 장은 교회를 포함한 세상전체이며 교회는 세상 속에서 활동하시는 하나님의 선교에 대행자와 동역자로 부름 받았다는 사실 을 바르게 제시한다." 한국일, "선교 120년과 한국선교의 미래," 선교와 신학 제14집 (2004), 120.

어 "주어진 일치"라고 표현하였으며 그에 근거하여 교회는 하나님이 원하시는 일치를 이루어가야 한다고 촉구하였다. WCC가 말하는 교회의 일치는 물론 획일적인 일치나 한 교파로의 흡수통합 같은 일치를 말하는 것은 아니다. 그것은 교회 간의 다양성이 존중되는 "다양성 속의 일치" 또는 "다양성 속의 코이노니아"(7차 캔버라 총회)를 의미하는 것이다.9) WCC가 말하는 일치란 바로 모든 교회들과 교파들이 다양성을 존중하는 가운데 함께 협력하는 것을 의미한다.

둘째로, 에큐메니칼 운동은 세상을 섬기는 생명, 정의, 평화운동을 의미한다. 다시 말해 이 운동은 WCC안의 "삶과 봉사"기구가 실천해왔던 교회의 사회참여운동 또는 "삶과 봉사"운동이라고 할 수 있다. 에큐메니칼 운동은 1948년 이후 지금까지 일관되게 교회의 사회적 참여와 책임을 강조해왔고 그런 차원에서 여러 나라들 안에 있는 사회불의를 고발하는 가운데 사회정의의 실현을 위해 노력해왔다. 또한 폭력과 분열의 세계 속에서 화해와 평화를 위한 교회의 사명을 강조하였으며, 생태계가 파괴되어지는 생태학적 위기의 현실 속에서 생명을 살리는 정신과 그 실천적 노력의 중요성을 강조해오고 있다.

셋째로, 에큐메니칼 운동은 복음 전파와 하나님의 선교를 추구하는 선교운동을 의미한다. WCC의 "세계선교와복음전도위원회"는 위원회의 목적을 밝히기를, "전 세계를 향한 예수 그리스도의 복음선포를 증진하여 마침내는 모든 사람이 그를 믿고 구원받게 되는 데 있다"고 말하였다.10) 에큐메니칼 운동의 역사를 보면, 대표적인 두 개의 에큐메니칼

---

9) 이형기, "신앙과 직제: 로잔대회에서 오늘에 이르기까지," 대한예수교장로회 총회 에큐메니칼위원회 엮음,『21세기 한국교회의 에큐메니칼 운동』(서울: 대한기독교서회, 2008), 248.

10) 김영동, "에큐메니칼 운동과 선교," 장로회신학대학교 에큐메닉스연구부 편,『에큐메니

선교문서가 있다. 하나는 "선교와 전도: 에큐메니칼 확언"이라는 문서이고, 다른 하나는 "오늘의 일치 가운데 선교와 전도"라는 문서이다. 여기서 전도와 선교가 구분되고 있는데 전도가 "개인을 그리스도 안에서의 새로운 삶에 제자로 초대하는 행위를 포함한 복음전파"-복음을 말로 전하여 그들을 회심시키고 제자의 도를 따라 살게 하는 것-를 말하는 것이라면, 선교란 복음의 기쁜 소식을 전하고 나누는 행위이며 이 행위는 말씀, 봉사, 기도, 예배와 그리스도인의 삶을 통한 매일의 증거를 포함하는 통전적인 개념이라고 말하고 있다. 그러니까 에큐메니칼 운동에서 선교란 개인의 영혼을 구원하는 전도를 포함할 뿐 아니라 죄와 불의에 저항하는 가운데 정의의 실현을 위해 노력하며 고난받는 사람들과 연대하며, 창조세계의 보존을 위해 노력하는 사회적 책임의 사명 수행을 포함하는 통전적 선교를 의미한다. 이런 점에서 볼 때 에반젤리칼과 에큐메니칼은 서로 대립되는 개념이 아니라 상호보완적인 개념임을 알 수 있다.[11]

III. 건강과 치유선교의 의미

1. 건강과 치유의 의미

인간은 단순히 영의 존재만도 아니고, 정신의 존재만도 아니고, 육의 존재만도 아니다. 인간은 영과 혼과 육이 분리되지 않고 영, 혼, 육이

즘 A에서Z까지』 (서울: 대한기독교서회, 2012), 118.

11) 양낙홍은 WCC의 관심이 복음전도보다는 사회윤리 실천 쪽에 치중하고 있다고 평가한다. 양낙홍, "세계교회협의회의 선교신학 분석과 평가," 「선교와 신학」 28집(2011), 244.

상호 연결되어 있고 상호 의존되어 있는 통전적 존재이다. 그러므로 육체적, 정신적 이상이 없는 상태를 건강으로 이해하는 서구사회와는 달리 많은 나라에서 건강이란 영, 혼, 육이 조화와 균형을 이룬 상태를 의미하며 또한 그것은 육체적, 심리적, 사회적, 정치적, 생태학적 차원을 지니고 있는 것으로 이해된다. 이렇게 건강이 내적, 외적 조화와 균형의 상태를 의미한다면, 질병이란 이 조화와 균형이 깨어진 상태를 말한다.12)

영어로 건강이란 말은 앵글로색슨족의 고대어 'hal'에서 비롯된 말인데 'hal'은 튼튼한 건강을 의미하는 'hale'이나 전체적인 건강의 조화를 의미하는 'whole'에서 비롯된 것이다.13) 따라서 건강이란 온전성 (wholeness)을 의미한다고 볼 수 있다. 이러한 건강의 통전적 이해를 따라 WCC의 기독의료위원회(Christian Medical Commission, 이하 CMC)는 "건강이란 개인과 사회의 안녕 또는 복지(well-being)의 역동적 상태와 육체적, 정신적, 영적, 경제적, 정치적, 사회적 안녕 또는 복지 (well-being)의 역동적 상태이며, 다른 사람과 물질적 환경과 하나님과의 조화로움을 이룬 역동적 상태이다"라고 정의하였다.14) 이러한 정의는 "건강이란 단순히 질병이나 결함의 부재만을 의미하는 것이 아니라 완전한 육체적, 정신적, 사회적 안녕 또는 복지의 상태이다"라는 WHO의 건강정의를 연상시키기는 하지만, 다음의 세 가지 점에서 WHO의 정의를 넘어선다고 할 수 있다.15) 첫째로, CMC에 있어서 개인의 복지

---

12) WCC and DIFAM, *Witnessing to Christ today: Promoting health and wholeness for all* (2010), 14-15.
13) 정태기, 『아픔 · 상담 · 치유』 (서울: 상담과 치유, 2003), 19.
14) WCC and DIFAM, *Witnessing to Christ today: Promoting health and wholeness for all*, 16.
15) WCC and DIFAM, *Witnessing to Christ today: Promoting health and wholeness for*

는 사회가 구성되는 방식에 대한 직접적인 관계에서 이해되고 있는데 이점은 몸, 정신, 영혼, 경제, 정치, 사회 등 다차원적 요소가 언급되고 있는 사실에서 분명해진다. 둘째로, 건강이란 건강한 자와 건강치 못한 자 사이를 구별할 수 있는 정태적 개념이 아니다. 오히려 모든 사람은 건강을 유지하는 다양한 수준과 전염병이나 질병과 싸우는 상태 사이를 끊임없이 움직이고 있는데 바로 그 점에서 CMC는 역동적 상태라는 개념을 사용한다. 셋째로, CMC는 사회적, 의학적, 경제적 요소 이외에 하나님에 대한 관계가 건강의 중요한 요소임을 강조한다. 여기서 CMC는 건강을 조화의 정태적 균형으로서가 아니라 하나님, 사람, 피조물과의 공동체를 이루며 사는 삶으로서의 온전성으로 이해한다고 할 수 있다. 이런 맥락에서 질병을 인간실존이 가지는 다차원의 온전성이 깨어진 상태라고 본다면, 치유란 그 깨어진 온전성을 회복해가는 과정이라고 할 수 있다.16)

건강과 치유에 대한 기독교의 이해는 기독교의 구원이해와 직결되어 있다. 성경에서 구원이란 하나님 나라의 성취, 즉 예언자들이 샬롬으로서 선언했던 "새 창조"와 연결되어 있다. "샬롬이란 창조세계와 하나님, 인간과 하나님, 인간과 창조세계, 인간과 인간 사이의 화해되고 치유된 관계의 궁극적인 상태로 묘사될 수 있다."17) 그러므로 모든 치유의 행위는 하나님의 구원역사와 샬롬 성취의 한 징표가 된다.

---

all, 16-17.

16) 마이클 브라운은 치유에 대한 히브리어 rapa란 말이 잘못된, 병든, 깨어진, 불완전한 상태에서 올바른 원래 상태로 회복시키는 것을 의미하는 것이라고 해석하면서 rapa의 어근 rp'는 근본적으로 '회복시키다, 온전하게 만들다'라는 의미를 지닌다고 주장한다. 마이클 브라운, 『구약의 치유신학』 (서울: 도서출판 대서, 2010), 26.

17) WCC and DIFAM, *Witnessing to Christ today: Promoting health and wholeness for all,* 9.

2. 치유선교의 필요성과 의미

오늘날 많은 사람들이 엄청나게 진보한 예방약과 치료술의 도움을 받고 있다. 그러나 그럼에도 불구하고 적지 않은 사람들이 온전하고 건강한 삶과는 거리가 먼 생활을 하고 있다. WCC는 현재의 상황을 다음과 같이 요약한다.[18]

첫째, 많은 사람이 의료-건강관리를 할 만큼 여유롭지 못하다. 둘째, 세계 많은 지역에서 예방할 수 있는 질병이 여전히 주요 문제가 되는 반면에 개인의 잘못된 생활과 행동으로 인한 고질적인 질병이 많은 고통을 동반하면서 전 세계적으로 증가하는 추세에 있다. 셋째, 정신질환으로 고통당하는 사람의 수가 점점 증가하는 현상이 확인된다. 넷째, 첨단의료장비의 발달로 의료-건강관리에 엄청난 비용이 필요하게 되었고, 따라서 많은 사람들이 기술의 혜택을 받지 못하고, 그 결과 의료구조 자체를 지탱하기 어렵게 된다. 다섯째, 첨단기술은 사람들에게 소외당하고 중심으로부터 밀려났다는 느낌을 줄만큼 비인간적인 얼굴을 가지고 있다. 여섯째, 현대의학에서 죽음은 기능정지의 상태로 이해되어, 그 결과 인간이 존엄성을 간직한 채 죽을 수 없을 정도까지 죽음과 적극적으로 싸우게 만든다.

여러 가지 문제들이 있지만 가장 문제가 되는 것은 오늘날 세상의 많은 사람들이 기본적인 의료서비스를 제대로 제공받지 못한 채 살아가

---

18) WCC, 김동선 역, 『통전적 선교를 위한 신학과 실천』 (서울: 대한기독교서회, 2007), 205-206.

고 있다는 사실이다. 이런 문제는 저소득 국가에서 주로 나타나는 현상이지만 복지예산의 감소로 인해 고소득 국가에서도 점점 흔한 현상이 되고 있다. 이러한 의료서비스의 불평등한 상황 이외에도 세계적인 만성질환의 증가, 우울증과 같은 정신질환의 증가, 가난한 나라들에서의 유아사망률의 증가, 치유의 인간적, 영적 차원을 갈망하는 사람들의 증가 등의 상황은 교회로 하여금 치유선교의 필요성과 중요성에 대한 관심을 증가시키고 있다.

치유선교는 포괄적으로 볼 때 육체적 차원, 정신적 차원, 사회적 차원, 정치, 경제적 차원, 생태적 차원, 영적 차원 등 일곱 가지의 차원을 가진다. 앞에서 지적했듯이, 치유를 온전성을 회복해가는 과정이라고 본다면, 치유선교란 교회가 바로 이 일곱 가지의 차원에서 온전성을 회복해가는 통전적 치유사역이라고 할 수 있다. 다시 말해 치유선교란 육체적 차원에서 몸의 온전성을 회복해가는 사역이고, 정신적인 차원에서 마음의 온전성을 회복해가는 사역이고, 사회적 차원에서 다른 사람들과의 관계의 온전성을 회복해가는 사역이고, 정치, 경제적 차원에서 정의로운 정치, 경제의 구조를 회복해가는 사역이고, 생태적 차원에서 창조세계와의 관계의 온전성을 회복해가는 사역이고, 영적 차원에서 하나님과의 관계의 온전성을 회복해가는 사역이라고 할 수 있다.

예장 교단의 "치유와 화해의 생명공동체 10년 운동"에 있어서 치유선교는 크게 세 가지로 정리되고 있는데, 1) 치유선교의 영적 차원은 생명목회운동, 지속가능한 지역교회성장, 교회 양극화 해소, 다음 세대를 위한 교회 등을 포함하고 있고, 2) 치유선교의 사회적 차원은 생명, 정의, 평화의 기독교윤리를 고양하고, 사회 양극화 해소를 위한 생명 디아코니아 운동을 전개하며, 양성평등을 증진하고, 여성사역을 개발하며,

기독교평화운동을 전개하고, 남북민족공동체의 치유를 위해 노력하며, 에큐메니칼 협력선교를 펼쳐가는 것 등을 포함하고 있으며, 3) 치유선교의 생태적 차원은 생명을 살리고 풍성하게 하는 세계관과 신학을 제시하고 녹색교회를 확산시키며 생명선교를 확대시키는 것을 포함하고 있다.

여기서 볼 수 있듯이 WCC의 치유선교 문서는 예장교단의 치유선교 문서("치유와 화해의 생명공동체운동 10년 신학문서")가 통전적 치유선교의 틀을 갖추게 하는데 크게 기여했다고 볼 수 있는데 WCC의 치유선교 이해와 비교해 볼 때 차이점은 예장교단의 치유선교가 치유를 통한 생명공동체 구현을 목표로 제시하고 있다는 점[19]과 생명공동체운동을 하나님 나라에 참여하는 그리스도인들의 헌신, 즉 그리스도인들이 실천해가야 할 하나님 나라운동으로 파악하고 있다는 점이다.[20] 아울러 예장교단의 치화생 신학문서는 생명공동체로서의 교회의 정체성 확립을 촉구하면서 교회 자신이 대안공동체로서 생명파괴적인 세상에서 인간을 살리고 피조물을 살리는 대안적인 생명의 문화, 생명의 경제를 세워가야 한다[21]는 입장을 가지고 통전적인 치유선교를 제시하고 있는데 이렇게 예장교단의 치유선교 이해가 하나님의 나라인 샬롬의 생명공동체 구현을 목표로 제시함으로써 치유선교를 하나님 나라신학의 틀 속에서 추구하고 있다는 점에서 그것은 WCC의 치유선교 이해에 비해 보다 명료하게 치유선교와 하나님 나라와의 깊은 연관성을 보여주었다고 할 수 있다.

---

19) 대한예수교장로회 치유와화해의생명공동체운동10년위원회, 『치유와 화해의 생명공동체운동 10년 신학문서』, 2.
20) 위의 책, 3.
21) 위의 책, 5.

IV. 치유선교의 신학적 근거

1. 신론적 근거: 치유자 하나님

"너희가 너희 하나님 나 여호와의 말을 들어 순종하고 내가 보기에 의를 행하며 내 계명에 귀를 기울이며 내 모든 규례를 지키면 내가 애굽 사람에게 내린 모든 질병 중 하나도 너희에게 내리지 아니하리니 나는 너희를 치료하는 여호와임이니라"(출 15:26). 구약에서 하나님은 치유자(רפא) 하나님으로 나타난다. rapa란 말의 어근 רפא가 몸과 영혼, 땅과 물, 도시와 국가의 치유와 회복과 온전하게 만드는 것을 위해 사용된 사실에서 보여지듯이, 치료자(רפא)이신 하나님의 치유는 병들고 깨어지고 잘못된 모든 것들을 회복시키시고 온전하게 하시는 분이시다.22) 그러기에 이스라엘 백성들은 치료자이신 하나님에게 "그들은 마실 수 없는 물이 신선하고 건강에 좋은 물이 되게 해달라고(왕하 2:21-22), 메뚜기 떼가 먹어치우고 가뭄이 휩쓸고 간 땅을 회복해달라고(대하 2:21-22), 지진 후 균열이 간 땅을 고쳐달라고(시 60:2,4), 전염성 피부병과 버짐이 멎게 해달라고(레 13-14장), 불임을 치료해달라고(창 20:17) 그리고 각종 질병을 치료해달라고(왕하 20장) 간구하였다."23) 이렇게 볼 때 하나님의 치유란 단순히 육체적인 질병의 치료만을 의미하는 것이 아니라 깨어진 모든 창조세계와 깨어진 모든 관계들을 온전하게 회복시키는 과정이라고 할 수 있다.

이러한 구약적 맥락에서 "하나님은 모든 치유의 근원이다. 치유와

---

22) 마이클 브라운, 『구약의 치유신학』 (서울: 도서출판 대서, 2010), 29.
23) 위의 책, 483.

구원은 상호 연결되어 있으며[24] 여러 곳에서 같은 의미로 사용된다. '주님, 저를 고쳐 주십시오. 그러면 제가 나을 것입니다. 저를 살려 주십시오. 그러면 제가 살아날 것입니다'(렘 17:14). 그러나 신약성서는 질병의 치료를 구원받는 것과 동일시하지 않는다. 또한 신약성서는 치료(curing)와 치유(healing)를 구별한다. 어떤 사람은 병을 치료받았지만, 치유받지 못했으며(눅 17:15-19), 또 어떤 사람은 병을 치료받지 못했지만 치유받았다(고후 12:7-9). '치료'는 잃어버린 건강을 되찾는 것이며 따라서 시원론적인(protological) 견해를 가진다. 그렇지만 '치유'는 예수 그리스도의 사건을 통해 개입된 충만한 생명이 넘치는 종말론적인 현실을 가리킨다."[25]

그런데 교회의 본질과 선교는 하나님의 본성과 하나님의 선교[26]로부터 비롯되는 것이고, 선교란 근본적으로 하나님의 선교에 참여하는 것이다.[27] 그러므로 하나님이 병들고 깨어진 모든 것들을 치유하시고

---

24) "샬롬이 치유과 밀접하게 연결되어 있듯이, 구원과 치유는 밀접하게 연결되어 있다." Willard M. Swartley, *Health, Healing and the Church's Mission*(Downers Grove, Illinois: InterVasity Press, 2012), 45.

25) Mélisande Lorke and Dietrich Werner, ed. *Ecumenical Visions for the 21st Century*(Geneva: WCC Publications, 2013), 322; WCC, 김동선 역, 『통전적 선교를 위한 신학과 실천』, 214.

26) 피체돔에 따르면 "하나님의 선교는 하나님이 인간구원을 위해 생각하시는 모든 것이 그가 보냈던 사람들을 통하여 사람들에게 제공되는, 그리하여 죄로부터 자유롭고 다른 나라로부터 옮겨지는 사람들이 그의 친교에로 또 다시 충분히 올 수 있는 하나님의 사업"이며 몰트만의 말을 빌리면, "선교의 의미요 요점은 교회를 확장하는 것이 아니라 하나님 나라를 확장하는 것"이다.
이원규, 『한국교회의 현실과 전망』(서울: 성서연구사, 1996), 225-226; '하나님의 선교' 개념의 개요에 대해선 다음을 참고할 수 있음. 양금희, "평신도신학을 지향하는 평신도교육에 관한 연구," 장신논단 46-4(2014) (서울: 장로회신학대학교출판부, 2014), 402-403; 복음주의 진영의 전통적인 '교회의 선교' 개념과 에큐메니칼 진영의 '하나님의 선교' 개념의 수렴현상에 대해서는 다음을 참고할 수 있음. 정원범, 『교회·목회·윤리』(서울: 쿰란출판사, 2008), 265-270.

27) Carlos F. Cardoza-Orlandi, *Mission: An Essential Guide*(Nashville: Abingdon

회복하시는 분이라면, 교회의 선교 역시 깨어진 모든 것들을 치유하고 회복하는 치유선교를 교회의 중요한 사명으로 수행할 수 있어야 한다.

2. 기독론적 근거: 상처받은 치유자 예수님

"예수 그리스도는 인간의 고난, 죽음, 삶의 모든 부분에 참여하고, 그의 죽음과 부활로 폭력, 고난과 죽음을 극복한 상처받은 치유자(wounded healer)이다"(사 52:13-53: 12).[28] "예수께서 온 갈릴리에 두루 다니사 그들의 회당에서 가르치시며 천국 복음을 전파하시며 백성 중에 모든 병과 모든 약한 것을 고치시니"(마 4:23, 참고. 마 9:35)라는 말씀이 보여주듯이, 복음서에서 예수님의 3대 사역은 가르침(teaching)과 천국복음의 전파(preaching)와 치유(healing)였다. 이 가운데서도 예수님은 치유사역에 가장 많은 시간을 할애하셨다.[29] 또한 "주의 성령이 내게 임하셨으니 이는 가난한 자에게 복음을 전하게 하시려고 내게 기름을 부으시고 나를 보내사 포로된 자에게 자유를, 눈먼 자에게 다시 보게 함을 전파하며, 눌린 자를 자유케 하고 주의 은혜의 해를 전파하게 하려 하심이라"(눅 4:18-19)는 예수님의 취임사 역시 예수님의 사역의 핵심이 하나님 나라 복음의 전파와 자유와 해방의 역사와 치유사역이었음을 보여준다.

"때가 찼고 하나님의 나라가 가까왔으니 회개하고 복음을 믿으라"(막 1:15) 여기서 볼 수 있듯이, 예수님의 사역의 주제는 하나님 나라였고(참고. 마 3:2; 마4:17; 마 4:23), 그의 치유사역은 하나님 나라가 우리에

Press, 2002), 15.

28) WCC, 김동선 역,『통전적 선교를 위한 신학과 실천』, 214.

29) 정태기,『아픔 · 상담 · 치유』(서울: 상담과 치유, 2003), 16.

게 임하고 있다는 증거였다(참고. 눅 4:40-44; 눅 9:10-11). 다시 말해 예수님의 치유사역의 목표는 하나님 나라를 선포하는 것이었다. 또한 세례요한이 제자를 보내 예수님이 바로 하나님이 보낸 자인가를 알고자 했을 때 "예수께서 대답하여 가라사대 너희가 가서 듣고 보는 것을 요한에게 고하되 소경이 보며 앉은뱅이가 걸으며 문둥이가 깨끗함을 받으며 귀머거리가 들으며 죽은 자가 살아나며 가난한 자에게 복음이 전파된다 하라"(마 11:4)라고 대답하셨는데 이는 예수님의 치유사역이 그의 메시아되심을 증명해준다는 사실을 보여준다.

예수 그리스도의 치유사역은 중요한 특징들이 있는데 "상처받은 사람들의 필요에 대한 민감함, 그가 감동을 받고 치유에 응답했다는 사실(눅 8:42-48), 들으려 하는 마음과 변화에 대한 개방성(막 7:24-30), 지체하지 않고 고난을 제거하려는 의지(눅 14:10-13), 전통과 악령을 물리치는 권위 등을 꼽을 수 있다."[30] 그러나 "예수의 치유사역의 가장 현저한 특징은 죽음을 포함한 모든 생명을 왜곡시키고 파괴하는 힘에 대한 궁극적인 권위를 행사한 모습이었다"(눅 7:11-17, 요 11:11, 막 5:35-43).[31] 이렇게 해서 예수의 치유는 우리가 일반적인 치유에서 경험하는 것과 달리 언제나 영혼과 정신과 육체의 전인적인 치유, 즉 인간실존의 다차원적인 온전성의 회복을 의미하였다.

이처럼 치유란 예수님의 핵심 사역 중에 하나였다. 그러나 그것은 동시에 그분이 그의 제자들도 참여하기를 원하셨던 사역이기도 하였다. 그래서 "예수께서 그의 열두 제자를 부르사 더러운 귀신을 쫓아내며 모든 병과 모든 약한 것을 고치는 권능을 주시니라"(마 10:1). "가면서 전파

---

30) WCC, 김동선 역, 『통전적 선교를 위한 신학과 실천』, 217.
31) WCC, 김동선 역, 『통전적 선교를 위한 신학과 실천』, 219.

하여 말하되 천국이 가까이 왔다 하고 병든 자를 고치며 죽은 자를 살리며 나병환자를 깨끗하게 하며 귀신을 쫓아내되 너희가 거저 받았으니 거저 주라"(마 10:7-8)고 말씀하셨다. 이렇게 예수님이 그의 제자들이 그의 치유사역을 계속 이어가기를 원하셨고, 그래서 치유의 권능을 주셨으므로 교회는 마땅히 치유공동체로서 치유사역을 수행해 가야 한다. 그렇게 함으로써 교회는 예수가 치유사역을 통해 하나님의 통치하심을 보여주셨듯이 하나님 나라가 현실 속에 실재하는 것임을 분명히 보여주게 될 것이다.[32]

3. 성령론적 근거: 치유선교의 동력원이신 성령님

예수님의 모든 공적인 사역은 성령이 그에게 임하시고 기름을 부으심으로 시작되었다. 예수님의 치유사역 역시 성령의 권능을 힘입어서 행하신 사역이었다. "하나님이 나사렛 예수에게 성령과 능력을 기름붓듯 하셨으매"(행 10:38), "병을 고치는 주의 능력이 예수와 함께 하더라"(눅 5:17), "성령의 권능으로 갈릴리에 돌아가시니"(눅 4:14)라는 말씀에서 볼 수 있듯이, 치유를 일으키는 능력과 권세는 성령으로부터 나온다. 그러므로 성령은 치유선교의 동력원이다. 따라서 예수님은 제자들로 하여금 치유사역을 맡기면서 성령의 능력을 제자들에게 주셨다. 제자들로 하여금 선교할 수 있게 하시는 분은 바로 성령이시기 때문이다.

이렇게 치유선교는 성령이 이끌어가는 선교라고 이해하고 있는 WCC

---

32) WCC and DIFAM, *Witnessing to Christ today: Promoting health and wholeness for all*, 10. Willard M. Swartley, *Health, Healing and the Church's Mission*(Downers Grove, Illinois: InterVasity Press, 2012), 65

의 CMC는 치유선교에 있어서 성령의 사역에 대해 다음과 같이 말한다.[33]

성령은 교회로 하여금 선교할 수 있게 한다. 성령은 기도와 안수로 병을 고치는 사람을 포함해서 끝날 것 같지 않은 고통을 당하는 사람에게 위로와 목회적 돌봄, 악령을 쫓아내는 축귀의 은사, 불의와 죽음 앞에서 구조적인 죄를 책임 있게 고발하는 예언, 과학적인 연구와 의료직 수행에 꼭 필요한 지혜와 지식의 은사 등 많은 은사를 교회에 부어준다. 그리고 성령 하나님은 교회공동체에게 용서하고, 함께 나누고 상처를 치료하고, 분열을 극복하고 온전한 교제로 여행할 수 있는 능력을 준다. 성령은 그리스도의 치유와 화해의 선교를 추구하고 확장하며 이를 보편적이게 만든다. 교회와 창조 안에서 신음하면서(롬 8장), 성령은 고난당하는 사람들과 그리스도의 연대를 실현하고 역설적으로 연약함과 질병 안에서 발견되는 하나님의 은혜에 대한 능력을 증거하고 현실화한다. 성령은 만물을 악으로부터 치유하고 해방시키는 부활의 주님이 보여 준 변화의 권위와 세상의 죄를 위해 죽고 짓밟힌 사람을 위로하는 고난의 종이 보여 준 동정심을 교회에 가득 부어준다. 성령이 인도하는 치유선교는 담대한 증거와 겸손한 모습을 포함한다.

여기서 우리는 성령의 치유사역 역시 단순히 질병에만 국한된 것이 아니라 고난당하는 사람들과의 연대, 구조적인 불의에 대한 고발, 용서, 위로, 분열의 극복, 만물을 악으로부터 치유하고 해방하는 일 등을 포함하는 매우 포괄이고 총체적 치유의 사역임을 알 수 있다. 특히 주목하게 되는 것은 치유선교와 관련하여 성령은 많은 은사들을 교회에 가득

---

33) WCC, 김동선 역,『통전적 선교를 위한 신학과 실천』, 218-219.

부어준다는 사실인데 열거하면 다음과 같다.34) 1) 병들고 소망을 상실한 사람을 위한 기도의 은사, 2) 안수의 은사, 3) 축복의 은사, 4) 기름부음의 은사, 5) 고백과 회개의 은사, 6) 위로의 은사, 7) 용서의 은사, 8) 상처 입은 기억을 치유하는 은사, 9)깨어진 관계와 집안을 치유하는 은사, 10) 중보기도의 은사, 11) 침묵현존(silent presence)의 은사, 12) 상대방의 말을 듣는 은사, 13) 악령을 거부하고 축출하는 은사(구조사역), 14) 예언의 은사(개인적인 영역과 사회, 정치적 영역) 등이다.

이처럼 성령이 교회에게 다양한 은사들을 부어주시는 것은 교회로 하여금 치유사역을 계속적으로 수행하도록 하려는데 그 이유가 있다. 그러므로 교회는 성령이 부어주시는 은사들을 가지고 창조세계와 세상의 모든 관계들과 모든 사람들의 깨어지고 이지러진 모든 상처들을 싸매어 주고 다시 온전하게 회복되도록 하는데 최선을 다해야 한다.

V. 치유선교를 위한 교회의 과제

1. 치유공동체로서의 정체성 회복

예수님이 그의 제자들을 세상에 보내신 것은 그들로 하여금 선포하고, 가르치고, 치유하도록 하기 위함이었다. 오늘날 대부분의 교회들은 선포와 가르치는 사역을 자신들의 사역으로 수행하고 있지만 치유사역은 의료전문가에게 넘겨버린 경우가 많다. 수세기 동안 기독교인들은 치유사역을 의학전문가들의 일로만 이해해왔지만, 독일의료선교협회

---

34) WCC, 김동선 역, 『통전적 선교를 위한 신학과 실천』, 224-225.

(German Institute for Medical Mission)는 1964년에 기독교공동체가 치유를 위한 일차기관(primary agent)임을 주장했고, 모든 기독교공동체는 그리스도의 몸으로서 치유의 중요성과 관련성을 지닌다고 주장했다.[35]

바울은 기독교공동체를 "한 몸"(고전 12:12-31)이라고 묘사했다. 만일 몸의 지체가 아프면 전체 몸이 아픈 것이다. 병든 지체가 있으면 "그는 장로들을 청할 것이요 그들은 주의 이름으로 기름을 바르며 그를 위하여 기도 할지니라"(약 5:14)라고 하였다. 사실 교회공동체는 치유에 기여할 수 있는 유무형의 많은 장점들을 가지고 있다. 선교병원의 창립이나 지원, 환자심방그룹, 상담서비스, 돌봄그룹, 건강프로그램 등이 유형의 장점이고, 신뢰, 기도, 사랑, 긍휼, 화해, 격려, 희망, 삶의 의미 등이 무형의 장점이다.[36] 이렇게 신앙공동체는 많은 장점들을 가지고 있지만, 그것들을 제대로 인식하지 못하기도 하고, 또 그래서 그것들을 활용하지 못할 때가 많다. 그러므로 교회는 무엇보다 자신이 치유공동체임을 깨닫고 치유공동체로 살아가면서, 치유은사를 인식하고 양육하며, 하나님 나라의 징표로서의 치유사역을 수행해가야 한다.[37] 아울러 치유공동체로서 교회는 무엇보다 건강 개념이 광의적이라는 사실과 질병의 원인이 단순히 생의학적일뿐만 아니라 사회적, 경제적, 문화적, 영적이라는 사실을 인식해야 하며, 따라서 교회는 건강과 치유란 많은 경우 정의, 평화, 화해, 창조질서의 보전, 문화, 영성의 문제임을 기억해야 한다.[38]

---

35) WCC and DIFAM, *Witnessing to Christ today: Promoting health and wholeness for all*, 28.
36) 위의 책, 29.
37) WCC, 김동선 역, 『통전적 선교를 위한 신학과 실천』, 222.
38) WCC and DIFAM, *Witnessing to Christ today: Promoting health and wholeness for all*, 22.

2. 정의를 통한 치유선교

모든 사람은 어떤 종류의 차별도 없이 육체적이고 정신적인 건강을 누릴 권리가 있다. 이러한 인간의 기본적 건강권에도 불구하고 세상의 많은 사람들이 건강권을 누리지 못하고 있다. 그 주된 원인은 경제적 가난이다. 가난은 억압과 착취와 전쟁의 결과이다. 또한 경제적 가난은 사회구조적 불평등과 밀접하게 연결되어 있다. 그런데 현존체제의 유지를 원하는 사람들은 불평등한 사회구조를 영속시키려고 하기 때문에 변화를 일으키기 위한 특별한 노력이 필요하다.

따라서 교회는 가난을 지역적, 국가적, 지구적 차원의 권력의 중심부에서 제기되어져야 할 정의의 문제로 보아야 한다. 또한 교회는 정의를 위한 요구와 함께 국가 안에서와 국가들 사이에서 건강을 위한 가용자원들의 보다 정의로운 분배를 책임져야할 사람들에게 압력을 가해야 한다. 왜냐하면 예수님의 취임사에 나타나듯이 그의 사역의 핵심이 "포로 된 자에게 자유를, 눈먼 자에게 다시 보게 함을 전파하며, 눌린 자를 자유케 하고 주의 은혜의 해를 전파"하는 것이었기 때문이고, 하나님 나라는 정의와 평화와 기쁨의 나라(롬 14:17)이기 때문이다. 이러한 복음의 정신에 따라 초대교회는 자신들의 소유를 나누었고 상호의존적이고 상호책임적인 삶을 살았다.[39]

현재의 세계경제체제는 다수의 절망적 빈곤을 대가로 하여 소수가 과도한 풍요를 누리고 있는 불의한 체제이다. 오늘의 세계경제체제는 "15억의 사람들은 하루에 1달러도 채 안 되는 돈으로 생활하고 있는데. … 세계에서 가장 부유한 20%가 상품과 서비스의 86%를 소비하고 있

---

39) 위의 책, 23.

다. 최고 부자 1%의 연간 수입은 가장 가난한 사람 57%의 수입에 해당하며 최소한 24,000명이 날마다 가난과 영양실조로 죽어"[40]가는 불의한 체제이다. 그러므로 교회는 불의한 경제체제 속에서 경제적으로 가난한 사람들의 해방을 위해 일하는 것이 그들의 치유에 기여하는 것이라는 사실을 인식해야 한다. 여기에는 주변화 되고 사회, 경제적으로 혜택을 받지 못하는 사람들을 옹호하고, 국가적, 지구적 연대를 강화하며, 경제적 양극화와 사회적 불평등을 영속화시키려는 국제기구나 부자국가들이나 다국적 기업들이나 연구소에 압력을 가하는 캠페인을 벌이는 것이 포함된다.[41]

WCC의 기독의료위원회(CMC)는 이러한 정의를 통한 교회의 치유사역의 과제에 대해 제시하기를, "첫째, 억압, 인종차별, 불의를 제거하려고 노력하는 사람들을 편든다. 둘째, 해방을 위해 투쟁하는 사람들을 지원한다. 셋째, 사회적 인식을 공유하는 선한 뜻을 가진 사람들과 연대한다. 넷째, 건강하게 정의를 위해 투쟁하는 사람들을 지원하면서 여론을 조성한다"고 하였다.[42]

3. 화해와 평화를 통한 치유선교

육체적, 정신적 건강에 있어서 중요한 것은 조화로운 관계들, 즉 자신과의 평화로운 관계, 사람들과의 조화로운 관계, 하나님과의 조화로

---

40) WCC, 김승환 역, 『경제세계화와 아가페운동』 (원주: 흙과 생명, 2007), 15.
41) WCC and DIFAM, *Witnessing to Christ today: Promoting health and wholeness for all*, 24.
42) WCC, 김동선 역, 『통전적 선교를 위한 신학과 실천』, 232; WCC and DIFAM, 위의 책, 35.

운 관계이다. 이러한 조화로운 관계들이 육체적, 정신적 질병으로부터 사람들을 보호해 줄 수 있고, 또 질병을 빨리 극복하도록 도와준다. 반면에 깨어진 관계들은 죄책감, 화, 분노, 무의미 등과 쉽게 연결되고, 이런 조건들이 몸의 면역체계를 약화시킨다. 따라서 많은 경우 질병이 깨어진 관계와 연결되어 있다면, 치유란 깨어진 관계들의 화해에서 비롯되는 것이라 할 수 있다. 개인적 차원에서 치유는 개인이나 가족의 역사와의 화해(예: 기억의 치유)를 의미한다면, 관계적 차원에서 치유는 자신의 공동체와 하나님에게로 회복되는 것과 창조세계에 대해 책임지는 삶을 의미한다.

보다 직접적으로 영혼과 정신과 육체의 안녕을 깨는 것은 무엇보다도 다양한 형태의 폭력과 인권을 유린하는 국가폭력과 전쟁이다. 다양한 형태의 무기들이 많은 사람들의 건강에 위해를 가한다. 이런 상황에서 평화를 증진하는 것은 건강과 치유에 많은 도움을 준다. 따라서 교회는 화해와 평화를 위한 적극적인 노력을 통해 사람들의 육체적, 정서적, 사회적 건강과 치유에 크게 기여해야 한다.[43]

4. 생태계 회복을 통한 치유선교

인간의 생존과 건강은 지구의 건강과 직결되어 있다. 인간의 건강은 지구 생태계에 의존되어 있기 때문에 지구생태계의 파괴는 인간의 건강에 치명적인 영향을 미친다. "예를 들어 산림벌채는 대기 온실가스 배출을 촉진시켜 성층권의 오존 고갈의 원인이 되며, 자외선 방출을 증가시킨다. 이는 면역체계 억제를 유발하여 세포중재 면역반응에 의존하는

---

43) WCC and DIFAM, 위의 책, 25-26.

암과 또 다른 전염병을 나타나게 한다. 해수면 증가의 원인인 지구온난화는 인간 거주지의 범람을 야기하여 수인성 질병을 증식시킨다. 이밖에도 지구온난화는 온대성 국가에서 말라리아와 또 다른 새로운 전염병이 퍼지는 원인이 되며 심장질환의 위험을 증가시킨다."[44]

이렇게 인간의 건강과 지구의 건강이 직결되어 있는 사실에 대해 브라이언 스윔과 토마스 베리는 다음과 같이 말한다.[45]

지구의 생태계의 건강은 인간들의 건강의 하나의 전제조건이다. 우리는 심지어 가장 진보된 의학의 힘으로도 병든 지구 위에서는 건강을 소유할 수 없다. 땅이 소화하고 변화시킬 수 있는 것보다 더 많은 양의 독소들을 계속 배출해 낸다면, 지구공동체의 가족들은 병들고 말 것이다. 인간의 건강은 파생적인 것에 불과하다. 지구의 건강은 근원적인 것이다.

따라서 교회는 생태계의 치유와 회복을 위한 적극적인 노력 없이는 인간의 건강과 치유에 제대로 기여할 수 없다는 사실을 자각해서 녹색교회운동과 생명을 살리는 생명목회, 생명선교에 적극적으로 참여해야 한다.

5. 하나님과의 관계의 화해를 통한 치유선교

미국 의학연구팀의 한 보고에 의하면 신체 이상을 느껴서 의사를 찾는 환자들 가운데 50-75%가 신체적 문제와 함께 영적인 이상 증세를

---

44) WCC, 김동선 역, 『통전적 선교를 위한 신학과 실천』, 203.
45) Howard Clinebell, *Ecotherapy: healing ourselves, healing the earth*, 오성춘, 김의식 역, 『생태요법: 인간치유와 지구치유』 (서울: 한국장로교출판사, 1998), 38. 재인용.

나타낸다고 한다. 또한 심리학자이며 치료자였던 융(C. G. Jung)은 죽기 2년 전에 자신이 치료한 환자들은 거의 모두 영적인 장애가 병의 원인이었다고 하였고, 그리하여 환자의 영적인 장애를 바르게 도와줄 때 회복되지 않은 사람들이 없었다고 그는 고백하였다.46) 그도 그럴 것이 우리 인간은 근본적으로 하나님의 형상으로 지음 받은 영적인 존재이기 때문이다. 그러므로 하나님과의 관계가 깨어지고 영적인 장애가 생기면 인간실존의 나머지 모든 차원에 상처가 생기기 시작하고, 육체는 병들게 된다. 이런 사실은 요즘 의학계에서도 인정되고 있고, 이에 따라 의학계는 하나님과의 관계나 영성의 회복이 건강과 치유의 중요한 요소라는 사실과 신앙이 중요한 치유의 도구가 된다는 사실을 인정하기 시작했다.47)

신앙생활에서 경험하게 되는 회개, 기도, 성서묵상, 안수, 신유, 용서, 성찬식, 하나님과의 화해 등은 치유사역에서 아주 중요하며, 그것들은 종종 극적인 육체적, 정신적, 사회적 치유의 효과를 나타내기도 한다.48) 이 중에서 교회의 치유행위의 최고봉은 성만찬이다. 성만찬은 하나님의 구원과 치유의 은혜가 가장 풍성한 예식이기 때문이다.49) 따라서 목회자는 성만찬을 통해 치유의 경험이 이루어질 수 있도록 2,000년 기독교역사의 다양한 신학전통 안에 담겨있는 성만찬 예식서들을 활용할 필요가 있다.

---

46) 정태기, 『아픔 · 상담 · 치유』, 154-155.
47) WCC and DIFAM, *Witnessing to Christ today: Promoting health and wholeness for all*, 26.
48) 위의 책, 26
49) WCC, 김동선 역, 『통전적 선교를 위한 신학과 실천』, 225; 위성교, 『치유는 이렇게 일어난다』 (서울: 도서출판 좁은 문, 1995), 190-191.

6. 예배의 치유기능의 회복을 통한 치유선교

"예배 자체는 폭넓은 치유적 의미를 포함한다. 하나님을 향한 찬양과 애가에 자신을 개방하는 경험, 다른 삶과 연합하여 함께 연결하는 경험, 죄와 생의 질고로부터 해방되는 경험, 노래와 찬양을 통해 흥분되는 경험 등은 엄청난 치유의 경험이다."[50] 물론 이러한 경험은 쉽게 경험되는 것은 아니다. 그러나 적지 않은 곳에서 예배는 하나님의 치유능력과 보살핌을 경험하게 되는 장소가 되며, 그 경험은 많은 경우 설교를 통해 이루어진다.

예컨대 1930년부터 1946년까지 거의 16년 동안 미국인구의 절반에 가까운 1억의 청중들을 사로잡았던 설교자 헤리 에머슨 포스딕(Harry Emerson Fosdick)이 그 좋은 예이다. 그의 설교는 "상처 입은 마음을 아물게 하는 설교였고, 절망 속에 허덕이는 사람들에게 소망의 빛을 주는 설교였다. 포스딕의 설교의 핵심은 말씀에 바탕되어 있지만, 여러 가지 문제로 신음하고 있는 인간의 삶의 이야기에 초점을 맞추고 있다는 것이다. 수많은 사람들이 정신과 의사나 상담자를 찾아가지 않고 포스딕의 설교를 듣는 것만으로 문제를 해결하였고 치유를 받아 새로운 삶을 살아갈 수 있었다"고 한다. 그는 말한다. "나의 목회의 핵심은 설교라기보다는 상담이라고 하고 싶다. 내가 설교하는 동안 나는 어떤 사람들과의 상담내용이 내 설교의 클라이맥스가 되도록 하기 위해 끝없이 노력한다. 나의 설교는 그 자체가 청중을 상대로 하는 집단 상담이다. 사실모든 설교는 정신적으로 방황하는 사람들과 깊이 만날 수 있어야 하고, 심리적으로 무거운 짐 진 사람들의 문제 속으로 파고들 수 있어야 한다."

---

50) WCC, 김동선 역, 위의 책, 227.

그래서 그는 매 주일 설교 시간 바로 전에 이렇게 기도했다고 한다. "하나님, 누군가 오늘 내가 전할 말씀을 절실히 필요로 하고 있는 줄 압니다. 내 설교가 그의 마음에 응답이 되게 하소서." 포스딕이 교회를 은퇴하면서 이렇게 고백했다. "사람들의 아픔을 만나는 상담경험이 없었다면 내가 지금까지 리버사이드 교회에서 해온 설교는 결단코 불가능했을 것이다."[51]

오늘날 현대인은 경쟁이 치열한 상황 속에서 육체적으로, 정신적으로, 정치, 경제, 사회적으로, 생태적으로, 영적으로 건강한 삶을 누리기가 매우 어렵다. 현대인들은 여러 가지 면에서 상처와 스트레스를 받는 가운데 불안을 느끼며 치유를 갈망하고 있다. 따라서 교회는 이들에게 치유사역을 제공할 필요가 있다. 무엇보다 예배가 치유적이어야 하고, 설교가 치유적일 필요가 있다.

VI. 나가는 말

WCC는 처음부터 건강에 관련된 문제들을 WCC의 중요한 사업 중의 하나로 생각해왔다. 보건진료와 건강, 치유에 대한 신학적 질문들은 정의와 디아코니아 주제와 더불어 WCC의 선교 프로그램의 중요한 아젠다 가운데 하나였다. 여러 해 동안 WCC의 CMC가 건강과 치유에 관한 일들을 이끌어왔는데, 2005년 아테네 세계선교대회의 주제는 "성령이여 오소서, 우리를 치유하고 화해시키소서: 그리스도 안에서 치유와 화해의 공동체가 되도록 부름 받은 그리스도인"(Come Holy Spirit, Heal and

---

51) 정태기, 『아픔 · 상담 · 치유』, 152-153.

Reconcile!: Called in Christ to be Healing and Reconciling Communities)이었다. 2007년에 WCC는 독일의료선교협회(German Institute for Medical Mission)와 함께 "선교와 치유 연구그룹"을 만들었는데 이 그룹의 목표는 성서적 신학에 기초해서 첫째로, 기독교선교와 치유의 통전적 본성을 분명히 하는 것이었고, 둘째로, 오늘의 상황 속에서 기독교공동체가 건강과 치유에 대해 기여할 수 있는 방법을 분명히 제시하는 것이었다.[52]

본 글에서 필자가 목표로 한 것도 바로 이 두 가지였다. 특히 본 글은 한국교회가 치유공동체로서의 정체성을 회복해야 한다는 전제 하에 치유선교의 삼위일체론적 근거를 제시하였는데 이 점에서 본 논문은 예장교단의 치유선교 이해가 충분히 제시하지 못한 치유선교의 신학적 근거를 보완하는데 기여할 것으로 사료되며, 또한 본 글은 치유선교의 통전적 의미와 치유선교를 위한 교회의 통전적 과제를 제시하였는데 하나님과의 관계를 통한 치유선교, 특히 예배, 성만찬, 설교의 치유기능의 회복을 강조한 점은 예장교단의 치유선교 문서가 충분히 다루지 못한 이 부분들과 관련하여 목회현장에서 보다 구체적인 치유선교를 촉구하고 있다는 점에서 의미가 있다고 여겨진다. 다만 아쉬운 점은 하나님과의 관계회복을 통한 치유선교, 치유선교를 위한 예배, 치유선교를 위한 성만찬 등의 모델사례를 구체적으로 제시하지 못한 점인데 이 분야의 전문가들이 이 과제를 수행한다면 한국교회의 치유선교 사역에 큰 도움이 될 것이다. 이제 부족하나마 이 작은 연구를 통해 한국교회가 교회의 치유선교적 사명을 재확인하며 치유공동체로 거듭나기를 바라고 그럼으로써 세상을 변화시키시는 하나님의 선교에 참여할 수 있기를 희망한다.

---

52) WCC and DIFAM, *Witnessing to Christ today: Promoting health and wholeness for all*, 7.

11 동성애에 대한 기독교윤리학적 고찰*

I. 들어가는 말

요즘 '인생은 아름다워'라는 제목의 주말 드라마가 화제가 되고 있다. 그동안 동성애가 영화나 연극에서는 다루어졌지만 안방극장에서 동성애가 본격적으로 다뤄지기는 이번이 처음이기 때문이다. 이 드라마는 태섭(송창의 분)과 경수(이상우 분)가 서로 사랑하는 모습과 태섭의 성정체성을 모르고 구애하는 채영(유민 분)의 안타까운 모습 등을 그리며 화제를 일으키고 있다. 자신을 사랑하는 채영에게 태섭은 "난 어떤 여자에게도 섹시함을 느끼지 못한다", "정체성의 혼란을 느낄 시기는 지났다. 범죄를 저지르는 느낌도 들었고 저주받은 것 같아 힘들고 슬펐다. 하지만 그게 내 실체"라고 말하며 눈물을 흘린다.

그런가 하면 태섭과 경수는 늦은 밤 함께 택시를 타고 태섭의 집으로 가던 중 경수는 태섭의 어깨에 기대어 잠을 청한다. 집 앞에 도착하자 태섭은 못내 아쉬운 마음에 경수에게 포옹을 권한다. 한동안 두 사람은

* 이글은 『동성애에 대한 기독교적 답변』, 기윤실부설 기독교윤리연구소 엮음 (서울: 예영커뮤니케이션, 2011)에 실렸던 글로, 예영커뮤니케이션으로부터 원고의 재사용을 이메일로 허락 받음(2016. 3. 28).

서로의 체온을 느끼며 헤어지기를 아쉬워한다. 또한 보통의 연인처럼 서로 먼저 가라며 사랑싸움도 벌인다.

드라마에 대해 시청자들은 크게 엇갈리는 반응을 보였다. 한편에서는 "온 식구가 모여서 보는 가족드라마인데 동성애라는 소재가 너무 자극적이다", "동성애를 미화하는 느낌이어서 부모 입장에선 답답하고 불편하다", "두 사람이 나올 때마다 조마조마하다", "아름답게 그려지는 동성애를 보고 자녀들의 성정체성이 흔들릴까 두렵다", "동성애를 미화시키는 건 세상의 질서를 혼란케 하는 반역"이라고 비판하는가 하면, 다른 한편에서는 "성적 소수자들이 가족 내에서 해결해 나가는 과정을 사실적으로 표현하고 있다", "이성간의 사랑보다 더 절절하게 묘사되고 있다. 수위조절도 잘하고 있는 것 같다", "막장 불륜보다 이들의 사랑이 훨씬 풋풋하고 순수하다"고 옹호하기도 한다.

이런 드라마를 보면서 시대가 빠르게 변하고 있음을 실감하게 된다. 동성애를 옹호하는 이런 사회적인 분위기는 기독교계라고 해서 예외는 아니다. 교계 안의 동성애옹호론자들은 동성애자들의 목사안수를 지지하기도 하고, 레즈비언이나 게이들 가운데 일부일처와 같은 신실한 관계들은 하나님의 뜻과 조화될 수 있다고 주장하기도 하며, 게이들과 레즈비언들이 결혼할 수도 있고 또 자녀들을 입양하여 책임적인 부모가 될 수 있다고도 주장한다.[1]

동성애를 옹호하는 이런 주장들이 과연 기독교 진리에 부합하는 것일까? 이 질문에 대답을 찾는 것이 본 논문의 목적이다. 이를 위해 우리

---

1) Nancy F. Duff, "How to Discuss Moral Issues Surrounding Homosexuality When You Know You Are Right," ed., Choon-Leong Seow, *Homosexuality and Christian Community*(Louisville, Kentucky: Westminster John Knox Press, 1966), 145.

는 제2장에서 먼저 '동성애 인식의 변천사'라는 제목으로 교회 밖 세계의 동성애 인식의 변화의 역사와 세계 교회 안에서의 인식의 변화 역사를 살펴보게 될 것이고, 제3장에서 '교회분열의 원인으로서의 동성애'에 대해, 그리고 제4장에서 '동성애옹호론의 근거', 제5장에서 '동성애반대론'의 근거에 대해 논의하게 될 것이다. 마지막으로 제6장에서는 동성애에 대한 기독교윤리학적 입장을 제시하게 될 것이다.

II. 동성애 인식의 변천사

1. 교회 밖 세계의 동성애 인식의 변천사

동성애란 "동성에게 우선적인 성적 매력을 느끼는 것"[2]이라고 간단하게 정의할 수 있는데 동성애는 최근의 현상이 아니다. 동성애는 선사시대의 예술작품, 고대의 그림문자나 아시리아, 이집트의 법전 등에서 분명히 드러난다. 6세기 이후부터는 동성애 관습이 사포와 아나크레온의 시, 플라톤의 산문, 애쉴루스의 희곡 등 그리스 문학과 예술에서 많이 언급되어졌다. 그렇다고 해서 고대 그리스 문화가 동성애를 인정했다는 것은 아니다. 아리스토텔레스, 헤로도투스, 아리스토파네스 그리고 그 이후의 많은 스토아철학자들은 동성애 관습을 도덕적으로 인정하지 않았다.[3] 그리스 사회가 전체적으로는 동성애를 인정하지 않았으나 그리스의 귀족들 중 소수의 사람들은 동성애를 용납하거나 심지어는 장려하

---

2) John Jefferson Davis, *Evangelical Ethics: Issues Facing The Church Today* (Phillipsburg, New Jersey: P and R, 1993), 95.
3) 위의 책, 96.

기까지 했다.

고대 로마 사회에서 동성애는 수에토니우스의 작품, 주베날의 풍자 문학, 그리고 카툴루스와 마티얼의 시에서 발견된다. 고대 그리스에서처럼, 동성애 관습이 나타난다고 해서 그것이 일반적인 사회적 승인을 의미하는 것은 아니었다. 세네카가 동성애 행위를 색욕에 의해 일어나는 매우 천한 형태의 방종이라고 주장한 사실[4]에서 알 수 있듯이, 고대 로마사회는 동성애를 정죄했다. 고대 역사 속에서 예컨대 바이킹족, 비시고트족, 켈트족, 반달족 등이 동성애를 승인했다는 증거는 없다. 오히려 전술한 이교문화 중 어떤 문화에서는 동성애를 엄하게 처벌했다. 비시고트족의 법은 동성애 행위자를 말뚝에 묶어 화형시켜야 할 죄로 비난했다. 이런 사실은 서구 세계에서 동성애에 대한 적대감이 기독교에서 비로소 시작되지 않았음을 보여준다. 교회의 가르침은 유럽 사회에 이미 존재했던 확신을 단지 강화시켜주었을 뿐이다.[5]

1000년에서 1500년 사이에 유럽은 거대한 도시화를 경험하기 시작하면서 동성애 행위의 증거들이 증가하기 시작했고, 16세기 말부터 18세기 말까지 영국과 프랑스에서 다양한 성적 일탈이 나타났다. 그렇긴 해도 "16세기 초 영국에서는 동성애를 사형으로 다스리는 법률이 제정되었다"[6]는 사실에서 알 수 있듯이, 18세기 이전까지의 서구 세계는 대체로 동성애에 대한 부정적인 입장을 견지한 것이 사실이다. 물론 동로마제국의 유스티니아누스황제가 533년 동성애에 관련된 법조항의 효

---

4) Brian K. Blount, "Reading and Understanding the New Testament on Homosexuality," ed., Choon-Leong Seow, *Homosexuality and Christian Community* (Louisville, Kentucky: Westminster John Knox Press, 1966), 33.
5) John Jefferson Davis, *Evangelical Ethics: Issues Facing The Church Today*, 96
6) 김진,『동성애 배려윤리적 고찰』(울산: 울산대학교출판부, 2005), 39.

력을 소멸시켰던 경우7)와 같이 역사 속에서 간헐적으로 동성애에 대한 어느 정도의 관용적인 분위기가 있었던 것이 사실이긴 하지만,8) 전체적으로 볼 때 동성애를 부정적으로 보는 관점이 지속되어 왔다고 할 수 있다.

그러다가 "19세기에 이르러 동성애는 사악한 원죄의 산물이나 범죄적 성향의 표현으로 보는 대신에 정신적 요인에서 비롯된 성적 일탈행위, 즉 일종의 정신병으로 규정되었다."9) 그래서 성인들이 서로 동의하는 상태에서 이루어지는 동성 간의 성행위를 프랑스는 1810년, 폴란드는 1932년, 스위스는 1942년, 영국은 1967년, 스페인은 1980년, 뉴질랜드는 1986년부터 범죄로 여기지 않았다.10)

캐나다는 퀘백주에서 1977년 게이들의 인권을 지지하는 법률이 통과되었고 1988년부터는 18세 이상의 성인들이 동의하에 행하는 오럴섹스나 항문 성교 등을 범죄에서 제외시켰다. 덴마크는 동성 간의 성행위는 물론 남녀 게이 커플들의 재산상속도 인정되고 있고, 오스트리아는 1971년부터 동성애 행위를 범죄시하지 않고 있으며 1989년부터는 동성애자를 위한 매춘도 법제화시켰다.11)

미국은 영국의 영향을 받아 동성 간의 성행위를 중죄로 다루었다. 버지니아 주와 사우스 캐롤나이나 주에서는 18세기 말까지 사형에 해당되었으며 미국의 모든 주에서 1961년까지 동성 간이든 이성 간이든 오럴섹스와 항문성교를 금하였다. 미국은 1993년까지 오럴섹스나 항문성

---

7) 윤가현, 『동성애의 심리학』 (서울: 학지사, 2001), 87.
8) Floence Tamagne, *Mauvais Genre?* 이상빈 역 『동성애의 역사』 (서울: 이마고, 2007), 20.
9) 김진, 『동성애 배려윤리적 고찰』, 39; John Jefferson Davis, *Evangelical Ethics: Issues Facing The Church Today*, 96-97.
10) 윤가현, 『동성애의 심리학』 (서울: 학지사, 2001), 88-89.
11) 위의 책, 90.

교가 발각되면 처벌하는 주가 20여 곳이었고 그 행위로 적발되면 주에 따라 10년 형에서 종신형까지 언도를 받았다. 그러나 동성 간 성행위를 부정하는 이러한 엄격한 인식은 시대변화와 더불어 달라졌는데, 미시간 주의 이스트 랜싱시는 1972년 게이들의 인권을 보호하는 법을 제정하는 최초의 도시가 되었다.[12]

미국 내 동성애자 결혼에 대한 논쟁은 1993년 하와이 법원이 동성애자 결혼을 금지하는 주법에 대해 위헌 판결을 내리면서 본격적으로 시작됐고, 이후 2004년 메사추세츠 법원은 전국가적 차원에서 동성애자 결혼을 합법화해야 한다고 판시하였다.[13]

이러한 동성 결혼의 합법화 현상은 오늘날 세계적인 현상이 되고 있다. 1889년 덴마크가 세계 최초로 동성 결혼을 합법화한 이래, 아이슬랜드는 1993년에, 스웨덴은 1995년에, 프랑스는 1999년에, 네델란드와 독일은 2001년에, 2001년에, 핀란드는 2002년에, 벨기에는 2003년에, 룩셈부르크와 미국의 메사추세츠 주는 2004년에, 캐나다와 스페인과 영국은 2005년에, 체코는 2006년에, 남아프리카공화국은 2006년에, 우루과이는 2007년에, 미국의 캘리포니아 주는 2008년에, 워싱톤 주와 버몬트 주는 2009년에, 하와이 주는 2010년에 동성 결혼을 합법화하였다.

동성애자의 고위 공직 진출에 대해서 서구인들은 어떤 인식을 가지고 있을까? 2010년 3월의 미국의 한 여론조사 결과가 이를 잘 보여준다. 미국 국민의 50%는 공개적으로 동성애자임을 밝히고 나선 정치인이 대통령에 당선된다고 해도 무방하다는 입장을 보였다. 미국 CBS방송의 시사프로그램인 '60분'과 월간지 '배너티 페어'가 실시한 공동 여론조사

---

12) 위의 책, 89.
13) http://kctusa.com/technote7/board.php?board=newsmain&command=body
&no=2531

결과에 따르면, 설문대상자의 50%가 이른바 '게이 대통령'을 지지한다고 밝혔으며, 44%는 "반대한다"고 하였다. 또한 대법관에 동성애자가 임명돼도 무방하냐는 질문에 대해서도 응답자의 55%가 "괜찮다"고 하였고, 40%는 "안 된다"고 응답하였으며, 국무장관의 경우에도 56%가 "무방하다"고 하였고, 39%가 "반대한다"고 응답함으로써 전반적으로 동성애에 대한 관대한 입장을 보였다.14)

결론적으로 말하면, 동성애에 대한 서구인들의 인식은 정죄와 처벌의 대상에서 용납과 관용의 대상으로, 그리고 차별과 억압의 대상에서 지지와 인권옹호의 대상으로, 심지어는 축하의 대상으로까지 생각하는 놀라운 인식 전환의 역사를 보여준다고 하겠다.

2. 세계교회의 동성애 인식의 변천사

D. S. 베일리와 피터 콜먼 등에 따르면, 2세기 중엽부터 19세기 말까지의 교회역사 속에서 동성애 행위는 죄로 선언되었고 그 죄를 행한 것으로 드러나면 아주 가혹하게 처벌을 받았다.15) 바울은 그의 기독교 초기의 저술에서 동성애 행위를 가증한 것으로 여기는 전통적인 유대교를 배경으로 하여 기독교 공동체의 새로운 상황 속에서 동성애적 행위에 대한 거부 입장을 나타냈다. 1세기의 기독교 공동체에서 그의 동성애에 대한 부정적인 평가는 어떠한 반대도 만나지 않았다.16)

신약시대 이후 초기 기독교의 여러 자료들 역시 동성애에 대해 동일

---

14) http://www.dynews.co.kr/detail.php?number=59463&thread=11r07
15) Marion L. Soards, *Scripture and Homosexuality: Biblical Authority and the Church Today*(Louisville, Kentucky: Westminster John Knox Press, 1995), 33.
16) 위의 책, 35.

한 부정적인 평가를 내리고 있다. 순교자 저스틴, 터툴리안, 가이사랴의 바질, 닛사의 그레고리, 엘비라와 안키라의 공의회의 참가자들, 존 크리소스톰, 그리고 어거스틴 등 초기 기독교의 모든 저술가들은 동성애 성행위에 대해 신랄한 비판의 입장을 보였다. 크리소스톰은 동성애를 방탕한 향락 생활에서 비롯된 타락으로 보았고, 어거스틴은 동성애를 인간을 하나님으로부터 추방시킨 음탕한 행위로 보았다. 그는 "동성애는 '죄악되고', '불결하며', '위법한' 행위이며, 자신의 성을 있는 그대로 사용하여 범한 죄인 간통이나 간음보다 더 악마적이다"라고 하였다.[17] 바질과 그레고리까지도 동성애 행위는 간음의 무거운 죄보다도 더 심각한 죄라고 선언하면서 동성애 행위에 대해 엄격한 입장을 보였다.[18]

동성애에 대한 초기교회의 엄한 비판은 중세 교회에 의해 계승되었고 초기 교회보다 더욱 엄격해졌다. 초기 기독교 시절 엘비라(305-306 C.E.)와 안키라(314 C.E.)에서의 두 번의 공의회에서 동성애자들은 동성애 행위를 단념할 때까지 세례와 교리문답의 자격이 거부되었다. 가이사랴의 바질(375 C.E.)은 동성애 행위를 했던 사람이 성만찬에 참여하기 위해선 15년간의 참회 기간을 가져야 한다고 요구하였다. 이런 태도는 그 이후에 더욱 엄격해졌는데 스페인에서 약 650년경의 규정들은 동성애자들은 거세되어야 한다고 주장하였다. 570년경에서 1010년까지 서구 기독교세계에 널리 보급되었던 고해규정서는 동성애의 범위와 그 행위에 대한 참회를 규정하고 있는데, 이 규정들 안에는 단순한 동성애 키스는 8일 간의 특별 단식, 첫 번 상호간 자위행위자는 20일에서 40

---

17) Briar Whitehead, *Craving For Love* 이혜진 역 『나는 사랑받고 싶다: 관계중독, 동성애 그리고 치유하시는 하나님』 (원주: 웰스프링, 2007), 227.
18) Marion L. Soards, *Scripture and Homosexuality: Biblical Authority and the Church Today*, 36.

일간의 참회, 습관적인 오럴 섹스와 남색은 7년 간의 참회 등 다양한 처벌 규정이 있다.[19]

12세기 동안에는 동성애 행위에 대한 다양한 판결들이 있는데 1120년에 네아폴리스에서 개최된 공의회에서 왕과 예루살렘의 대주교는 동성애에 대해 신랄하게 비판하며 남색을 통해 의도적으로 자신을 더럽힌 사람들은 말뚝에 매달아 화형시킬 것을 요구하였다. 13세기는 보다 발전을 이루었다. 토마스 아퀴나스는 동성애 행위를 모든 인간의 삶이 통제받아야 하는 하나님의 법을 직접적으로 어긴 것으로 판단하였다. 그는 성기관의 본래 목적은 출산이므로 모든 동성애 행위는 부자연스럽고 음탕하며 죄 된 것이라고 추론했다. 그는 가장 경미하게 죄가 되는 동성애 행위라도 그것은 어떤 다른 종류의 음욕보다도 더 죄 된 것이라고 보았고, 수간은 남색보다도 더 심각한 죄가 된다고 보았다. 그에게 있어서 동성애 행위는 실제로 창조주에게 해를 끼치는 바, 자연의 질서에 대한 위반이었다.[20]

종교개혁 시대를 보면, 중세 말 교회의 억압적이고 율법주의적인 결의론으로부터 종교개혁이 가져다 준 자유에도 불구하고, 재 강화된 성경의 지상권은 성윤리에 있어서 큰 변화가 없음을 확실하게 보여주었다. 수도사들이 결혼을 했지만, 동성애에 대한 비난은 계속되었다. 루터는 동성애 문제에 대해 거의 관심이 없었던 것으로 보인다. 그러나 그 역시 로마서 1장을 주석하면서 남자들과 함께 자신을 남용하는 자들의 퇴폐적인 성도착의 문제점을 지적하고 있고, 칼뱅도 로마서 1장을 주석하면서 동성애 행위를 잔인한 짐승들도 혐오할 것으로 언급했다.[21]

---

19) 위의 책, 37-38.
20) 위의 책, 39-41.
21) 위의 책, 41-42.

종교개혁 이후의 시대 역시 어떤 큰 변화를 겪지 않았다. 종교개혁 이후 성서의 권위를 강조한 개신교는 동성애 행위에 대한 전통적인 입장을 유지하였고, 로마 가톨릭교회 역시 종교개혁 기간 동안이든지 그 이후이든지 그 입장이 변하지 않았다. 그러다가 20세기에 들어오면서 동성애에 대한 입장의 변화가 생겼는데 때때로 새로운 사고가 공식적인 입장이 되기도 하고 또는 준 공식적 입장이 되기도 했다. 칼 바르트는 동성애를 "인간이 하나님의 명령의 타당성을 용인하기를 거절할 때 나타날 수 있는 육체적, 심리적, 사회적 질병, 성도착 현상, 타락과 부패"(Church Dogmatics, Ⅲ/4, 166)로 묘사하였고, "윤리적 가치판단은 평가되어져야 할 실재의 현상마저도 왜곡시킬 수 있다"(The Ethics of Sex, 271)고 주장한 헬무트 틸리케는 D. S. 베일리의 말을 인용하면서 다음과 같이 말했다.[22]

> 의학적 사실을 세심하게 분석하고 성경과 교회의 진술들에 대해 사려 깊게 평가하면, 우리는 인격 구조가 의학적 치료에 의해 변화될 수 없는 경우에 가장 효과적인 도움은 그 사람으로 하여금 그의 핸디캡을 긍정적 생각으로 견뎌야 할 과제로 받아들이도록 해주는 일이라는 가설에 이르게 된다.

이렇게 해서 틸리케는 동성애 행위에 대한 간단한 승인이나 긍정을 제공하지 않으면서 동성애의 사회적, 종교적 관용을 위한 강한 논거를 마련했다. 그리하여 동성애에 대한 거부보다는 이해가 중요하다는 점을 보여주었다. 그러나 어떤 사람들은 동성애를 인정하는 데 있어서 한 걸

---

22) 위의 책, 42-43.

음 더 나아갔다. 1963년 영국에 있는 친우회의 한 위원회는 "동성애 그 자체는 선으로도 사용될 수도 있고 악으로도 사용될 수도 있는 매우 자연스럽고 도덕적으로 중립적인 상태이고 왼손잡이보다 더 슬퍼해야할 필요가 없는 상태"라고 주장했다.[23)]

이러한 동성애에 대한 인식의 변화를 배경으로 하여 마침내 게이들을 위한 교회(성공회에서 파생된 자유 가톨릭교회 Liberal Catholic Church)가 1916년 세계 최초로 호주 시드니에 세워졌다. 미국에서 게이들을 위한 최초의 교회는 1946년 하이드라는 가톨릭 성직자가 애틀란타에 세운 교회이다. 그 후 게이들을 위한 교회로는 미국에서 1968년 페리(Troy Perry)라는 목사가 세운 메트로폴리탄 커뮤니티 처치가 가장 대표적이다. 메트로폴리탄 커뮤니티 처치는 1992년까지 미국에만 230여 곳에 세워져 있고, 세계적으로는 17개 국가에서 291개의 교회를 가지고 있다.[24)]

동성애에 대해 최초로 긍정적인 입장을 취한 교단은 '그리스도의 교회'인데 1964년부터 동성 성인들 간의 성행위가 서로 동의하는 상태에서 이루어지는 경우 그것을 범죄시하지 않았다. 동성애를 인정하는 이런 분위기는 1970년 들어오면서부터 동성애자의 성직 안수로 이어졌는데 게이 남성을 최초로 성직자로 임명한 교단은 그리스도 연합교회로 1972년의 일이다. 또 레즈비언을 최초로 성직자로 임명한 교단은 영국 성공회로 1977년 1월의 일이었다.[25)]

이렇게 동성애자에게 성직 안수를 주는 일은 21세기에 들어오면서 보다 많은 교단으로 퍼져나갔다. 동성애 파트너와 14년 간 동거해온 미

---

23) 위의 책, 43.
24) 윤가현, 『동성애의 심리학』, 99.
25) 위의 책, 100-101.

국성공회 진 로빈슨 신부는 2003년 11월에 주교서품을 받았고, 미국성 공회 총회에서 여자 신부로서는 최초로 캐사린 제퍼츠(Katharine Jefferts) 가 2006년에 주교로 선출되었다. 그런데 그녀는 "동성애는 하나님의 선 물이기 때문에 죄가 아니다"라고 선언했다. 네바다 주의 감독인 이 여인 은 CNN과의 인터뷰에서도 동성애가 죄냐는 질문에 대해 "하나님이 인 간을 창조하실 때 각기 다른 선물들을 주셨기 때문에 동성애는 죄가 될 수 없다. 우리는 하나님이 즐기라고 주신 여러 가지 선물 중에서 선택할 수 있다. 어떤 사람은 다른 이성에 대해서 매력을 느낄 수 있고, 어떤 사 람은 동성에 대해서 매력을 느낄 수 있다"고 대답했다.[26]

스웨덴 개신교의 최대 교단인 루터교는 2009년 10월 동성애자 결혼 식을 올릴 수 있도록 허용하는 결정을 내린 바 있고,[27] 미국 최대의 루 터교단인 미국 복음주의 루터교 역시 2009년 동성 결혼을 합법화함과 동시에 동성애자 목사 안수를 허용한다고 결의했다.[28] 이렇게 동성애 결혼을 인정하고 동성애자 성직 안수를 허용하는 경향은 그 밖의 다른 교단들 가운데서도 계속 확대되어가고 있다.

지금까지 살펴본 대로, 기독교는 오랫동안 강도의 차이는 있었지만 동성애 행위에 대한 부정적인 입장을 일관되게 지켜왔다. 그러나 20세 기에 들어오면서 몇몇 교단들은 동성애 행위에 대한 허용은 말할 것도 없고 동성 결혼과 동성애자 성직 안수까지 허용하기에 이르렀으며, 이 런 변화는 기독교 공동체에 교회분열이라는 커다란 상처를 안겨주었다.

---

26) http://www3.focususa.org/xe/?document_srl=126&mid=news
27) http://www.yonhapnews.co.kr/culture/2009/10/23/0903000000AKR20091023049
900009.HTML.
28) http://kctusa.com/technote7/board.php?board=newsmain&command=body
&no=6725.

III. 교회분열의 원인으로서의 동성애

여러 교단들이 동성애 결혼과 동성애자 성직 안수를 허용하기 시작하면서 동성 결혼과 안수를 허용한 교단마다 심각한 갈등을 경험하고 있다. 동성애 결혼과 안수에 대한 허용 결정이 교회분열의 원인이 되고 있는 것이다. 한편에서는 적지 않은 기독교인들이 기독교가 게이나 레즈비언을 그대로 인정하지 않는다면 기독교는 미래가 없는 하나의 종파운동이 될 것이라고 생각하고 있고, 다른 한편에서는 또 다른 많은 기독교인들이 만일 게이나 레즈비언들이 그대로 환영받고 용납된다면 도덕의 체계와 기독교의 진리체계가 무너지게 될 것이라고 우려를 표명한다.[29] 이런 상반된 입장으로 인하여 세계교회가 심각한 갈등과 분열의 조짐을 보이고 있다.

미국성공회에서 2003년 동성애자인 진 로빈슨 신부가 주교서품을 받았고, 2006년 여자 신부로서는 처음으로 동성애자인 캐사린 제퍼츠(Katharine Jefferts)가 주교로 선출된 이후, 2007년 미국성공회 캘리포니아주 샌와킨 교구가 동성애에 반대하여 교단을 탈퇴하였다. 캐나다성공회 역시 갈등이 확산되는 가운데 분열의 아픔을 겪고 있다. 한편에서는 동성결합을 축복하겠다는 교구가 나타나고 있는가 하면, 다른 한편에서는 그런 교회들과 함께 지낼 수 없다며 캐나다성공회를 떠나는 주교와 교구들이 나타나고 있다. 캐나다성공회 나이아가라교구는 동성결합을 인정하는 결정을 내렸으며, 오타와교구와 몬트리올교구도 동성애에 개방적인 입장을 밝힌 반면, 캐나다 은퇴주교인 도널드 하비주교와

---

29) John Shelly Spong, *The Sins Of Scripture*, 김준년, 이계준 역『성경과 폭력』(서울: 한국기독교연구소, 2005), 166.

말콤 하딩주교는 캐나다성공회를 떠나 사우스 콘 성공회(남미성공회)로 가겠다고 선언한 것이다.[30]

미국 최대교단인 미국복음주의루터교회가 2009년 동성애자에게 안수를 허용하는 결의문을 승인하자 동성애 지지자들은 기뻐한 반면, 이에 반대한 사람들은 교단을 탈퇴하겠다고 반발하였다. 웨스트 버지니아주 찰스턴의 성 디모데 루터교회의 담임목사인 리처드 메이헌 목사는 "성서 어디에서도 동성애와 동성 간 결혼을 하나님께서 용납하신다는 말씀은 없다. 오히려 그것은 비도덕적이며 타락한 것이라고 말하고 있다"고 말했다. 또한 보수적인 루터교 개혁연합은 미국복음주의루터교회와의 연합관계를 단절하고 독립적인 루터교 단체임을 선언했다. 교단의 수장인 마크 핸슨 감독은 동성애자 안수 허용 결정으로 인해 앞으로도 많은 사람들과 교회들이 떠나게 될 것이라며 우려를 표명했다.[31]

미국 최대 장로교단인 미국장로교도 동성애문제로 분열 위기를 맞고 있다. 미국장로교는 2007년 6월 정기총회에서 동성애자의 성직 안수를 각 교회별로 취사선택할 수 있도록 결의한 이후, 동성애에 반대하는 8개 교회가 잇따라 교단을 탈퇴했다. 미국장로교 산하 교회들의 연합체인 '뉴와인스킨 교회협의회'는 성명을 통해 "복음장로교와 협의해 곧 교단을 탈퇴하겠다. 현재까지 151개 교회가 미국장로교를 떠나 복음장로교 노회에 가입키로 결정했다"고 밝혔다. 미국장로교 총회장을 역임한 클립튼 커크 패트릭은 교단 산하 교회들에게 서신을 보내 교단 잔류를 호소하였는데 이 서신에서 "교단 결정에 반대하는 교회들의 불만이

---

30) http://www.kidok.com/news/quickViewArticleView.html?idxno=50710;
   http://christiantoday.us/sub_read.html?section=section2&uid=11642.
31) http://kctusa.com/technote7/board.php?board=newsmain&command=body
   &no=6725

위험수위에 달했다. 대다수 교회들이 교단에 남겠지만, 한 두 교회가 아닌 집단으로 교단을 이탈하게 된다면 엄청난 손실을 입게 될 것"이라고 우려를 나타냈다.32)

보수적인 미국 남침례교단은 공식적으로 동성애를 반대한다. 그럼에도 불구하고 일부 지역교회는 동성애자들을 받아들이고 있다. 오크허스트 침례교회와 버지니아 하이랜드 침례교회가 최근 동성애를 받아들였는데 남침례교 조지아 주 총회는 이들 교회들을 제명하였으나 아틀란타 침례교 협의회는 두 교회를 제명하지 않았다. 그러자 동성애를 반대하는 보수 침례교회들이 협의회를 떠나겠다고 말하였다. 동성애 문제로 인한 갈등과 분열의 전조가 가장 보수적인 침례교회에까지 미치고 있는 실정이다.33) 이외에도 여러 교단들과 교회들이 동성애 문제로 인해 심각한 갈등을 경험하고 있지만 그 갈등과 분열의 양상은 거의 비슷하다.

Ⅳ. 동성애 옹호론의 논거

1. 유전학적 근거

동성애자들은 자신들이 동성애자가 된 것은 그들이 선택했기 때문이 아니라고 주장한다.

동성애옹호론자들은 동성애자들이 본래 동성애적 성향을 가지고 태어난 것이기 때문에 동성애는 자연스러운 것이고 그래서 동성애적 행

---

32) http://christianherald.tv/WZ_NP/section/view.asp?seq=5480&tbcode=SEC01.
33) http://kpcr.net/chnet2/board/view.php?code=BOARD11&id=142

위를 비난해서는 안 된다고 주장한다.34) 그리고 이렇게 말하는 사람들도 있다. "나는 하나님이 나를 동성애자로 만드셨기 때문에 동성애자다. 따라서 동성애는 좋은 것일 수밖에 없다. 하나님이 사람을 동성애자로 만들어 놓으시고는 그들의 성적 자기표현의 권리는 허용하시지 않는다고는 생각할 수가 없다. 따라서 나는 하나님의 창조로 이루어진 지금의 모습을 긍정하고 나아가서 축하하고자 한다."35)

2. 자연성의 일반적 개념을 반대하는 철학적 논거

동성애옹호론자들은 동성애에 대한 대표적 반대 논증인 '동성애는 자연스럽지 않다'는 논거는 잘못된 것이라고 주장한다.36) 첫째로, 동성애 반대론자들은 비일상적이거나 평범하지 않은 것을 자연스럽지 않다고 주장하지만, 동성애를 하는 사람들이 적다는 이유만으로 그것을 도덕적으로 나쁘다고 말할 수 없다. 둘째로, 다른 동물들이 실제로 하지 않는 것은 비자연적이라고 말하는 사람이 있다. 동물조차도 동성과 교접하지 않는다. 그러므로 동성애는 나쁘다고 동성애반대론자들은 말한다. 그러나 이런 주장은 생물학 연구를 통해 잘못된 것으로 드러났다. 게이 양, 레즈비언 갈매기 등의 존재가 보고되었기 때문이다. 그 외에 쥐와 담비, 숫양과 수말(종마) 등 여러 동물들에게서도 동성애 행위가

---

34) Richard E. Whitaker, "Creation and Human Sexuality," ed., Choon-Leong Seow, *Homosexuality and Christian Community*, 11; Stanley J. Grenz, *Welcoming But Not Affirming: An Evangelical Response to Homosexuality* (Louisville, Kentucky: Westminster John Knox Press,1998), 116.

35) John Stott, *Same-sex Partnership?* 양혜원 역,『존 스토트의 동성애 논쟁』(서울: 홍성사, 2006), 44.

36) 김진,『동성애 배려윤리적 고찰』, 52-60; 칸트는 동성애를 비자연적이고 그래서 부도덕한 행위라고 보았다.

발견된다.37) 그러나 설령 동성과 교접하는 동물이 없다고 하더라도 이에 비추어 동성애가 비도덕적이라는 사실은 입증될 수 없다. 셋째로, 신체기관의 본래적 목적을 해치는 것은 비자연적이라고 주장하는 사람들이 있다. 동성애로는 출산이 불가능하기 때문에 자연적이지 않다는 것이다. 그러나 하나의 신체기관이 단 한 가지 목적만을 위해 사용되는 것은 아니다. 신체기관의 여러 기능들 가운데 어떤 행위만을 가리켜서 비자연적이라고 하는 것은 자의적이다. 예컨대 입은 말하고 먹고 마시며 껌을 씹고 이성에게 키스하거나 동성에게 키스하는 데 사용할 수 있다. 이 중에 어떤 행위만을 가리켜서 비자연적이라고 말하는 것은 자의적이다. 넷째로, 혐오스럽거나 불쾌하게 여겨지는 것을 자연적이지 않다고 생각하는 사람들도 있다. 이런 사람들은 동성애는 혐오스럽기 때문에 자연적이지 않다고 주장한다. 그러나 뱀을 만지거나 시체를 만지는 일들은 분명히 혐오스럽고 불쾌한 일이다. 그렇다고 해서 그 일을 자연적이지 않고 도덕적이지 않은 것이라고 생각하지는 않는다.

3. 인권적 근거

동성애 옹호론자들은 동성애를 정의와 인권에 근거해서 그 정당성을 주장한다. 케이프 타운의 대주교였던 데즈먼드 투투는 자신에게 동성애 문제는 정의의 문제일 뿐이라고 말하면서 이렇게 주장한다. "우리가 성별, 피부색, 인종 혹은 계급으로 사람을 차별해서는 안 된다. 성경의 하나님은 정의의 하나님이시며 성경에서 그리고 있는 하나님은 정의

---

37) Mark McClain-Tayler, "But Isn't 'It' a Sin?" ed., Choon-Leong Seow, *Homosexuality and Christian Community*, 80.

를 사랑하고 불의를 미워하시는 분이기 때문이다. 따라서 정의의 추구
는 하나님의 백성에게 최고의 의무가 되어야 한다. 노예와 여성과 흑인
이 해방된 오늘날 게이의 해방은 벌써 이뤄졌어야 마땅하다. 1950년대
와 60년대의 민권운동가들이 오늘날의 게이 인권 운동가들이다. 우리
는 그들의 대의를 지지하고 그들의 분투에 동참해야 한다."[38]

4. 성경적 근거

1) 소돔과 기브아 주민들의 죄는 원래 동성애가 아니라 불친절, 강
간미수, 천사들과 동거하려는 욕망이었다.[39]

동성애 옹호론자들은 우선 소돔은 동성애의 죄를 범하지 않았다고
주장한다.[40] 에스겔서가 이를 증명한다는 것이다. "네 아우 소돔의 죄
악은 이러하니 그와 그 딸들에게 교만함과 식물의 풍족함과 태평함이
있음이며 또 그가 가난하고 궁핍한 자를 도와주지 아니하며"(겔 16: 49).
소돔이 동성애의 죄를 범하지 않았다는 주장은 자기 집안에 들어오는
사람들을 보호해주려고 했던 가나안 족의 관습에 토대를 두고 있다. 이
는 "이 사람들은 내 집에 들어 왔은즉, 이 사람들에게는 아무 짓도 하지
말라"(창 19:8)고 한 롯의 말이 입증한다. 소돔사람들은 낯선 사람의 정
체를 알고자 했고 이 과정에서 소돔 사람들에게 문초를 당하게 된다면,

---

38) John Stott, *Same-sex Partnership?* 양혜원 역, 『존 스토트의 동성애 논쟁』, 56.
39) Stanley J. Grenz, *Sexual Ethics: An Evangelical Perspective*(Louisville, Kentucky: Westminster JohnKnox Press, 1990), 228.
40) Jack Rogers, *Jesus, The Bible, And Homosexuality*(Louisville, Kentucky: John Knox Press, 2006), 71.

자신의 지붕 아래 들어온 손님을 환대해야 할 의무가 있는 사람으로서 롯은 그 환대의 의무를 다하지 못하게 된다. 이렇게 소돔 사람들은 롯에게 환대의 의무를 지키지 못하게 함으로써 죄를 저질렀다는 것이다.[41]

2) 레위기의 율법은 더 이상 적용될 수 없다.

동성애를 비난하는 구약의 중심 구절은 레위기의 율법 속에 있다. "너는 여자와 교합하지 말라 이는 가증한 일이니라"(레 18: 22). "누구든지 여인과 교합하듯이 남자와 교합하면 둘 다 가증한 일을 행함인즉 반드시 죽일지니 그 피가 자기에게로 돌아가리라"(레 20:13). 그런데 이러한 구절들은 레위기 17장에서 26장 사이에 있는 성결법전에 들어있는 것으로, 그 안에는 생리 중인 여성과 성관계를 가질 경우, 그 사람은 백성들로부터 끊어져야한다는 내용과 두 재료로 직조한 옷을 입지 말라는 내용(예를 들면, 면과 폴리에스테르를 섞어 만든 옷을 입어서는 안 된다는 내용)과 돼지고기와 새우를 먹어서는 안 된다는 내용 등이 들어 있다. 그러나 이와 같은 제사법은 이미 철폐되었다(행 10: 15). 그러므로 동성애를 금하는 율법이 여전히 효력을 발휘하고 있다고 생각해야 할 하등의 이유가 없다고 동성애 옹호론자들은 주장한다.[42]

또 다른 동성애 옹호론자들은 레위기에서 금지하는 동성애는 이방신전에서 풍요제의를 위해 행해진 남창동성애였다. 그러므로 오늘날 우

---

41) Norman L. Geisler, *Christian Ethics: Options and Issues*, 위거찬 역, 『기독교윤리학』 (서울: 기독교문서선교회, 1991), 336; 이경직, "구약에 나타난 동성애," 「기독신학저널」 제2호(2002), 317-318; Jack Rogers, *Jesus, The Bible, And Homosexuality* (Louisville, Kentucky: John Knox Press, 2006), 70.

42) Norman L. Geisler, *Christian Ethics: Options and Issues*, 위거찬 역, 『기독교윤리학』, 336.

상을 숭배하는 제의와 무관하게 상호합의 아래 이루어지는 동성애가 금지된 것은 아니라고 주장한다.[43]

3) 바울의 동성애 금지는 착취적 동성애 형태에만 적용되는 금지 규정이다.

동성애 옹호론자들의 강력한 주장 가운데 하나는 성경저자들이 알았던 동성애 형태는 오늘날의 동성애 형태와 다르다는 것이다. 스트록스는 그리스-로마 세계에서 바울이 알았을 동성애 형태는 성인 남성이 소년을 대상으로 하는 동성애 형태였을 것이라고 주장한다. 따라서 바울은 그리스-로마 문화의 귀족들에게서 나타났던 바, 소년들을 대상으로 하는 압제적이고 착취적인 동성애 형태를 비난했다고 주장한다.[44]

V. 동성애 반대론의 논거

1. 유전학적 근거에 대한 반론

1) 유전적 연관성에 대한 반론

동성애는 많은 경우 유전적 요인으로 인해 나타나며 그래서 동성애는 선택된 것이 아니기 때문에 동성애는 부도덕한 것이 아니라고 하는

---

43) 이경직, "구약에 나타난 동성애," 「기독신학저널」 제2호(2002), 326.
44) Marion L. Soards, *Scripture and Homosexuality: Biblical Authority and the Church Today*, 46-47.

주장에 대해서는 중요한 반론이 있다. 이러한 동성애의 유전적 연관성에 대한 반론으로는 유전자가 동일한 쌍둥이를 대상으로 한 연구가 있는데 이 연구에 따르면, 동일한 쌍둥이 중 한 명이 동성애자라고 해서 다른 쌍둥이 역시 반드시 동성애자임을 보여준 연구 결과는 없었다는 것이다.45)

또한 태어날 때부터 동성애적 성향을 가지고 있기 때문에 자연적이고 그래서 도덕적으로 선하다는 것은 잘못된 주장이다. 왜냐하면 우리는 선천적으로 악한 성향을 가지고 태어난 사람들에 대해서 그와 같은 성격이 자연적으로 주어진 것이므로 선하다고 하지 않기 때문이다.46)

2) 성정체성 변화 불가에 대한 반론

성정체성이 변화되지 않는다는 주장에 대한 반론은 여러 연구들을 통해서 제기된다. 1997년 캘리포니아에 있는 동성애 연구와 치료를 위한 전국 연맹 NARTH는 이성애적 성 정체성을 찾고자 노력했던 860명의 동성애자들과 이들을 치료했던 200명의 전문가들을 대상으로 연구했는데 이 연구에 따르면, 치료 전 응답자 중 68%가 자신을 배타적으로 혹은 거의 완전히 동성애자로 생각했으나 치료 후에는 단지 13%만이 자신을 여전히 같은 범주에 속하는 것으로 생각했다고 한다. 또한 30년이 넘게 600명의 동성애자를 면담하고 분석한 에드먼드 버글러 박사는 주장하기를, "1-2년 정도의 기간 동안 매 주마다 최소 세 번 이상 내담할 경우, 환자가 진심으로 변화되기를 소망한다는 전제에서, 동성애에 대

45) Briar Whitehead, *Craving For Love* 이혜진 역, 『나는 사랑받고 싶다: 관계중독, 동성애 그리고 치유하시는 하나님』 (원주: 웰스프링, 2007), 152.
46) 김진, 『동성애 배려윤리적 고찰』, 56.

한 신경정신-정신분석 치료를 받으면 놀라운 예후를 볼 수 있다. 치료를 통해 양성애자가 되는 것이 아니라 진실되고 속임수 없는 이성애자가 될 수 있다"고 하였다.[47]

2. 철학적 논거에 대한 반론

동성애 논쟁에서 중요한 개념 가운데 하나는 '자연적이다', '자연적이지 않다'는 개념이다. 해방주의 해석자들은 '자연적'이라는 말을 사회의 주도권 그룹이 사회적으로 용납할 수 있는 것을 의미하는 말로 이해하므로 이 말을 언제나 회의적으로 바라본다.[48] 이런 맥락에서 텍사스 대학의 코르빈도 박사는 자연적이라는 말 속에 담긴 일반적 개념들을 철학적으로 비판한다. 그러나 성경에서 바울이 동성애 행위를 자연스럽지 못한 행위(para physin)라고 규정할 때 그 의미는 어떤 시대의 문화적 상황 속에서 형성된 이데올로기적인 개념이라기보다는 하나님의 창조질서에 배치되는 행위라는 뜻을 가진 신학적 개념이다.[49]

3. 인권적 근거에 대한 반론

동성애자들이 그들의 동성애 성향 때문에 사회로부터 멸시받고 거

---

47) Briar Whitehead, *Craving For Love* 이혜진 역 『나는 사랑받고 싶다: 관계중동, 동성애 그리고 치유하시는 하나님』, 154

48) Brian K. Blount, "Reading and Understanding the New Testament on Homosexuality," ed., Choon-Leong Seow, *Homosexuality and Christian Community*, 36.

49) Richard B. Hays, *The Moral Vision of the New Testament: A Contemporary Introduction to New Testament Ethics*(HarperSanFrancisco, 1996), 387

부당한다는 일은 물론 시정되어야 한다. 하나님은 차별을 반대하시며 모든 사람을 차별 없이 사랑하라고 명하시기 때문이다. 그러나 존 스토트는 동성애 운동을 노예해방운동, 흑인해방운동 또는 여성해방운동과 유비관계로 보는 것은 잘못된 것이라고 주장한다. 왜냐하면, 하나님이 합법적인 것으로 허락하지 않은 것을 '권리'로 주장할 수 없기 때문이다.[50]

4. 성경적 근거에 대한 반론

1) 소돔의 죄가 동성애의 죄가 아니라는 해석에 대한 반론

동성애 반대론자들은 이 해석에는 몇 가지 문제가 있다고 주장한다. 첫째로, 소돔사람들의 죄가 약한 이방인을 환대하지 않은데 있다는 주장만으로는 그들의 죄에 동성애 행위도 포함된다는 사실을 배제할 수 없다. 일부 고대문화에서는 동성애 행위는 낯선 침입자 남성에게 모욕과 수치를 안기는 불친절의 구체적인 행동이었다. 동성애 행위는 상대의 남성다움을 인정하지 않고 여성같이 취급하기 때문이다.[51] 이때의 동성애는 서로 사랑하는 동성 간의 동성애가 아니라 폭력을 동원하는 강간에 해당된다고 하겠다. 둘째로, 창세기 19장 5절과 8절에 사용된 동사는 동일한 יָדַע 동사이다. 그런데 동성애옹호론자들은 같은 단어인 יָדַע를 8절에서는 성관계의 의미로, 5절에서는 단순히 안다는 의미로 해석하고 있는데 이는 매우 무리가 가는 해석이라고 볼 수 있다.[52]

---

50) John Stott, *Same-sex Partnership?* 양혜원 역,『존 스토트의 동성애 논쟁』, 57.
51) 이경직, "구약에 나타난 동성애,"「기독신학저널」제2호(2002), 319.
52) 양형주, "성서적 관점에서 본 동성애: 성경은 동성애에 관해 무엇을 말하고 있는가?"

2) 레위기의 율법은 더 이상 적용될 수 없다는 주장에 대한 반론

성결법전 안에는 오늘날의 현대인들에게는 다소 당황스런 금지규정들이 있는 것이 사실이다. 예컨대 생고기를 먹는 것, 두 재료로 직조한 옷을 입는 것, 앞머리를 깎아 다듬는 것, 수염을 깎는 것, 몸에 문신을 새기는 것 등에 대한 금지 규정들이다. 오늘날 이런 것들을 행하면서 죄책감을 느끼는 기독교인들은 극히 드물다. 따라서 동성애 옹호론자들은 레위기의 성결 규범들 안에 있는 이런 규정들이 폐기된 것처럼 동성애 금지 규정도 폐기되었다고 주장한다. 그러나 동성애를 의식법의 일부로 파악하여 오늘날 동성애를 허용해야 한다면, 동성애와 함께 정죄된 강간, 근친상간, 수간도 도덕적으로 허용해야 한다는 결론이 나올 것이다.[53]

또한 동성애 옹호론자들은 동성애가 우상숭배와 연관되어 있다고 주장하지만, 동성애에 대한 비난은 종종 우상숭배의 관습에 대한 비난과는 별도로 이루어지고 있다(레18:22; 롬 1:26-27). 동성애와 우상숭배는 공존하는 죄이지 동등한 의미의 죄는 아니다. 성적인 부정은 우상숭배의 사례로 예시될 수 있지만 양자는 서로 구별되는 죄이다. 십계명을 보더라도 우상숭배(출 20:3-4)와 성적인 죄(출 20:14-17)는 서로 구분되고 있다.[54]

『성서마당』(신창간 제13호, 2007, 여름), 146-147.

53) 이경직, "구약에 나타난 동성애," 「기독신학저널」제2호, 329-330.
   Richard B. Hays, *The Moral Vision of the New Testament: A Contemporary Introduction to New Testament Ethics*(HarperSanFrancisco, 1996), 382.

54) Norman L. Geisler, *Christian Ethics: Options and Issues*, 위거찬 역, 『기독교윤리학』, 342-343.

3) 바울의 동성애 금지는 착취적 동성애 형태에만 적용되는 금지 규정이라는 주장에 대한 반론

로마서 1장에서 동성애에 대한 바울의 정죄는 착취와 무관하다. 왜 냐하면 바울이 동성애를 묘사할 때 "남성과 소년"이라는 표현 대신 "남 성과 남성"(27절)이라는 표현을 사용하고 있기 때문이다.55)

VI. 동성애에 대한 기독교윤리학적 입장

1. 동성애에 대한 기독교윤리학적 평가

1) 동성애는 죄인가, 아닌가?

피텐저는 "사랑으로 진실하게 결합한 사람들 사이에서의 동성애 행 동은 죄스러운 것도 아니며 교회가 그들을 죄인으로 여겨서는 안 된다"56) 고 하였다. 과연 동성애는 죄인가, 아닌가? 이에 대한 해답을 얻기 위해 선 두 가지 전제가 필요하다. 하나는 판단의 기준이고 다른 하나는 개념 의 명료성이다. 우선 윤리란 선악을 판단하는 일이다. 그러므로 윤리적 판단에서 중요한 것은 선이 무엇인지, 선악 판단의 기준이 무엇인지를 아는 것이다. 그런데 기독교윤리학에 있어서 선 또는 선악 판단의 기준

---

55) 이경직, "로마서에 나타난 동성애," 「기독신학저널」 제4호(2003), 220.
56) Norman Pittenger, "The Morality of Homosexual Acts," in Batcherlor, ed., *Homosexuality and Ethics*, 139; Roger H. Crook, *An Introduction to Christian Ethics*, 최봉기 역 『기독교윤리학개론』 (서울: 요단출판사, 1997), 277. 재인용.

은 언제나 하나님의 뜻(의도)이다. 쟈크 엘룰이 말했듯이, 선이란 하나님의 뜻 이외의 다른 것이 아니다. 선이란 하나님이 결정하는 것 이상도 이하도 아니다. 다시 말하면 선 자체가 하나님의 뜻을 결정하는 것이 아니라 하나님의 뜻이 선을 결정한다.[57)

그러면 성윤리에 대한 하나님의 뜻(의도)은 무엇인가? 성경은 성에 대한 하나님의 창조 의도는 하나님이 남자와 여자를 서로를 위해 만드셨다는 사실과 우리의 성적인 욕망은 이성 간의 결혼 안에서 올바르게 충족되어야 한다는 사실임을 분명히 보여준다(막 10:2-9; 살전 4:3-8; 고전 7:1-9; 엡 5:21-33; 히 13:4).[58) 다시 말해 남자와 여자로 이루어지는 결혼관계가 인간의 성적 충족을 위한 규범적 형태라는 것이다. 이런 점에서 동성애는 하나님의 창조질서의 왜곡으로서[59) 하나님의 뜻을 어긴 죄라고 말할 수 있다.[60) 그러므로 "본인의 의사와는 상관없이 유전적으로 동성애자로 태어나는 사람들도 있다. 이렇게 유전적 생물학적 요인으로 인해 동성애자가 된 사람들에 의한 동성애 행위를 죄라고 볼 수는 없을 것이다"[61)라는 입장은 지지할 수 없다. 그러나 여기서 동성애 성향과 동성애 행위를 구별하는 일이 필요하다. 왜냐하면 알콜 중독 성향 자체가 죄가 아니듯이, 동성애 성향은 죄일 수 없기 때문이다.[62) 전통적

---

57) 졸저, 『쟈크 엘룰의 윤리사상』(대전: 대장간, 2009), 38.
58) Richard B. Hays, *The Moral Vision of the New Testament: A Contemporary Introduction to New Testament Ethics*, 390.
59) 위의 책, 396.
60) Mark McClain-Tayler, "But Isn't "It" a Sin?" ed., Choon-Leong Seow, *Homosexuality and Christian Community* (Louisville, Kentucky: Westerminster John Knox Press, 1966) 78.
61) 김희수, "동성애에 대한 윤리적 고찰: 동성애는 죄인가?"「기독교사회윤리」제13집 (2007), 139.
62) Stanley J. Grenz, *Welcoming But Not Affirming: An Evangelical Response to Homosexuality*, 123; Joe E. Trull, *Walking in the Way: An Introduction to*

인 복음주의자들이 말하는 대로, 동성애 성향은 고백되어져야 할 죄라기보다는 다스려져야 할 유혹이다.63)

2) 동성애 성행위와 동성결혼의 문제점64)

첫째로, 동성애 관계의 문제는 난잡함이다. 1978년 벨과 바인버그가 574명의 백인 동성애 남성을 대상으로 한 연구에 따르면, 이들 중 30%가 1,000명 이상의 섹스 파트너를 만났고 이들 중 75%는 100명 이상의 파트너를 만났다고 응답했다65). 또한 정신병 의학자 찰스 소카리데스는 동성애 남성의 약 2%만이 결혼과 유사한 서약관계를 맺고 살아갈 수 있다고 지적한다.66)

둘째로, 동성애 관계의 문제는 그 관계의 비영속성이다. 동성애자들에게 있어서 안정적이고 장기적인 관계는 매우 드물고, 예외적이고 안정적이고 장기적이며 충실한 관계는 더욱 드물다. 미티슨과 맥윌터는 자신들이 조사한 156쌍의 남성 커플 중 성적인 정절을 지킨 경우는 일곱 쌍 밖에 되지 않았으며 이들 중 5년 이상 함께 한 커플은 한 쌍도 없었다고 밝혔다.67)

Christian Ethics(Nashiville, Tennessee: Broadman and Holman Publishers, 1997), 172

63) Stanley J. Grenz, *Welcoming But Not Affirming: An Evangelical Response to Homosexuality*, 122.

64) 위의 책, 241-242.

65) Briar Whitehead, *Craving For Love* 이혜진 역『나는 사랑받고 싶다: 관계중동, 동성애 그리고 치유하시는 하나님』, 143.

66) Stanley J. Grenz, *Welcoming But Not Affirming: An Evangelical Response to Homosexuality*, 240.

67) Briar Whitehead, *Craving For Love* 이혜진 역『나는 사랑받고 싶다: 관계중동, 동성애 그리고 치유하시는 하나님』, 144.

셋째로, 동성결혼은 근본적으로 결함이 있다. 첫째로, 동성결혼은 남자와 여자로 구성되어 있지 않기 때문에 그들은 인류 공동체의 모델의 역할을 맡을 수 없거나 그러한 모델로서 봉사할 수 없다. 둘째로, 동성결혼은 생식 능력이 없다는 점에서 결함이 있다. 셋째로, 동성결혼은 본래 구속력이 없다는 점에서 결함이 있다. 넷째로, 동성결혼은 성행위로 조인될 수 없다는 점에서 결함이 있다.

2. 동성애에 대한 목회윤리적 과제

1) 수용의 과제

피텐저는 그리스도인들이 동성애자들을 "더러운 존재", "역겨운 성도착자", "망할 죄인들" 등의 표현을 쓰면서 욕하는 편지들을 여러 번 받았다고 했다. 릭터 노튼은 "동성애자들에 대한 교회의 기록을 보면 처음부터 끝까지 잔인함 그 자체다. 이것은 용서를 구해야 할 문제가 아니라 교회가 보상해야 할 문제다"라고 하였다.[68]

그런데 리처드 헤이즈에 따르면, 동성애 행위가 성경에서 특히 로마서에서 특별히 비난받아야 할 죄는 아니다. 또한 이 행위는 29-31절에 기록되어 있는 인간 불의의 다른 표현들보다 특별히 더 악한 것은 아니다. 원칙적으로 이것은 탐욕이나 수군거리는 것이나 부모를 거역하는 것보다 더 나쁜 것도 아니다.[69] 따라서 자기 의를 가지고 동성애자를 쉽게 정죄하는 행위는 동성애 자체만큼이나 죄악 된 일이다. 우리들은

---

68) John Stott, *Same-Sex Partnership?* 양혜원 역, 『존 스토트의 동성애 논쟁』, 82-83.
69) Richard B. Hays, *The Moral Vision of the New Testament: A Contemporary Introduction to New Testament Ethics*, 388.

다른 사람들을 쉽게 정죄해서는 안 된다. 왜냐하면 우리 모두는 동성애자들 못지않게 하나님의 심판 아래 있기 때문이다. 그러므로 교회는 동성애자들을 정죄하기보다는 그들을 하나님의 사랑의 대상으로 대하며 그들을 수용하는 분위기를 조성할 수 있어야 한다.

2) 재형성의 과제

교회는 수용적 분위기를 만드는 동시에 스스로를 동성애자라고 생각하는 그리스도인들이 하나님의 의도와 그리스도의 복음에 합당하도록 자신의 정체성을 재형성할 수 있도록 도전하고 도울 수 있어야 한다. 교회가 어떻게 이 재형성의 과제를 잘 수행할 수 있을까? 무엇보다 먼저 교회는 성령의 변화시키는 능력이 실제로 우리 가운데 존재한다는 사실을 믿어야 한다. 그리고 치유를 경험하고 이성애적 성향으로 변화를 받았다고 하는 사람들의 이야기와 동시에 치유를 원했으나 여러 해 동안 성공하지 못했던 사람들의 이야기를 진지하게 듣는 가운데 동성애자들에 대한 이해를 넓혀나가야 한다.[70] 경청의 자세를 가지고 그들에게 귀기울이게 될 때 우리는 동성애의 원인이 무엇인지, 그들의 고뇌와 간절한 요구가 무엇인지를 알게 되고 그들을 진정으로 도울 수 있게 될 것이다.

"여러분의 교회사람 중 누군가가 동성애 문제로 고민한다는 사실을 알게 된다면 그의 친구가 되어주시겠습니까?"라는 질문에 우리 기독교인들은 어떻게 대답하게 하게 될까? 아마도 많은 경우 "아니요. 그 사람이 나에게 군침을 흘리면 어떻게 해요"라고 대답할 확률이 높다. 그러나

---

70) 위의 책, 400-403.

이런 태도는 동성애의 치유를 위해 반드시 거쳐야 하는 과정인 건전한 우정을 배울 기회를 뿌리치는 것이라는 점에서 비극적인 일이라고 브라이어 와이트는 말한다. 그는 동성애의 치유를 위해서는 동성과의 건전하고 육욕적이지 않은 우정이 반드시 필요하다고 주장하며 다음과 같이 말한다.[71]

> 그리스도인들은 이들과의 진실 된 우정을 나누는 법을 배워야 하며 정상적으로 관계를 맺을 때 어떤 느낌이 드는지를 전 동성애자에게 보여줄 수 있어야 한다. 왜냐하면 이들은 그 느낌을 모르기 때문이다. 동성애적인 사랑은 동성에게 인정과 우정, 안정감, 성 정체성을 구하는 행위이다. 성숙하고 정상적인 남성들과의 진실된 우정을 통해 이런 욕구를 충족받기 시작한다면 동성애자들은 이 관계를 통해 치유에 필요한 주요 자원을 공급받게 된다.

따라서 교회는 "진실한 동성과의 우정과 인정은 그리스도인 이성애자가 동성애자에게 제공할 수 있는 최고의 선물"[72]이라는 사실을 기억하면서, 교회 안으로 들어오는 사람들이 그 교회공동체의 삶을 통해 참된 우정과 정서적 지원과 영성개발을 경험하게 되는 아름다운 공동체로 거듭날 수 있어야 할 것이다.[73]

---

71) Briar Whitehead, *Craving For Love* 이혜진 역 『나는 사랑받고 싶다: 관계중동, 동성애 그리고 치유하시는 하나님』, 320-321.
72) 위의 책, 269.
73) Richard B. Hays, *The Moral Vision of the New Testament: A Contemporary Introduction to New Testament Ethics*, 402.

VII. 나가는 말

지금까지 우리는 크게 볼 때 동성애에 대한 인식이 정죄와 처벌의 대상에서 인정의 대상으로, 차별과 억압의 대상에서 지지와 인권옹호의 대상으로 변해왔다는 사실과 또한 이러한 급격한 변화는 기독교계 안에서 심각한 교회분열의 원인이 되고 있음을 살펴보았다. 그리고 기독교계 안에서의 동성애옹호론의 근거와 동성애반대론의 근거를 논의한 후에 동성애에 대한 기독교윤리학적 입장을 제시하였다. 오늘날 급격하게 변하고 있는 성윤리의 도전에 대해 우리는 어떻게 응답해야 할까? 크게 두 가지로 요약할 수 있다.74) 첫째로, 우리는 동성애에 대해 진리를 말할 수 있어야 한다. 오늘의 시대는 기독교인들이 동성애 행위를 비도덕적인 것이고 죄라고 말하면, 사랑이 없는 사람들이라고 비난받는 시대가 되어가고 있다. 그러나 사람들이 아무리 비난을 한다 해도 보편적인 현상이나 사실 그 자체가 진리가 될 수는 없다. 그러므로 기독교인들은 그 어느 때보다도 진리의 파수꾼이 되어야 한다. 둘째로, 동성애자들에 대해 사랑과 긍휼을 베풀어야 한다. 보통의 기독교인이라고 하면 동성애에 대한 반감을 가지고 있는 것이 사실이다. 그러나 동성애자에게 동일한 반감을 가져서는 안 된다. 왜냐하면 만일에 우리가 동성애자들에게 공감을 보여줄 수 없다면 우리는 주님의 기대를 저버리는 것이 될 것이기 때문이다.

---

74) Joe E. Trull, *Walking in the Way: An Introduction to Christian Ethics*(Nashiville, Tennessee: Broadman and Holman Publishers, 1997). 172-173.

참고문헌

제1부 한국교회의 위기와 그 대안

1. 존 하워드 요더의 관점에서 본 한국교회의 신뢰도 위기와 그 대안

강인철.『한국기독교회와 국가·시민사회: 1945-1960』서울: 한국기독교역사연구소, 1996.

고범서.『라인홀드 니버의 생애와 사상』. 서울: 대화문화아카데미, 2007.

기독교역사문화연구소 엮음.『11명의 전문가로 본 한국의 기독교』. 서울: 도서출판 겹보기, 2001.

기독교윤리실천운동,「2010년 한국교회의 사회적 신뢰도 여론조사 결과발표 세미나 자료집」. 2010.

김기현. "존 요더의 탈콘스탄틴적 정치윤리,"『백석저널』5호. 2004, 봄.

김성건.『종교와 이데올로기』. 서울: 민영사, 1991.

김홍기.『현대교회의 신학운동사』. 서울: 한들출판사, 2008.

목창균.『현대신학논쟁』. 서울: 두란노, 1995.

이상성.『추락하는 한국교회』. 서울: 인물과사상사, 2008.

윤정란.『한국전쟁과 기독교』. 서울: 한울아카데미, 2015.

정원범. "한국교회의 위기에 대한 신학적 성찰과 그 대안,"「신학과 문화」22집 (2013).

_____.『신학적 윤리와 현실』. 서울: 쿰란출판사, 2004.

_____.『평화운동과 평화선교』. 서울: 한들출판사, 2009.

정하은.『한국 근대화와 윤리적 결단』. 서울: 대한기독교서회, 1975.

조성돈. 정재영 엮음.『그들은 왜 가톨릭 교회로 갔을까』. 서울: 예영커뮤니케이션, 2007.

한국기독교역사학회.『한국기독교의 역사Ⅲ』. 서울: 한국기독교역사연구소, 2009.

한미준/한국갤럽.『한국개신교인의 교회활동과 신앙의식』. 서울: 두란노, 1999.

한완상.『예수없는 예수교회』. 서울: 김영사, 2008.

「월간조선」 2000년 1월호.

Bartley, Jonathan. *Faith and Politics After Christendom: The Church as a Movement for Anarchy*. Waynesboro, GA: Paternoster Press, 2006.

Bethge, Eberhart. *Dietrich Bonhoeffer*. 김순현 역.『디트리히 본회퍼』. 서울: 복 있는 사람, 2006.

Clayton, Philip. *Transforming Christian Theology*. 이세형 역.『신학이 변해야 교회가 산다』. 서울: 신앙과지성사, 2012.

Downey, Michael. *Understanding Christian Spirituality*. New York: Paulist Press, 1997.

Ellul, Jacques. *La Subversion du Christianisme*. 쟈크엘룰번역위원회 역.『뒤틀려진 기독교』. 대전:대장간, 1994.

_____. *The Presence of the Kingdom*, 이문장 역,『세상 속의 그리스도인』. 대전: 대장간, 1993.

Frost, Michael and Hirsch, Alan. *The Shaping of Things to Come*. 지성근 역.『새로운 교회가 온다』. 서울: 한국기독학생회출판부, 2009.

Gibbs, Eddie. *Next Church*. 임신희 역.『Next Church』. 서울: 교회성장연구소, 2004.

Gibbs, Eddie and Bolger, Ryan K. *Emerging Church*. 김도훈 역.『이머징교회』. 서울: 쿰란출판사, 2008.

Kerr, H. T. ed. 김영한 편역.『루터신학개요』. 서울: 대한예수교장로회총회출판국, 1991.

Kraybill, Donald B. *The Upside-Down Kingdom*. 김기철 역.『예수가 바라본 하나님 나라』. 서울: 복 있는 사람, 2010.

Kreider, Alan and Kreider, Eleanor. *Worship and Mission After Christendom*. Harrisonburg,VA: Herald Press, 2011.

Leech, Kenneth. *Experiencing God: Theology as Spirituality*. San Francisco: Harper and Row, 1985.

_____. *The Social God*, 신현기 역,『사회적 하나님』. 서울: 청림출판사, 2009.

LeMasters, Philip. *The Import of Eschatology in John Howard Yoder's Critique of Constantinianism*. San Fransisco: Mellen Research University Press, 1992.

McLaren, Brian. *A Generous Orthodoxy*. 정성묵 역.『기독교를 생각한다』. 서울: 청림출판, 2011.

_____. *The Secret Message of Jesus*. 조계광 역.『예수님의 숨겨진 메시지』. 서울: 생명의 말씀 사, 2009.

Meyers, Robin R. *Saving Jesus from the Church*. 김준우 역.『예수를 교회로부터 구출하라』. 서울: 한국기독교연구소, 2012.

Murray, Stuart. *Biblical Interpretation in the Anabaptist Tradition*. 문선주 역.『아나뱁티스트 성 서해석학』대전: 대장간, 2013.

_____. *Post-Christendom*. Waynesboro, GA: Paternoster Press, 2004.

_____. *The naked Anabaptist-The Bare Essentials of a Radical Faith*. 강현아 역.『이것이 아나뱁티스트다』. 대전: 대장간, 2011.

Park, Joon-sik. "The Church as Ethical Reality: A Critical Synthesis of H. Richard Niebuhr and John H. Yoder." The Southern Baptist Theological Seminary, 1991.

Pietersen, Lloyd. *Reading the Bible After Christendom*. Harrisonburg, Virginia: Herald Press, 2012.

Walsh, Brian. *Subversive Christianity: Imaging God in a Dangerous Time*. 강봉재 역.『세상을 뒤집는 기독교』. 서울: 새물결플러스, 2010.

Westerhoff, John H. *Spiritual Life: The Foundation for Preaching and Teaching*. Louisvill, Kentucky: Westminster/John Knox Press, 1994.

Wogaman, J. Philip. *A Christian Method of Moral Judgement*. London: SCM Press Ltd., 1976.

Yoder, John Howard. *The Politics of Jesus*. Grand Rapids, Michigan: William B. Eerdmans Publishing Company, 1972.

_____. *The Original Revolution*. 김기현 · 전남식 역.『근원적 혁명』. 대전: 대장간, 2011.

_____. *The Priestly Kingdom: Social Ethics as Gospel*. Notre Dame, Indiana: University of Notre Dame Press, 1984.

_____. *The Royal Priesthood: Essays Ecclesiological and Ecumenical*. Scottdale: Herald Press, 1998.

_____. *The Christian Witness to the State*. 김기현 역.『국가에 대한 기독교의 증언』. 대전: 대장 간, 2012.

http://www.newsnjoy.or.kr/news/articleView.html?idxno=33932.

http://blog.daum.net/3247-1/6874.

http://blog.naver.com/PostView.nhn?blogId=33samsung&logNo=80188742
390.

http://www.newsnjoy.or.kr/news/articleView.html?idxno=26338.

http://www.newsnjoy.or.kr/news/articleView.html?idxno=28071.

http://www.kcjlogos.org/news/articleView.html?idxno=10049.

http://www.cwmonitor.com/news/articleView.html?idxno=39866.

2. 한국교회의 공공성 위기와 기독교의 사회선교

금장태.『유교사상의 문제들』. 서울: 여강출판사, 1991.

기독교사회복지엑스포 조직위원회.『기독교사회복지엑스포2005국제학술심포지엄 자
료집』. 서울: 기독교사회복지엑스포2005 추진본부, 2005.

기독교윤리실천운동.『2010년 한국교회의 사회적 신뢰도 여론조사 결과발표 세미나』.
서울: 기독교 윤리실천운동, 2010.

김동춘.『미국의 엔진, 전쟁과 시장』. (서울: 창비, 2005), 295.

김현진.『공동체적 교회회복을 위한 공동체 신학』. 서울: 예영커뮤니케이션, 1998.

김홍기.『현대교회 신학운동사』. 서울: 한들출판사, 2008.

대한예수교장로회총회생명살리기운동10년위원회 편.『하나님 나라와 생명살림』. 서울:
장로교출판사, 2005.

목창균.『현대신학논쟁』. 서울: 두란노, 1995.

박영신 외.『현대 한국사회와 기독교』. 서울: 한들출판사, 2006.

분도출판사 편집부 편.『종교란 무엇인가』. 왜관: 분도출판사, 1985.

손규태.『하나님 나라와 공공성』. 서울: 대한기독교서회, 2010.

유네스코 아시아 · 태평양 국제이해교육원.『세계화시대의 국제이해교육』. 서울: 한울아
카데미, 2003.

유동식.『민속종교와 한국문화』. 서울: 현대사상사, 1984.

이삼열 편.『사회봉사의 신학과 실천』. 서울: 한울, 1992.

이신건.『조직신학입문』. 서울: 한국신학연구소, 1992.

이원규.『기독교의 위기와 희망』. 서울: 대한기독교서회, 2003.

정원범.『가톨릭사회윤리와 인간존엄성』. 서울: 한들출판사, 2002.

_____.『교회 · 목회 · 윤리』. 서울: 한들출판사, 2008.

_____.『평화운동과 평화선교』. 서울: 한들출판사, 2009.

정훈택 외.『오늘의 기독교 어떻게 거듭나야 하는가』. 서울: 대장간, 1991.

총회사회봉사부 편.『총회사회선교 정책문서집』. 서울: 한국장로교출판사, 2005.

Bosch, David J. *Transforming Mission: Paradigm Shifts in Theology of Mission.* 김병
길, 장훈태 역,『변화하고 있는 선교: 선교신학의 패러다임 변천』. 서울: 기독교
문서선교회, 2000.

Cardoza-Orlandi, *Carlos F. Mission: An Essential Guide.* Nashville: TN, Abingdon
Press, 2002.

Dear, John. *Disarming the Heart: Toward a Vow of Nonviolence.* Scottdale,
Pennsylvania: Herald Press, 1993.

Duchrow, Ulrich "The Challenge of Imperial Globalization to Theological
Education: Liberation from Violent, Possessive Individualism towards
Life in Relationship," 박성원 정경호 교수 회갑논문집,『하나님이 그리는 아름
다운 세상』. 서울: 한들출판사, 2008.

Gruchy, John W. de ed. *The Cambridge Companion to Dietrich Bonhoeffer.* Cambridge
University Press, 1999.

Hessel, Dieter T. *A Social Action Primer.* Philadelphia: The Westerminster
Press.

Kreider, Alan. Kreider, Eleaner and Widjaja, Paulus. *A Culture of Peace: God's
Vision for the Church Intercourse.* PA: Good Books, 2005.

Leech, Kenneth. *The Social God.* 신현기 역,『사회적 하나님』. 서울: 청림출판, 2009.

Marshall, Chris. *The Little Book of Biblical Justice: A fresh approach to the Bible's
teachings on justice.* Intercourse: PA, 2005.

McLaren, Brian. *A Generous Orthodoxy,* 정성묵 역,『기독교를 생각한다』. 서울: 청림
출판, 2011.

Migliore, Daniel L. *Faith Seeking Understanding: An Introduction to Christian
Theology.* 장경철 역,『기독교 조직신학개론』. 서울: 한국장로교출판사, 1994.

Moltmann, J. *Die Quelle des Lebens.* 이신건 역,『생명의 샘』. 서울: 대한기독교서회,
2000.

Nouwen, Henri. *The Road To Peace,* ed., John Dear. 조세종 역,『평화에 이르는 길』
서울: 성바오로출판사, 2004.

Rich, Arthur. *Wirtschaftsethik,* 강원돈 역,『경제윤리1』. 서울: 한국신학연구소, 1993.

Rasmussen, Larry L. *Dietrich Bonhoeffer: Reality and Resistance*. Nashville, Tennessee: Abingdon Press, 1972.

Sider, Ronald J. *Rich Christians in an Age of Hunger*. 한화룡 역,『가난한 시대를 사는 부유한 그리스도인』. 서울: IVP, 2009.

Wallis, Jim. *The Great Awakening*, 배덕만 역,『그리스도인이 세상을 바꾸는 7가지 방법』. 서울: 살림, 2009.

WCC. 김승환 역,『경제세계화와 아가페운동』. 원주: 흙과 생기, 2007.

Yoder, John. *Howard The Original Revolution*. Scottdale: PA, Herald Press, 1971.

「한겨레신문」, 2009. 2. 26.

http://www.newsnjoy.or.kr/news/articleView.html?idxno=195225

http://www.newsnjoy.or.kr/news/articleView.html?idxno=36162

http://hsydney.com/?bo_table=topic&doc=bbs/board.php&wr_id=4215

http://www.newsnjoy.or.kr/news/articleView.html?idxno=194569

http://www.newsnjoy.or.kr/news/articleView.html?idxno=30223

http://www.newsnjoy.or.kr/news/articleView.html?idxno=194632

http://www.newsnjoy.or.kr/news/articleView.html?idxno=37183

3. 한국교회 위기에 대한 신학적 성찰과 그 대안

기독교역사문화연구소 엮음.『11명의 전문가로 본 한국의 기독교』. 서울: 도서출판 겹보기, 2001.

기독교윤리실천운동.『2010년 한국교회의 사회적 신뢰도 여론조사 결과발표 세미나』.

김세윤. 고든 피 외.『탐욕의 복음을 버려라』. 서울: 새물결플러스, 2011.

김홍기.『현대교회 신학운동사』. 서울: 한들출판사, 2008.

대한예수교장로회총회 WCC 제10차 총회 준비위원회.『WCC 제10차 총회를 준비하는 한국교회의 역할』. 2010.

류태선.『공적 진리로서의 복음』. 서울: 한들출판사, 2011.

목창균.『현대신학논쟁』. 서울: 두란노, 1995.

박영신. 정재영.『현대 한국사회와 기독교』. 서울: 한들출판사, 2006.

신수일.『한국교회에큐메니칼운동사(1884-1945)』. 서울:쿰란출판사, 2008.

이원규.『기독교의 위기와 희망』. 서울: 대한기독교서회, 2003.

이학준.『한국교회, 패러다임을 바꿔야 산다』. 서울: 새물결플러스, 2011.

이형기.『21세기를 향한 새로운 신학적 패러다임의 모색』. 서울: 장로회신학대학교출판부, 1997.

정원범.『신학적 윤리와 현실』. 서울: 쿰란출판사, 2004.

_____.『교회 · 목회 · 윤리』. 서울: 쿰란출판사, 2008.

정원범 편저.『영성수련과 영성목회』. 서울: 한들출판사, 2009.

_____.『기독교 영성과 윤리』. 서울: 한들출판사, 2012.

조엘박.『맞아죽을 각오로 쓴 한국교회 비판』. 서울: 박스북스, 2008.

조성돈, 정재영 엮음,『그들은 왜 가톨릭 교회로 갔을까』. 서울: 예영커뮤니케이션, 2007.

한국기독교윤리학회.『한국교회의 윤리적 성숙과 공공신학』한국기독교윤리학회논총 Vol. 10, 2008년. 12.

한미준/한국갤럽.『한국개신교인의 교회활동과 신앙의식』. 서울: 두란노, 1999.

한미준.『한국교회 미래 리포트』. 서울: 두란노, 2005.

허호익 외.『위기의 한국교회, 진단과 대안』. 서울: 동연, 2010.

Althaus, Paul. *The Theology of Martin Luther*. 이형기 역.『루터의 신학』. 서울: 크리스찬다이제스트, 1994.

Collins, Kenneth J. ed. *Exploring Christian Spirituality: An Ecumenical Reader*. Grand Rapids: Michigan: Baker Books, 2000.

Downey, Michael. *Understanding Christian Spirituality*. New York/ Mahwah, N.J.: Paulist Press, 1997.

Grenz, Stanley. *Created For Community*. 장경철 역.『하나님의 비전: 공동체를 위한 신학』. 서울: 도서출판 CPU, 2000.

Küng, Hans. Tracy, David. ed. *Theologie-wohin?* 박재순 역.『현대신학은 어디로 가고 있는가』. 서울: 한국신학연구소, 1989.

Migliore, Daniel L. *Faith Seeking Understanding: An Introduction to Christian Theology*. 장경철 역.『기독교 조직신학개론』. 서울: 한국장로교출판사, 1994.

Miller, Donald E. *Reinventing American Protestantism*. 이원규 역.『왜 그들의 교회는 성장하는가?』. 서울: kmc, 2009.

Moltmann, Jürgen. 김균진 역.『십자가에 달리신 하나님』. 서울: 한국신학연구소, 1984.

_____. 곽미숙 역.『세계 속에 있는 하나님: 하나님 나라를 위한 공적인 신학의 정립을

지향하며』. 서울: 동연, 2009.

라누에, 드아드르. 유해룡 역.『헨리 나우웬과 영성』. 서울: 예영커뮤니케션, 2004.

Stott, J. *Balanced Christianity*. 정지영 역.『존 스토트의 균형 잡힌 기독교』. 서울: 새물결플러스, 2011.

Tillman, William M. JR. ed. *Understanding Christian Ethics: An Interpritive Approach*. Nashiville, Tennessee: Broadman Press, 1988.

Wagner, E. Glen. 차성구 역.『하나님의 교회 VS 교회주식회사』. 서울: 좋은 씨앗, 2000.

Williams, Collin, 이계준 역.『존 웨슬리의 신학』. 서울: 전망사, 1986.

Willimon, William H. *The Service of God*. Abindon Press, 1983.

Wogaman, J. Philip. *Christan Ethics: A Historical Introduction*. Louisville, Kentucky: Westminster/John Knox Press, 1993.

「월간조선」 2000년 1월호.

『복음과 상황』 1998년 2월호.

http://www.newsnjoy.or.kr/news/articleView.html?idxno=33932

http://blog.daum.net/3247-1/6874

http://blog.daum.net/3247-1/6874

http://www.newsnjoy.or.kr/news/articleView.html?idxno=5139

http://blog.daum.net/paulblog/17461137

http://blog.naver.com/guesswhoim?Redirect=Log&logNo=70021750750

4. 한국교회 위기 극복의 근본 대안

김철영교수회갑논문집.『믿음, 삶 그리고 하나님 나라』. 서울: 성광문화사, 2008.

김형근.『본회퍼의 영성』. 서울: 넷북스, 2010.

김홍기.『존 웨슬리의 경제윤리』. 서울: 대한기독교서회, 2001.

심상영.『한국교회의 영적 성장을 위한 융의 분석심리학』. 서울: 쿰란출판사, 2001.

이원규.『기독교의 위기와 희망』. 서울: 대한기독교서회, 2003.

이태형.『배부르리라』. 서울: 좋은 생각, 2009.

정승훈.『종교개혁과 칼빈의 영성』. 서울: 대한기독교서회, 2000.

정원범 편저.『신학적 윤리와 현실』. 서울: 쿰란출판사, 2004.

정원범 편저.『영성수련과 영성목회』. 서울: 한들출판사, 2009.

한국조직신학회.『조직신학 속의 영성』. 서울: 대한기독교서회, 2002.

Aburdene, Patricia. *Megatrends 2010*, 윤여중 역,『메가트렌드 2010』. 서울: 청림출판, 2006.

Augsburger, David. *Dissident Discipleship: A Spirituality of Self-Surrender, Love of God, and Love of Neighbor*. Grand Rapids, Michigan: BrazosPress, 2006.

Campolo, Tony and Darling, Mary Albert. *The God of Intimacy and Action*. San Francisco: Jossy-Bass, 2007.

Collins, Kenneth J. ed. *Exploring Christian Spirituality: An Ecumenical Reader*. Grand Rapids, Michigan: Baker Books, 2000.

Cox, Harvey. *The Future of Faith*. 김창락 역,『종교의 미래』. 서울: 문예출판사, 2010.

Diener, Paul W. *Religion and Morality: An Introduction*. Louisville, Kentucky: Westminster John Knox Press, 1997.

Downey, Michael. *Understanding Christian Spirituality*. New Jergy: Paulist Press, 1997.

Ellul, Jacques. 김재현 역,『우리 시대의 모습』. 서울: 대장간, 1995.

_____. *La Subversion du Christianisme*. 쟈크엘룰번역위원회,『뒤틀려진 기독교』. 서울: 대장간, 1994.

Faricy, Robert S. J. *Seeking Jesus in Contemplation and Discernment*. 심종혁 역,『관상과 식별』. 서울: 성서와 함께, 1999.

Frazee, Randy. *The Connecting Church*. 차성구 역,『21세기 교회 연구: 공동체』. 서울: 좋은씨앗, 2003.

Gibbs, Eddie and Bolger, Ryan K. *Emerging Churches: Creating Christian Community in Postmodern Cultures*, 김도훈 역,『이머징교회』. 서울: 쿰란출판사, 2008.

Grün, Anselm and Dufner, Meinrad. *Spritualität Von Unten*, 전헌호 역,『아래로부터의 영성』. 왜관: 분도출판사, 2008.

Gundry, Stanley N. and Johnson, Alan F. ed. *Tensions in Contemporary Theology*. Grand Rapids, Michigan: Baker Book House, 1976.

Hinson, E. Glenn. ed., *Spirituality In The Ecumenical Perspective*. Louisville, Kentucky: Westminster/John Knox Press, 1993.

Jenkins, Philip. *The Next Christendom: The Coming of Global Christianity*, 김신권, 최

요한 역,『신의 미래』. 서울: 도마의 길, 2009.

Kelly, Eamon. *Powerful Times: Rising to The Challenge of Our Uncertain World*, 정상
호, 이옥정 역,『파워풀타임스』. 서울: 럭스미디어, 2008.

King, Robert H. *Thomas Merton and Thich Nhat Hanh*, 이현주 역,『토마스 머튼과 틱
낫한: 참여 하는 영성』. 서울: 도서출판, 두레, 2007.

Leech, Kenneth. *The Social God*, 신현기 역,『사회적 하나님』. 서울: 청림출판, 2009.

Matthews, John W. *The Christ-centerd Spirituality of Dietrich Bonhoeffer*, 공보영 역,
『디트리히 본회퍼의 그리스도중심적 영성』. 서울: SFC출판부, 2006.

McNeal, Reggie. *The Present Future: Six Tough Questions for the Church*. San
Francisco: Jossey-Bass, A Wiley Print, 2003.

Merton, Thomas. *New Seeds of Contemplation*. New York: New Directions
Publishing Corporation, 1961.

_____. *Contemplative Prayer*. New York: Doubleday, 1961.

Nouwen, Henry J. *Reaching Out*, 이연희 역,『발돋움하는 사람들』. 서울: 성요셉출판
사, 1997.

Pink, Daniel. *A Whole New Mind*, 김명철 역,『새로운 미래가 온다』. 서울: 한국경제신
문, 2009.

Popcorn, Faith and Marigold, Lys. *17 Trends That Drive Your Business And Your
Life*, 김영신, 조은정 역,『클릭! 미래속으로』. 서울: 21세기북스, 2010.

Santos, Jason Brian. *A Community Called TAIZE: A Story of Prayer, Worship and
Reconciliation*, 김율희 역,『떼제로 가는 길』. 서울: 청림출판, 2009.

Sweet, Lenard. *Carpe Mañana*, 김영래 역,『미래 크리스천』. 서울: 좋은 씨앗, 2005.

Vanier, Jean. *From Brokenness To Community*, 피현희 역,『희망의 공동체』. 서울: 두
란노, 2000.

_____. 성찬성 역,『공동체와 성장』. 서울: 성바오로, 2005.

Wagner, E. Glenn. *Escape from Church*, Inc., 차성구역,『하나님의 교회 vs 교회주식
회사』. 서울: 좋은 씨앗, 2000.

Clowney, Edmund P. "세속주의와 기독교 선교,"『고려신학』제 12집, 2005
http://en.wikipedia.org/wiki/Secularism

5. 한국교회의 위기 극복을 위한 신앙과 신학의 한 모델

노평구 엮음.『김교신전집1』. 서울: 부키, 2001.
_____.『김교신전집2』. 서울: 부키, 2001.
_____.『김교신전집4』. 서울: 부키, 2001.
_____.『김교신을 말한다』. 서울: 부키, 2001.
김정환.『김교신』. 서울: 한국신학연구소, 1994.

제2부 오늘의 이슈와 한국교회

6. 한국기독교 100년 역사에 나타난 교회의 사회문제대책운동

김세윤.『그리스도인의 현실참여』. 서울: IVP, 1990.
김명배.『해방후 한국 기독교사회운동사: 민주화와 인권운동을 중심으로1960-1987』. 서울: 북코리아, 2009.
김병서.『한국사회와 개신교』. 서울: 한울아카데미, 1995.
김양선.『한국기독교사연구』. 서울: 기독교문사, 1971.
김인수.『한국기독교회사』. 서울: 한국장로교출판사, 1996.
_____.『한국기독교회의 역사』. 서울: 장로회신학대학교출판부, 1997.
김흥수. 서정민 엮음.『한국기독교사 탐구』. 서울: 대한기독교서회, 2011.
대한예수교장로회 총회사회부.『학교폭력과 교회의 대응』. 서울: 대한예수교장로회총회 사회부, 1999.
민경배.『한국교회의 사회사』. 서울: 연세대학교 출판부, 2008.
박근원 외.『한국그리스도교의 신앙증언』. 세계개혁교회연맹, 1989.
박영신 · 정재영.『현대한국사회와 기독교』. 서울: 한들출판사, 2006.
박용권.『국가주의에 굴복한 1930년대 조선예수교장로회의 역사』. 서울: 그리심, 2008.
박용규.『평양대부흥이야기』. 서울: 생명의 말씀사, 2007.
박종삼. "기독교사회복지의 과제와 전망." 기독교사회복지 엑스포 조직위원회.『한국교회의 사회복지와 기독교생명운동』. 서울: 기독교사회복지엑스포2005 추진본부, 2005.

서정민.『하룻밤에 읽는 한국교회사 이야기상』. 서울: 말씀과 만남, 2003.

신수일.『한국교회 에큐메니칼 운동사 1884-1945』. 서울: 쿰란출판사, 2008.

원석조.『사회문제론』. 경기: 양서원, 2007.

이만열. "한국 기독교 사회운동." 전대련 · 노종호 엮음.『한국기독교사회운동』. 서울: 로
　　출판, 1986.

_____.『한국기독교와 민족통일운동』. 서울: 한국기독교역사연구소, 2001.

이원규.『한국사회문제와 교회공동체』. 서울: 대한기독교서회, 2002.

총회사회봉사부 편.『총회사회선교 정책문서집』. 서울: 한국장로교출판사, 2005.

한국기독교역사연구소.『한국기독교의 역사Ⅱ』. 서울: 기독교문사, 2010.

한국기독교역사학회 편.『한국기독교의 역사Ⅲ』. 서울: 기독교문화사, 2011.

한국교회백주년준비위원회사료분과위원회.『대한예수교장로회백년사』. 서울: 대한예
　　수교장로회총회, 1984.

한규무. "해방직후 남한 교회의 동향." 한국기독교역사연구소.『한국기독교와 역사』. 제2
　　호 서울: 교문사, 1992.

7. 남북한 평화통일을 위한 한국교회의 윤리 · 선교적 과제

강승삼 외.『평화통일과 북한복음화』. 서울: 쿰란출판사, 1997.

김현진.『공동체적 교회회복을 위한 공동체 신학』. 서울: 예영커뮤니케이션, 1998.

남태욱.『한반도 통일과 기독교 현실주의: 라인홀드 니버를 중심으로』. 서울: 나눔사,
　　2012.

노정선.『통일신학을 향하여』. 서울: 한울, 2006.

박종화.『평화신학과 에큐메니칼운동』. 서울: 한국신학연구소, 1991.

이신건.『조직신학입문』. 서울: 한국신학연구소, 1992.

정성한.『한국교회의 남북 분단의식과 통일의식 변화에 관한 역사적 연구』. 서울: 장로회
　　신학대학원, 2002.

정원범.『기독교윤리와 현실』. 서울: 성지출판사, 1998.

_____.『교회 · 목회 · 윤리』. 서울: 쿰란출판사, 2008.

통일교육원.『2013 통일문제이해』. 서울: 통일원 통일교육원, 2013.

_____.『2014 통일문제이해』. 서울: 통일원 통일교육원, 2014.

황홍렬.『한반도에서 평화선교의 길과 신학』. 서울: 예영 B&P, 2008.

고현영. "한국교회의 통일운동."『평화』1993. 봄. 서울: 제3세계신학연구소, 1993.

권진관. "분단된 국가에서의 교회: 냉전체제로 구조화된 한국 개신교에 대한 한 분석."
　　　한국기독교학회,「제43차 정기학술대회 자료집」. 2014. 10. 31.

김동선. "민족통일과 북한선교." 호남신학대학교 편.『기독교와 한반도평화정착』. 서울:
　　　한들출판사, 1998.

김명배. "한국교회 통일운동의 역사와 그 신학·사상적 배경에 관한 연구,"「기독교사회
　　　윤리」. 제27집. 2013.

김흥수. "한국교회의 통일운동역사에 대한 재검토."『기사연무크 3』. 서울: 민중사,
　　　1991.

문익환. "민주회복과 민족통일."『씨알의 소리』. 1978. 7. 8월호.

박종화. "교회희년과 민족희년을 위한 신학적·실천적 과제."『한국기독교신학논총』12.
　　　서울: 도서출판 감신, 1995.

배기찬. "북한과 통일은 우리에게 무엇인가?" 평화와통일을위한기독인연대 출판위원회.
　　　『평화통일과 한국교회』. 서울: 도서출판 평통기연, 2014.

신옥수. "평화통일신학의 형성과 과제: 하나님 나라 신학의 빛에서."「선교와 신학」35
　　　집. 2015.

이만열. "한국 기독교 통일운동의 전개과정."『민족통일을 준비하는 그리스도인』. 서울:
　　　도서출판 두란노, 1994.

이창호. "역대 한국정부의 통일정책에 대한 기독교 윤리적 응답: 전쟁과 평화전통을 중심
　　　으로,"「기독교사회윤리」. 제20집. 2010.

임성빈. "세대차이와 통일인식에 대한 신학적 반성."「장신논단」46-2. 서울: 장로회신
　　　학대학교출판부, 2014.

임희모. "남북한 분단체제와 평화통일운동으로서의 선교."「선교와 신학」35집. 2015
　　　봄호.

정재영. "통일 후 교회의 역할."『통일·사회통합·하나님 나라』. 서울: 대한기독교서회,
　　　2010.

홍성현. "한국교회의 평화통일운동."『평화와 통일신학1』. 서울: 한들출판사, 2002.

허문영. "기독교 통일운동." 기독교학문연구회.『민족통일과 한국기독교』. 서울: 한국기
　　　독학생회출판부, 1994.

NCCK. "민족의 통일과 평화에 대한 한국기독교회선언." 허호익.『통일을 위한 기독교신

학의 모색』. 서울: 동연, 2013.

Cardoza-Orlandi, Carlos F. *Mission: An Essential Guide*. Nashville: TN, Abingdon Press, 2002.

Christian Conference of Asia and International Christian Network for Democracy in Korea. ed. Reunification: Peace and Justice in Korea, 1988.

Downy, Michael. *Understanding Christian Spirituality*. New York: Paulist Press, 1997.

Forrester, Duncan B. *Theology and Politics*. 김동건 역.『신학과 정치』. 서울: 한국장로교출판사, 1999.

Kraus, Hans Joachim. 박재순 역.『조직신학』. 서울: 한국신학연구소, 1986.

Ladd, George Eldon. *The Presence of the Future*. William B. Eerdmans PublishingCompany, 1996.

Leech, Kenneth. *The Social God*, 신현기 역.『사회적 하나님』. 서울: 청림출판, 2009.

Migliore, Daniel L. *Faith Seeking Understanding: An Introduction to Christian Theology*, 장경철 역.『기독교조직신학개론』. 서울: 한국장로교출판사, 1994.

Noh, Jong-Sun, *The Third War: Christian Social Ethics*. Seoul, Korea: Yonsei University Press, 2000.

Stassen, Glen H. & Gushee, David P. *Kingdom Ethics*. 신광은·박종금 역.『하나님의 통치와 예수따름의 윤리』. 대전: 대장간, 2011.

WCC. An Ecumenical Call to Just Peace, "정의로운 평화에 대한 에큐메니컬 선언." 『정의로운 평화동행』. 서울: 대한기독교서회, 2013.

WCC, "한반도 평화와 통일에 관한 성명서".「한국기독공보」. 2013. 11. 8.

화전춘수, "日 '역사의 진실' 회피 못한다."「동아일보」1995. 2. 2.

http://www.theosnlogos.com/news/articleView.html?idxno=823

http://www.newsm.com/news/quickViewArticleView.html?idxno=5206

8. 한국교회의 탈북자 선교의 과제

김동춘 외. 안인경, 이세현 역.『반공의 시대: 한국과 독일, 냉전의 정치』. 서울: 돌베개, 2015.

김동춘.『대한민국은 왜?』. 서울: 사계절, 2015.

김봄.『복음 안에 하나 되리라』. 서울: 예수전도단, 2013.

박종화.『평화신학과 에큐메니칼운동』. 서울: 한국신학연구소, 1991.

북한사역목회자협의회 편.『통일선교목회, 지금부터 시작하라』. 서울: 진성애드피아, 2014.

윤인진.『북한이주민』. 서울: 집문당, 2010.

임용석.『통일, 준비되었습니까?』. 서울: 도서출판 진리와자유, 2011.

정원범.『교회·목회·윤리』. 서울: 쿰란출판사, 2008.

평화와통일을위한기독인연대 출판위원회.『평화통일과 한국교회』. 서울: 도서출판 평통기연, 2014.

평화와통일을위한기독인연대.『하나님은 통일을 원하신다』. 서울: 평화와통일을위한기독인연대, 2012.

황홍렬.『한반도에서 평화선교의 길과 신학』. 서울: 예영B&P, 2008.

허호익.『통일을 위한 기독교신학의 모색』. 서울: 동연, 2013.

김영동. "북한선교에 대한 일 고찰," 장신대 남북한평화신학연구소,「제1회 한반도의 화해와 평화통일과 북한선교를 위한 국제포럼」(2014. 10. 27).

대한예수교장로회총회 국내선교국,「제99회기 총회전도정책포럼: 작은 자와 함께하는 희망교회」(2015).

박흥순, "한국사회의 이주민, 대안적 정체성 그리고 성경 해석,"「선교와 신학」20집.

_____. "북한이탈주민의 정체성과 성서해석," 한민족평화선교연구소.『둘, 다르지 않은 하나』. 서울: 한들출판사, 2007.

배기찬. "북한과 통일은 우리에게 무엇인가?" 평화와통일을위한기독인연대 출판위원회.『평화통일과 한국교회』. 서울: 도서출판 평통기연, 2014.

오혜정. "북한 이탈 주민-북한 복음화의 거들 짝,"「사목」269(2001. 6).

이동춘. "타인의 고통을 대하는 한국교회의 태도에 대한 기독교윤리적 반성,"「선교와 신학」37집(2015 가을호)

이만식. "북한이탈주민의 교회에 대한 태도를 통한 이해," 대한예수교장로회 총회 국내선교부 편「북한이탈주민과 생명살리기」(2005).

임희모. "남북한 분단체제와 평화통일운동으로서의 선교,"「선교와 신학」35집(2015 봄호).

조은식. "탈북자들의 남한 사회통합을 통한 평화 만들기,"「제43차 정기학술대회 자료집」(2014. 10. 31), 269.

장신대 남북한평화신학연구소,「제1회 한반도의 화해와 평화통일과 북한선교를 위한 국
　　제포럼」(2014. 10. 27), 28-29.

Lee, Jung Young. *Marginality*. 신재식 역.『마지널리티』. 서울: 포이에마, 2014.

Leech, Kenneth. *The Social God*. 신현기 역.『사회적 하나님』. 서울: 청림출판, 2009.

Wallis, Jim. *The Great Awakening*, 배덕만 역.『그리스도인이 세상을 바꾸는 7가지 방
　　법』. 파주: 살림, 2009.

Yoder, John Howard. "The Spirit of God and the Politics of Men," in *For the
　　Nations*. Eerdmans, 1997.

「경기일보」2012. 2. 13.

「영남일보」2015. 3. 24.

http://news.kbs.co.kr/news/NewsView.do?SEARCH_NEWS_CODE=3069481.

http://m.blog.naver.com/spp0805/120067687740.

http://www.bluetoday.net/news/articleView.html?idxno=247.

http://www.sisapress.com/news/articleView.html?idxno=57328.

http://cafe.daum.net/biblicaleducation/Flbo/966?q=%BA%CF%C7%D1%C0
　　%CC%C5%BB%C1%D6%B9%CE%C0%D4%B1%B9%C7%F6%C8%B2
　　&re=1.

http://cafe.daum.net/worldnewkorean/TWu2/15?q=%BA%CF%C7%D1%C0
　　%CC%C5%BB%C1%D6%B9%CE%C7%F6%C8%B2&re=1.

http://www.hani.co.kr/arti/politics/politics_general/492007.html.

http://www.rfa.org/korean/weekly_program/cc3ec544ac00b294-c2ecb9acc
　　0c1b2f4/counselling-07182012103438.html.

http://news.chosun.com/site/data/html_dir/2015/03/09/2015030900219.html.

http://www.newspower.co.kr/sub_read.html?uid=16638.

http://christian.nocutnews.co.kr/show.asp?idx=1640651.

http://www.ohmynews.com/NWS_Web/View/at_pg.aspx?CNTN_CD=A0001
　　769725.

http://www.theosnlogos.com/news/articleView.html?idxno=823.

9. 지구적 위기와 생명운동

경상대사회과학연구원 편.『제국주의와 한국사회』. 서울: 한울아카데미, 2002.

김준우.『기후붕괴의 현실과 전망 그리고 대책』. 서울: 한국기독교연구소, 2012.

박성원 정경호교수 회갑논문집편찬위원회『하나님이 그리는 아름다운 세상』. 서울: 한들
출판사, 2008.

성공회신대 신학연구원 편저.『제국의 신』. 서울: 동연, 2008.

윤형근 편.『살림의 말들』. 서울: 모심과 살림 연구소, 2009.

정원범 편.『평화운동과 평화선교』. 서울: 한들출판사, 2009.

한국기독교연구소 편.『생태계의 위기와 기독교의 대응』. 서울: 한국기독교연구소,
2000.

Crossan, John Dominic. *God and Empire*. 이종욱 역.『하나님과 제국』. 서울: 포이에
마, 2010.

Horsley, Richard A. *Jesus and Empire: The Kingdom of God and New World Disorder*.
김준우 역.『예수와 제국』. 서울: 한국기독교연구소, 2004.

Horsley, Richard A. ed. *Paul and Empire: Religion and Power in Rome Imperial
Society*, 홍성철 역.『바울과 로마제국』. 서울: 기독교문서선교회, 2007.

McFague, Sallie. *Life Abundant*. 장윤재 · 장양미 역.『풍성한 생명』. 서울: 이화여자대
학교출판부, 2008.

McFague, Sallie. *A New Climate for Theology: God, the World and the Global
Warming*. 김준우 역.『기후변화와 신학의 재구성』. 서울: 한국기독교연구소,
2008.

Nagler, Michael. *The Search for a Nonviolent Future*. 이창희 역.『폭력 없는 미래』. 서
울: 두레, 2008.

Shiva, Vandana. ed. *Manifestos on the Future and Seed*. 송민경 역.,『공존을 위한 먹
을거리 혁명 테라마드레』. 서울: 다른, 2009.

_____. *Stolen Harvest: The Hijacking of the Global Food Supply*. 류지한 역.『누가 세계
를 약탈하는가』. 서울: 울력, 2005.

WCC, 김승환 역.『경제세계화와 아가페운동』. 원주: 흙과 생기, 2007.

Ziegler, Jean 유영미 역,『왜 세계의 절반은 굶주리는가?』. 서울: 갈라파고스, 2009.

_____. 양영란 역,『탐욕의 시대: 누가 세계를 더 가난하게 만드는가?』. 서울: 갈라파고

스, 2009.

_____. 양영란 역,『빼앗긴 대지의 꿈』. 서울: 갈라파고스, 2010.

http://www.newsis.com/ar_detail/view.html?ar_id=NISX20140321_0012802
    198&cID=10807&pID=10800.

http://www.yonhapnews.co.kr/bulletin/2014/02/06/0200000000AKR201402
    06060100093.HTML?input=1179m.

http://www.hankyung.com/news/app/newsview.php?aid=2014030699381.

http://www.munhwa.com/news/view.html?no=20130820010703270310020.

http://www.yonhapnews.co.kr/bulletin/2013/10/02/0200000000AKR201310
    02002000094.HTML?input=1179m.

http://media.daum.net/press/newsview?newsid=20060831141015596.

http://www.canong.or.kr/menu03/main.html?mode=view&bid=pds01&cno
    =253&cur_page=1&s_username=&s_subject=checked&s_contents=
    checked&s_category=checked&q_box=&code=menu01&sortfield=

http://blog.naver.com/PostView.nhn?blogId=toyo2115&logNo=50127656875.

http://weekly.khan.co.kr/khnm.html?mode=view&code=117&artid=201312
    241451041&pt=nv.

10. WCC의 에큐메니칼 운동과 치유선교

대한예수교장로회 총회 에큐메니칼위원회 엮음.『21세기 한국교회의 에큐메니칼 운동』.
    서울: 대한기독교서회, 2008.

대한예수교장로회 총회 치유와화해의생명공동체운동10년위원회,「치유와 화해의 생명
    공동체운동 10년신학문서」

양금희. "평신도신학을 지향하는 평신도교육에 관한 연구."「장신논단」 46-4(2014).

양낙흥. "세계교회협의회의 선교신학 분석과 평가,"「선교와 신학」 28집(2011).

이원규.『한국교회의 현실과 전망』. 서울: 성서연구사, 1996.

위성교.『치유는 이렇게 일어난다』. 서울: 도서출판 좁은 문, 1995.

장로회신학대학교 에큐메닉스연구부 편.『에큐메니즘 A에서 Z까지』. 서울: 대한기독교
    서회, 2012.

정원범.『교회 · 목회 · 윤리』. 서울: 쿰란출판사, 2008.

정태기.『아픔 · 상담 · 치유』. 서울: 상담과 치유, 2003.

한국일. "선교 120년과 한국선교의 미래"「선교와 신학」제14집(2004).

황홍렬. "WCC의 생명선교와 한국교회의 생명선교 과제"「선교와 신학」34집(2014).

Brown, Michael L., 김진섭 역,『구약의 치유신학』. 서울: 도서출판 대서, 2010.

Cardoza-Orlandi, Carlos F. *Mission: An Essential Guide.* Nashville: Abingdon Press, 2002.

Forrester, Duncan B. *The True Church and Morality.* 김동선 역『참된 교회와 윤리』. 서울: 한국장로교출판사, 1999.

Howard, Clinebell. *Ecotherapy: healing ourselves, healing the earth.* 오성춘, 김의식 역.『생태요법: 인간치유와 지구치유』. 서울: 한국장로교출판사, 1998.

Kinnamon, Michael and Kirepoulos Antonios. ed. *The Ecumenical Movement.* 이형기 외 역.『에큐메니칼운동』. 서울: 한들출판사, 2013.

Lorke, Mélisande and Werner Dietrich ed. *Ecumenical Visions for the 21st Century.* Geneva: WCC Publications, 2013.

Swartley, Willard M. *Health, Healing and the Church's Mission.* Downers Grove. Illinois: InterVasity Press, 2012.

WCC, and DIFAM. *Witnessing to Christ today: Promoting health and wholeness for all.* CMAI, 2010.

WCC. 김동선 역.『통전적 선교를 위한 신학과 실천』. 서울: 대한기독교서회, 2007.

WCC. 김승환 역.『경제세계화와 아가페운동』. 원주: 흙과 생명, 2007.

11. 동성애에 대한 기독교윤리학적 고찰

김진.『동성애 배려윤리적 고찰』. 울산: 울산대학교출판부, 2005.

윤가현.『동성애의 심리학』. 서울: 학지사, 2001.

정원범.『쟈크 엘룰의 윤리사상』. 대전: 대장간, 2009.

김희수. "동성애에 대한 윤리적 고찰: 동성애는 죄인가?"「기독교사회윤리」제13집 (2007).

양형주. "성서적 관점에서 본 동성애: 성경은 동성애에 관해 무엇을 말하고 있는가?"『성서마당』신창간 제13호 (2007, 여름).

이경직. "구약에 나타난 동성애"「기독신학저널」제2호 (2002).

이경직. "로마서에 나타난 동성애" 「기독신학저널」 제4호 (2003).

이문균. "동성애와 기독교" 『대학과 복음』 제10집 (2004).

이상원. "동성애는 정상적인 성적 지향인가?" 「신학과 실천」 제6권 (2008).

Crook, Roger H. *An Introduction to Christian Ethics*, 최봉기 역. 『기독교윤리학개론』. 서울: 요단출판사, 1997).

Davis, John Jefferson. *Evangelical Ethics: Issues Facing The Church Today*. Phillipsburg, New Jersey: P and R, 1993.

Geisler, Norman L. *Christian Ethics: Options and Issues*, 위거찬 역. 『기독교윤리학』. 서울: 기독교문서선교회, 1991.

Grenz, Stanley J. *Sexual Ethics: An Evangelical Perspective*. Louisville, Kentucky: Westminster John Knox Press, 1990.

Grenz, Stanley J. *Welcoming But Not Affirming: An Evangelical Response to Homosexuality*. Louisville, Kentucky: Westminster John Knox Press, 1998.

Hays, Richard B. *The Moral Vision of the New Testament: A Contemporary Introduction to New Testament Ethics*. HarperSanFrancisco, 1996.

Rogers, Jack. Jesus, *The Bible, And Homosexuality*. Louisville, Kentucky: John Knox Press, 2006.

Seow, Choon-Leong. *Homosexuality and Christian Community*. Louisville, Kentucky: Westminster John Knox Press, 1966.

Soards, Marion L. *Scripture and Homosexuality: Biblical Authority and the Church Today*. Louisville, Kentucky: Westminster John Knox Press, 1995.

Spong, John Shelly. *The Sins Of Scripture*, 김준년. 이계준 역. 『성경과 폭력』. 서울: 한국기독교연구소, 2005.

Stott, John. *Same-sex Partnership?* 양혜원 역. 『존 스토트의 동성애 논쟁』. 서울: 홍성사, 2006.

Tamagne, Floence. *Mauvais Genre?* 이상빈 역. 『동성애의 역사』. 서울: 이마고, 2007.

Trull, Joe E. *Walking in the Way: An Introduction to Christian Ethics*. Nashiville, Tennessee: Broadman and Holman Publishers, 1997.

Whitehead, Briar. *Craving For Love*. 이혜진 역. 『나는 사랑받고 싶다: 관계중동, 동성애 그리고 치유하시는 하나님』. 원주: 웰스프링, 2007.

부록

1. 이동원 목사의 다섯 가지 참회와 다섯 가지 감사

I. 다섯 가지 참회

1. 조국의 민주화 운동이 한창일 때 아무런 기여를 하지 못하고 방관자로 살아온 일과, 지도하던 청년들에게도 행동을 촉구하지 못한 일

2. 목회 마당에서 마음으로 소외되고 연약한 성도들을 돌보는 목회를 하려 했으나, 그들의 눈물과 아픔에 제대로 동참하지 못한 일

3. 바로 살아야 한다고 설교하면서도 제가 그대로 행하지 못하여 언행일치의 모본을 보이지 못한 일

4. 올곧게 살아가지 못한 성도들, 교회 내 부유한 기득권층에 대하여 그들이 상처받을 것을 두려워해 회개를 촉구하고 예언자적인 설교를 제대로 하지 못한 일

5. 의도하지는 않았으나 목회하는 동안 나 자신의 부주의한 말과 경솔한 행동으로 성도들의 마음을 섭섭하게 했던 소소한 일상의 모든 부덕

II. 다섯 가지 감사

1. 하나님 앞에 부패하고 더러운 죄인인 저를 은혜로 구원해 주셔서 하나님의 자녀로 삼아 주시고 그리스도의 제자로 살게 하신 구주 예수님께 진정한 사랑과 감사

2. 구원받은 것만 해도 평생 빚진 자로 살아야 하는데 복음을 전하는 일꾼

으로 부르셔서 40년 세월을 봉사하고 특히 청년들에게 비전을 심어준 일

3. 나의 부족함을 눈으로 보고 알면서도 인내하고 용납하고 허물을 감추고 지지해 준 사랑하는 아내와 가족들, 신실하고 넓은 마음의 동역자들, 사랑 많은 성도들 때문에 행복한 목회를 한 일

4. 지구촌교회 17년 목회를 마무리하면서, 조기 은퇴 약속과 제 앞으로 된 주택을 소유하지 않는 등 경제적 이득 없이 은퇴하겠다는 약속을 지킬 수 있게 하신 일

5. 하나님의 때에 은퇴하면서 하나님이 준비하신 승계 리더십으로 잘 갖춰진 글로벌 리더 진재혁 목사님을 예비하셔서 마음 놓고 담임목사직을 내려놓고 한국교회를 섬기는 한모퉁이 사역을 시작하게 하신 일

2장 새로운 신앙고백문(향린교회, 새길교회)

Ⅰ. 향린교우 신앙실천 고백문

저는 예수 그리스도의 제자로서, 우리 교회가 정의, 평화, 생명과 사랑의 공동체가 되도록, 교인으로서의 책임과 의무를 다하고, 신앙과 실천을 훈련하는 일에 자신을 새롭게 하고자 주님의 십자가 옆에 저의 십자가를 달며 다음과 같이 다짐합니다.

저는 예배와 기도와 성서 배움을 통해 열정적으로 하느님을 만나겠습니다. 하느님은 공동체를 통해 역사하심으로, 교회의 작은 공동체와 봉사직분을 통해 지속적으로 신앙을 훈련하겠습니다.

저는 우리 사회의 약자와 소수자, 가난한 자들의 정의로운 요구에 귀 기울이며, 그들과 연대하는 일에 앞장서겠습니다.

저는 우리 민족의 평화적 통일을 위해 일체의 분단 지향적 사고를 배격하고, 남누리, 북누리 하나 되는 그 날을 위해 힘쓰고 기도하겠습니다.

저는 생명과 창조질서의 보존을 위해, 생태적 삶을 지향하고, 세계 곳곳에서 벌어지는 전쟁과 기아와 난민들의 평화를 위해 기도하며, 뭇 생명들을 살리는 일에 모든 정성을 다하겠습니다.

저는 향린공동체의 일원으로서, 교우들을 돌보며 섬기는 일에 최선을 다하겠습니다. 제자들의 발을 씻기며 서로 사랑하라고 당부하신 주님의 말씀을 따라 교우들을 사랑하고 섬기겠습니다.

저는 우리 가정이 하느님께 예배하고, 믿음으로 양육하며, 기도하는 가정이 되도록 힘쓰겠습니다.

이리하여, 저는 예수의 복음이 주시는 기쁨, 소박한 삶, 나눔의 삶, 감사의 삶을 살아가겠습니다.

Ⅱ. 새길교회 창립취지문과 신앙고백문

새길교회는 평신도 중심의 교회로, 교회 건물을 소유하지 않고 목회자를 두지 않고 있는 교회입니다. 교회 건축과 목회자 비용으로 헌금을 사용하는 대신 수입의 50%이상을 선교와 어려운 이웃을 위해 쓰고 있습니다. 마침 오늘이 새길교회 창립 27주년 기념일인지라 새길교회 창립취지문과 새길 신앙고백문을 되새겨 봅니다.

교회 창립취지문

우리는 복음의 뜻을 사회와 역사의 구체적 현실 한가운데서 항상 되새기고 증거해야 된다고 믿으며, 복음은 개인의 삶뿐만 아니라, 사회와 역사도 함께 변혁시키는 힘임을 굳게 믿습니다.

예수 그리스도께서 가난하고 억눌린 사람들에게 해방의 소식을 선포하신 것이 바로 복음과 선교의 핵심이라고 믿기에 우리도 고통당하는 이웃을 사랑하고 정의와 평화를 실현하는 하나님의 선교에 몸과 마음, 정성과 물질을 바치려고 합니다.

우리 주위를 살펴보건대, 오늘날 이 땅의 교회는 잘못된 복음 이해로 개인주의적이고 기복적인 신앙과 저 세상적 도피주의와 경직된 율법주의에 깊이 빠져 예언자적 사명과 사회적 책임을 저버리고 있습니다.

또한 우리는 이 땅의 많은 교회들이 참된 복음의 정신을 망각하고 허황된 물량주의에 빠져, 참된 믿음이 요구하는 뼈아픈 자기 부정을 외면한 채 이기적 자기 확장과 치장에만 몰두하고 있는 현실을 안타까워합니다.

이제 우리는 우리 자신들의 게으름과 방관자적 자세를 깊이 뉘우치면서 우리들의 부족함과 연약함에도 불구하고 하나님의 은총에 힘입어 예수 그리스도께서 친히 보여주신 믿음과 소망과 사랑의 공동체를 세워나가려고 결단합니다.

우리는 섬김 받는 교회에서 섬기는 교회로, 직업화된 교역자 중심의 교회에서 공동체적 평신도 중심 교회로, 제도와 율법주의에 매인 교회에서 은총과 자유의 교회로, 닫힌 교회에서 열린 교회로, 받는 교회에서 주는 교회로, 쌓아 올리는 교회에서 나누어주는 교회로 발돋움하려 합니다.

어두운 역사 한가운데서 빛이 되시며 혼돈 속에서 헤매는 백성들에게 진리의 새길을 제시하신 예수 그리스도의 삶을 본받기 위하여, 우리는 그의 십자가의 고통과 함께 부활의 영광을 뜨겁게 기억하면서 마침내 이 땅위에 하나님의 다스림이 이뤄지는 그날을 향하여 오늘도 외롭지만 힘차게, 괴롭지만 기쁘게, 예수 그리스도의 몸된 공동체를 가꾸어 나가기로 결단합니다.

바로 이 결단으로 여기 진리의 길이신 주님의 교회, 새길교회를 세우고자 합니다.

창립기념일 1987년 3월 8일

신앙고백문

우리는 우주 만물을 창조하시고 역사를 주관하시며 품어 인도하시는 하나님을 믿습니다.

우리는 모든 악으로부터 우리를 해방하여 새 사람으로 일으켜 주시는 예수 그리스도를 믿습니다.

우리는 모든 생명들이 서로 소통하도록 이끌며, 고난과 절망 속에서도 우리에게 언제나 새로운 희망과 능력을 주시는 성령을 믿습니다.

우리는 교회사 예수 그리스도의 십자가와 부활에 동참하고 자매형제들이 사랑과 교제를 나누는 신앙공동체임을 믿으며, 창조의 보전과 완성을 위해, 인간의 생명과 존엄을 지키기 위해, 하나님의 정의와 평화의 실현을 위해 우리의 삶을 바칩니다.

우리는 자신을 비우고 고통 받는 모든 생명의 이웃이 되어 하나님 나라 복음을 위해 헌신하기로 다짐합니다.

3. WCC 한반도의 평화와 통일에 관한 성명서

"그는 우리의 화평이신지라 둘로 하나를 만드사 원수 된 것 곧 중간에
막힌 담을 자기 육체로 허시고"(에베소 2:14).

2013년 10월 30일–11월 8일까지 부산에서 열리는 WCC 10차 총회의 총
대인 우리는 수 십 년 동안 전쟁에 의한 폭력과 두 나라로 갈라진 후의 적대감으
로 인해 남북한의 남성, 여성, 아동들이 겪은 고통의 증인들입니다.

분열, 전쟁, 고통은 충만한 생명을 바라는 하나님의 뜻과는 모순됩니다.
따라서 우리는 세계의 교회와, 사회적, 경제적, 정치적 힘과 정부 권력을 가진
사람들에게 남북한 국민들을 재통일시키고 화해시킬, 영구적이고 지속 가능
한 정의로운 평화를 추구할 것을 요청합니다.

이번 총회의 중심주제는 "생명의 하나님, 우리를 정의와 평화로 이끄소서"
라는 간단한 기도문입니다. 우리는 모든 남북한 사람들의 비전과 꿈, 그리고
치유와 화해, 평화, 통일을 향한 남북한 사람들의 공통된 열망이 이루어지기
를 기원합니다.

Ⅰ. 화해와 치유를 위한 새로운 도전과제

한반도의 현재 상황은 우리가 이 지역 전체의 평화와 정의를 이룩하고,
분단된 한반도의 통일을 달성하기 위한 사역에 새롭게 참여할 것을 촉구합니
다. 냉전 시대 이후 세계의 많은 긍정적인 발전에도 불구하고, 동북아시아
지역은 여전히 세계에서 군사적 및 안보상의 위협이 가장 심각하게 집중된
곳입니다. 유엔안전보장이사회의 5개 상임이사국이면서 동시에 핵무기 보유
국가로 인정받은 네 개 국가들이 이 지역에 군사기지를 보유하고 있습니다.
동북아시아의 지정학적 지도가 힘의 균형에 새로운 변화가 일어남에 따라
새로운 "신냉전"의 조짐마저 나타나고 있습니다. 이 지역에 존재하는 미국의
강력한 정치적, 경제적, 군사적 힘 때문에 새로운 긴장이 발생하고 있습니다.

다른 세 국가인 중국, 일본, 러시아도 이 지역의 긴장상황에 적극적으로 개입하고 있습니다.

네 개의 주요국가들 사이의 지정학적 역동성이 바뀜에 따라 평화와 통일을 향한 남북한 국민의 열망과 희망이 억압당할 수 있습니다. 핵무기와 최첨단 대량살상무기를 비롯하여 일부 아시아 국가의 무력증강 때문에 이 지역은 세계에서 군사비 지출이 가장 빠르게 증가하는 곳이 되었습니다. 우리가 꿈꾸는 평화는 생명 전체를 포용하고 이웃 간의 조화를 회복하는 정의를 조건으로 합니다. 우리는 지금이 1953년의 정전협정을 대체할 포괄적인 평화협정을 향한 새로운 과정을 시작하고 이 지역의 국가들 사이에 정의롭고 평화로운 관계를 확보하며, 남한과 북한 사이의 관계를 정상화하고, 한반도의 통일을 촉진시킬 적기라고 확신합니다.

전 세계의 345개 교회와 약 5억 6천만 명의 그리스도인들을 대표하는 우리는 평화와 화해를 새롭게 지원하고, 꼭 필요한 활동을 수행하는 국가 지도자와 국제 지도자들을 격려하고 지원할 것이라는 각오를 다짐합니다.

II. 정의와 평화를 향한 우리의 신앙적 헌신

예수 그리스도를 믿는 신자들의 세계적 공동체인 우리는 하나님의 창조세계 전체와 인류를 목표로 하는 핵무기와 대량살상무기로 무장하여 증오와 적대의식으로 가득한 전쟁과 군사적 갈등을 벌이는 권세와 정사에 굴복하는 죄를 범했음을 고백합니다. 또한 식민지 팽창과 군사적 헤게모니를 확보하기 위한 외부 열강들의 분쟁이 야기한 한국인들의 오랜 고통에 대해 적절하게 인식하지 못한 것을 안타깝게 여깁니다.

우리는 이로써 우리의 평화가 되시기 위해 이 세상에 오신 예수 그리스도에 대한 신앙 고백 안에서 남북한의 그리스도인들과 함께 하고 있습니다(에베소 2:13-19). 예수 그리스도께서는 인류와 하나님을 화해시키고, 분열과 갈등을 극복하고, 모든 사람을 자유롭게 하고, 하나가 되게 하기 위해 고난을 당하고, 십자가에서 죽고, 장사된 후, 다시 부활하셨습니다(사도행전 10:36-40). 또한 예수 그리스도께서는 우리의 구세주로서 새 하늘과 새 땅을 만드실 것입니다(계시록 21-22장).

이런 신앙고백과 함께 우리는 남북한 그리스도인들의 확고한 노력, 특히 남북한의 사람들과 한반도의 평화와 치유와 화해와 통일을 향한 남북한 교회의 신실한 행동에 동참합니다.

III. 행동하는 믿음과 소망

1948년의 WCC 1차 총회와 이어서 발생한 한국 전쟁 이래로, WCC는 한반도 분단의 고통을 공감했으며, 그것이 회원 교회와 협력단체들 간의 긴장관계에도 어느 정도 반영된 것을 발견했습니다. 우리는 평화로 가는 길에 놓인 도전과 장애물을 잘 알고 있습니다. 그럼에도 불구하고, 우리는 남북한 그리스도인들의 지난한 노력을 기울여 온 것을 인정하며, WCC와 에큐메니칼 협력단체들도 남북한의 사람들과 동행하는 가운데 지속적이고 한결같이 노력해왔음을 기억합니다.

극히 힘든 상황 속에서도 한국 교회의 에큐메니칼 증언과 기도는 매우 중요한 역할을 해왔습니다. 한국 교회의 행동하는 신앙은 기도와 더불어 희망의 새 지평을 열었습니다. WCC 국제문제위원회(CCIA)가 1984년에 마련한 도잔소(Tozanso)회의는 한국 교회가 한반도의 통일을 공개적으로 토론하기 어려운 시기에 개최되었습니다. 도잔소 회의는 WCC가 남북한의 그리스도인들과 매우 폭넓은 회원 교회에 속한 그리스도들이 함께 한반도 분단으로 인해 발생한 문제를 살펴보는 첫 시도였습니다. 이러한 WCC의 선도적인 노력은 남북한 사람들이 정의와 평화를 강화하는 방향으로 한반도의 분단과 통일문제를 다룰 수 있도록 도움을 주었습니다.

1988년 한국기독교회협의회는 민족의 통일과 평화에 관한 선언을 통해 1995년을 평화와 통일의 희년으로 선포했습니다. 이 선언은 1)자주 통일, 2)평화 통일, 3)신뢰와 협력을 통한 민족의 통일, 4)민의 참여에 의한 민주적 통일, 5)인도주의에 기초한 남북 관계 등 5가지 원칙을 확인했습니다.

WCC가 한반도의 평화와 화해, 그리고 비핵화를 이루기 위해 실천하는 선도적인 에큐메니칼 활동들은 소중합니다. 이런 활동은 남북한의 교회지도자들뿐만 아니라 아시아, 북아메리카, 유럽의 교회와 에큐메니칼 협력단체들이 함께 할 수 있는 공동의 공간을 제공합니다. WCC와 CCIA가 마련한 한반도의 평화·화해·통일에 관한 에큐메니칼 포럼에 아시아, 유럽, 북아메리카, 남한의 교회, 북한의 조선기독교연맹이 참여했습니다. 이 포럼은 평화와 통일에 대해 대화하고 교류할 수 있는 많은 기회를 제공했습니다. 다양한 차원에서 진전이 이루어졌음에도 불구하고, 한반도의 평화와 통일을 이루기 위해 가야 길은 아직도 멉니다.

우리는 WCC가 과거에 진행한 주요 행사-1989년의 모스크바에서 모인 중앙위원회 회의를 시작으로, WCC 캔버라 총회(1991년), 하라레 총회(1998년), 포르투 알레그레 총회(2006년)-는 남한과 북한의 교회 지도자들이 역사적 만남을 가졌던 장소였다는 것을 기억합니다. 그 밖의 다양한 국제회의가 남북한의 교회가 참여한 가운데 개최되어 한반도의 평화와 통일에 관한 에큐메니칼 운동에 대한 진정성을 더욱 높여주었습니다. 2009년 10월 도잔소 회의 개최 25주년을 맞이하여 국제문제위원회가 마련한 국제회의는 평화, 정의, 통일이라는 목표를 향한 새로운 자극을 제공하는데 도움을 주었습니다. 또한 이 국제회의는 분단의 비극으로 고통을 받는 모든 사람이 대화하고 참여하도록 격려했습니다. 아울러, 1999년, 2009년, 2013년 WCC 총무가 북한을 방문한 것은 평화와 통일을 추구하는 남북한의 교회를 지원하고자 하는 WCC와 회원교회의 헌신적인 노력에 신뢰감을 높여주었습니다.

우리는 한반도의 지정학적 상황 때문에 에큐메니칼 운동이 새로운 방식의 동행과 참여로 발전되어야 한다는 것을 알고 있습니다. WCC가 평화와 정의, 화해, 분단된 한반도의 통일을 성취하기 위한 남북한의 교회와 사람들의 노력에 동참해왔기 때문에, 특히 젊은 세대들에게 특별한 관심을 기울이는 가운데, 남북한의 교회가 함께 만날 수 있는 공동의 장을 제공하기 위해 모든 노력을 계속 기울여야 합니다.

우리는 한반도가 평화와 정의, 그리고 충만한 생명을 품을 수 있는 틀과 희망의 조짐을 봅니다. 한반도에서 공통적인 인간안보(human security)와 인권이 분열적이고, 경쟁적이며 군사적인 국가 안보보다 더 우선되어야 합니다. 우리는 오래 전부터 핵무기의 위협을 인식했으며, 요즘에는 모든 핵 에너지에 대해 서로 간에 진지하게 문제를 제기하고 있습니다. 세계의 많은 사람들과 함께 교회들은 핵무기 없는 세상이 필수적이며 가능하다는 확신을 공유합니다. 핵무기 없는 세상을 향한 우리의 공통된 희망은 한반도에 사는 사람들뿐만 아니라 세상 모든 사람들을 위한 것입니다. 우리는 핵무기를 거부하고 핵무기의 완전한 해체를 위해 함께 노력하며, 이를 다른 지역에도 적용 할 길을 제시합니다. 이와 같은 희망과 가능성 때문에 교회는 하나님의 통치의 특징, 곧 우리를 정의와 평화로 인도하시겠다는 하나님의 약속에 응답하기 위해 한반도의 평화와 화해를 위해 더 많이 노력하기로 뜻을 모읍니다. "그는 우리의 화평이신지라. 둘로 하나를 만드사 원수 된 것 곧 중간에 막힌 담을 자기 육체로 허신다"(에베소 2:14).

IV. 치유, 화해, 평화로 가는 길

1953년 7월 27일 정전협정으로 한국전쟁이 중단된 후 60년 동안, 남한과 북한, 미국, 중국은 핵무기 비축을 비롯한 방어적인 군사력 증강을 통해 기술적 측면에서 전쟁 상태를 계속 유지했습니다. 현재 상황은 1953년의 정전협정을 대체하는 평화협정이 긴급하게 필요하다는 것을 적시하고 있습니다.

평화협정을 체결하려면 새롭고 결정적인 조치가 필요합니다. 평화협정을 위한 과정은 한반도와 전체 동북아지역에 매우 중요할 뿐만 아니라 이 지역에 핵무기 없는 지역을 만드는 과정에도 기여할 것입니다. 평화협정은 정전협정의 당사국과 관련국들이 논의를 통해 합의를 해야 합니다. 우리는 당사국들이 함께 한국전쟁의 종전을 선언하는 것이 평화협정을 촉진시키고, 상호 신뢰와 상호간의 신뢰구축에 기여할 것이라고 믿습니다. 6자 회담 참가국들은 지배적인 정전체제를 구체적인 평화체제로 전화하기 위한 평화 포럼을 개최하기로 예전에 약속했습니다. 우리는 남한, 북한, 미국, 중국에게 이 약속을 준수할 것을 강력히 촉구합니다. 아울러 미국과 일본은 북한에 대한 봉쇄와 제재를 중단해야 하며, 중국은 6자회담을 비롯한 대화를 재개하기 위한 조정자 역할을 해야 합니다.

북한의 지속적인 인권 위기를 고려할 때, 우리는 국제사회가 북한 주민들에 대한 인도적 지원을 시작하고, 북한과 협력하여 지속 가능한 개발 프로젝트를 실행할 것을 촉구합니다. 경제제재는 일차적으로 한 국가의 국민, 특히 가난한 사람들을 처벌하는 수단이 됩니다. 그러므로 우리는 북한에 대한 경제제재의 전략적 효과뿐만 아니라 윤리적 원칙에도 의문을 제기합니다. 우리는 이런 맥락에서 유엔안전보장이사회의 대북결의안에 대해 우려를 제기합니다. 북한과 세계의 다른 국가들과의 경제 교류는 다시 재개되어야 합니다. 이를 통해 효과적인 경제 협력의 장이 새롭게 열릴 것입니다. 무엇보다도, 대화를 통해 관계를 정상화하기 위한 적극적인 참여가 촉진될 것입니다. 또한 유엔은 한반도에 평화를 건설을 하기 위한 노력을 시작하고 경제 제재와 금융 제제를 해제해야 합니다.

Ⅴ. 미래로 가는 길 - 권고안들

우리는 세계화되고 상호의존적인 세계에서 평화를 건설하는 일은 주권국가, 유엔, 교회를 비롯한 시민사회 단체들의 공동 책임이라고 믿습니다. 2013년 10월 30일부터 11월 8일까지 대한민국의 부산에서 WCC 10차 총회로 모인 회원 교회들은 화평케 하는 자가 되라는 그리스도교의 소명을 확신하는 가운데, 한국사회에 희년을 선포한 한국교회의 신앙적 증언에 응답하면서 다음과 같이 다짐합니다.

1. 남북한의 사람들과 함께 그들을 위해 기도할 때, 우리는 교회와 에큐메니칼 협력단체들이 남북한의 교회와 그리스도인들, 한국기독교교회협의회와 조선그리스도교연맹 사이의 긴밀한 협력과 투명한 관계 속에서 한반도의 평화와 화해를 위해 새롭게 힘을 내어 함께 노력해야 한다는 구체적인 책임감을 느낍니다. 이를 위해 우리는 다음과 같이 다짐합니다.

a) 용기, 보살핌, 소통, 고백, 화해 및 헌신과 같은 도잔소 회의의 정신을 구체화한다.

b) 8월 15일 이전 일요일을 "한반도의 평화통일을 위한 기도 주일"로 지정하여 남북한 사람들 및 교회들과 더불어 함께 기도한다.

c) 남한과 북한의 젊은 세대들이 함께 만나서 한반도의 바람직한 미래를 구상할 수 있는 에큐메니칼적인 장을 제공한다.

d) 남북한의 교회를 방문하는 연대 프로그램을 준비하여 화평케 하는 자와 가교를 잇는 자로서 섬기도록 한다. 첫 번 방문은 역사적인 도잔소 국제회의 30주년을 기념하는 2014년에 조직할 수 있을 것이며,

e) 아울러, 남한과 북한의 교회들과 그리스도인들을 함께 만나서 화해와 평화를 진전시킬 수 있도록 공동의 장을 제공함으로써 남북한의 교회들과 지속적으로 동행한다. 우리는 이런 선도적인 활동을 하기 위한 역사적으로 상징성이 있는 시기가 한국이 일제로부터 해방된 지 70주년이 되는 2015년이라고 본다.

2. 아울러 우리는 다음과 같은 조치를 취할 것임을 다짐합니다.

a) 우리는 유엔안전보장이사회가 한반도의 평화구축을 위해 새로운 노력을 시작하고, 그와 함께 북한에 대한 기존의 경제제재와 금융제재를 해제하도

록 각국 정부와 함께 협력한다.

b) 1953년의 정전협정을 대체하여 전쟁상태를 종식시킬 평화협정 체결을 위해 폭넓은 캠페인을 시작한다.

c) 이 (동북아)지역에 있는 모든 당사국들은 한반도와 주변에서 모든 군사훈련을 중단하며, 외세의 개입을 중단하고, 군비 축소를 통해 한반도에 평화를 구축하기 위한 창의적인 과정에 참여할 것을 요청한다.

d) 이 지역의 핵무기와 핵발전소들을 완전하고, 입증가능하며, 되돌이킬 수 없는 방식으로 제거하기 위해 동북아지역에 핵무기 없는 구역을 설치하기 위한 조치를 취하고, 동시에 세계의 모든 지역에 핵무기에 대한 인도주의적 금지를 위한 새로운 국제협약에 가입함으로써 지구상의 어떤 지역에서도 생명이 더 이상 핵으로부터 위협을 당하지 않도록 한다.

e) 남한과 북한의 정부가 비인간적인 불의한 구조와 대립을 극복함으로써 정의와 인간존엄이 살아 있는 인간적인 공동체를 회복하고, 이산가족의 인도주의적 이슈를 시급하게 해결하고, 이산가족의 소재 확인, 자유로운 서신 교환과 방문을 가능하게 하는 지속 가능한 사업을 확립하고, 필요할 경우 국제기구의 지원을 제공함으로써 인간적인 공동체를 치유하도록 지원한다.

f) 아울러 명실상부한 비무장지대를 유지하면서 이곳을 평화지대로 전환하기 위한 국제적인 협력을 얻어내는 일에 남북한 정부와 함께 협력한다.

4. 광복 70주년 그리스도인 선언

동포여 해방의 새 날을 맞이하자
- 광복70주년을 맞이한 한국 그리스도인의 선언 -

역사를 주관하시는 창조주 하나님께로부터 해방의 역군으로 부름을 받은 한국의 그리스도인들은 광복70주년을 맞이하여 다음과 같이 선언한다.

우리는 죄와 사망의 쇠사슬로 부터 인류를 해방하신 그리스도를 본받아 불의와 독재와 분단의 고통에서 우리 민족을 해방시키시려는 그리스도의 역사에 동참하는 것이 우리의 역사적 소명이라 믿는다.

한민족은 70년 전 일제36년의 식민지 억압에서 해방되었으나 강대국의 횡포와 우리의 죄로 인해 분단의 고통 속에서 신음하고 있다. 남북한 권력자들은 분단이 야기한 적대적 공생관계를 활용하여 독재체제를 구축하고, 시대착오적 권력 세습을 감행했으며, 왜곡된 이념적 대립과 물신주의와 성공제일주의의 쇠사슬로 우리를 얽어매고 있다. 조국 해방을 위해 생명을 바친 선열들의 기대와는 달리 광복70년을 맞는 이 시점에도 외세의 간섭은 더 심화되고 있으니 이 어찌 통탄한 일이 아닌가.

먼저 한국의 그리스도인들은 우리에게 주어진 역사적 소명에 충실하지 못했음을 고백한다. 우리는 한민족이 분단의 고통에 처해 있음에도 불구하고 왜곡된 이념대립에 편승하여 분단 상황을 고착시키는 죄를 범했다. 우리는 교회성장을 빙자하여 세속적 물신주의와 성공제일주의를 추종했으며 인애와 공평과 정직의 윤리를 가르치고 실천하는 역사적 길잡이의 역할을 수행하지 못했다. 우리는 건전한 기독시민의 양육에 실패했고 양극화를 정당화시키면서 한국 사회의 고통을 증가시키는 데에 일조했다.

이제 우리 그리스도인들은 하나님과 민족 앞에 범한 죄악을 통절히 회개하면서 진정한 민족 해방의 역군이 될 것을 선언한다. 무엇보다 우리는 용서와 화해와 일치의 모범을 보여주신 그리스도를 본받아 평화통일을 선도하고자 한다. 분단고착세력들은 분단 비용이 통일 비용에 비할 바가 아닌데도 통일비용을 과대포장하면서 통일의욕을 꺾으려 하는가 하면 핵무장과 전쟁의 공포를 확대재생산하면서 증오와 대결을 부추기고 있다. 우리는 민족분단의 고통스런 현실을 권력과 부의 증진 기회로 삼으려는 세력들에게 단호히 맞서고자 한다.

우리 그리스도인들은 북한 동포와 제3세계 민중들에게 빚진 자임을 고백한다. 억압과 궁핍으로부터의 해방은 모든 약소국 민중들의 염원이자 하나님의 명령이다. 한반도에서 이루어질 새로운 해방은 아직도 강대국의 횡포와 패배주의로 인해 절망에 빠져있는 약소국의 민중들이 같이 누려야 할 기회요 희망이다.

우리는 세상의 어떤 이데올로기도 절대화하지 않으며 오직 하나님 나라의 용서와 정의와 평화만을 기준으로 삼는다. 이 원칙이야말로 분단 고착 세력들에 의해 조성된 이데올로기적 대립을 타파하는 가장 중요한 무기이며 새로운 시대의 비전이다. 하나님 나라의 용서와 정의와 평화에 입각하여 한반도의 통일이 이뤄지기를 간절히 열망한다.

인류가 살고 있는 하늘과 땅과 바다는 하나님께서 지으셨고 영원히 보존해야할 삶의 보금자리다. 그러나 인간의 무절제한 욕망은 창조질서를 파괴했으며 만물을 끝없이 피곤하게 만들고 있다. 맹목적 경제성장의 이데올로기와 시대착오적 전체주의에 찌든 한반도에서 생태정의가 크게 훼손되고 있다. 지금 한반도의 모든 피조물들은 착취와 파괴로부터 자신들을 해방시켜줄 그리스도의 자녀들을 간절히 고대하고 있다.

이에 한국의 그리스도인들은 해방70주년을 맞아 남북 동포들과 함께 이렇게 외치고자 한다.

"보라, 희년의 새 아침이로다. 동포여, 우리를 얽어맸던 모든 억압의 사슬을 끊어버리고 사랑과 정의와 평화의 나라를 함께 건설하자!"

아울러 한국 그리스도인은 희년의 새 날을 맞이하기 위한 10대 과제를 아래와 같이 제시한다.

10대 실천과제

1. 한반도 평화통일은 분단 해소의 완성이며 진정한 해방의 시작이다. 평

화통일을 위해 주변국들의 협조가 필수적이지만 국가이기주의를 극복하는 역동성은 우리 자신들에게 있다. 남측이 북측에 먼저 화해의 손을 내미는 지도력을 발휘해야 한다. 역대 정부가 이룩한 4대 합의를 존중함으로써 남북 간의 상호신뢰를 회복하고 당파적 권력을 강화하기 위해 분단 상황을 악용하던 지난날의 과오를 다시는 되풀이하지 말아야 한다.

2. 해방70주년은 휴전협정을 평화협정으로 전환할 기회다. 분단 극복의 첫 걸음은 긴장 완화이며 이를 위해서는 휴전 상태가 해소되어야 한다. 한반도의 분단에 책임 있는 당사국들이 남북의 평화협정 체결에 적극 나섬으로써 자신들이 저지른 역사적 과오를 청산해야 한다.

3. 한반도의 비핵화는 한민족과 세계인들의 안녕과 평화를 위한 우리 몫의 과제이다. 핵무기는 창조질서를 파괴하며 지구상의 모든 생명에 가장 위협적인 존재이다. 북한의 핵무기는 폐기해야 하며 남한은 평화협정을 통해 이 노력을 돕고 세계적 수준의 비핵화로 확산되도록 힘써야 한다. 핵발전소는 단계적으로 폐기하고 지속가능한 에너지를 남북이 공동 개발해야 한다.

4. 피조물의 해방 및 인간과 자연의 화해를 위한 노력의 일환으로써 남북한은 비무장지대를 생태평화공원으로 지정하고 세계자연문화유산에 등재해야 한다. 남한은 북한의 산림녹화사업을 도와서 한반도 생태계의 안정을 도모해야 한다. 제3세계의 생태환경보존 노력을 적극 지원하고 양극화 해소와 대외종속 저지를 위해 긴밀한 협력 체제를 구축해야 한다.

5. 양성평등의 실천은 정의로운 공동체 정립에 필수적이지만 우리의 현실은 여전히 남성위주의 가부장주의를 벗어나지 못하고 있다. 성폭력, 여성노동력 착취, 성적 불평등으로 인해 모성과 가족적 삶의 기반은 한없이 피폐해지고 있다. 양성평등을 통한 여성 고유의 생명성 회복으로 해방의 새로운 토대를 구축해야 한다.

6. 애국선열들의 열망이 담겨있는 제헌헌법 제84조가 선언한 대로 모든 국민의 기본 생활 수요를 충족시키는 사회정의의 실현과 국민경제의 균형발전이 정치경제의 기본이다. 조세정의를 실천하고 상속의 범위를 최소화하며 투기소득에 중과세하는 결단이 필요하다. 천민자본주의와 사회적 양극화를 정당화하는 시장근본주의를 극복하고 정의롭게 성장과 분배가 이루어지는 경제 질서를 구축해야 한다.

7. 하나님의 공의에 따라 공동체를 관리하는 선한 청지기의 자세를 정착시켜야 한다. 부정직한 지도자를 처벌하는 주민소환제와 공명선거제도를 강화

하고, 부정부패를 발본색원할 뿐만 아니라, 부정하게 축적한 재산을 환수하는 징벌적 보상제를 실시해야 한다. 과다한 소비를 절제하고 검소와 절약을 생활화해야만 올바른 나눔을 실천할 수 있다. 가난하고 외로운 사회적 약자를 돌보고, 노인과 어린이들을 잘 보양하며, 장애인들의 처지를 향상시키는 정책을 실천해야 한다.

8. 토지와 물과 공기와 우주공간은 인류가 자자손손 공유해야할 공동체적 자산이다. 배타적 점유권과 이윤동기에 의한 자연의 훼손과 남용은 마땅히 절제되어야 한다. 남북한은 지속가능한 농업을 활성화하고 지하자원의 공동 개발을 추진하되 식량과 기본재화의 공급을 최우선 과제로 삼아야 한다. 창조 질서를 파괴하는 유전자조작식품의 확산을 방지하고 토착 환경에 잘 맞는 먹거리를 생산하며 다국적기업의 횡포로부터 보호받는 자조·자립의 마을 공동체를 형성해야 한다.

9. 교육이라는 이름으로 우리 아이들을 무한경쟁에 몰아넣는 작금의 비교 육적 행태를 즉각 중단해야 한다. 각자가 자신에게 주어진 소명과 재능을 찾아 그것으로 이웃과 세상을 섬기는 자로 자라가도록 입시와 사회구조를 개혁해야 한다. 학교가 배움의 기쁨을 회복하며 평화로운 관계를 훈련하고 소명의 발견을 돕는 공동체가 되어 한국 사회의 미래를 이끌어갈 뿐 아니라 통일 후 북한의 아이들과 함께할 수 있는 넉넉한 품이 되어야 한다.

10. 언론은 자본과 권력으로부터 해방되어야 한다. 언론의 독점과 영향력 장악은 민족의 고통을 온존시키려는 분단고착세력들이 가장 심혈을 기울이는 대상이고 전략이다. 부패한 언론과 부패한 권력의 협력체제 구축은 사회정의 실현과 민족해방을 요원하게 만든다. 공평하고 정직한 언론의 실현이 진정한 민족해방의 첫 걸음이다.

2015년 8월 15일

5. 아크라 신앙고백문(세계개혁교회 커뮤니언)

Ⅰ. 아크라 신앙고백 전문(세계개혁교회 커뮤니언 24차 총회 아크라)

< 경제와 창조세계의 정의를 위한 계약 >

〈서론〉

1. 세계개혁교회연맹 제23차 총회(헝가리, 데브레첸, 1997)는 1995년 키트웨(아프리카 잠비아)에서 열린 남부아프리카 교회들의 긴급요청에 응답하고, 날로 심화되는 세계경제의 불의와 생태계 파괴에 대한 인식 속에서 세계개혁교회연맹 회원교회들이 경제 불의와 생태계 파괴에 대해 "인식, 교육, 그리고 고백의 신앙고백의 과정"을 착수하도록 촉구했다. 개혁교회는 전 세계의 형제자매들의 부르짖음과 하나님의 선물인 이 창조세계가 위협아래 있음을 목도하면서 이사야 58장 6절, "내가 기뻐하는 금식은 흉악의 결박을 풀어주며 멍에의 줄을 끌러주며 압제 당하는 자를 자유케 하며 모든 멍에를 꺾는 것이 아니겠느냐"는 말씀을 함께 묵상했다.

2. 데브레첸 총회 이후 아홉 개의 회원교회가 이 부름에 응답하여 신앙적 입장을 천명했다. 몇몇 교회들은 서약에 참여하려는 과정 속에 있으며 그밖에 교회들은 그 이슈를 가지고 연구 중에, 어떤 교회들은 극심한 위기 상황을 인식하는데 이르고 있다. 세계개혁교회연맹은 더 나아가서 세계교회협의회, 세계루터교연맹 등과 함께 1999년 서울/방콕에 열린 심포지움을 시작으로, 2004년 미국 스토니 포인트에 이르기까지 세계 곳곳에서 고백신앙 과정의 일환으로 신학협의회를 개최했다. 이에 덧붙여 2003년에는 부에노스아이레스에서 세계개혁연맹 남반구 교회들이, 그리고 2004년에는 런던-코니에서 남북반구 교회들이 모여서 협의회를 가졌다.

3. 우리는 가나, 아크라에서 총회를 열면서 수백만 명의 아프리카 형제자매들이 수용되었다가 노예로 팔려가서 참혹한 죽음에 이르게 한 엘미나와 케이프코스트의 노예무역 현장을 방문했다. "다시는 이런 비극이 없도록…"

이란 구호는 오늘날의 경제구조 속에서 인신매매와 경제적 억압을 보면 완전히 거짓구호임이 드러나고 있다.

4. 오늘 우리는 이 상황 속에서 신앙적 결단을 하고자 한다.

〈시대의 징조를 읽으며〉

5. 우리는 하나님의 피조물이 계속해서 속박 속에서 탄식하며 구원을 갈망하고 있음을 듣고 있다(로마서 8:22). 우리는 지금 전 세계의 고통받는 민중과 상처받는 피조세계의 탄식의 도전에 직면하고 있다. 우리는 지금 세계민중의 고통과 생태계에 가해진 상처가 중첩되는 극적 현실을 보고 있다.

6. 이 시대의 징조는 더욱 더 경종을 울리는 지경에 이르고 있으며 이 징조가 무엇을 의미하는지 명확하게 해석되어야 한다. 생명에 대한 엄청난 위협의 근본원인은 무엇보다도 정치적 권력과 군사력의 비호 아래 전개되는 불의한 경제구조의 산물임이 분명하다. 경제구조는 이제 생사의 문제가 되고 있다.

7. 우리는 지금 모든 사람에게 생명을 주신 하나님의 부르심을 거역하는 부끄러운 세계에 살고 있다. 전 세계의 1퍼센트의 부자들의 연간 수입이 57퍼센트의 가난한 자의 연간수입과 맞먹고 있고 하루에 빈곤 및 영양실조와 관련하여 죽는 사람의 수가 매년 2만 4천명에 이르고 있다. 가난한 나라의 외채는 끊임없이 원금을 갚아 나가는 상황 속에서도 계속 증가하고 있다. 여성과 어린이들이 빈곤층의 대다수를 차지하고 있고 하루에 1달러 이하의 생계비로 살아가야 하는 절대빈곤 속에 세계인구도 계속 증가하고 있다.

8. 부국들의 무한 경제성장 정책과 다국적 기업의 이윤추구 극대화 지향이 생태계를 약탈하고 환경을 심각하게 손상시켰다. 1989년에는 하루에 한 종의 생물이 사라졌으나 2000년에는 시간당 한 종이 사라지고 있다. 황폐화의 결과로 기후변화, 어족의 고갈, 벌목, 토지의 부식, 물의 오염 등으로 나타나고 있다. 공동체는 파괴되고, 살림살이는 불가능하게 되고, 해안지역과 태평양 섬들은 침수될 위협을 받고 있고 폭풍이 날로 증가하고 있다. 고농도의 방사능 방출이 건강과 생태계를 위협하고 있다. 생명의 구조와 문화적 지식이 경제적 이윤추구를 위해 특허화되고 있다.

9. 이 위기는 다음과 같은 신념 위에 서 있는 신자유주의 경제세계화의 진행과 직접적으로 연관이 있다.

- 무한경쟁, 소비주의, 무한경제성장, 부의 무제한 축적이 전 세계를 위해 제일 좋은 방안이다.

- 사유재산권은 사회적 의무를 가지지 않는다.
- 자본투기, 시장의 자유화와 탈규제화, 공기업과 국가자원의 민영화, 규제없는 외국자본의 투기와 수입, 낮은 세율, 통제받지 않는 자본의 자유이동 등이 모든 사람의 부를 성취하게 할 것이다.
- 사회적 의무, 가난한 자와 사회적 약자의 보호, 노조, 사람들의 관계성 등은 경제성장과 자본축적의 과정에 부수적이다.

10. 신자유주의는 가난한 자와 자연으로부터 끊임없는 희생을 강요하며 이것 외에는 대안이 없다고 강변하는 이념이다. 이것은 경제가 생명 위에 주권을 행사하며 우상숭배에 이르게 하는 절대충성을 강요하면서 부와 번영의 창조가 세상의 구원의 길이라고 주장하는 거짓 약속이다.

11. 우리는 이 문제가 간단하지 않고 아주 복잡한 것임을 잘 알고 있다. 우리는 단순한 해답을 추구하지는 않는다. 힘없고 고통 받는 자들의 눈을 통해 세상을 보려는 진리와 정의의 구도자로서 현 세계의 질서(혹은 무질서)가 제국의 극도로 복잡하고 비도덕적인 경제구조에 기인하고 있다고 보고 있다. 우리가 말하는 "제국"이란 강대국이 자기들의 이익을 보호하고 방어하기 위하여 구성한 지배구조의 경제적, 문화적, 정치적, 군사적 권력의 총체적 집합을 의미한다.

12. 고전적 자유주의 경제에서는 국가는 시장경쟁에서 사유재산과 계약을 보호하기 위해 존재했다. 그 후 국가는 노동운동의 투쟁을 통해 시장을 규제하고 국민의 복지를 위해 봉사하게 되었다. 그러나 1980년대부터 자본의 이동이 초국가화하면서 신자유주의가 국가의 복지기능을 해체하기 시작했다. 신자유주의 아래에서는 다수의 사람들은 경제활동에서 제외하고 자연은 물자화하는 반면 생산기업과 금융자본의 소유자들에게는 최대한의 이윤이 돌아오도록 하는 것이 경제의 목적이 되어버렸다.

13. 시장이 세계화되면서 그들을 보호하는 정치적 법적 기구들도 세계화되었다. 미국과 그 동맹국들의 정부는 국제금융기관들(국제통화기금, 세계무역기구)과 함께 정치적 경제적 군사적 협조를 하면서 자본가들의 이윤을 더욱 증대시키고 있다.

14. 우리는 경제세계화와 지정학이 신자유주의의 지원을 받으며 결합하여 오늘의 경제위기를 극도로 심화시키고 있음을 본다. 이것이 가진 자들의 이익을 보호하고 방어하는 현재의 세계체제이다. 우리 모두는 이 체제의 영향을 받고 있고 이 체제 아래 잡혀 있다. 성서적으로 볼 때 가난한 자들 희생시켜

이루는 부의 축적 구조는 하나님 보시기에 옳지 못하며 예방할 수 있는 인간의 고통을 가중시키는 책임을 면치 못하며 바로 이것이 바로 맘몬에 해당한다. 예수는 우리에게 하나님과 재물(맘몬)을 겸하여 섬기지 못한다고 하셨다(누가복음 16:13).

〈경제불의와 생태계파괴에 대한 우리의 신앙고백〉

15. 신앙적 서약은 각 지역의 신학적 전통에 따라 하나님의 서약에 대한 신실함의 고백으로써 (개념에 무게중심이 있는) 신앙고백, (행동에 무게중심이 있는) 신앙고백행위, 신앙적 입장 등 여러 가지 방법으로 표현될 수 있다. 우리는 여기에서 신앙고백을 택했다. 그러나 이것은 전통적인 교리적 신앙고백을 위미하지는 않는다. 왜냐하면 세계개혁교회연맹의 행동은 교리적 신앙고백 채택이 아니라 현 시대의 도전에 대한 적극적 응답의 필요와 긴급성을 보여주기 위함이며 데브레첸 총회의 부름에 대한 응답이기 때문이다. 우리는 이제 모든 회원교회들이 우리의 공동증언을 수용하고 화답하도록 초청한다.

16. 세계개혁교회연맹 총회는 개혁전통과 시대의 징조가 가리키는데 따라 세계경제정의가 하나님에 대한 우리의 신앙과 그리스도인의 제자됨의 온전함과 불가분의 관계가 있음을 천명한다. 우리는 만약 우리가 신자유주의 경제세계화의 현 구조에 대해 침묵하고 행동하기를 거절한다면 우리의 신앙의 온전함이 위태롭게 된다고 믿는다. 그래서 우리는 이제 하나님 앞과 서로의 앞에 우리의 신앙을 고백한다.

17. 우리는 하나님께서 모든 생명의 창조주이시며 보존자이시며 우리를 세계의 창조와 구원의 동반자로 부르시고 계심을 믿는다. 우리는 모두가 생명의 풍성함을 누리게 하기 위해 예수 그리스도가 오셨다는 약속아래 살고 있다.(요한복음 10:10) 우리는 성령의 인도와 후원을 받으며 이 세계의 현실과 마주한다.

18. 우리는 하나님께서 모든 창조세계의 주권을 가지고 계심을 믿는다. "땅과 거기에 충만한 것과 세계와 그 중에 거하는 자가 다 여호와의 것이로다" (시편 24:1).

19. 그러므로 우리는 신자유주의 자본주의와 절대적 계획경제를 포함하여 그 경제구조가 어떤 형태를 띠든지 간에 가난한 자와 연약한 자 그리고 모든 피조물이 생명의 풍성함을 누리지 못하도록 제외시킴으로써 그들과 계약을 맺으신 하나님에게 도전한 현 세계의 경제질서를 거부한다. 우리는 생명

에 대한 하나님의 주권을 뒤엎고 하나님의 공의로우신 통치에 적대적 행위를 하는 모든 경제적, 정치적, 군사적 제국을 거부한다.

20. 우리는 하나님께서 모든 피조물과 계약을 맺으셨음을 믿는다(창세기 9:8-12). 하나님은 이 세상을 정의와 평화의 비전을 가지고 창조하셨다. 계약은 시장에서 사고 팔 수 없는 은총의 선물이다(이사야 55:1). 그것은 모든 피조물의 삶을 위해 주신 은총의 경제이다. 예수는 이것이 가난한 자, 소외된 자를 우선적 계약동반자로 삼으시고 맺는 포괄적 계약임을 보여주셨고 우리로 하여금 "가장 작은 자"를 위한 정의를 생명공동체의 중심에 두도록 부르신다(마태복음 25:40).

21. 그러므로 우리는 신자유주의 세계 시장 구조의 광포한 소비주의와 경쟁적 탐욕과 이기적 속성의 문화와 그 구조가 어떤 것이든 이것 외에는 대안이 없다고 주장하는 체제를 거부한다.

22. 우리는 우리의 삶을 보존하게 하기 위해 하나님이 계약을 맺으시고 베푸시는 생명을 위한 살림의 경제가 하나님의 생각과 부합됨을 믿는다. 우리는 경제란 공동체 속한 모든 사람들의 존엄성과 복지를 위해 봉사하는 것이며 그것은 창조세계가 유지되는 범위 내에 존재해야 한다고 믿는다. 우리는 맘몬을 거부하고 하나님을 택하도록 부름받고 있고 우리의 신앙고백은 하나님에 대한 복종의 행위임을 믿는다.

23. 그러므로 우리는 이미 수백만의 생명을 앗아가고 하나님의 창조세계의 많은 부분을 파멸로 이끈 탈규제된 부의 축적과 무한 성장을 거부한다.

24. 우리는 하나님은 정의의 하나님임을 믿는다. 부패와 착취와 탐욕의 세상 속에서 하나님은 특별한 방법으로 곤궁에 빠진 자, 가난한 자, 착취당하는 자, 부당하게 대우받는 자, 혹사당하는 자들의 하나님이 되심을 믿는다(시편 146:7-9).

25. 그러므로 우리는 이익을 인간 앞에 먼저 두고 모든 피조물을 더불어 돌보지 않으며 모든 피조물을 위한 하나님의 선물을 사유화하는 어떤 경제체제나 이념도 거부한다. 우리는 이런 이념을 복음의 이름으로 지지하거나 저항하기를 거부하는 것을 정당화하는 가르침을 거부한다.

26. 우리는 하나님께서 우리로 하여금 불의의 희생자들 편에 서도록 부르심을 믿는다. 우리는 하나님께서 우리에게 정의를 행하며 인자를 사랑하고 겸손하게 하나님과 함께 행하기를 바라고 계심을 안다(미가서 6:8). "정의를 물같이 공의를 마르지 않는 강 같이 흐르게"(아모스 5:24)하도록 하나님께서

우리에게 어떤 경제불의도 환경의 파괴도 거부하기 위해 일어서도록 부름받고 있다.

27. 그러므로 우리는 하나님은 오직 부자와 함께 하시고 가난은 가난한 자의 잘못이라고 주장하는 모든 신학을 거부한다. 우리는 성, 인종, 계층, 장애자, 계급을 가름으로 바른 관계를 해치는 모든 불의를 거부한다. 우리는 인간의 유익이 자연에 우선한다고 주장하는 모든 신학을 거부한다.

28. 우리는 하나님께서 우리에게 가난한 자의 부르짖음과 피조물의 신음소리를 듣고 모든 사람이 풍성한 생명을 누리게 하기 위해 오신 예수(요한복음 10:10)의 사회적 선교사명을 따르도록 부르심을 믿는다. 예수는 압제당하는 자에게 정의를, 주린 자에게 먹을 것을 주시며; 포로된 자에게 자유를, 눈먼 자에게 다시 보게 하시며(누가복음 4:18); 짓밟힘을 당하는 자, 나그네된 자, 고아와 과부를 지원하고 보호하신다.

29. 그러므로 우리는 교회의 선교에서 가난한 자를 돌보는 일과 창조세계를 돌봄을 선교에서 제외하고 모든 사람들에게 생명을 주시기 위해 오신 "선한 목자"를 따르는(요한복음 10:11)대신 "도둑질하고, 죽이고, 멸망시키려"(요한복음 10:10) 오는 자들에게 위로를 주는 교회의 가르침과 행함을 모두 거부한다.

30. 우리는 모든 곳에서 남자와 여자, 어린아이들, 부자와 가난한 자를 부르시어 교회의 하나됨과 선교를 행하게 하여 그리스도와의 화해가 가시화 되게 하심을 믿는다.

31. 그러므로 우리는 교회의 삶에서 정의와 일치를 분리시키는 어떤 시도도 거부한다.

32. 우리는 성령께서 우리가 그리스도를 통하여 우리 안에 내재하고 있는 소망을 붙들도록 부르시고 계심을 믿는다. 우리는 끝내는 정의가 이기며 평화가 다스릴 것을 믿는다.

33. 우리는 하나님의 집에서 경제와 창조세계의 정의를 위한 지구적 계약을 추구하기로 서약한다.

34. 우리는 우리 자신도 다음과 같은 부족함으로 하나님의 정의의 심판대에 서게 될 것임을 알면서 이 소망을 겸손하게 고백한다.

- 우리는 아는 사이 모르는 사이에 현 신자유주의 세계경제구조에서 이익을 복 있는 사람들의 복잡한 상황과 죄의식을 인식하고 있다. 우리는 이런 수혜자 가운데 교회와 우리 개혁교회 안의 가족들이 포함되어 있

음을 알고 있다. 그러므로 우리는 이들이 지를 고백할 것을 촉구한다.
- 우리는 우리 자신이 현 경제체제의 소비주의와 경쟁적 탐욕, 이기주의의 문화에 사로잡혀 있음을 알고 있다. 이것이 자주 우리의 영성에까지 파고들어 있음을 알고 있다.
- 우리는 창조세계를 오용한 죄악과 자연의 청지기와 친구로서의 역할을 행하지 못했음을 고백한다.
- 우리는 개혁교회 안의 분열로 인하여 하나님의 선교를 온전하게 성취하지 못하게 한 죄를 고백한다.

35. 우리는 비록 세상 권력과 인간의 법이 우리를 막고 징벌하며 그 결과로 고난이 따른다 할지라도 교회는 예수 그리스도에게 순종하여 고백하고 증언하고 행동하도록 부름 받았음을 믿는다.

36. 우리는 "권세 있는 자를 그 위에서 내리치시고 비천한 자를 높이시고 주리는 자를 좋은 것으로 배불리시고 부자는 빈손으로 보내신"(누가복음 1:52 이하) 창조주이시며 구속주이시며 성령이신 하나님을 함께 찬양한다.

〈정의를 위한 서약 맺기〉

37. 우리의 신앙을 함께 고백하면서 우리는 이제 하나님의 뜻에 순종하여 신실한 행함으로 서로 연대하고 상호 의무성을 지닌 관계를 맺는 계약을 맺는다. 이 계약은 우리를 서로 연결하여 지구적 차원과 지역적 차원에서의 경제정의와 환경정의의 실현을 위해 함께 일하게 할 것이다.

38. 이 함께하는 고백의 여정에서, 어떤 교회들은 이미 신앙고백 속에 그들의 헌신을 천명하였다. 우리는 이 교회들이 그들의 고백을 이제 지역과 현장에서 구체적인 행동으로 옮기기를 바란다. 어떤 교회들은 행동을 취하면서 이미 이런 과정에 돌입한 교회들도 있다. 우리는 이 교회들이 교육과 고백과 행동을 통해 그런 행동을 더 심화시켜 나갈 것을 권유한다. 아직 인식의 차원에 머물러 있는 교회들은 우리의 상호 계약적 관계에 근거하여 교육을 심화하고 고백을 향해 함께 전진하기를 권유한다.

39. 총회는 모든 회원 교회가 이 계약적 관계에 근거하여 이 신앙고백을 각 교회가 처한 상황 속에서 구체적으로 해석하는 어렵지만 예언적인 임무를 수행하도록 초청한다.

40. 총회는 모든 회원교회가 사회문제위원회가 제안한 경제정의와 생태계 정의를 위한 권고문을 따름으로써 이 신앙고백을 실천하기를 권유한다. 41.

총회는 세계개혁교회연맹이 정의로운 경제, 창조세계의 온전함을 이루기 위해 다른 교파, 에큐메니칼 공동체, 다른 신앙공동체, 시민사회, 민중운동과 함께 연대하여 일하는데 투신하기를 권유한다. 그리고 우린 회원교회들도 그렇게 하도록 권유한다.

42. 이제 우리는 비장한 마음으로 경제와 창조세계를 변화시키고, 새롭게 하고, 회복하는 일을 하면서 우리 자신과 우리의 후손이 생명을 누리며 살도록 (신명기 30:19) 생명을 택하는 일에 우리 자신, 우리의 시간, 우리의 모든 힘을 바치기로 서약한다.

Ⅱ. '아크라 신앙고백' 반포 10주년기념 WCRC 동북아지역 컨설테이션에 다녀와서_ 정원범

2004년 제24차 세계개혁교회연맹(World Communion of Reformed Churches) 총회는 가나 아크라에서 교회사적으로 중요한 문서인 '아크라신앙고백'(Accra Confession)을 발표했다. 그리고 '아크라 신앙고백'(Accra Confession) 반포 10주년을 맞아 지난 9월 8일부터 12일까지 5일간 한국, 대만, 홍콩, 일본 교회의 대표들과 WCRC대표들, WCC의 필리핀 대표 등 약 20명이 대만(대만기독교교회협의회 총회 사무실)에서 "'아크라 신앙고백' 10주년 기념 WCRC 동북아지역 컨설테이션"이라는 이름으로 회합을 가졌다.

이 회의에 참석하면서 첫 번째로 들었던 생각은 생태학적 파멸과 경제적 불의를 특징으로 하는 21세기 지구적 위기 상황 속에서 어떻게 살아가는 것이 만물에 대한 하나님 주권 신앙을 고백하는 개혁교회 신앙인으로서의 참된 신앙인의 모습인지에 대해 훌륭하게 작성된 신앙문서가 한국교회에 충분하게 소개되지 못했다는 아쉬움이었다.

1. '아크라 신앙고백'의 역사적 배경

'아크라 신앙고백'에 대해 설명하기 전에 세계개혁교회연맹(세계개혁교회커뮤니온)을 소개하면, 과거 WARC(World Alliance of Reformed Churches)에서 지금은 WCRC(World Communion of Reformed Churches)로 이름이 바뀌었지만, 100여개 나라의 8천만 명 이상의 개혁교회

기독교인들의 연합기구인 WCRC는 교회의 일치와 만인을 위한 생명의 충만함을 위해 함께 일하는 세계적인 운동기구이다.

'아크라 신앙고백'은 2004년 이전 21년 동안 있었던 여러 회의와 문서들을 배경으로 하여 만들어진 것이다. 그것은 오랜 기간의 성서연구와 토론에 참여했던 세계개혁교회의 대표자들에 의해 만들어진 역사적 문서이다. 우선 1989년 서울에서 열렸던 세계개혁교회연맹 총회의 "지구의 어린이들과 젊은이들에게 보내는 공개편지"는 개혁교회들에게 "전 창조세계와 온 인류, 특히 지구의 어린이들과 젊은이들을 위해 우리 시대의 생명에 대한 위협"이 있는 상황 속에서 제시된 정의를 위한 계약 안으로 들어갈 것을 요구했다.

이 요구는 1995년 잠비아 키트웨의 아프리카교회들이 현재의 지구 경제는 나치즘과 인종격리정책(apartheid)에 저항했던 고백교회의 역사적 입장과 유사한 방식으로 기독교 신앙에 반대되는 것이라고 선언되어야 한다고 세계개혁교회연맹에게 제안했을 때 보다 더 강화되었다. 1997년 헝가리 데브레첸에서 열린 세계개혁교회연맹 제 23차 총회는 "내가 기뻐하는 금식은 흉악의 결박을 풀어주며 멍에의 줄을 끌러주며 압제 당하는 자를 자유하게 하며 모든 멍에를 꺾는 것이 아니겠느냐"(이사야서 58: 6)는 말씀을 숙고하면서 개혁교회들이 "경제적 불의와 생태학적 파멸에 대하여 헌신적인 인식, 교육, 고백의 과정"에 참여하도록 요구했다. 그 과정은 "경제와 지구 안에서의 정의를 위한 계약 맺기"라는 이름으로 나타났으며, 세계교회협의회(WCC)와 루터교세계연맹(LWF)과의 협력 하에 전 세계 여러 지역에서 실행되었다. 2003년에는 부에노스 아이레스에서 개혁교회의 남반구 교회들이 협의회를 가졌고, 2004년에는 런던 코니에서 개혁교회의 남반구, 북반구 교회들이 협의회를 가졌다. 그리고 마침내 2004년 가나 아크라에서 400명의 개혁교회 대표들이 모여 지구 경제의 불의와 생태학적 파괴에 관한 신앙적 입장을 표명하는 '아크라 신앙고백'을 발표했는데, 이것은 북반구의 일부 교회 대표들의 불편함이 토로되기도 했지만, 남반구 교회들이 현재의 지구 경제 안에서 행해지는 불의에 저항하는 일치된 신앙고백을 만드는 것을 언제까지 기다려야 하냐고 개혁교회 대표들에게 도전했던 것이 받아들여져서 이루어진 것이었다.

'아크라 신앙고백'은 하이델베르크요리문답이나 웨스트민스터 신앙고백과 같은 교리적인 고백은 아니지만, 그것은 가난한 자들과 창조세계를 생명의 충만함에서 배제시킴으로써 생명을 부여하시는 하나님의 주권과 하나님의 계약을 거부하는 바, 맘모니즘, 소비주의, 투기적 금융시장과 같은 우상숭배를 비판하던 개혁교회전통의 비판정신을 가지고 현재의 잘못된 신자유주의 경제교리를 비판한다.

2. '아크라 신앙고백'의 주요 내용

"경제와 지구에서의 정의를 위한 계약 맺기"라는 제목으로 되어 있는 이 문서는 크게 서론(아크라 신앙고백의 배경), 시대의 징조에 대한 인식, 경제 불의와 생태계 파괴에 대한 신앙고백, 정의를 위한 계약 맺기 등 네 부분으로 구성된다. 첫째로, 서론에서 특기할만한 것은 수백만 명의 아프리카인들을 노예로 팔아 억압과 죽음에 이르게 했던 엘미나(Elmina)와 케이프 코스트 (Cape Coast) 노예무역의 현장을 방문했다는 언급이다. 그곳을 방문했던 사람들은 놀라움을 금치 못하면서 200년 이상 노예무역을 했던 "그들의 신앙 이 어떻게 삶과 그렇게 분리될 수 있었을까? 어떻게 그들은 그들에 의해 고통 을 당하는 사람들의 그 고통에서 자신들의 영적인 경험을 분리시킬 수 있었을 까? 어떻게 그들의 신앙은 맹목적이 될 수 있었을까?"하는 생각을 하였다고 한다. 그런데 "다시는 그런 비극이 있어선 안 된다"는 외침은 오늘날의 지구적 경제구조 속에서 계속되는 인신매매와 경제적 억압을 보면 거짓된 것으로 드러나고 있다고 지적한다.

둘째로, 이 문서는 이 시대의 징조에 대해 "우리는 전 세계의 고통 받는 민중과 상처받는 창조세계의 탄식의 도전에 직면하고 있다"고 하였고, "전 세 계의 1%의 부자들의 연간 수입이 57%의 가난한 자의 연간 수입과 맞먹고 있고, 하루에 240,00명의 사람들이 빈곤 및 영양실조와 관련하여 죽어가고 있다"고 하였다. 문서는 이런 지구적 위기가 제국의 비도덕적인 경제구조, 즉 신자유주의적 경제세계화에 기인하고 있다고 진단한다.

여기서 "제국이란 강대국이 자기들의 이익을 보호하고 방어하기 위하여 구성한 지배구조의 경제적, 문화적, 정치적, 군사적 권력의 총체적 집합을 의 미한다." 그리고 제국적 세력에 의해 진행되는 신자유주의는 다음과 같은 신 념을 가지고 있다고 지적한다. 1) 무한경쟁, 소비주의, 무한 경제성장, 부의 무제한의 축적이 전 세계를 위해 제일 좋은 방안이다. 2) 사유재산권은 사회적 의무를 가지지 않는다. 3) 자본 투기, 시장의 자유화와 탈규제화, 공기업과 국가자원의 민영화, 규제 없는 외국자본의 투기와 수입, 낮은 세율, 통제받지 않는 자본의 자유이동 등이 모든 사람의 부를 성취하게 할 것이다. 4) 사회적 의무, 가난한 자와 사회적 약자의 보호, 노조, 사람들의 관계성 등은 경제성장과 자본축적의 과정에 부수적이다. 이러한 신자유주의는 가난한 자와 창조세계로부터 끊임없는 희생을 강요하며 이것 이외에는 다른 대안이 없다고 주장하는 이념이며, 부자를 더욱 부하게 만들고 가난한 자를 더욱 가난하게 만드는 부와 번영의 이데올로기이다. 문서는 가난한 자를 희생시켜 이루는 이러한 부의 축적 구조는 하나님의 뜻에 어긋나는 것으로 맘몬에 해당되는 것이라고 지적한다.

셋째로, 이 문서는 우리 시대의 이러한 도전에 직면하여 적극적으로 응답해야 할 필요성과 긴급성을 지적하면서 지구적인 경제정의는 하나님에 대한 우리의 신앙과 기독교인으로서의 제자도에 있어서 본질적인 것이라고 천명한다. 이런 기본 전제를 가지고 이 문서는 모든 피조물에 관한 하나님의 주권에 대한 믿음, 모든 피조물과 맺은 하나님의 계약, 하나님의 은총의 경제와 생명의 경제, 하나님의 정의와 사랑에 대한 신앙고백에 근거하여 가난한 자와 연약한 자 그리고 모든 피조물들을 생명의 충만함으로부터 배제시킴으로써 그들과 맺으신 하나님의 계약(창 9:8-12)에 도전하는 신자유주의적 자본주의를 거부한다. 또 그것은 신자유주의적 세계 시장 구조의 광포한 소비주의와 경쟁적 탐욕과 이기주의의 문화를 거부하며, 하나님의 창조세계의 많은 부분을 파괴했던 규제받지 않는 부의 축적과 무한 성장을 거부하고, 모든 피조물을 위한 하나님의 선물을 사유화하는 어떤 이념이나 경제체제도 거부한다. 또한 그것은 성, 인종, 계층, 장애자, 계급 등의 영역에서 올바른 관계를 파괴하는 모든 형태의 불의를 거부하며, 가난한 자와 창조세계를 돌보는 일을 선교의 의미에서 제외하는 교회의 가르침과 관행을 거부하고, 교회의 삶에서 정의와 일치를 분리시키려는 어떤 시도도 거부하며, 하나님의 집에서 경제와 지구의 정의를 위한 지구적 계약을 추구하기로 서약한다고 하였다.

아울러 이 문서는 현재의 신자유주의적 세계 경제체제로부터 이익을 보고 있는 수혜자 가운데 개혁교회의 가족들이 포함되어 있다는 사실을 인정하고, 자신들도 현재의 경제체제의 소비주의와 경쟁적 탐욕과 이기주의의 문화에 사로잡혀 있음을 자인하면서 창조세계를 오용한 죄와 창조세계의 청지기로서의 역할을 제대로 수행하지 못한 죄를 고백했다. 또한 그것은 개혁교회 안의 분열로 인하여 하나님의 선교를 섬기는 능력을 훼손시켰던 죄를 고백하였다.

넷째로, 이 문서는 개혁교회들이 상호 연대성과 책임적인 관계성 안에서 신실함의 행위로서 하나님의 뜻에 순종하기로 서약한다고 하였고, 이 계약은 경제와 창조세계 안에서 정의(경제정의와 생태정의)를 위해 함께 일하도록 결속시킨다고 하였다. 그리고 개혁교회는 자신들과 후손들이 살아갈 수 있도록 하기 위해 경제와 지구를 변화시키고 새롭게 하고 회복하는 일과 생명을 선택하는 일에 전력을 다해 헌신할 것을 선포한다고 하였다.

끝으로 주목해야 할 중요한 내용은 WCRC가 '아크라 신앙고백'을 발표하면서 작성한 '아크라에서 온 편지'의 한 부분이다. 즉, "기독교인으로서 우리의 믿음을 고백하는 것이 경제적 불의와 환경적 파괴에 대한 영적, 실제적 저항을 요구한다면, 우리는 영성의 새로운 깊이를 필요로 한다"는 말이다. 악에 저항하는 일에 영적으로 참여하도록 부름을 받은 개혁교회는 그 일을 위해 우리의 삶을 하나님의 성령의 능력에 깊이 뿌리 내릴 필요가 있다는 것이고, 다시 말해 그리스도를 통해 약속된 바와 같이 그것은 우리 삶의 변혁을 필요로 한다는 것이다.

3. WCRC 동북아지역 컨설테이션 선언문의 주요 내용

'아크라 신앙고백' 반포 10주년을 맞아 열렸던 세계개혁교회커뮤니온 동북아지역 대만회의에서 인상 깊었던 것은 회의를 시작하는 아침시간과 회의를 마치는 저녁 시간에 각 나라별로 다양한 형태의 에큐메니칼 예배를 드리며 은혜를 받았다는 점이다. 5일 동안 WCRC와 WCC의 대표의 발제가 있었고, 각 나라별로 발표가 있었는데 필자는 한국의 종교와 한국교회의의 현황에 대해 발표하였다. 또한 경제개발이라는 명분하에 수십 년 살았던 삶의 터전에서 강제 퇴거당한 타이페이의 한 공동체 현장을 방문하여 가슴 아픈 이야기를 듣기도 했으며, 그룹토의와 전체 토의가 있었으며, 마지막으로 전체 회의를 정리하는 보고서 형식의 선언문을 작성하였다. 선언문의 내용을 보면 다음과 같다. 첫째로, 참가자들은 '아크라 신앙고백'이 우리의 교회에 잘 알려지지 않았음을 발견하면서 그 문서에 대한 깊은 이해와 적용의 필요성을 느꼈다. 또한 10년이 지났지만 그것은 우리 시대에 더욱 더 적실성을 가지고 있다는 사실도 발견했으며, 각 나라는 서로 상이한 문제들에 직면해 있기는 하지만, 많은 문제들이 고립된 지역 문제라기보다는 지구화된 세계의 본성으로 인해 서로 얽혀 있는 문제라는 사실에 주목하였다.

둘째로, 참가자들이 앞으로의 과제라고 생각했던 내용들을 정리하면, 우선적으로 세계화된 경제는 유익의 측면이 있기는 하지만 동시에 그것은 지역

경제를 불안하게 하며, 많은 사람들을 주변화시키며 소외시키고 있다는 점에 공감했으며, 억압하고 착취하는 지구적 세력의 활동이 어떤 것인지를 깊이 인식할 필요성과 그것에 긴급하게 응답할 필요성이 있다는 사실에 공감했다. 또한 참가자들은 동북아 지역의 영토분쟁문제와 관련된 정부와 대중매체들의 일방적인 역사왜곡의 문제, 임금 착취를 당하며 사회적으로 주변화되고 문화적으로 소외되고 있는 이주노동자 문제, 인종차별과 인권탄압 등이 만들어내는 사회문제, 노령화와 세대 간 갈등문제, 핵발전소문제, 성차별, 성폭력, 소수자 차별 문제 등에 대해 경제적, 생태적 불의와 맞서 싸워야 하는 교회로서 함께 연대할 필요성을 느꼈으며, 사회적 약자와 불우한 사람들, 젊은이와 여성들을 보호하기 위해 현재의 경제체제에 내재된 불의를 변혁하기 위한 공동의 책임이 있음을 발견했다. 끝으로 참가자들은 우리의 능력을 벗어나는 복잡한 문제들을 해결하기 위해 노력할 때 우리들은 특수한 행동 계획의 수립, 상호적인 나눔과 연대성의 필요성이 있음을 고백했으며, 교회 안에서 우리 신앙의 갱신과 복음의 충만함(생명, 정의, 평화의 충만함)은 우리 사회 안에서 우리의 집단적인 증언을 하는데 있어서 매우 중요한 요소임을 확인했다.

4. '아크라 신앙고백'의 의미

그러면 한국교회에 있어서 '아크라 신앙고백'이 가지는 의미는 무엇일까? 첫째로, 그것은 한국사회에서 신뢰를 잃어가고 있는 한국교회가 그 신뢰를 회복하는 길이 무엇인지를 제시해준다는 점이다. 다양한 형태의 불의가 점점 더 팽배해지는 한국사회에서 문서는 시 146: 7-9과 눅 4: 18-19 등에 근거하여 정의(경제정의와 생태정의)는 신앙의 본질적 요소라는 점을 중요한 명제로 내세움으로써 한국교회가 신뢰를 회복하는 길을 확실하게 제시하고 있다. 둘째로, 이 문서는 교회가 고통당하는 자들과 연대해야 함을 강조하고 있는데 이 점에서 한국교회의 목회와 선교의 방향을 분명히 제시하고 있다. 예언자들과 예수의 정의 전통을 따르고 있는 이 문서는 오늘의 세계질서를 약한 자들과 고통당하는 자들의 눈을 통해 바라보았고, 또 그것은 교회들로 하여금 고통당하는 사람들과 창조세계의 탄식소리를 들을 것을 요구하였다. 셋째로, 문서는 개인적, 사회적 상처를 치유하고 경제적, 생태학적 불의와 악한 세력에 저항하는 일은 우리의 삶을 변화시키고 우리의 영성을 심화시키는 일이 없이는 불가능하다는 사실을 강조한다. 이 점에서 문서는 개인적인 영성을 강조하는

복음주의 진영과 사회적 영성을 강조하는 에큐메니칼 진영으로 나누어진 한
국교회를 건강하게 결합시킬 수 있는 신학적 토대를 제공해 주었다고 할 수
있다. 한국교회의 위기가 교회의 목회와 선교의 토대인 신학이해의 문제에서
비롯된 것이라고 볼 때 '아크라 신앙고백'은 한국교회의 신학패러다임을 건강
하게 회복하는데 크게 기여할 것이라 확신하며 이 문서가 널리 보급되길 희망
한다.

(「기독공보」, 2014년 10월 25일, 11월 1일)

6. 치유와 화해의 생명공동체운동 10년 신학문서 (예장통합)

치유와 화해의 생명공동체를 향하여

1. 총회 창립 100주년을 지나고, 종교개혁 500주년을 앞에 두고 전개하는 '치유와 화해의 생명공동체운동 10년'(2012년-2022년)은 치유하고 화해케 하시는 예수 그리스도의 복음을 토대로 전 지구적 생명 위기의 현실에 적극적으로 응답하는 운동이다. 아울러 이 운동은 "생명의 하나님, 우리를 정의와 평화로 이끄소서!"라는 주제로 모인 세계교회협의회(WCC) 제10차 부산총회의 "함께 정의와 평화의 순례를 떠납시다"라는 메시지에 대한 응답이다. 또한 이 운동은 본 교단에서 2002년부터 2012년까지 지역교회에 생명선교목회를 정착시키기 위한 목표로 전개한 '생명살리기운동 10년'을 '생명공동체운동'으로 심화시킨 것으로써 치유와 화해의 사역을 통한 생명공동체 건설을 목표로 한다.

2. 치유와 화해의 생명공동체운동은 무엇보다 우리가 직면한 지구적 위기의 현실에 대한 응답이다. 이 시대가 생명위기의 시대라는 사실은 세계 도처에서 일어나는 전쟁과 폭력, 신자유주의 경제 세계화로 인한 경제적, 생태적 불의와 양극화의 위기, 하루 1달러 미만으로 살아가는 14억 명에 이르는 수많은 사람들의 절대적 빈곤상황,[75] 무한경쟁으로 인한 자원의 고갈, 점차 빨라지는 기후변화와 그로 인한 생태계 파괴 현상, 후쿠시마 핵발전소의 폭발, 에너지 위기, 식량 위기와 물 부족 현상, 유전자 조작과 생명복제, 핵무기와 테러, 도덕적 가치관의 상실, 새로운 질병과 정신적 외상증후군의 확산, 다원화된 사회 속에서 보는 영적인 혼돈 등에서 잘 나타난다. 실로 21세기의 지구

---

75) 세계의 1% 최고 부자들의 연간 소득이 57%의 가난한 사람들의 연간소득과 똑같고, 가난과 영양실조로 매일 24,000명이 죽어가고 있다.

공동체는 공멸의 위기에 직면해 있다.

3. 한국사회도 이러한 위기 앞에 흔들리고 있다. 사회의 양극화는 극심해지고, 생명경시로 인한 자살과 폭력은 심각한 지경에 이르렀다. 전통적인 마을공동체와 가정은 갈수록 해체되고 개인은 파편화되었으며, 무한 성장의 이름으로 무한경쟁이 강요되고 있다. 분단 상황의 고착화가 심화되면서 사회 전반에 내재된 냉전의식은 사회통합을 어렵게 만들고 있고, 한반도 주변 열강들이 조장하는 지정학적 위기는 민족의 통일을 요원하게 만들고 있다. 저출산 고령화 시대에 청년세대는 "88만원 세대"가 되었고, 농어민, 해고된 노동자, 비정규직 노동자, 청년실업자, 북한이탈주민, 이주노동자, 다문화가정, 장애인 등을 비롯한 소수자의 삶은 심각한 어려움에 처해 있다.

4. 창조세계의 파괴와 인류공동체의 파탄과 교회의 분쟁과 분열 속에서 우리는 치유와 화해를 요청하는 생명세계의 탄식소리를 듣는다. 이러한 총체적인 생명위기의 시대를 맞아서 한국교회는 치유와 화해의 복음사역을 통해 생명파괴적인 지구세계를 생명, 정의, 평화로 풍성한 지구생명공동체로 복원시켜나가야 할 사명을 새롭게 깨닫게 된다. 이러한 시대적 사명의 수행을 위해 한국교회는 전 지구적인 총체적 생명위기의 현실을 직시하면서 무엇보다 먼저 교회 자신이 그 안에서 치유와 화해, 정의와 평화가 이루어지는 예수 그리스도의 생명공동체로 새롭게 갱신되어야 함을 인식한다. 이러한 자각을 가지고 우리는 치유와 화해, 정의와 평화를 통한 생명공동체운동을 통하여 세상의 소망이신 예수 그리스도를 선포하고자 하며, 이 운동을 통해 우리 시대의 고통과 절망의 소리에 응답하고자 한다.

5. 하나님이 창조하시고 구원하시고 섭리하시는 생명세계(사랑)의 두 기운은 정의(믿음)와 평화(소망)이다. 생명과 정의와 평화는 상호 의존적이다. 정의 없는 평화, 평화를 지향하지 않는 정의는 생명세계를 풍성하게 할 수 없다. 정의와 평화가 입 맞추며 통합되는 과정이 치유와 화해의 과정이다. 하나님의 교회는 치유와 화해의 복음사역을 통해서 하나님의 구원과 해방의 사역에 참여한다. 이러한 사역은 자기 비움의 영성과 상호 의존성의 영성에 기초한다. 자기 비움과 상호 의존성의 영성으로 실천하는 치유와 화해의 복음 사역은 에큐메니칼하게 지속 가능한 지역교회 성장을 가져오고, 이것은 총체

적 생명자본의 성장을 가져온다. 생명공동체로써 지역교회의 치유와 화해의 복음사역을 통해 이루어지는 총체적 생명자본의 성장 과정에서, 인간사회의 영적, 사회·경제적, 정치적, 교육적, 윤리적, 문화적, 생태적 자본 등이 함께 성장하게 된다. 교회의 선교와 목회의 목표는 온 세상의 생명살림이며, 모든 생명세계에 구원과 해방을 가져오는 생명살림은 예수 그리스도의 치유와 화해의 복음을 통해서만 이루어질 수 있다.

생명공동체

6. 생명공동체운동은 삼위일체 하나님의 사귐에 뿌리를 두며 예수께서 선포한 하나님 나라에 참여하는 우리의 헌신이다. 하나님은 성부, 성자, 성령 세 분 하나님이 페리코레시스 (Perichoresis, 순환적 일치, 상호내주)를 통해 한 분 하나님으로 존재하시는 삼위일체 하나님이다. 따라서 '삼위일체 하나님의 공동체'를 본받아 교회는 그리스도의 몸으로서의 공동체성을 회복해야 하며, 성부, 성자, 성령의 영원한 사랑의 사귐과 나눔을 반영하는 생명공동체로 거듭나야 한다. 공동체로 존재하시는 하나님이 우리를 이 신적 사귐으로 들어오도록 초대하고 계시고, 또한 이 사귐을 통해 하나님은 교회를 창조세계와 인류공동체 전체를 아우르는 우주적인 생명공동체를 회복시키기 위한 도구로 삼으셨기 때문이다.

7. 생명공동체는 하나님의 선교에 참여한다. 성서는 에덴동산으로 시작하여 '거룩한 도성'인 '새 예루살렘'으로 끝맺는다. 구약의 구속의 드라마는 현재적이며 동시에 미래지향적인 하나님 나라인 샬롬의 '생명공동체'를 추구하며, 신약의 구속의 드라마 역시 종말론적인 새 하늘과 새 땅을 지향한다. 성서의 구속의 드라마는 인류의 구속뿐 아니라 모든 피조물의 구속을 포함한다. 따라서 하나님의 선교는 영혼구원과 교회성장을 위한 선교를 넘어서는 '창조된 모든 세계'를 위한 통전적 선교이다. 하나님의 선교는 예수 그리스도를 통하여 '모든 창조된 생명과 우리의 화해된 관계'를 이루며 '새 하늘과 새 땅'을 지향한다. 이사야의 비전과 요한의 계시가 증언하듯이 하늘과 땅, 곧 하나님의 모든 피조세계가 새롭게 될 것이다(사 11:1-9, 25:6-10, 66:22, 계 2:1-4).

8. 생명공동체로서의 교회는 자유와 해방의 나라(눅 4:18-19)이며 생명,

정의, 평화의 나라인 하나님 나라(롬 14:17)를 목적으로 한다. 교회는 하나님 나라를 미리 맛본 사람들의 모임으로서 하나님 나라의 표징(sign)을 나타내는 공동체이다. 이렇게 교회는 종말론적으로 완성될 하나님의 나라를 미리 보여주는 생명의 공동체로서 치유와 화해, 자유와 해방, 사랑과 정의와 평화를 위하여 존재한다(사 65:17-25, 계 21-22). 따라서 생명공동체로서의 교회는 신자유주의적 자본주의가 초래한 사회 공동체의 해체와 국가적, 세계적 양극화, 빈곤의 세계화, 여성의 빈곤화, 가난한 자들에 대한 사회적 배제, 생태계의 파괴 등 생명파괴적인 세상에 대한 구체적인 대안이다.

9. 생명공동체는 하나님의 선교에 참여하는 방법으로 정의운동으로부터 생명선교로의 전환을 지향한다. 기존의 정의운동으로서의 사회선교는 예언자적 역할을 수행하면서 민주주의와 선교 프로그램들의 제도화 등 여러 가지 면에서 기여했다. 그렇지만 기존의 정의운동은 획일성 또는 경직성, 자기정체성의 부족, 목회자 중심적, 남성 중심적, 장년 중심적 운동이라는 한계 등의 문제를 안고 있다. 따라서 생명공동체운동은 정의운동에서 생명선교로의 전환을 필요로 한다. 이 때 중요한 것은 패러다임의 전환으로 서구의 기계적, 이원론적 세계관에서 벗어나 창발적, 유기체적 세계관을 받아들이는 것이다.[76] 이러한 세계관은 하나님의 선교를 인간중심적 사유에서 벗어나 하나님 -인간-자연을 통합적으로 이해하는 생명선교의 밑거름이 될 것이다.

10. 생명공동체가 지향하는 생명선교는 죽임의 문화를 식별하는 일과 살림의 경제를 동력화하는 일이다. 이를 위해 신자유주의 경제체제의 부정적인 요소들을 식별하고 살림의 생명경제를 지향한다. 대안공동체로서의 교회는 생명선교를 통해 죽임의 경제와 싸움을 통해 하나님의 의를 펼침으로써 인간을 살리고 피조물을 살리는 대안 경제를 실천해야 한다. 유기농업과 생명농업을 통해 안전한 먹거리와 생태계를 지탱하게 하는 농법을 개발하며, 가난한 자들의 자활공동체를 이루려 하며, 생산과 유통과 교육을 통해, 대안적 에너지 사용을 통해 대안적 경제공동체를 이루고자 한다. 이러한 대안 경제의 성서적 근거는 안식일, 안식년, 희년이며, 만나 공동체(출 16:18)이고, 일용할 양식을

---

76) 달리 말하면, 서구의 기계적 세계관으로부터 아프리카의 생명중심적 세계관으로, 서구의 시간중심적 세계관으로부터 아메리카 인디언들의 공간중심적 세계관으로, 서구의 발전 패러다임으로부터 여성생태학적 관점으로의 전환이다.

위한 주의 기도이며, 초대교회의 나눔의 공동체(행 4:32-35)이다.

치유를 통한 생명공동체 구현

11. 건강은 상업적 대상이 아니라 기본적 인권이고, 질병의 첫째 이유는 가난이다. 의학과 기술이 발전하고 있지만 인류의 질병은 크게 개선되지 않았다. 기후변화로 인해 각종 암, 전염병, 새로운 질병들이 확산되고 있다. 그리고 세계적으로 우울증 같은 정신질환이 꾸준히 증가하고 있다. 이는 세계화와 경제위기로 인한 삶의 위기와 거기서 비롯된 심리적 압박에 기인한다. 세계교회협의회는 이 세상 질병의 첫째 이유를 억압, 착취, 전쟁 등의 궁극적 결과인 가난으로 보고 있다.77)

12. 치유는 온전성을 회복하는 것이다. 성서는 인간의 몸과 혼과 정신이 상호 관련되어 있고, 상호 의존한다고 본다. 이 때문에 그리스도인들은 건강을 개인적 특성뿐 아니라 사회적·정치적·생태학적 차원의 온전성과 관련시켜 이해해야 한다. 온전성은 하나님과 인간과 창조세계가 함께 공동체적인 삶에 참여하는 것으로 조화와 균형을 특징으로 한다. 따라서 치유는 어떤 결함을 교정하는 것이 아니라 온전성을 회복하는 것이다.78)

Ⅰ. 성서에서 본 치유

13. 구약에서 하나님은 치유의 근원이다. 치유와 구원은 상호 연결되어 있다(렘 17:14). 신약성서는 질병의 치료를 구원과 관련 있다고 본다. 신약성서는 치료(curing)와 치유(healing)를 구별한다. '치료'는 잃어버린 건강을 되찾는 것이지만, '치유'는 예수 그리스도 사건을 통해 개입된 생명이 넘치는 종말론적인 현실을 가리킨다. 한센씨 병 환자 아홉 명은 병을 치료받았지만 치유 받지 못했으며(눅 17:15-19), 바울은 병을 치료받지 못했지만 치유 받았다(고후 12:7-9). 예수 그리스도는 인간의 삶, 고난, 죽음의 모든 부분에

---

77) WCC, "교회의 치유선교" WCC, 김동선 옮김, 『통전적 선교를 위한 신학과 실천』 (서울: 대한기독교서회, 2007), 202-03.
78) WCC, "함께 생명을 향하여: 기독교의 지형 변화 속에서 선교와 전도", WCC, 『세계교회협의회 제10차 총회 자료모음』 (2013), 92.

참여하고, 그의 죽음과 부활로 폭력, 고난 그리고 죽음을 극복한 상처받은 치유자이다. 이런 면에서 치유와 구원은 동일한 종말론적 실재를 가리킨다. 신약에서 치유 사역과 선교 사이에는 밀접한 관련이 있다(마 28:16-20, 막 16:9-20). 치유와 선교는 밀접한 관련을 갖는다(눅 4:18-19, 행 1:18). 치유 사역은 예수의 중요한 사역 중 하나이며, 제자들에게 주신 사명이다(마 10:1).

II. 치유의 신학적 전망

14. 세계교회협의회는 치유사역을 하나님의 선교와 정의, 평화, 창조보전의 맥락에 두었다. 2005년 아테네에서 "성령이여 오소서, 우리를 치유하고 화해시키소서! 치유와 화해의 공동체가 되도록 부름받은 그리스도인"이라는 주제로 열린 WCC 세계선교와전도위원회(CWME) 대회는 치유사역을 삼위일체 신론을 바탕으로 정의, 평화, 창조보전(JPIC)의 틀 안에서 다루면서, 치유사역이 이미 세계화된 지구촌에서 긴급하게 요구된다고 했다.

15. 치유는 깨어진 관계 속에 사는 인류에게 필요한 선교 패러다임이다. 하나님과 이웃과 창조세계에 대해 죄를 지음으로 우리는 그 관계가 깨어진 세계에 살고 있다. 냉전 종식 이후 인종갈등과 국가 간의 갈등으로 인종학살, 전쟁, 테러를 겪고 있는 세계에서, 식민지배와 독재 상황에서 고통이나 상실을 겪은 희생자의 치유와 피해자와 가해자 사이의 화해가 사회와 국가의 긴급한 현안이 되는 세계에서, 에큐메니칼 진영과 선교신학자들은 21세기 새로운 선교 패러다임으로 치유와 화해를 제시한다. 이런 선교 패러다임은 남북분단과 다양한 요인들로 인해 분열된 한국사회에 적절한 선교 패러다임이다.

16. 치유의 가장 충만한 의미는 샬롬(사 65:17-25)이다. 성서의 하나님은 치유자 하나님이다. 예수 그리스도의 십자가와 부활은 모든 고난에 대한 항거이며, 죄와 악에 대한 승리로 하나님의 치유능력이 인간과 창조세계의 어둠과 절망에까지 미치고 있음을 보여준다. 성령 하나님은 예수 그리스도의 치유의 선교를 추구하고, 확장하며, 고난당하는 사람들과 창조세계와 연대하고, 연약함과 질병 안에서 발견되는 하나님의 은혜에 대한 능력을 증거하고 현실화한다.[79] 개인의 질병과 상처를 예수 그리스도의 십자가와 만나게 함으로써 치유가 일어난다. 깨어진 인간관계와 사회관계의 치유는 대등한 만남과 관계로부

터 시작된다. 또 자본주의가 파괴한 가정과 마을공동체는 부활신앙 안에서 성령의 인도하심 가운데 삶을 나누고 물질을 나눔으로써 생명공동체를 회복할 수 있다(행 4:32-35).

Ⅲ. 치유공동체로서의 교회와 치유선교

17. 교회는 하나님 나라의 실현을 위한 치유의 공동체가 되어야 한다. 치유선교의 일차적 책임은 지역교회에 있다. 지역교회는 말씀의 선포, 화해와 회복의 증거인 성만찬의 나눔, 개인과 공동체의 중보기도 등을 통해 치유선교를 실천한다. 교인들은 각자에게 주어진 치유의 은사들을 사용하여 치유선교에 참여한다. 성만찬을 나누기 전에 형제자매 사이의 화해는 성만찬이 지닌 치유의 차원을 잘 보여주며, 교회의 공동체성을 회복하고, 치유의 은사를 갱신한다. 분열된 교회로 하여금 교회의 일치를 이루도록 하는 것은 치유사역의 본질적 부분이다.[80]

18. 교회의 치유선교의 영적-수직적 차원은 말씀의 선포, 성만찬의 나눔, 중보기도이다. 지역교회는 이를 위해 교인들의 치유의 은사들을 개발하고, 교회분열의 상처를 치유하여 교회일치를 이루고, 올바른 예배를 통해 성령의 치유사건을 일으키고, 생명목회를 활성화시키고, 치유에 대한 기독교적 이해를 신학교육에 통합시키고, 의료종사자에게 진정한 치유에 대해 교육을 시켜야 한다. 치유선교의 영적 측면은 생명목회운동, 지속가능한 지역교회성장, 교회 양극화 해소, 다음 세대를 위한 교회 등을 포함한다.

19. 교회의 치유선교의 사회적-수평적 차원은 하나님 나라와 정의, 평화의 맥락에서 온전성을 회복하는 것이다. 즉 교회는 성령의 능력에 힘입어 생명·정의·평화의 기독교 윤리를 고양하고, 사회 양극화 해소를 위한 생명 디아코니아 운동을 전개하고, 양성평등을 증진하고 여성사역을 개발하며, 기독교 평화운동을 전개하고, 남북 민족공동체의 치유를 위해 힘써야 하고, 현지교회와 협력하여 치유사건을 일으키는 에큐메니칼 협력선교를 세계선교의 장에

---

79) WCC, "교회의 치유선교", 217-19.
80) WCC, "교회의 치유선교", 222-26.

서 펼쳐야 한다.

20. 교회의 치유선교의 생태적-우주적 차원은 창조세계에서 온전성을 회복하는 것이다. 예수 그리스도의 십자가와 부활, 생명을 수여하는 성령은 창조세계의 가장 깊은 어둠과 절망 안에 빛과 소망을 가져온다. 교회의 치유선교의 생태적-우주적 차원으로는 생명을 살리고 풍성하게 하는 세계관과 신학을 제시하고, 녹색교회를 확산시키며, 생명선교를 확대시키는 것이다.

화해를 통한 생명공동체 구현

21. 냉전 종식 이후 화해가 선교의 새로운 패러다임으로 등장했다. 화해가 새로운 선교 패러다임으로 부상한 이유는 신자유주의와 세계화로 인한 사회적, 국가 간 빈부격차 심화, 불공정한 무역법, 구조조정 프로그램, 후기현대주의, 근본주의적 종교집단, 9·11 테러와 '테러와의 전쟁' 등이다. 군부독재 이후 민주화된 국가와 다양한 갈등을 겪은 국가와 사회에서 화해는 시급한 사회적 의제가 되었다. WCC는 폭력극복10년운동(2001-2010)을 전개했고, 총회는 생명살리기운동10년(2002-2012)을 전개했다.

22. 화해는 예수 그리스도를 통해 인류와 피조물의 구원을 성취하는 하나님의 사역이다(골 1:19-20, 2:9). 그리스도인들은 하나님의 은혜로 성령을 통해 그리스도 안에서 이미 이룬 화해를 현실화하기 위해 노력해야 한다.

I. 성서에서 본 화해

23. 성서가 말하는 화해의 의미는 야곱과 에서, 요셉과 형제들의 이야기에서 잘 나타난다. 이 이야기들은 형제 간 갈등으로부터 용서와 화해로 넘어가는 이야기이다. 정의와 평화가 넘칠 때 인간은 하나님과 인간 사이에서뿐만 아니라 자연과도 화해를 이루게 된다(사 32:15-17). 정의가 화해의 전제조건이다. 그러나 정의와 평화, 화해는 인간의 성취물이 아니라 하나님의 역사다. 예수 그리스도의 삶과 가르침은 원수에 대한 철저한 사랑과 불의의 하수인과의 직접적인 대결 사이의 변증법이라는 특징이 있다. 그러나 죄의 보편성이 가해자와 피해자 사이의 차이를 적당히 얼버무리도록 하는 데에 사용되어져

서는 안 된다. 속죄는 성부 하나님을 만족시키기 위해 성자 하나님이 십자가에
서 고통당하는 것이 아니다. 십자가 자체가 예수 그리스도의 삶의 필연적 결과
이며, 그 십자가에서 성부 하나님이 함께 고통당하셨으며, 부활은 역사에서
희생자들의 승리를, 가해자들에 대한 심판을 의미한다. 이신칭의 교리는 의롭
다함을 받는 것과 성화 사이의 분리를 합리화해서는 안 된다. 그런 분리는
"값싼 은혜"를 남발하게 된다. 은혜는 진리 되신 예수를 따라 십자가를 통해
하나님의 정의와 평화를, 용서와 화해를 이루게 한다.

24. 바울서신에 나타난 화해는 기독론적, 교회론적, 우주적 차원 등 세
가지 화해가 있다.[81] 기독론적 차원은 하나님께서 세상을 자신과 화해시키는
데 그 중개자가 그리스도라는 것이다. 교회론적 차원은 그리스도께서 유대인
과 이방인을 화해시켜 새 백성(교회공동체)을 만드셨다는 것이다. 즉, 유대인
과 이방인 사이에, 종과 자유인 사이에, 남자와 여자 사이에(갈 3:28) 막힌
담을 예수 그리스도께서 십자가로 허무셨다(엡 2:14-18)는 것이다. 우주론
적 차원은 그리스도께서 땅 위에 있는 것과 하늘에 있는 것들 사이에 화해를
이루셨다는 것이다(엡 1:10).

25. 성서에서 화해는 파괴되고 왜곡된 관계를 회복하고, 공동체와 관계성
을 새롭게 만드는 행위이다. 화해는 하나님과 인간 사이의 화해(영적), 인간
집단 사이의 화해(사회적), 우주의 화해(생태적) 등 세 가지 화해가 있다. 첫
째, 하나님과 인간의 화해는 하나님과의 교제를 깨뜨린 인간의 죄 때문에 생긴
하나님으로부터의 소외이다. 이 불화는 예수 그리스도의 십자가 죽음으로 극
복되었다. 둘째, 화해는 사람들 사이의 관계를 변화시키고 공동체를 새롭게
만든다. 십자가 위에서 폭력과 불의를 일삼는 자들을 용서하신 예수 그리스도
를 통해 우리는 이 세상의 상처를 치유하는 사랑의 하나님을 경험한다. 또한
죄 없는 예수 그리스도의 십자가 죽음은 희생자 위에 군림하는 세상 지배자들
에 대한 심판이었다(요 12:31-32). 마지막으로 화해는 평화를 향한 전 피조
물의 변화를 의미한다. 화해의 주도권은 하나님께 달려 있다.

---

81) Robert J. Schreiter, *Reconciliation: Mission & Ministry in A Changing Social Order*(Maryknoll, New York: Orbis Books, 1992), 42ff.

II. 화해의 과정

26. 화해의 과정에는 진실, 기억, 회개, 정의, 용서, 사랑이 필요하다.[82] 화해의 과정에 참여하는 사람은 대체로 '가해자와 피해자'로 구별된다. 화해와 치유는 피해자의 회복과 치유뿐 아니라 가해자의 회개와 변화도 요청한다. 양자의 치유와 변화는 "새로운 피조물"(고후 5:18)이 되는 과정으로 양쪽 모두의 변화를 필요로 한다.

27. 권력의 남용이나 잔혹행위가 일어난 과거에 대해 '진실'을 확인하기는 어렵다. 억압적인 정권에서는 과거의 진실이 조직적으로 왜곡된다. 가해자들이 자신의 악행을 피해자들이 잊어야 한다는 의미로 화해를 요구할 때는 화해라는 단어를 잘못 사용하는 것이다. 가해자들이 속히 화해하자고 피해자들에게 제안할 때도 마찬가지다. 피해자들의 요구는 제대로 다뤄지지 못하기 때문이다.

28. 기억은 과거의 진실을 밝힌다. 우리가 과거를 '어떻게' 기억하는가의 질문은 앞으로 우리가 어떻게 살아갈 것인가를 묻는 질문의 근거가 될 뿐 아니라 현재 우리가 어떻게 다른 사람들과 관계를 맺는가를 보여준다. 그러므로 기억은 치유와 화해의 과정의 중심을 차지한다.

29. 갈등의 상황에서 화해가 이뤄지기 전에 먼저 요구되는 것은 회개이다. 증오나 소외를 초래한 개인적 또는 집단적 잔혹행위가 일어났기 때문에 죄를 지은 자들이 회개하지 않는 한 화해는 이뤄질 수 없다. 참된 회개는 죄를 깨닫고 용서에 근거한 새롭게 화해된 관계에 대한 희망으로부터 온다(행 2:38).

30. 정의는 화해 사역의 핵심이다. 세 가지 종류의 정의가 있다. 첫째 잘못을 행한 자가 자기행동에 대해 대가를 치르는 인과응보다. 둘째 피해자가 부당하게 빼앗긴 것을 직접 또는 상징적 방식(배상/보상)으로 회복하는 회복적 정의다. 셋째 사회제도가 개혁되어 과거의 불의가 미래에 일어나지 못하도록 방지함으로써 성취되는 구조적 정의다.

---

82) WCC, "화해의 사역인 선교", 172-79.

31. 용서가 없이는 화해를 이룰 수 없다. 가해자가 자신의 잘못을 회개하고, 피해자가 회개하는 가해자를 용서함으로써 피해자의 상처가 치유되고, 피해자와 가해자와의 관계뿐 아니라 공동체 전체가 회복되며, 새로운 미래로 나아가는 과정이 화해의 과정이다. 다른 사람을 용서하지 않는다면, 우리는 과거에 묶여 살 수밖에 없으며 다른 미래로 나아갈 수 없다.(눅 19:1-10)

32. 기독교의 본질은 사랑이다. 하나님의 형상대로 지음 받고 세례를 통해 재창조된 인간에게 성령을 통해 하나님의 사랑이 부어졌다(롬 5:5, 갈 5:22). 이것이 원수를 사랑하라는 계명(마 5:44)이 성취가 불가능한 계명이 아닌 이유이다. 그렇지만 화해의 길은 멀고 어려울 수 있으며, "모든 것을 덮어 주며, 모든 것을 믿으며, 모든 것을 바라며, 모든 것을 견"디는(고전 13:7, 표준새번역) 사랑의 성령이 역사하지 않는다면 화해는 이뤄질 수 없을 것이다. 이 과정에서 우리는 소망을 잃지 않고, 온 세상에서 화해와 치유하는 성령의 활동에 동참해야 한다.

III. 화해공동체로서 교회의 선교과제

33. 교회는 예수 그리스도를 통해 하나님과 화해(영적)를 이룬 공동체이다(고후 5:18-19). 화해의 복음은 인간을 하나님, 이웃, 피조물과의 교제로 초대하는 하나님께 회심하라는 소명이다. 교회는 구원자 예수 그리스도를 통해 하나님과 화해(영적)를 이룬 하나님의 백성/자녀공동체로 화해의 사역을 감당하도록 부름받았다.

34. 교회의 화해선교(사회적)는 계급, 인종, 성, 종교, 사회-경제적 지위에 근거한 차별을 넘어 차별하는 자와 차별당하는 자 모두에게 하나님의 형상을 회복하는 것이다. 교회의 화해선교는 약자들과 함께하면서 그들을 강화시키는 선교이며, 가해자에게 회개를 촉구하는 선교이다. 화해공동체로서의 교회는 양자 모두에게 생명을 주는 선교를 해야 한다.

35. 교회는 "만물 곧 땅에 있는 것들이나 하늘에 있는 것들"(골 1:20)을 화해시키는 우주적(생태적) 화해선교를 감당해야 한다. 오늘 우리가 직면한 생태계 위기는 창조질서를 보존하는 청지기 직분을 교회가 소홀히 했기 때문

이다.

36. 교회의 분열은 화해선교를 가로막는다. 분열된 교회는 그리스도의 몸으로부터 벗어난 교회이며(고전 1:13), 성령의 마음을 아프게 만드는 교회이다(엡 4:25-32). 만약 교회가 서로 화해할 수 없다면 교회는 복음의 요청을 거부하는 것이다. 현대 선교현장에서 개종강요 뿐만 아니라 개발과 교회 간의 원조로 야기된 경쟁과 분열의 선교는 그리스도의 화해사역을 가로막는다. 세계교회는 선교 안에서 일치를 추구하며 공동의 증언을 하기 위해 노력하고 있다.[83]

37. 교회가 권력의 유혹을 극복하고 분열을 넘어서서 화해선교를 감당하기 위해서는 화해의 영성이 필요하다. 화해의 영성은 스스로를 낮추고 비우는 것이며, 성령의 거룩하게 하며 변화시키는 능력을 경험하는 것이다. 화해의 영성은 오순절의 영성일 뿐 아니라 고난과 부활의 영성이다. 세계화로 인해 제국주의의 위기를 경험하는 상황에서 자기를 낮추는 영성은 구조적인 폭력과 불의 아래 살아가는 피해자와 가해자 모두에게 영향을 준다. 이런 상황에서 교회의 화해선교는 힘없는 사람들에게 권리를 주고, 권력자들에게 권리를 빼앗긴 사람들을 위해 스스로 그 힘을 포기할 수 있도록 하는 중재자가 되는 것이다. 자기를 비우는 영성은 십자가를 지는 영성이다. 가난한 자들이 끊임없이 고통당하는 이 시대에 비폭력을 통한 저항의 영성이 십자가를 지는 영성으로 화해와 치유에 반드시 필요한 영성이다.[84]

38. 지역교회의 화해선교의 과제는 예배와 선교의 통전을 이루고 영적-수직적, 사회적-수평적, 생태적-우주적 차원에서 균형이 잡힌 생명목회의 틀을 개발하는 것이다. 성도들에 대한 교육, 공동의 증언, 일치와 갱신을 통해 가난한 자와 사회적 약자들을 하나님 나라 일꾼으로 세우고, 나아가 사회 내, 국가 간 빈부격차와 다양한 차별을 극복하는 정의와 평화의 문화를 수립하는 생명선교의 틀을 개발하고, 지구생명공동체의 회복을 위해 선한 뜻을 지닌 이웃들과 함께 기후붕괴, 지구온난화, 에너지 위기, 경제위기, 식량위기 등을 극복할

---

83) WCC, "화해의 사역인 선교", 182-83.
84) WCC, "화해의 사역인 선교", 184-85.

수 있는 생명망을 형성해야 한다.

정의와 평화를 통한 생명공동체 구현

I. 성서에 나타난 정의와 평화

39. 평화는 하나님의 사역의 핵심이다. 성서에서 하나님은 "평화의 하나님"(빌 4:9)이시고, 그의 백성들에게 평화를 주시는 하나님의 복음 역시 "평화의 복음"이기 때문이다. 그리고 그리스도는 평화의 사역자이다. "그리스도는 우리의 평화이십니다. 그리스도께서는 유대 사람과 이방 사람이 양쪽으로 갈려 있는 것을 하나로 만드신 분입니다."(엡 2:14-16, 표준새번역) 이처럼 그리스도를 통한 하나님의 사역의 핵심은 평화사역이다.

40. 평화의 어원인 샬롬은 완전성 또는 총체성을 의미한다. 본래 "완전하게 하다", "옳게 고친다"라는 의미의 동사 '샬렘'에서 만들어진 이 말은 평화라는 뜻뿐만 아니라 구원, 건강, 질서, 완전, 복지, 안전, 정의, 사랑, 평안, 발전 등의 여러 가지의 의미를 내포한다.[85] 또한 평화란 하나님, 인간, 만물과의 모든 관계가 올바르게 회복된 상태를 의미한다. 따라서 성서에 나타난 평화는 단순히 분쟁과 전쟁의 부재라는 소극적 의미를 넘어서서, 삶의 모든 영역에 있어서 인간의 행복을 위해 하나님이 주신 모든 것의 조화로운 상태[86] 또는 하나님, 이웃, 자신, 그리고 창조세계와의 올바른 관계를 의미한다.[87]

41. 성서가 말하는 평화는 정의와 밀접하게 연결되어 있다. "인애와 진리가 같이 만나고 의와 화평이 서로 입맞추었으며 진리는 땅에서 솟아나고 의는 하늘에서 굽어보도다"(시 85:10-11). "공의의 열매는 화평이요 공의의 결과

---

85) John Macqurrie, *The Concept of Peace*, 조만 역, 『평화의 개념』(서울: 대한기독교서회,1980), 27-31.
86) 평화 개념의 이러한 포괄적 의미, 곧 총체성으로서의 평화개념에 대해서는 다음의 책을 참고할 수 있음. Marlin E. Miller, "The Gospel of Peace,"Robert L. Ramseyer, ed., *Mission and the Peace Witness: The Gospel and Christian Discipleship*(Scottdale, Pennsylvania: Herald Press, 1979), 12-13.
87) David Atkinson, *Peace in our Time*, 한혜경, 허천회 역, 『평화의 신학』(서울: 나눔사, 1992), 159.

는 영원한 평안과 안전이라"(사 32:17). 한마디로 평화는 정의의 결과이다. 따라서 정의가 없는 평화는 거짓 평화이고, 그 점에서 성서가 말하는 평화란 언제나 정의로운 평화(peace with justice)이다.

42. 성서의 하나님은 사랑의 하나님이며 동시에 정의의 하나님이시다. "여호와는 정의의 하나님이심이라"(사 30:18, 사 45:21, 신 10:17-18, 시 146:7, 사 58:6-10)라는 말씀이 보여 주듯이 정의는 하나님이 바라시는 어떤 것이 아니라 하나님의 본성과 사역의 본질에 속한 것이다. 이러한 하나님의 정의는 그리스도의 사역을 압축적으로 예시하고 있는 그리스도의 나사렛 설교(눅 4:18-19)에서 잘 드러난다. 여기서 하나님의 정의, 예수의 정의는 가난한 자, 포로된 자, 병든 자, 압제당하는 자 등 사회적 약자들이 당하는 불의한 사회적 상황들이 시정되고, 그들의 인간다운 삶이 회복되는 것을 의미한다. 따라서 성서적 정의는 잘못된 상황을 바로잡는 것을 의미하고 동시에 그것은 억압받고 가난한 사람들의 해방을 의미한다. 이 점에서 하나님의 정의는 회복적 정의이다.[88]

43. 그러기에 정의로운 평화는 종말론적 성격을 지닌다. 이는 평화의 완전한 실현이 역사의 종말에 속한다는 의미이다. 그러나 평화가 성서에서 종말론적 이상으로 제시되었다고 해서 그것이 이 세상에서 살고 있는 삶과는 무관한 저 세상적인 어떤 것을 의미하는 것이 아니다. 왜냐하면 "이제 내가 평화를 심어 주리니 포도나무는 열매를 맺고 하늘은 비를 내리며 땅은 소출을 내리리라"(슥 8:12, 공동번역)에서 보여 주듯이, 평화는 철저하게 이 세상적인 방식으로 인식되고 있기 때문이다. 여기서 우리는 이미(실현된 평화)와 아직 아님(아직 완성되지 않은 평화)의 긴장관계를 보게 되며 동시에 하나님의 선물로서의 평화와 인간의 과제로서의 평화라는 평화의 이중적 성격을 보게 된다.

---

88) 회복적 정의는 피해자의 피해와 요구를 직시하고, 피해자의 피해를 바로 잡기 위해서 가해자에게 책임을 지우며, 이 과정에 피해자, 가해자, 공동체 구성원을 참여시킬 것을 요구한다. 결국 회복적 정의는 피해자의 피해와 요구를 해결하려고 하고 아울러 범죄의 원인까지 해결하려고 함으로써 잘못을 바로잡기 위한 통합적인 노력이라 할 수 있다. 이러한 회복적 정의는 희생자, 가해자, 가족, 공동체를 비롯하여 범죄에 의해 영향을 받은 사람들 모두를 적극적으로 포함하는 정의 실천의 방법이다. 회복적 정의는 범죄에 관련된 사람들 모두를 존중하고 회복하며, 깨어진 관계를 바로 잡아서 공동선에 기여하는 것을 목표로 한다.

II. 정의와 평화공동체로서의 교회

44. 평화는 하나님의 선물이며 동시에 하나님의 백성으로서의 교회공동체의 과제이다. 예수 그리스도로 말미암아 자신과 평화를 누리게 하신 하나님(롬 5:1, 10)은 우리가 평화를 이루며 살도록 부르시고 있기 때문이다(고전 7:15). "모든 것이 하나님께로서 났으며 그가 그리스도로 말미암아 우리를 자기와 화목하게 하시고 또 우리에게 화목하게 하는 직분을 주셨으니"(고후 5:18)라는 말씀처럼, 교회공동체는 이미 하나님과 화해와 평화를 이룬 평화공동체(선물)이며 따라서 교회는 폭력이 난무하는 세상 속에서 평화의 복음을 전하며 하나님의 평화를 구현해가는 평화공동체가 되어야 하는 과제를 갖는다.

45. 이렇게 교회는 무엇보다 평화와 화해의 징표로서의 교회라는 특징을 갖는다.89) 그러나 현실의 교회는 수많은 교회의 분열과 분쟁으로 말미암아 평화와 화해의 징표로서의 교회의 중요한 특징을 왜곡하고, 평화의 복음에 대한 교회의 증거를 위태롭게 하고, 교회의 신뢰성을 약화시켰다. 따라서 교회가 평화의 복음을 전하기 전에 해야 하는 최우선적인 의무는 먼저 평화공동체로서의 교회가 되도록 노력해야 하는 일이다.

III. 정의와 평화를 위한 교회의 과제

46. 하나님의 사역의 핵심이 평화를 만드는 일이었다면, 교회 사역의 핵심 역시 평화 만드는 일이어야 한다. "평화를 이루는 사람은 복이 있다. 그들이 하나님의 자녀라고 불릴 것이다"(마 5:9, 표준새번역)라고 하였기 때문에, 우리가 평화 만드는 일을 하지 않고서는 아무도 참된 그리스도인이 될 수 없다는 사실과 하나님의 평화는 언제나 정의의 결과로 나타나는 평화라는 점에서 교회의 평화건설 과제는 언제나 정의와 평화를 추구하는 일이라는 사실(사 32:17)을 기억해야 한다.

---

89) 세계교회협의회, 기독교평화센터 역, 『정의로운 평화 동행』(서울: 대한기독교서회, 2011)

47. 정의와 평화를 추구하는 교회는 현존하는 전쟁을 반대하고 평화를 실현하는 일에 참여해야 한다. 교회의 평화 사역은 직접적인 폭력과 가장 극단적인 폭력의 형태인 전쟁을 막으려고 노력하는 모습에서 가장 잘 드러나기 때문이다. "분쟁을 해결하는 수단으로서의 전쟁은 우리 주 예수 그리스도의 교훈과 모범에 부합하지 않는다."[90] 따라서 교회는 전쟁 행위를 반대할 뿐 아니라 전쟁준비를 반대하고 핵무기를 반대하며 대량살상과 파괴에 대항해 인간의 생명을 지켜나가는 생명공동체가 되어야 한다.

48. 정의와 평화를 추구하는 교회는 폭력을 반대하고 없애는 일에 참여해야 한다. 폭력이란 말은 라틴어 '침해하다'(violate)를 어원으로 하는데 이 말은 기본적으로 인간의 존엄성과 온전성을 침해하는 것을 의미한다. 한 인격에 대한 침해로서의 폭력은 크게 세 가지로 나누어진다. 첫째는 언어적 폭력과 신체적 폭력과 같은 직접적 폭력이다. 둘째는 사회구조 자체에서 일어나는 정치적 억압과 경제적 착취와 같은 구조적인 폭력이다. 셋째는 직접적 폭력과 구조적 폭력을 정당화하는 문화적 폭력이다. 그것은 행위자들로 하여금 직접적인 폭력을 수행하도록 하거나 구조적 폭력에 대응하지 않도록 만든다. 그러므로 정의와 평화를 추구하는 교회는 폭력을 야기하고 그것을 정당화하는 문화적 폭력에서부터 구조적인 폭력과 직접적인 폭력에 이르기까지 모든 폭력을 반대해야 한다.

49. 정의와 평화를 추구하는 교회는 세상의 모든 폭력과 악에 대해 저항하는 비폭력의 삶에 참여해야 한다. 예수께서 "칼을 가지는 자는 다 칼로 망하느니라"(마 26:52)라고 말씀하셨듯이 폭력은 폭력에 의해 극복될 수 없다. 폭력적인 세상에 평화를 가져오는 방법은 비폭력의 길 이외에 다른 길이 없다. 예수 그리스도는 하나님 나라의 실현을 통한 비폭력적인 방법으로 세상의 악을 전복시키셨다. 기독교인들이 비폭력을 실천해야 하는 이유도 여기에 있다. 비폭력은 복음의 핵심이며, 하나님의 성품을 반영한다(마 5:45, 눅 6:35). 기독교인들은 평화를 추구하기 위하여 마땅히 비폭력을 실천해야 한다.

---

90) 세계교회협의회, 기독교평화센터 역, 『정의로운 평화 동행』, 64.

치유와 화해의 생명공동체운동의 비전과 과제

50. 한국교회는 치유하고 화해하는 하나님의 백성공동체(엡 2:11-16)의 사명을 감당하기 위해, 생명의 하나님의 말씀과 성령의 능력 안에서 하나님의 정의와 평화를 지향하며(사 42:1-4) 날마다 새롭게 변화하는 생명공동체를 형성해 나간다.

51. 지역교회들은 예배와 선교의 통합을 이루어 영적-수직적, 사회적-수평적, 생태적-우주적 차원에서 균형이 잡힌 치유와 화해의 복음사역을 실천하도록 자기 비움과 상호 의존성의 영성에 기초한 생명선교목회의 틀을 개발하여 한국교회의 지속가능한 성장을 도모한다.

52. 지역교회들은 성도들의 평생교육훈련과 지역사회를 섬기는 생명 디아코니아 사역의 증진을 통해 공동의 증언과 실천, 그리고 일치와 갱신을 이루도록 지역에큐메니칼 운동을 발전시킨다.

53. 지역교회들은 지구생명공동체를 향한 하나님의 치유와 화해의 사역에 참여하여 선한 이웃들과 더불어 영적, 사회적, 생태적으로 파괴된 생명망을 복원하는 '생명의 그물망 짜기' 사역을 강화한다.

54. '치유와 화해의 생명공동체운동 10년' 지원센터는 총회와 노회의 각 위원회와 사업부서의 사역을 생명공동체운동의 관점에서 재구성하여 지역교회의 치유와 화해의 복음사역 전개에 필요한 정책을 개발하고 공동사업을 전개한다.

7. 목회자윤리지침(예장통합)

목회자 윤리 지침
- 하나님 앞에서 그리스도를 본받아

I. 전문

"하나님이 우리를 구원하사 거룩하신 소명으로 부르심은 우리의 행위
대로 하심이 아니요, 오직 자기의 뜻과 영원 전부터 그리스도 예수 안
에서 우리에게 주신 은혜대로 하심이라"(디모데후서 1:9).
"너는 진리의 말씀을 옳게 분별하며 부끄러울 것이 없는 일꾼으로 인정
된 자로 자신을 하나님 앞에 드리기를 힘쓰라"(디모데후서 2:15).

교회는 예수 그리스도의 몸이다. 예수 그리스도는 교회를 영광스럽게 하
시고 티나 주름 잡힌 것도 없이 보호하시며(엡5:27), 이 교회를 통해 세상에
빛을 비추시고, 세상을 구원하신다. 이 땅에 교회가 없다면 세상은 암흑이요
절망이다. 하나님은 영광스런 교회를 위하여 목회자들을 부르셨다. 영원 전부
터 그리스도 안에서 우리에게 주신 은혜로 우리는 목회자가 되었다. 목회자는
영적으로 거룩하고, 도덕적으로 순결하게 구별된 하나님의 종이다. 목회자는
2천 년 동안 교회와 세계를 섬기는 일에 전념해 왔다. 하나님은 목회자를 통해
교회를 돌보시고 세상에 희망의 빛을 비추신다.

최근 한국교회의 현실은 목회자로 하여금 하나님의 부르심에 신실하게
응답하였는지를 돌아보게 한다. 타락과 절망으로 빠져가는 세상에서 한국 교
회의 현실을 돌아보면 지교회 안의 분쟁, 교파간의 경쟁과 다툼, 교회 연합
단체의 분열, 이단의 발호, 지교회들 사이의 빈익빈 부익부 현상, 예배당이
사고 팔리고 심지어 이단에게도 넘어가는 현실, 세속 법정에서 교회와 목회자
가 재판을 받는 일, 담임목사직이 사고 팔리는 일, 목회자들의 삶 수준의 양극
화, 교회를 통한 부와 명예의 대물림, 목회자의 도덕적 타락과 천박한 언행,

목회자의 성적 타락과 성차별의 심화, 권력자가 된 목회자의 횡포 등 열거하기 조차 부끄러운 일들이 교회를 위기로 몰아가고 있다. 이러한 위기의 중심에 목회자가 서 있다.

목회자의 영적, 도덕적 타락이 교회의 정체성을 훼손하고, 교회를 분열시킴으로 성도는 절망에 빠지고 교회는 세상 속에서 빛을 잃어가고 있다. 그와 함께 세상도 희망을 잃어가고 있다. 이러한 현실 앞에 서 있는 우리 목회자들은 참으로 부끄럽고 참담하다.

최근 우리 사회는 심각한 위기에 처해 있다. 21세기를 맞이한 지 십 수 년이 지났지만 우리 사회와 정부는 경제 문제에만 몰두할 뿐 생명과 정의와 평화와 같은 중요한 가치는 제시하지 못하고 있다. 이런 가운데 물질만능주의 만연과 정치경제적 양극화와 세대간의 갈등은 심화되고, 사회적인 약자는 점점 늘어나고 있다. 또한 청년들은 꿈을 잃고 출산은 감소하고 자살은 증가하고 가정은 해체되고 있다. 물과 공기와 땅이 더러워지고, 수많은 동식물이 멸종되어가고 있다. 하나님이 창조하신 세계가 파괴되고, 하나님의 형상으로 지음 받은 사람들이 생명과 존귀함을 잃어가고 있다.

이러한 시대에 정부도, 기업도, 시민단체도 한국 사회가 나아길이나 희망을 보여주지 못하고 있다. 따라서 교회가 우리 사회에 생명과 정의와 평화의 길을 보여주어야 한다. 교회가 이런 사명을 감당하기 위해서는 최우선적으로 우리 목회자의 도덕적, 영적 갱신이 먼저 이루어져야 한다.

그러므로 우리는 하나님의 소명을 받은 대한예수교장로회의 회원으로서 예수 그리스도가 우리 삶과 사역의 모범임을 확신하며, 성령의 인도하심을 따라 다음의 윤리 강령을 준수하겠습니다.

II. 강령

1. 개인윤리

"우리가 이 직분이 비방을 받지 않게 하려고 무엇에든지 아무에게도 거리끼지 않게 하고"(고린도후서 6:3).
"오직 너희는 그리스도 복음에 합당하게 생활하라"(빌립보서1:27).

◆ 신학적 진술 :

복음 사역을 위하여 거룩하게 하나님의 부르심을 받은 사명자들로서 기쁘게 예수그리스도께 순종하며 이웃을 향한 이타적인 봉사로 하나님을 영화롭게 하고 하나님의 백성들의 충만한 삶에 헌신한다.

◆ 지침:

1) 하나님의 부르심과 소명

(1) 나는 말씀과 기도를 통하여 영적으로 성장하고 육체적으로 건강하며 정서적으로 온전하기 위하여 최선을 다한다.

(2) 나는 영성 훈련에 있어서 성령님의 도움을 간구하며 거룩함을 회복하기 위해 영적 성장과 도덕적 성장을 함께 추구한다.

(3) 나는 주님께 헌신된 마음을 신실하게 유지하고 모든 삶의 방식과 생각을 그리스도에게 복종한다.

(4) 나는 성경을 규칙적으로 공부하고 그 가르침을 준수하고 신학을 형성함에 있어서, 성경의 가르침이 모든 다른 자료를 뛰어넘는 권위를 가진 것으로 인정한다.

2) 생활윤리

(1) 나는 신체적 건강과 영적 갱신을 위하여 쉼과 휴식의 시간을 적정하게 할애한다.

(2) 나는 설교를 준비하는 과정에서 표절을 부정직한 행위로 거부한다.

(3) 나는 부정의한 방법과 수단으로 학력을 위조하거나 취득하지 않는다.

(4) 나는 청렴한 삶을 추구하고 모든 일에 정직하고 개인이 아닌 그리스도를 드높이고 평화를 실현한다.

(5) 나는 금전적 거래를 교우들과 하지 않는다.

(6) 나는 인종적 계층적 신념의 차이를 근거로 사람을 차별하지 않으며 공평하게 모든 이들을 대한다.

(7) 나는 어떠한 형태의 중독적, 폭력적, 모욕적인 행동을 하지 않으며 그러한 일이 발생했을 시에 극복하기 위한 전문적 도움을 받는다.

(8) 나는 전문적인 목회업무에 있어서 개인적인 필요와 취약점을 인식하고 필요할 때 개인 상담과 조언을 줄 수 있는 목회자/상담자를 찾는다.

(9) 나는 정신건강을 위하여 운동과 취미 생활을 하되 목회자의 품위를 실추시키는 지나친 행위를 삼간다.

3) 성윤리

(1) 나는 성(性)적 행위에 있어서 높은 도덕 수준을 유지하는 순결한 삶을 추구한다.

(2) 나는 자신의 성적 자아에 대해 바르게 이해하고, 회중이 자신에 대해 성적 감정을 갖고 있거나, 반대로 본인이 회중을 상대로 성적 감정을 갖고 있을 때 바르게 대처한다.

(3) 나는 성적 타락과 폭력 방지에 대한 교단의 교육과 상담에 적극적으로 참여하며, 동시에 교회 내 사역자 관계 안에서 성희롱이나 성적 남용 및 부정행위를 예방하고 근절시키기 위한 교육을 한다.

(4) 나는 사역에 필요한 신뢰를 얻기 위해 필수적인 대인관계의 건강한 경계를 이해하고 사람을 성적인 대상으로 대하지 않는다.

(5) 나는 성적인 순결함에 있어서 죄 된 성적 행위나 부적절한 연루를 피하고 유혹을 이기기 위해 성에 대하여 편안하게 이야기할 수 있는 동료를 갖는다.

(6) 나는 성적 정의가 교회 회중에, 그리고 더 나아가 사회에서 세워질 수 있도록 노력한다.

2. 가정윤리

"남편은 그 아내에 대한 의무를 다하고 아내도 그 남편에게 그렇게 할지라 아내는 자기 몸을 주장하지 못하고 오직 그 남편이 하며 남편도 그와 같이 자기 몸을 주장하지 못하고 오직 그 아내가 하나니"(고린도전서 7:3-4).
"또 아비들아 너희 자녀를 노엽게 하지 말고 오직 주의 교훈과 훈계로 양육하라"(에베소서 6:4).

◆ 신학적 진술:

가정은 하나님이 친히 허락하신 가장 최초의 공동체이다. 가정은 하나님의 사랑을 가장 깊게 경험하며 하나님 나라를 실현하기 위한 일꾼을 양육하고 돌보는 가장 기초적인 거룩한 장소이다. 목회자는 성직자로서 가정에 대한 돌봄을 소홀히 하지 않기 위하여 가정생활과 목회사역의 균형을 이루어야한다. 부부의 연합과 언약적사랑에 기초하여 가족의 거룩성을 회복하고 부모와 그들의 사랑에 기초한 자녀들에 대한 책임을 위하여 신체적 건강과 정서적 성숙, 육체적 정신적 순결을 지키고 그리고 하나님의 은혜와 사랑의 성장을 위한 개인적인 습관을 유지한다.

◆ 지침:

1) 나는 한 교회의 목회자이기 이전에 한 아내(남편)의 배우자이며 자녀의 부모임을 인식한다.

2) 나는 아내(남편)와 자녀들에게 목회자로서 지나치게 엄격한 도덕적 기준을 요구하지 않는다.

3) 나는 배우자를 사랑하고 존중하며 목회자의 배우자로서 겪는 어려움을 이해하고, 배우자의 자기계발과 성장을 위해 노력한다.

4) 나는 하나님의 선물인 자녀들이 강요가 아니라 스스로 자기의 소명을 발견하도록 돕는다.

5) 나는 가족의 필요가 무엇인지 늘 관심을 가지며, 목회를 위해 가족이 희생되지 않도록 나의 재능과 시간을 조화롭게 사용한다.

6) 나는 가정문제와 자녀양육을 위해 배우자와 함께 협력한다.

7) 나는 우리 가족이 이웃과 사회에 그리스도의 사랑을 실천하도록 한다.

3. 지교회 목회 윤리

"너희 중에 있는 하나님의 양 무리를 치되 억지로 하지 말고 하나님의 뜻을 따라 자원함으로 하며 더러운 이득을 위하여 하지 말고 기꺼이 하며, 맡은 자들에게 주장하는 자세를 하지 말고 양 무리의 본이 되라"(베드로전서 5:2-3).

◆ 신학적 진술 :

교회는 우리가 하나님께 받은 사명을 수행해야 할 구별된 장소이며 우리의 삶을 영위해나가야 할 일터이다. 그러므로 우리는 하나님의 뜻을 따라 교회의 조직을 바르게 관리하고 동역자들과 경쟁이나 상하의 개념이 아닌 협력자의 자세로 유대를 강화하며 사역의 길을 가야 한다. 동시에 전문적인 목회의식을 가지고 부지런히 일을 해야 하며, 목회적 행위에 있어서 정직하고 진실 된 자세로 책임 있게 임하여 모든 일에 선한 결과를 가져오도록 힘써야 한다.

◆ 지침 :

1) 동역자와의 관계

(1) 나는 지교회 안에 다른 교역자들을 인격적으로 존중하고 교회를 평화롭게 세우도록 협력한다.

(2) 나는 동역자들을 지지하고 그들과 정보를 교류하며 그들의 문제나 위기를 결코 나의 유익을 위해 이용하지 않는다.

(3) 나는 전임자의 사역과 은퇴한 분들을 존중한다.

(4) 나는 은퇴를 하거나 사임을 한 후에는 후임자의 사역에 관여하지 않는다.

2) 성도와의 관계

(1) 나는 성도를 대할 때 나의 양이 아니라 주님께서 맡겨주신 양무리임을 인식하고 사랑으로 돌본다.

(2) 나는 모든 성도들을 존중하고 동등하게 대한다.

(3) 나는 결혼과 상례를 비롯한 여러 상황에서 부당한 사례를 받지 않는다.

(4) 나는 목회 현장을 가족에게 세습하지 않겠으며, 은퇴와 동시에 지교회의 문제에 관여하지 않는다.

(5) 나는 어떠한 경우를 막론하고 교회나 성도 개개인에게 금전적인 요구를 하지 않는다.

(6) 나는 주거와 차량 등 지나친 사치에 대하여 절제 및 검소한 삶을 실천하므로 성도들에게 본이 된다.

3) 목회 윤리

(1) 나는 충분한 묵상과 깊은 신학적 성찰을 통해 설교를 준비하고 하나님의 뜻을 선포한다.

(2) 나는 성경에 대하여 자의적 해석을 통한 세속적 기복적 설교는 피하고 성도의 삶과 사회를 변화시키는 바르고 균형 잡힌 설교를 한다.

(3) 나는 예배를 준비할 때 개혁교회의 좋은 전통을 보전하고 다양한 문화에 대해 열린 마음을 갖는다.

(4) 나는 교회 교육을 위해 적극적인 예산편성과 올바른 교육으로 지속 가능한 교회를 세워간다.

(5) 나는 성도들의 거룩한 친교를 통하여 건강한 교회공동체가 되도록

한다.

(6) 나는 목회행정에 있어서 관계자들과 의견을 공유하고 모든 일에 합리적이고 민주적인 절차를 따르겠으며, 권위주의적이고 일방적인 방법을 취하지 않는다.

(7) 나는 선교와 지역사회를 위한 봉사와 나눔을 통해 그리스도의 사랑을 전하고 세상을 향한 교회의 사명을 감당한다.

(8) 나는 재정을 균형 있게 배분하며 투명하고 바르게 사용하여 낭비를 줄인다.

(9) 나는 악보, 서적, 컴퓨터 소프트웨어 등 정품을 사용하겠다.

4. 거룩한 공교회의 지체로서의 윤리

"교회는 그의 몸이니 만물 안에서 만물을 충만하게 하시는 이의 충만함이니라"(에베소서 1:23).

◆ 신학적 진술:

교회는 예수 그리스도의 몸이다. 온 세계에 흩어져 있는 다양한 교파 교회가 함께 하나의 교회를 이룬다. 목회자는 예수 그리스도의 몸을 구성하는 지체이다. 어느 한 개인이 교회를 세울 수도 없고 폐지할 수도 없다. 교회는 삼위일체 하나님의 거룩한 섭리와 은혜로 이 땅 위에 세워졌다. 그리하여 우리 신앙의 선배들은 "우리는 하나의 거룩하고 보편적이며 사도적인 교회를 믿습니다"라고 고백하였다. 온 세상에 교회는 단 하나뿐이다. 목회자는 언제나 자신을 그 하나뿐인 교회의 지체로 인식하고 그 교회의 지체로서 교회를 위해 살아야 한다.

◆ 지침:

1) 동료 목회자들과의 관계

(1) 나는 목회자들 사이의 경쟁과 반목은 예수 그리스도의 몸인 교회를 해치고, 교회의 권위와 품위를 훼손하는 일로 인식하기 때문에, 다른 목회자들을 교회를 섬기는 동역자로 인정하고 그들과 협력한다.

(2) 나는 동료 목회자나 이웃 교회가 어려운 일을 당했을 때 그것을 이용하여 나의 유익을 취하지 않을 것이며, 주님의 뜻을 함께 이루어가기

위해 그 어려움을 함께 나누고 극복하도록 돕는다.

(3) 나는 나의 지위와 특권을 이용하여 동료목회자를 부당하게 대우하지 않으며, 공정한 판단이 요구되는 일에 부당하게 개입하지 않는다.

2) 상회와의 관계

(1) 나는 총회와 노회를 통해 목회자로 세워졌기에, 총회와 노회의 가르침과 치리에 따른다.

(2) 나는 목회자가 교회와 목회자의 문제를 세속 법정으로 가져가는 것은 영광스런 교회의 권위를 스스로 훼손하는 일이고, 세상을 책망하고 심판해야 할 교회가 세속의 법정에서 머리를 조아려 서는 안 된다고 믿기에, 총회와 노회의 규범을 세속의 규범보다 더 존중하며 교회의 문제를 세속 법정에 호소하지 않는다.

(3) 나는 교단과 교회를 분열시키는 일에 가담하지 않는다.

3) 다른 교파와의 관계

(1) 나는 다양한 교파와 다양한 기독교 단체들이 하나의 교회를 이루고 이 땅에서 하나님의 나라를 확장하고 있다고 인식하기에, 국내외 교파교회와 교회연합기구를 존중하고 일치와 연합, 선교와 봉사를 위해 그들과 협력한다.

(2) 나는 300여 개 교단으로 나뉜 한국교회의 현실은 교회가 전하는 복음의 신뢰성을 떨어뜨리고 일치와 화해의 복음을 온전히 전할 수 없게 한다고 인식하기에, 분열된 교회의 현실에 대해서 먼저 회개하고, 분열을 치유하는 일에 앞장선다.

5. 지역사회와 세계에 대한 윤리

"너희는 먼저 그의 나라와 그의 의를 구하라 그리하면 이 모든 것을 너희에게 더하시리라"(마태복음 6:33).
"하나님의 나라는 먹는 것과 마시는 것이 아니요 오직 성령 안에 있는 의와 평강과 희락이라"(로마서 14:17).
"도둑이 오는 것은 도둑질하고 죽이고 멸망시키려는 것뿐이요 내가 온 것은 양으로 생명을 얻게 하고 더 풍성히 얻게 하려는 것이라"(요한복음 10:10).

◆ 신학적 진술:

창조세계의 파괴와 인류공동체의 파탄과 교회의 분쟁과 분열 속에서 우리
는 치유와 화해, 정의와 평화를 요청하는 생명세계의 탄식소리를 듣는다. 이러
한 총체적인 생명위기의 시대를 맞이하여 우리 목회자는 치유와 화해의 복음사
역을 통해 생명파괴적인 지구세계를 생명, 정의, 평화로 충만한 지구생명공동
체로 복원시켜나가야 할 사명을 새롭게 깨닫게 된다. 이러한 시대적 사명의
수행을 위해 우리는 전 지구적인 총체적 생명위기의 현실을 직시하면서 무엇
보다 먼저 교회가 치유와 화해, 정의와 평화가 이루어지는 예수 그리스도의
생명공동체로 새롭게 갱신되는 일에 헌신한다.

◆ 지침:

1) 나는 하나님 나라의 복음을 증거하는 일은 하나님 나라가 이 땅 위에서
도 구현되도록 노력하는 일과 분리될 수 없음을 인식하면서 지역사회
와 이 땅 위에 하나님의 정의, 사랑, 평화가 이루어지도록 예언자적 사
명을 다한다.

2) 나는 기후변화, 핵발전소의 폭발, 에너지 위기, 식량위기, 물 부족 현상,
유전자조작, 시간당 하나의 종이 사라지고 있을 정도의 생물종 감소위
기 등으로 하나님의 창조세계가 파괴되어가고 있는 현실을 직시하면
서 지구생태계가 지속가능한 세계가 되도록 생명선교의 사명을 다한다.

3) 나는 한국사회가 높은 자살률, 낙태율, 가족 살해에 이르기까지 생명파
괴와 생명경시가 만연되는 현실임을 인식하면서 생명을 존중하는 생
명문화 형성을 위한 교회의 사명을 다한다.

4) 나는 한국사회와 세계가 경제적 양극화로 인해 지구 위의 수많은 사람
들의 절망적 빈곤을 양산하는 불의한 경제체제임을 인식하면서 사회
적 약자들의 고통에 응답하는 경제정의의 실천을 위해 노력한다.

5) 나는 종교, 인종, 국가, 계급, 성 등으로 인한 차별과 갈등으로 분열되고
있는 현실 속에서 피해자의 치유와 회복, 가해자의 변화 그리고 상호화
해가 이루어지는 공동체를 이루어가기 위해 노력한다.

6) 나는 남북한이 서로 적대시하는 우리의 분단 현실과 폭력과 전쟁이
난무하는 지구현실 속에서 평화의 하나님을 기억하며 모든 폭력과 전

쟁과 증오에 대해 저항하는 비폭력 평화의 삶을 추구한다.

7) 나는 지역사회와 한국과 세계에 대한 생명, 정의, 평화의 책임을 다하기 위해서 교파를 초월하여 지역교회와 세계교회와 연대할 것이며, 선한 뜻을 가진 국내외 시민단체들과 협력한다.

※ 대한예수교장로회 제98회 총회는 목회자 윤리지침을 제정해 달라는 총회 임원회의 청원을 허락하였다. 총회 사회봉사부는 이 일을 맡은 뒤에 목회자윤리지침 제정위원회를 구성하였으며, 동 위원회를 통해 윤리지침이 마련되었다. 이 윤리지침을 통해 목회자들이 새로워져 교회가 바로 세워지고, 교회를 통해 세상이 풍성한 생명을 얻게 되길 기대한다.